D1617161

DIOSAS
DE HOLLYWOOD

CRISTINA MORATÓ

DIOSAS
DE HOLLYWOOD

PLAZA JANÉS

Papel certificado por el Forest Stewardship Council®

Primera edición: noviembre de 2019

Printed in Spain – Impreso en España

ISBN: 978-84-01-02269-2
Depósito legal: B-17.673-2019

Compuesto en Pleca Digital, S. L. U.

Impreso en Rodesa
Villatuerta (Navarra)

L022692

Penguin
Random House
Grupo Editorial

A mi hijo, Álex Diéguez,
por ser como eres

Índice

Alcanzar el estrellato en el mundo del cine
requiere ir deprisa y perder la dignidad.

MARLENE DIETRICH

Cualquier mujer puede ser glamurosa, lo único
que tienes que hacer es quedarte quieta y parecer estúpida.

HEDY LAMARR

En Hollywood te pagan mil dólares por un beso
y cincuenta centavos por tu alma.

MARILYN MONROE

AVA GARDNER

La estrella indomable

La mujer que hay en mí, en Ava Gardner, siempre ha sido maltratada y ha sufrido decepciones. La vida no ha sido buena conmigo; es cierto que me ha dado éxito, riqueza y todo lo que podría soñar, pero por lo demás me lo ha negado todo.

AVA GARDNER

Cuentan que bastaba una mirada suya para que un hombre se enamorara perdidamente de ella. Resultaba tan hermosa y sensual que nadie escapaba a su hechizo. Ava Gardner, la morena más incendiaria de Hollywood, hizo de su tormentosa existencia la mejor de sus películas. Nada hacía imaginar que aquella niña que creció descalza y salvaje en el sur más profundo llegaría a ser la sex symbol que barrería a todas las demás. Nunca quiso ser actriz, hasta que un cazatalentos la descubrió y pensó que una belleza como ella debía aspirar a algo más que a una vida aburrida y provinciana. No sabía hablar, ni moverse con soltura en un plató, pero la cámara la quería como a ninguna. Con el tiempo trabajó con grandes directores de cine y encarnó a tentadoras vampiresas. A pesar de ser una buena actriz no se sentía orgullosa de su carrera y maldecía el alto precio que había que pagar por ser una estrella.

Alguien la bautizó como «el animal más bello del mundo», un apodo que detestaba. Su exuberante belleza fue su perdición y nunca se sintió a gusto en el papel de diosa del amor. Un amor que a Ava siempre le resultó esquivo. Pudo escoger entre una lista interminable de hombres atractivos, poderosos e influyentes: galanes de cine como Clark Gable y Robert Mitchum, toreros como Luis Miguel Dominguín y millonarios como Howard Hughes. Pero el hombre de su vida fue Frank Sinatra, otro espíritu indómito y atormentado como ella. Su sonado romance estuvo plagado de violentas peleas, broncas en público, infidelidades y borracheras que hicieron las delicias de la prensa sensacionalista.

Tras su aire felino y su leyenda de *femme fatale* se escondía una mujer vulnerable, insegura y necesitada de afecto. Al principio bebía para vencer su timidez ante las cámaras, y después para olvidar el dolor de sus heridas. En los años cincuenta, cuando era la estrella más fotografiada y deseada del mundo, llegó como un vendaval a España huyendo de sus escándalos. Quería alejarse de Sinatra, de la hipocresía de Hollywood y de los paparazzi que invadían su intimidad. Doce años de juergas, sexo y alcohol en aquel Madrid que nunca dormía le pasaron factura. Ni su triste y prematuro declive pudo con su leyenda. Fue hasta el final de sus días «la gitana de Hollywood». La estrella más bohemia, libre y auténtica de cuantas alcanzaron la gloria en la meca del cine.

La chica de la foto

El primer recuerdo de su infancia fue el aroma del tabaco y el color verde brillante de los extensos campos que se perdían en el horizonte. Ana Lavinia Gardner nació el día de Nochebuena de 1922 en una granja situada en un polvoriento cruce de caminos llamado Grabtown, a las afueras del pueblo de Smithfield, en Carolina del Norte. Era la menor de los siete hijos de Mary Elizabeth Baker —a quien todos llamaban Molly—, una baptista escocesa de Virginia, y Jonas Bailey Gardner, un granjero irlandés dueño de una pequeña plantación. Molly tenía casi cuarenta años cuando dio a luz a su hija mediante cesárea. Se trataba de una mujer fuerte y robusta, a pesar de su metro y medio de estatura. De joven había sido muy hermosa, con unos grandes ojos marrón oscuro y un cutis de porcelana que causaba admiración. Su marido Jonas, con quien llevaba casada veinte años, era un hombre alto y delgado, de facciones duras y muy apuesto. Tenía los ojos verdes y un hoyuelo en la barbilla que Ava heredó. La actriz también sacó de él su carácter reservado y tímido. A pesar de que Jonas profesaba la fe católica, permitía que sus hijos asistieran a la iglesia baptista los domingos. El único libro que se podía leer en la casa de los Gardner era la Biblia.

La seductora estrella fue en sus primeros años una niña preciosa de tirabuzones rubios y rostro angelical muy mimada por todos. Su hermana mayor Beatrice —más conocida como Bappie— tenía diecinueve años y ya se había casado cuando ella nació. Luego la seguían Elsie Mae, Inez, Jack y la pequeña Myra. Su otro hermano Raymond murió cuando contaba apenas dos años de edad al explotar un cartucho de dinamita que cayó accidentalmente en la chimenea de la casa. Otras tragedias se cernerían sobre la familia. Un día su hermano Jack se escondió en el almacén de tabaco para darle una calada a un cigarrillo. Sin querer dejó caer la cerilla y en un instante se formó un gran incendio que destruyó el almacén y la maquinaria agrícola que allí se guardaba. Jonas no consiguió sacar adelante la granja y la familia se vio obligada a abandonar Grabtown. En poco tiempo vendieron la casa y las tierras, y se trasladaron al condado cercano de Johnston, en Brogden.

Ava tenía tres años cuando llegó a su nuevo hogar. Su madre encontró trabajo en la pensión donde se alojaban las maestras que daban clase en la escuela. Los Gardner pudieron instalarse en una zona de la casa y Molly fue contratada como cocinera y ama de llaves. Con su afable carácter y sus excelentes dotes culinarias pronto convirtió aquel lugar en un cálido refugio para las jóvenes profesoras que se hospedaban allí y tenían muy lejos a sus familias. De sus primeros años en la pensión de Brogden, Ava recordaba el trabajo extenuante de su madre cocinando suculentos platos, lavando la ropa y limpiando las habitaciones de la mañana a la noche. Las maestras estaban muy pendientes de la pequeña y por la tarde solían jugar con ella y la sentaban en su regazo para contarle cuentos. «Habiéndome criado en un hostal para maestras a veces me pregunto cómo no me convertí en una estudiosa de los clásicos, o algo así. Lo que adquirí, sin embargo, fue un sentido de la disciplina que me hizo comprender la importancia de desempeñar bien tu trabajo y de ser limpia y puntual. Tuve una buena educación rural, de la que no me avergüenzo. Me impuso los criterios que iban a acompañarme el resto de mi vida», recordaría la actriz. Ava comenzó a asistir a la escuela de Brogden y, aunque al principio mostraba una gran curiosidad por los libros de texto y sus profesoras la consideraban una niña muy lista, a medida que fue creciendo perdió todo el interés por el estudio. Con el tiempo lamentó no haberse esforzado en aprender más y, cuando ya era toda una celebridad y se codeaba con artistas e intelectuales, sintió un gran complejo por su falta de cultura.

«Lo único que odiaba del colegio era tener que meter los pies en aquellas cosas odiosas y restrictivas llamadas zapatos. Me encantaba sentir bajo los pies la tierra caliente, la hierba verde, el barro blando y el fluir del agua. Era un tipo de libertad muy especial, y aún hoy intento revivirla en cada oportunidad», dijo Ava. En verano ayudaba a su padre en la plantación de tabaco limpiando las larvas y gusanos de las plantas, y cortando con sus manos las hojas más maduras. Resultaba un trabajo agotador para una niña e incluso peligroso, pero a ella le gustaba la vida al aire libre y estar junto a su adorado padre. Aunque había segregación racial y la mayoría de los jornaleros empleados en las plantaciones eran negros, Ava siempre se sintió a gusto entre ellos. Uno de sus amigos de infancia se llamaba Shine, al que describía como «mi hermano negro y mi mejor amigo». Este muchacho llegaba cada año a Brogden para trabajar en las tierras y se alojaba en su casa siendo uno más de la familia.

La actriz siempre recordó su infancia como una etapa feliz de su vida, pese a las penurias económicas y privaciones. Al igual que el personaje de Tom Sawyer, se pasaba el día haciendo travesuras y metiéndose en líos con la pandilla de su hermano Jack, que por entonces era su héroe. «Le gustaba comportarse como si fuera un chico. Jugaba a las canicas, trepaba a los árboles, escalaba las torres de los depósitos de agua, se colgaba de las ramas... Cuando llegabas a conocerla, resultaba de lo más dulce y encantadora, pero era un pequeño marimacho.

Aprendió un rico repertorio de tacos y expresiones obscenas que solía utilizar con total naturalidad», explicó una amiga suya y compañera de clase en Brogden. A los ocho años Jack le enseñó a fumar cigarrillos que improvisaban liando hojas de tabaco en un trozo de papel de periódico. Pero fue en Hollywood cuando Ava comenzó a fumar en serio tras ver a Lana Turner en los estudios sacar un cigarrillo de su pitillera de oro y encenderlo en la pausa de un rodaje. Lo encontró un gesto tan elegante y glamuroso que no pudo resistirse y desde ese momento se aficionó al tabaco hasta el final de su vida.

A diferencia de su madre, que se levantaba al alba y era una mujer muy dinámica, a Ava le gustaba dormir y levantarse tarde, odiaba colaborar en las tareas domésticas que le mandaban y siempre se escabullía cuando tenía que ayudar en la cocina o fregar los platos. Solo parecía despertar de su apatía en las ocasiones en que una de las maestras las llevaba en coche a ella y a su madre a Smithfield para ir al cine. Era el pueblo más cercano y a la niña le parecía otro planeta. Había calles bien pavimentadas e incluso electricidad, algo que no llegó a Brogden hasta los años cuarenta. A Ava le encantaban las películas románticas y de aventuras, y Clark Gable se convirtió pronto en su actor favorito. Tras verlo en *Tierra de pasión*, junto a la rubia platino Jean Harlow, pensó que era el hombre más apuesto y varonil del mundo. ¡Qué poco imaginaba entonces que veinte años más tarde estaría en sus brazos rodando ambos la misma película en el corazón de África!

Ava era muy pequeña cuando comenzó la Gran Depresión que asoló el país. En otoño de 1934 la pensión de Brogden tuvo que cerrar sus puertas debido a los recortes presupuestarios y los Gardner se quedaron sin casa y sin trabajo. Su situación resultaba muy precaria porque no disponían de ahorros y los ingresos de Jonas eran insuficientes para mantener a la familia. Por fortuna Molly tenía una buena amiga que dirigía una casa de huéspedes en Newport News. En este importante puerto en la costa de Virginia había varios hostales que daban alojamiento a los trabajadores de los astilleros y a los marinos mercantes. Según le informó su amiga, en uno de ellos necesitaban un ama de llaves y le propuso a Molly que se presentara. Existía la posibilidad de que una vez allí también Jonas pudiera encontrar trabajo como estibador. Una mañana abandonaron Brogden en un viejo y destartalado coche que les prestaron y dejaron atrás el estado de Carolina del Norte, donde habían echado raíces. Ava sintió una gran tristeza por sus amigos, a los que no volvió a ver, y lamentaba que sus hermanos predilectos no la acompañasen. En poco tiempo la numerosa familia se había ido dispersando: Bappie se acababa de divorciar de su esposo y vivía en Nueva York y Jack, su compañero de juegos y aventuras, estudiaba secundaria en la ciudad de Winston-Salem.

«Cuando eres pobre, pobre como las ratas, y no hay forma de ocultarlo, lo pasas fatal. En el campo, donde hay trabajo, comida y amigos de tu misma edad y ambiente, puede que ni te enteres de que eres pobre —confesó Ava—. Pero cuando comienzas la vida en una gran ciudad, amigo, entonces sí que empieza a dolerte tu condición.» Comparada con la tranquila Brogden, la ciudad de Newport News le pareció enorme y caótica. Su nuevo hogar era una casa destartalada de tres plantas en West Avenue, un barrio obrero y conflictivo muy cercano al puerto. Los huéspedes de su madre ya no eran las educadas maestras de la pensión sino rudos y desaliñados estibadores que tras la dura jornada de trabajo se reunían en el salón a beber. En la escuela a la que Ava asistió tampoco contó con el cariño de las maestras. Desde el primer día tuvo que soportar las burlas de sus compañeros por su marcado acento sureño; le tomaban el pelo porque venía del campo y era hija de granjeros. Ava se encerró en sí misma y acurrucada en la última fila de la clase intentaba pasar desapercibida. Se sentía acomplejada entre aquellas niñas engreídas que podían cambiar de ropa a diario cuando ella apenas tenía dos vestidos para ir a la escuela y un único par de zapatos.

Fueron años difíciles para los Gardner. Jonas no encontró trabajo en los astilleros y su salud se debilitó. Tenía una tos fuerte y persistente, y en invierno cogió un resfriado que empeoró su estado. Cuando acudió al médico padecía una grave infección en los bronquios, pero no podían costear los gastos de su ingreso en un hospital. Regresó a casa muy enfermo y su esposa lo instaló en una habitación alejada para que no molestara a los huéspedes. Molly estaba al límite de sus fuerzas; no solo se encargaba de la limpieza de todo el edificio sino que además tenía que ir al mercado, preparar tres comidas diarias para una docena de huéspedes y cuidar de su esposo. Era una mujer fuerte con una voluntad de hierro, pero la situación la desbordó. Un día su hija la encontró llorando desconsoladamente en la cocina. Nunca había visto así a su madre y aquello le rompió el corazón. Fue entonces cuando Ava, con apenas doce años, comenzó a ocuparse de la cocina para aliviar su duro trabajo. Ella se encargaba de preparar los desayunos de los trabajadores a base de gachas de maíz, huevos con beicon y galletas. Cuando regresaba de la escuela hacía compañía a su padre, le leía la prensa y le daba la cena. Madre e hija se las arreglaron para salir adelante hasta que en 1938 Jonas falleció en su lecho. Para Ava fue un golpe tremendo porque estaba muy unida a él: «Pensé que no podría sentir en mi vida mayor dolor. Él tenía el don de hacerme única. Yo no esperaba gran cosa de la vida, pero papá me hizo sentir querida. Me sentía segura a su lado. Y de repente, todo ese mundo desapareció».

Molly intentó no derrumbarse, sin embargo con el paso del tiempo su situación económica se agravó. Cocinaba deliciosos platos y atendía con amabilidad a sus huéspedes, pero apenas había ocupación. Desde la muerte de Jonas todo había cambiado y ella ya no se sentía a gusto en un lugar que le traía dolorosos recuerdos. Tampoco le gustaba el sórdido ambiente de la pensión, y en ese momento menos, ya que su hija se había transformado en una bella y escultural muchacha. A Ava le incomodaban las miradas de deseo de aquellos «viejos asquerosos» a quienes no les importaba flirtear con una joven de quince años: «Me avergonzaba de todos aquellos hombres sucios que siempre estaban bebiendo o tumbados por el suelo. No podía traer a casa a ninguna amiga, y ya no hablemos de amigos; para mí era una situación humillante y muy incómoda». En una ocasión un huésped se propasó con ella y su madre al oír los gritos echó al hombre a la calle.

Ava lamentaba no poder hablar con su madre de los cambios físicos que estaba sufriendo en su adolescencia. Tampoco tenía a su lado a sus hermanas para compartir con ellas sus inquietudes. Cualquier tema relacionado con la sexualidad siempre había estado prohibido en casa de los Gardner. «En cuestión de sexo no nos educaron en absoluto —reconoció la actriz en su madurez—. Nunca se hablaba de este tema; mamá nunca me explicó nada, ni siquiera de la regla, y cuando me vino sentí un auténtico terror y fui corriendo a Virginia, la mujer que ayudaba a mamá en la cocina, y le susurré al oído que me estaba desangrando. Ella me abrazó y exclamó a grito pelado una de las palabras más maravillosas que he oído en mi vida: "¡Ay, Señor, muchachita linda! ¡Dios te bendiga, ya eres toda una mujercita!".»

Durante el verano de 1938 Molly se enteró de un posible empleo en Rock Ridge, un pueblo del condado de Wilson. Hacía tiempo que había decidido regresar a Carolina del Norte, su verdadero hogar. No le costó conseguir el trabajo, y a principios de otoño madre e hija se mudaron a la pensión que había junto a la escuela de Rock Ridge, un edificio de medio siglo de antigüedad, pero en mejor estado que la miserable casa de huéspedes de Newport News.

Ava había cumplido dieciséis años y su belleza llamaba la atención de los muchachos. Tras la muerte de su padre, Molly intentaba protegerla contra las tentaciones de la carne. «Si te acuestas con un hombre antes de casarte —le repetía—, prefiero verte muerta.» Se había vuelto muy posesiva y no le permitía salir con chicos ni ir al cine. Un día en Nochevieja, asistió a un baile del instituto con un muchacho que le gustaba mucho y cuando regresaron a su casa él se despidió en la puerta con un beso. Su madre, que lo vio desde la ventana, salió hecha una furia y persiguió al joven hasta su coche. Avergonzada por lo ocurrido, Ava se encerró llorando en el cuarto de baño: «Recuerdo que me froté la cara y las manos con jabón una y otra vez en un intento de limpiar una parte de aquella suciedad que estaba segura de haber contraído con aquel beso».

En aquellos días Ava necesitaba trabajar para traer dinero a casa. Quería ser secretaria, y su hermano Jack, que se ganaba bien la vida, le pagó la matrícula para que estudiara en el Atlantic Christian College, en Wilson. Era un buen colegio universitario donde impartían clases de mecanografía y contabilidad. Escribir a máquina se le daba bien, pero Ava pronto perdió el interés. Con sus compañeros de clase no se avenía y de nuevo se sintió despreciada por su origen humilde y su acento sureño. Además, la convivencia con su madre se había vuelto insoportable. Molly seguía controlando todos sus movimientos y no se cansaba de repetirle una y otra vez que «el sexo era algo sucio y que los hombres solo querían una cosa». Le prohibió que se maquillara y tenía la obligación de comer cada día en casa y volver directamente al salir del instituto. Años más tarde, recordando su adolescencia, Ava afirmó: «Lo único que realmente deseaba entonces era estar muerta».

Fue su hermana Bappie quien la sacó de su triste y anodina vida. Era la más independiente de todas y siendo muy joven había abandonado la granja familiar para trasladarse a Smithfield y buscar un empleo. En la ciudad conoció a un chico que estudiaba Derecho, se enamoró y se casó con él. El matrimonio resultó un fracaso y, aunque Molly le pidió que intentara arreglar las cosas con su esposo, acabó separándose. Más adelante encontró trabajo como dependienta en la sección de bolsos y accesorios de unos grandes almacenes en Nueva York. Se había transformado en una mujer sofisticada y estilosa que se pintaba los labios con carmín rojo y llevaba tacones altos. Tras su divorcio se había casado de nuevo con un fotógrafo, Larry Tarr, propietario de un estudio en la Quinta Avenida.

Bappie no tenía hijos y sentía una especial debilidad por Ava, con quien se llevaba casi veinte años. Para la actriz era como una segunda madre y en los momentos difíciles siempre estuvo a su lado. «Cuando la gente me pregunta cómo fue que me metí en el negocio del cine, no me queda más remedio que sonreír. Porque la verdad es que sin el empeño de mi hermana Bappie, lo más probable es que me hubiera pasado el resto de mis días la mar de feliz, tecleando una máquina

de escribir en Carolina del Norte», aseguraba. En el verano de
1940 Bappie decidió que ya era hora de que su hermana
pequeña pasara unos días fuera de casa y Molly consintió a
regañadientes en que viajara en autobús a Nueva York. Para
Ava, conocer la ciudad de los rascacielos fue un sueño hecho
realidad. Se instaló en el minúsculo apartamento que Larry
Tarr tenía en la esquina de la calle Cuarenta y nueve con la
Quinta Avenida, encima de su estudio fotográfico. Desde el
primer instante Larry se quedó impresionado por la belleza y
sensualidad de Ava, que estaba a punto de cumplir dieciocho
años: «Era muy guapa, con un rostro bellísimo. Sus grandes
ojos verdes destacaban en su cutis de melocotón y tenía una
sonrisa encantadora. Nunca había visto una muchacha tan feliz». Durante su estancia su cuñado le tomó muchas fotos im-
provisadas, pero un día le pidió que posara para él en su estudio.
Decidieron que un retrato suyo sería un buen regalo para su
madre, que llevaba un tiempo delicada de salud. Ava posó con
un vestido estampado sin mangas que le había prestado Bappie
y un sombrero de paja sujeto al cuello con un lazo. Parecía una
candorosa y bella pastorcilla. Esa fotografía cambió para siempre su vida.

Ava regresó en otoño a Rock Ridge para proseguir sus
estudios de mecanografía y taquigrafía en el Atlantic Christian
College y cuidar de su madre, que estaba muy envejecida y
cansada. Tras la emoción de su estancia en Nueva York, reto-
mó su vida cotidiana que le resultaba cada vez más deprimente. Sin embargo, sus compañeros de clase ya no se burlaban de
ella y su atractivo físico levantaba pasiones. Fue elegida Miss
Campus, participó en el concurso la Belleza del Algodón y se
granjeó un montón de admiradores. En un baile conoció a un
joven rico y vividor que se prendó de ella al instante. Se llama-

ba J. M. «Ace» Fordham, era alto, divertido y un buen bailarín.
Empezaron a salir juntos y pronto se hicieron novios. En su
primera cita fueron al cine a ver una película de Mickey Rooney, por entonces el ídolo de todas las quinceañeras.

Acompañada de su novio, Ava volvió a visitar a su hermana Bappie y a Larry en Nueva York. Pasaron unos días inolvidables, salieron por las noches a cenar, recorrieron los clubes
nocturnos de moda, bailaron en las salas de fiesta y fueron al
hipódromo. En un restaurante de Manhattan, la joven vio por
primera vez a una estrella de cine. Era Henry Fonda, uno de los
actores favoritos del público estadounidense, que sentado a
una mesa charlaba y tomaba unas copas con una atractiva mujer. Sin pensárselo dos veces, se acercó a pedirle un autógrafo.
Mientras el actor le firmaba en una servilleta, la elegante dama
que le acompañaba le dijo: «Cariño, con lo guapa que eres deberías ir a Hollywood». Ava no olvidaría estas palabras premo-
nitorias, aunque por el momento su belleza no le había servido
para encontrar trabajo en Nueva York y una vez más tuvo que
volver a casa.

En la primavera de 1941, un joven llamado Barney Duhan
pasó por delante de la tienda de Larry Tarr en la Quinta Avenida y se quedó absorto mirando una fotografía expuesta en el
escaparate. Era el retrato en blanco y negro que Larry le había
hecho a Ava como regalo para su madre. Duhan llamó desde
una cabina telefónica cercana diciendo que trabajaba en la
Metro Goldwyn Mayer y que deseaba localizar a la chica de
la foto. El dependiente le dijo que se llamaba Ava Gardner y que
acababa de regresar a Carolina del Norte. El joven, desilusionado, se disculpó y colgó. Cuando Bappie y su esposo se enteraron de lo ocurrido decidieron seguir la pista de Duhan y
no dejar escapar una oportunidad como esa. Al día siguiente

Larry hizo varias copias de las mejores fotografías que tenía de Ava y se dirigió a las oficinas centrales de la Metro en Times Square para entregarlas él mismo. No tardaría en descubrir que el tal Barney Duhan no era un cazatalentos como decía sino el chico de los recados en el departamento jurídico de los estudios. Solía utilizar ese viejo truco cuando quería conseguir una cita con una chica bonita aspirante a actriz. En esta ocasión no había tenido suerte, pero cuando recibió a su atención el sobre con las fotografías de Ava se las hizo llegar a alguien que sí tenía influencia y poder: Marvin Schenck, uno de los peces gordos de la compañía.

Bappie y su marido viajaron para pasar unos días de vacaciones a Carolina del Norte y fue entonces cuando le contaron a Ava que alguien de la Metro había mostrado interés en localizarla. En lugar de alegrarse, le sentó muy mal que Larry hubiera exhibido su retrato en el escaparate de la tienda sin su consentimiento. Le parecía una invasión de su intimidad y durante mucho tiempo se lo echó en cara. A Ava nunca se le había pasado por la cabeza ser una estrella de cine. Tras finalizar sus clases quería encontrar trabajo como secretaria y no descartaba casarse con un buen hombre y formar una familia numerosa como la suya. Pero Bappie creía que su hermana podía aspirar a algo mejor. Era consciente del efecto que causaba su belleza en la gente. Sin apenas una gota de maquillaje, tenía un cutis de porcelana y unos rasgos perfectos, además de un cuerpo escultural.

En el mes de julio, cuando Ava ya se había olvidado de la historia, recibió una llamada de Bappie desde Nueva York. Sus fotografías habían llegado a Ben Jacobsen, el auténtico encargado de la búsqueda de nuevos valores de los estudios, y le habían impresionado. Consideró que era lo suficientemente guapa como para hacerle una prueba. La conversación con Bappie fue breve y no despertó en Ava ninguna ilusión:

—Quieren que vengas, cielo.

—¿Para qué?

—¡Quieren conocerte!

—¿Quién?

—La Metro Goldwyn Mayer.

—¿Quién?

—¡Es donde trabaja Clark Gable, cariño!

Una semana más tarde Ava llegó a Nueva York y se presentó en las oficinas de los estudios en Broadway para hacer su primera prueba. Lucía un largo vestido verde estampado, acampanado, con cuello de encaje, y unos zapatos de tacón alto que le había prestado Bappie con los que apenas sabía caminar. Ben Jacobsen la recibió en su despacho y le entregó un guion para que lo leyera. «No entendía nada de lo que decía. Hablaba de una forma tan espesa que se podía cortar con un cuchillo. Yo no tenía la menor idea de si sabía actuar. Le dije que haríamos una prueba muda. Si llego a enviar a Los Ángeles una cinta de alguien hablando como si tuviera la boca llena de pan, habrían pensado que estaba mal de la cabeza», dijo el productor. Aunque se quedó horrorizado de cómo aquella espléndida muchacha «arrastraba las vocales que parecían no terminar nunca», no podía quitarle la vista de encima. Le pidió a Ava que le acompañara al despacho de su superior, el jefe del departamento Marvin Schenck. Allí decidieron hacerle una prueba solo de imagen que a Ava le resultó de lo más embarazosa.

Sin mediar palabra, un técnico colocó delante de ella una claqueta en la que estaban escritos con tiza su nombre y medidas: «Ava Lavinia Gardner. Altura: 1,70. Peso: 54 kilos», y una voz en la oscuridad comenzó a darle órdenes. A ella le pareció una pérdida de tiempo. Lamentaba que su madre se hubiera gastado tanto dinero en el vestido que llevaba. Estaba convencida de que nunca la volverían a llamar. Pero Marvin Schenck no opinaba lo mismo: «No tenía remedio. Era horrible, no se la entendía al hablar. Pero aun así vimos la prueba, y nos quedamos sin aliento. Era torpe y se movía envarada, pero todos nos enamoramos de ella. ¡Qué mujer!». Jacobsen envió la copia a Hollywood con una nota: «Si no contratáis a esta damisela, es que estáis chalados». Al cabo de unos días la versión muda de la señorita Gardner llegó a Los Ángeles. El director de cine George Sidney, que años más tarde la dirigió en la película *Magnolia*, la vio y le gustó: «Tenía algo. Recuerdo que le dije a mi ayudante: "Diles a los de Nueva York que me la envíen; es buen género"». Cuando Ava, mucho tiempo después, se enteró de este comentario le dijo a un periodista: «No sé si George utilizó esta expresión conmigo, pero no me extrañaría. Es evidente que en aquella época nos trataban a todas como si fuéramos ganado».

Ava regresó a Carolina del Norte, pero esta vez por poco tiempo. Apenas habían transcurrido unos días cuando Bappie la llamó muy excitada y le dio la gran noticia: «La Metro te va a contratar; tienes que salir para Hollywood inmediatamente. Mueve el culo». Durante su ausencia la salud de su madre había empeorado. Padecía un cáncer de útero muy avanzado y su pronóstico era grave. Molly no había querido preocupar a sus hijas ni ser una carga para ellas y ocultó sus dolores y frecuentes hemorragias. Cuando la llevaron al médico ya era demasiado tarde para operarla. Ava quería estar a su lado y cuidar de ella, pero decidieron que Molly se iría a vivir con su hija Inez y su marido. Bappie se ofreció voluntaria para acompañar a su her-

mana a California, aunque para ello tuviera que dejar su trabajo de dependienta en Nueva York.

Ava Gardner nunca olvidó aquel caluroso 23 de agosto de
1941 cuando ella y su hermana llegaron a Los Ángeles tras un
largo y cansado viaje en tren. No iban solas, las acompañaba
Milton Weiss, un joven publicista de la Metro que debía velar
por su seguridad y guiarlas los primeros días. Aunque un coche del estudio la esperaba para llevarla a su lujoso hotel, en
ningún momento pareció impresionada. «Hollywood era un
barrio de Los Ángeles monótono y tranquilo, con palmeras
marchitas, edificios despintados, tiendas baratas y teatros llamativos, muy por debajo del maremágnum de Nueva York o
incluso de la belleza rural de Carolina del Norte», cuenta la
actriz en sus memorias. Iba a trabajar en los estudios más importantes del mundo, pero ella se comportaba como si estuviera
haciendo turismo en California. Bappie, en cambio, no podía
disimular su entusiasmo. Se alojaron en el hotel Plaza y al día
siguiente la señorita Gardner visitó las magníficas instalaciones
de la compañía en Culver City, que ocupaban más de sesenta
hectáreas con oficinas, estudios de sonido, almacenes, laborato-
rios, decorados y modernos platós. Además contaba con parques, un lago artificial y hasta un zoológico privado. Había una
avenida principal con elegantes fachadas de una calle de Nueva York, un bulevar parisino, una ciudad del Lejano Oeste, un
castillo medieval y una jungla en miniatura donde se rodaban
las películas.

Al frente de esta fábrica de sueños se encontraba Louis B.
Mayer, presidente de la Metro Goldwyn Mayer y el hombre
más poderoso de Hollywood, quien se jactaba de tener «más
estrellas que el cielo», tal como se podía leer en un enorme
rótulo del estudio. Greta Garbo, Clark Gable, Joan Crawford,

Judy Garland, Mickey Rooney, Esther Williams, James Stewart, Katharine Hepburn o Lana Turner formaban parte de la gran familia de los estudios. El empresario se consideraba como un «padre» para los actores y ejercía un control absoluto sobre sus vidas. Decidía en sus matrimonios, divorcios, abortos, hipotecas y vacaciones con total naturalidad. «Me pondría de rodillas y besaría el suelo que pisan las estrellas», decía. También podía ser un tirano y destruir de la noche a la mañana a quien se opusiera a sus deseos. Pronto Ava se convirtió en otra de sus protegidas y sufrió en carne propia la tiranía del estudio.

En aquella primera visita guiada a Culver City, la joven aspirante a actriz también conoció los departamentos de maquillaje, peluquería y vestuario, lugares a los que debería acudir todos los días. Pero lo que más le impresionó fue pasar por delante de las puertas de los camerinos en las que se habían grabado los nombres de algunas de las leyendas del cine que ella tanto admiraba. Un día el suyo figuraría en letras doradas en el que durante años ocupara la gran estrella Norma Shearer.

Weiss quiso que Ava viera cómo se rodaba una película y la llevó al plató donde el actor Mickey Rooney ensayaba una escena del musical *Chicos de Broadway* con su compañera Judy Garland. Iba disfrazado de Carmen Miranda, la bailarina brasileña, y estaba irreconocible. Llevaba un turbante con una enorme cesta de fruta, una blusa anudada al vientre, una falda larga de brillantes colores, sandalias de plataforma, carmín en los labios y largas pestañas postizas. Cuando Ava ya se iba a marchar, Mickey se acercó a ella. Weiss hizo las debidas presentaciones y el actor la saludó con una reverencia. Charlaron apenas unos minutos y él regresó al trabajo. «Se me cortó la respiración y el corazón me dejó de latir. Era magnífica, esbelta, orgullosa, elegante, tierna e infinitamente femenina. Era el amor», recordaba Mickey Rooney. Desde aquel instante no pudo quitársela de la cabeza y conseguir una cita con ella se convirtió en una obsesión.

La segunda vez que el actor vio a la señorita Gardner fue en la cafetería del estudio. Se acercó, la piropeó delante de todo el mundo y le preguntó si quería salir a cenar con él esa noche. Ava se quedó pasmada cuando le vio allí de pie, porque Rooney medía apenas 1,57 y ella era bastante más alta. Más tarde comentó: «Dios mío, por un momento creí que se había encogido, pero luego recordé que la primera vez que le vi llevaba enormes plataformas». Ava se disculpó y le dijo que no podía salir con él porque se encontraba muy ocupada. Mickey no se desanimó, pese a que no estaba acostumbrado a que las chicas le dieran calabazas. Al regresar a su mesa aseguró a sus amigos: «Me voy a casar con ella aunque me cueste la vida».

UNA CENICIENTA EN HOLLYWOOD

La ciudad de Los Ángeles ofrecía muchos alicientes que por el momento Ava y su hermana no se podían permitir. Dejaron su costosa habitación del hotel Plaza y se mudaron a un pequeño y deprimente apartamento en Hollywood Wilcox que tenía una cama plegable, una cocina diminuta y un cuarto de baño interior. Bappie consiguió empleo como dependienta en una de las grandes tiendas de Wilshire Boulevard, lo que les permitía pagar cada semana el alquiler. Años más tarde, cuando ya era una famosa actriz, Ava recordó sus comienzos con su habitual sentido del humor: «¿Que quieres ser estrella de cine? Pues encanto, toca levantarse temprano. A las cinco de la mañana, en el frío amanecer de Hollywood, ya estaba en la calle. Caminaba hasta la terminal de autobuses, que se encontraba a unas tres manzanas, y cogía el primer autobús a Wilshire Boulevard. De ahí otro autobús me llevaba a Culver City, y por fin el tercero me dejaba delante del estudio. Mi primer destino era la sala de maquillaje. Me sentía aterrada». En más de una ocasión estuvo a punto de abandonar Hollywood y regresar a casa, pero era Bappie quien la animaba a seguir porque tenía el convencimiento de que al final triunfaría.

En los días siguientes Ava aún tendría que someterse a otras pruebas. En el departamento de vestuario le tomaron las medidas, analizaron los colores que iban mejor a su tono de piel y le probaron algunos vestidos de noche. Después se puso en manos de los especialistas en maquillaje y peluquería, que la rodearon analizando sus facciones y comentando en voz alta los defectos que debían corregir. Entre ellos estaría el hoyuelo de su barbilla que no dudaron en disimular, si bien era uno de los rasgos de los que la joven se sentía más orgullosa porque le recordaba a su padre. Sydney Guilaroff, el mejor peluquero de Hollywood, decidió no cambiarle el color castaño del pelo y se limitó a darle más volumen y marcarle unas suaves ondas. Ava cedió en todo, y solo en una ocasión sacó su genio cuando se negó en redondo a que le depilaran con cera sus negras y espesas cejas. «En aquellos tiempos en Hollywood te afeitaban las cejas y las sustituían por una fina línea de lápiz. Lana Turner, pobrecilla, sufrió mucho por culpa de esto, porque le depilaban las cejas con pinzas y a la cera. Pero ese era el tratamiento usual de las *starlets* de Hollywood: había órdenes de fabricar una serie de muñecas de porcelana con la misma cara, y allí todo el mundo cumplía órdenes», comentó la actriz.

Cuando ya estuvo lista, se presentó en el despacho de George Sidney para hacer una nueva prueba. En esta ocasión fue algo muy simple: se limitó a sentarse en una silla giratoria de modo que el director pudiera filmarla desde cualquier ángulo. Sidney, considerado todo un experto en reconocer potenciales talentos cinematográficos, recordando su primer encuentro con la joven y tímida Ava, declaró: «Era una chica muy sexy. Costaba creer lo sexy que era. Tenía una piel fantástica y unos ojos preciosos. Había nacido en un pueblucho de Carolina del Norte y creo que todo le pareció muy extraño. Había en ella una chispa, un resplandor que emana de algunos actores, aunque muchas veces ni siquiera ellos saben que lo tienen».

Al día siguiente Louis B. Mayer vio la prueba y exclamó: «Esa chica no sabe actuar, no sabe hablar, pero ¡es deslumbrante!». El empresario tenía una gran intuición para saber lo que el público quería. Ava era un diamante en bruto, solo había que pulirlo. Dio la orden de que la joven empezara de inmediato a educar su voz y a aprender interpretación. «En esa época, bajo la dirección del señor Mayer —recordaba George Sidney—, no se daban por vencidos porque disponían de un increíble programa de formación para jóvenes talentos. Tenían casi una universidad dentro del estudio. Mayer se dio cuenta de que tenía algo especial y que podría funcionar.»

Ava comenzó asistiendo a clases de dicción con Gertrude Vogeler, una entrañable anciana que era toda una institución del estudio. Gracias a ella y a sus métodos innovadores, que incluían ejercicios respiratorios de yoga, logró abandonar el marcado acento sureño que tanto la acomplejaba. Tiempo después Vogeler evocaba así su primer encuentro con la actriz: «Era una muchacha tímida, modesta, triste y muy guapa. Llevaba un vestido viejo y horrendo, no iba maquillada y estaba despeinada, pero tenía muchas ganas de aprender». Su formación se completó con Lillian Burns, la mejor profesora de arte dramático de la Metro. Desde el primer instante esta se dio cuenta de que Ava tenía un innegable magnetismo. El problema era su extremada timidez. Cuando tenía que actuar, perdía toda su naturalidad y se mostraba rígida y acartonada. «Poseía esta clase de presencia que no se aprende en las escuelas de arte dramático. Podía ser provocativa y misteriosa a la vez. Hablaba con voz profunda y en un tono sensual... y tenía una risa escandalosa», explicó la señora Burns.

Las primeras semanas se vio envuelta en una agotadora rutina. Además de tomar lecciones de dicción y de arte dramático, como todas las jóvenes aspirantes a actriz estaba obligada a aprender danza moderna, ballet clásico y canto. Aunque esperaba impaciente la hora de asistir a las clases, sus primeros trabajos en el estudio le resultaron frustrantes. Lo único que tenía que hacer era entrar en un plató donde se rodaba una película y mezclarse entre una multitud de extras. El resto del tiempo lo pasaba en la llamada «galería de retratos» donde la fotografiaban como una sugerente *pin-up*. Debido a su buena figura y la belleza de su rostro, Ava pasó muchas horas posando con falda corta o traje de baño. Eran fotos «ligera de ropa» y aunque le resultaba denigrante no podía negarse. Años después declaró a la revista *Photoplay*: «Mi especialidad consistía en lo que llamaban "arte de pierna", fotos de publicidad de la variedad de semidesnudos para ser utilizadas una y otra vez en periódicos y revistas de todo el país. Con mis fotografías se podría haber alfombrado Hollywood Boulevard de acera a acera. No recuerdo cuántos trajes de baño llegué a ponerme... sin acercarme siquiera al agua. Con la cantidad de miradas ardientes y poses sugestivas que me tomaron en el estudio fotográfico de la Metro se podría haber derretido el Polo Norte». Lo que Ava no comprendió entonces era que, hasta que no

aprendiera a actuar, lo único que podía ofrecer era una cara
bonita y unas formas exuberantes.

«Agradecí todo lo que me enseñaron mis profesoras, pero
de lo que siempre me arrepentí fue del maldito contrato con
la Metro Goldwyn Mayer que tuve que firmar. Me convertí en
su propiedad durante los siguientes años», dijo Ava. Todo había
ido muy deprisa. El estudio le hizo firmar un contrato en exclusiva de cincuenta dólares a la semana durante siete años;
cada seis meses se revisaría para evaluar sus progresos, y en
virtud de sus posibilidades seguiría adelante o se prescindi-
ría de ella. También tenían derecho a imponerle un período de
descanso de doce semanas, durante las cuales su sueldo descendía a treinta y cinco dólares. Ava estaba obligada a aceptar cualquier papel, a posar en sesiones fotográficas y a conceder todas
las entrevistas que se le asignaran. Había una «cláusula de moralidad» que indicaba que no podía beber, que debía comportarse correctamente en público y que no podía salir de Los
Ángeles sin permiso de la compañía. «Decencia y rectitud» eran
dos valores que el señor Louis B. Mayer exigía a sus estrellas, en
especial las del sexo femenino. Ava pronto descubrió que tras
esta fachada de puritanismo se escondía «un gran montón de
basura».

«Una chica joven que estuviera empezando se encontraba
en una situación muy vulnerable en el estudio. Había mucha
lujuria y muchos abusos. Nadie se atrevía a denunciarlo. Si
querías trabajar, tenías que callar y aguantar; así eran las cosas»,
recordaba la actriz Leatrice Gilbert, que tenía entonces diecisiete años y también era una recién llegada a la Metro. Ava
había escuchado rumores de cómo algunos altos ejecutivos y productores abusaban sexualmente de las jóvenes actrices y temía
lo que pudiera ocurrirle a ella. «No parabas de oír cosas terri-

bles que les habían pasado a otras chicas del estudio y era inevitable que te preocuparas porque en cualquier momento tú podías ser la siguiente», confesó Ava. Durante su primera semana de trabajo fue acosada por un directivo que la invitó a ver una nueva película en la sala de proyección. «En cuanto se quedaron solos y a oscuras, el tipo empezó a sobarla y trató de besarla, mientras mascullaba una mezcla de ofertas de trabajo, piropos y vagas amenazas. Ella se marchó y se escondió en un despacho. Más adelante Ava se lo contó a Howard Strickling, el jefe de publicidad de la Metro y hombre de confianza del señor Mayer, quien le aseguró que no volvería a ocurrir algo así y que aguantara porque estaba convencido de que iba a ser una gran estrella», explica Lee Server en su biografía.

El señor Strickling era el encargado de tapar los escándalos de las estrellas y le insistió a Ava en que lo olvidara y que no permitiera que ese desafortunado incidente arruinara su brillante futuro. Tras esta agresión la actriz se empeñó en pasar desapercibida para que ningún «lobo» del estudio se fijara en ella. Intentaba rehuir a los hombres que revoloteaban a su alrededor y rechazaba todas las invitaciones a las fiestas que organizaban los productores. Incluso se negaba a salir con la superestrella del estudio, Mickey Rooney, que no se daba por vencido y seguía intentando conseguir una cita con ella. Mickey era el actor más popular y taquillero de Estados Unidos gracias a las películas de la serie del personaje Andy Hardy, en las que interpretaba a un travieso adolescente pero de buen corazón que todas las madres desearían tener. Dos años mayor que Ava, era la estrella más rentable de Hollywood y ganaba cinco mil dólares a la semana. Rooney estaba en la cima del éxito cuando conoció a la aspirante a actriz. Aunque en la gran pantalla representaba siempre el papel de un chico pícaro pero

decente y bastante ingenuo, en la vida real era un famoso playboy juvenil que se acostaba con todas las chicas que le gustaban. A pesar de su aspecto poco agraciado y corta estatura, su
desbordante personalidad y simpatía resultaban irresistibles a
las mujeres. El estudio le había asignado un guardaespaldas para
sacarle de apuros, porque cuando bebía podía ser agresivo y no
tenía el más mínimo pudor. Ava conocía su fama y no estaba
dispuesta a ser una más en su larga lista de conquistas.

Tras el rechazo de la joven, el interés de Mickey por ella
creció. La llamaba todos los días para invitarla a cenar, le mandaba ramos de rosas y orquídeas, le escribía notas, pero la respuesta era siempre la misma: «No, gracias, señor Rooney. Estoy
ocupada». El actor suponía que salía con otros hombres, pero
la realidad es que ella y Bappie llevaban una vida de lo más
monacal. Su situación económica no les permitía ir a un restaurante o tomar una copa en una sala de fiestas. La rutina semanal de las Gardner era siempre la misma: todas las noches
cenaban una hamburguesa en la esquina de su calle, jugaban al
rummy, escuchaban un rato la radio y se iban a la cama a las
nueve. Bappie, que a esas alturas se había divorciado del foto-
grafo Larry Tarr, estaba cansada de hacer de niñera de su hermana pequeña. Un día le dijo: «¿Por qué no le dejas que te
lleve a cenar, cielo? Estoy convencida de que hay sitios muy
agradables, mucho mejores que el puesto de hamburguesas, y
Mickey es un tipo estupendo».

Para Rooney el desinterés de Ava resultaba incomprensi-
ble y su obsesión fue en aumento. Él, que se vanagloriaba de
que sus películas eran más taquilleras que las de Clark Gable,
no podía convencer a una sencilla muchacha de Carolina del
Norte para cenar juntos una noche. Acostumbrado a conseguir todo lo que se proponía, adoptó una estrategia de «con-

quista total» que acabó dando sus frutos. Al final Ava, abrumada
por su insistencia, aceptó pero a condición de que su hermana
Bappie fuera con ellos. El actor las invitó a cenar a Chasen's, el
restaurante más caro de Los Ángeles. Cuando llegaron les tenían preparado el aperitivo: champán y caviar en abundancia.
Mickey las deslumbró con sus ingeniosos chistes, imitaciones y
chismes sobre famosos. Después fueron a bailar a Ciro's, donde
tocaban las mejores orquestas de la ciudad, y Ava descubrió
con satisfacción que su ferviente admirador era un buen bailarín. Aquella fue la primera vez desde su llegada a Los Ángeles
que tuvo la oportunidad de conocer los locales nocturnos frecuentados por estrellas de cine. Se sentía como Cenicienta en
un mundo fastuoso y deslumbrante, rodeada de damas vestidas
con sofisticados trajes de noche y cubiertas de joyas acompa-
ñadas de apuestos caballeros en esmoquin. Un mundo donde
Rooney se movía como pez en el agua saludando a todos con
efusivos besos y apretones de manos. «En una sola noche, de la
mano de Mickey podías conocer a Judy Garland, Lana Turner,
Elizabeth Taylor, Esther Williams y otras grandes estrellas que
hasta el momento yo solo había visto en el cine de Smithfield»,
aseguró Ava.

Aunque el hombre de sus sueños era alto, corpulento, moreno y muy atractivo, de Rooney le gustó su jovialidad y su
energía desbordante. Le encantaba ser el centro de atención y
hablaba sin parar. «Después de mi primera cita con Mickey,
empezamos a salir de manera regular. Al principio la corta
estatura de Rooney me consternaba, pero era encantador, romántico y muy animado, y empecé a echarle de menos cuando
no estaba. Yo era tímida y una chica que se movía al ritmo del
sur, y la velocidad de Mickey me alucinaba», reconocía Ava.
Y así empezó el cortejo. Todas las mañanas la recogía en su

nuevo coche, un reluciente Lincoln rojo descapotable, para
llevarla a los estudios y la devolvía a su casa por la tarde. Cenaban en Romanoff's, bailaban en Ciro's o en Trocadero, tomaban cócteles en Don the Beachcomber y acudían juntos del
brazo a los estrenos importantes. Así, casi sin darse cuenta, se
convirtió en «la chica de Mickey Rooney» y los columnistas
de cotilleos publicaron la noticia de que la señorita Gardner
era la novia del ídolo juvenil norteamericano.

Mickey ardía en deseos de poseer a Ava, pero cada vez que
la besaba y trataba de ir más lejos, ella se negaba. Así lo cuenta la
estrella en sus memorias: «Era una muchacha muy anticuada,
como muy bien descubrió Mickey después de un par de sesiones de lucha libre en el asiento trasero de su coche. No estaba
dispuesta a irme a la cama con él y le dije que jamás lo haría
antes de casarme». Una noche el actor le soltó: «Casémonos.
Ahora», y ella le respondió que no porque ambos eran aún
muy jóvenes. Para Ava el matrimonio suponía un paso muy
importante y temía que vivir con Mickey fuese como estar
siempre en un plató. «Éramos muy distintos. Él estaba lleno de
entusiasmo, seguro de sí mismo, y se le daba bien todo lo que
se proponía, desde actuar hasta practicar el golf, la natación y el
tenis —declaró la actriz—. Yo, en cambio, aunque estaba a
punto de cumplir los diecinueve años, no era muy distinta de
aquella campesina cohibida que intentaba llenar los silencios
recitando los nombres de los anuncios luminosos.» Mickey
Rooney le llegó a pedir matrimonio hasta en veinticinco ocasiones.

El 7 de diciembre de 1941, Estados Unidos entró en guerra y un manto de miedo e incertidumbre se extendió sobre
Los Ángeles. En las oficinas de reclutamiento los jóvenes hacían largas colas para alistarse como soldados, dispuestos a dar

la vida por su país. Dos días después Ava y Mickey salieron a cenar y se mostraron preocupados por su porvenir. Ya entrada la noche, el actor la acompañó en su coche hasta su apartamento en el hotel Hollywood Wilcox. Al llegar frente a la puerta Mickey apagó el motor y los dos se quedaron en silencio. Entonces él le tomó la mano y le dijo: «Ava, no estoy bromeando: ¿quieres casarte conmigo?». Y ella respondió: «De acuerdo, Mickey, me casaré contigo». La única condición que le puso es que tenía que esperar a que cumpliese los diecinueve años. Aquella misma noche Ava llamó por teléfono a su madre para darle la feliz noticia. Quería que Molly viajara a California para estar a su lado en un día tan especial y juntas comprar un precioso vestido blanco de novia y todo su ajuar. Mickey le aconsejó a su prometida que fuera discreta y que por el momento mantuvieran en secreto sus planes de boda. La mayor preocupación del actor era anunciarle a su jefe, el señor Louis B. Mayer, que se iba a casar con la señorita Gardner. Pero el productor ya se había enterado y convocó a la joven pareja en su oficina.

Acudieron a la cita con el presidente de la Metro cogidos del brazo como dos felices enamorados. Ida Koverman, secretaria y ayudante personal del productor, les hizo pasar a su despacho, una espectacular y diáfana estancia de diseño modernista con las paredes forradas de cuero blanco. Mayer les esperaba sentado en un sillón alto frente a una larga mesa de madera en forma de herradura. Se hallaban en el «salón del trono del rey de Hollywood», como algunos lo llamaban, pero ese día el monarca no estaba de humor. Tenía cincuenta y siete años, era el ejecutivo mejor pagado del mundo y no toleraba que sus empleados se enfrentaran a él o le decepcionaran. Primero se dirigió a Ava con estas palabras: «Mickey solo quiere una cosa.

Cuando la consiga y se quede satisfecho, empezará a aburrirse y saldrá a hacer otra conquista. Le conozco mejor que tú». La actriz le escuchó perpleja y abandonó el despacho acompañada de la señorita Koverman. Acto seguido, descargó toda su ira en Mickey. «¿Cómo te atreves a hacerme esto? ¡A mí, que fui un padre para ti! ¡A nuestro estudio, que fue tu familia, que te ha llevado hasta tu enorme éxito!», le gritó. El actor era la posesión más rentable de la Metro por su personaje de Andy Hardy, el ídolo del público juvenil americano. El empresario no iba a permitir que su boda con una explosiva aspirante a actriz perjudicara su imagen de chico bueno y afectara a la taquilla. Mickey le dijo que ya era un hombre adulto y que el público lo entendería, y añadió que Ava y él estaban muy enamorados. «¿No quieres escuchar razones? Muy bien. Entonces te lo prohíbo. Eso es todo. Te lo prohíbo», respondió su jefe fuera de sí. Mickey sabía que si quería, aquel hombre podía destruirle y arruinar su carrera como ya había hecho con otros actores. Aun así, no estaba dispuesto a renunciar a su amor y nadie le iba a impedir casarse con Ava. Finalmente Mayer, al ver su firmeza, cedió a regañadientes. No le interesaba arriesgarse a perder un filón de oro, y menos ahora con el anuncio de una guerra inminente. Pero le dejó bien claro que las cosas se harían a su manera.

«La boda se celebraría, pero la Metro impondría sus reglas —explicó la actriz—. Les Petersen, responsable de la publicidad de Mickey en el estudio, quedó encargado de todos los detalles, y persuadió a mi novio para que aceptara el plan de la Metro, que consistía en celebrar una pequeña, tranquila y discreta ceremonia, sin publicidad. Y yo, la sumisa futura esposa, dije a todo amén, aunque con ello destrozaba mi sueño de casarme de blanco y con una preciosa ceremonia. No eché de menos una boda por todo lo alto pero sí eché de menos el vestido.» Ava, que era muy romántica y soñaba despierta con una boda de cuento de hadas, se sentía decepcionada, furiosa y avergonzada. Para mayor humillación, le dijeron que no se molestara en invitar a ninguno de sus parientes de Carolina del Norte y que llevara un vestido sencillo y joyas poco llamativas.

El 10 de enero de 1942, poco después de cumplir los diecinueve años, Ava se casó con Mickey en una iglesia presbiteriana de Ballard, un pueblo pequeño de Santa Bárbara. La novia lucía un sombrero de plumas, un discreto traje azul y un ramillete de orquídeas prendido en la solapa. En el cuello un sencillo collar de perlas de dos vueltas, y unos pendientes de diamantes y perlas a juego. En su rostro se notaba su abatimiento y nerviosismo. Después de un intenso cortejo de seis meses se casaba a escondidas con una estrella de cine, rodeada de extraños y a miles de kilómetros de su casa. Solo asistieron seis invitados, entre ellos, el publicista Les Petersen, su hermana Bappie, que hizo de dama de honor, la madre de Mickey, y su padrastro. Cuando su suegra, una mujer dura y extravagante aficionada a las carreras de caballos, conoció a Ava, sus primeras palabras fueron: «Espero que aún no te haya llevado a la cama». Más adelante Ava solía recordar con simpatía esta anécdota y acabó llevándose muy bien con ella. Al finalizar la breve ceremonia el fotógrafo de la Metro se dispuso a tomar la foto oficial de la boda, y Petersen salió corriendo a buscar un pequeño taburete en el que Mickey se subió para estar a la altura de su esposa.

No hubo banquete de boda y los recién casados, tras despedirse de sus familiares, pusieron rumbo a la costa de Monterrey. Para sorpresa de Ava, el señor Petersen también les acompañaría en su luna de miel en calidad de agente de prensa y guardaespaldas. Ava se acabó tomando con humor la situación: «El pobre Les Petersen era el responsable ante el señor Mayer de conservar limpio e inmaculado el nombre de Andy Hardy. Y como a Mickey le encantaba beber, las apuestas y las chicas, no necesariamente en ese orden, era un trabajo muy duro, y tengo que añadir que perdono completamente a mi querido Les por lo que tuvo que aguantar», declaró la actriz. Fue Petersen quien había comprado el anillo de platino que Ava lucía en el dedo y hasta había elegido la inscripción «Te amaré siempre». También se encargó de reservar una romántica habitación para cuatro noches con nombre falso en el hotel Del Monte, en Carmel, donde pasarían su luna de miel.

Cuando finalmente Ava y Mickey se quedaron solos en la suite del hotel, comenzaron a beber champán para calmar los nervios. Ella intentaba retrasar el momento de meterse en la cama porque se sentía asustada: «No estaba preparada. Era virgen y para mí el sexo aún era algo sucio y no tenía ninguna experiencia. Temía estropearlo todo». En sus memorias, Mickey Rooney cuenta que aquella noche los dos acabaron bebiendo más de la cuenta y que él se quedó dormido mientras Ava se arreglaba para la ocasión en el cuarto de baño. Fue en su segundo día de casados cuando Rooney le hizo el amor y la joven se quedó «gratamente sorprendida». El actor, pese a su juventud, era un experto amante y según sus palabras «aquella noche con Ava fue una sinfonía de sexo». Tras la magia de su primera noche juntos, la actriz descubrió que Mickey tenía otras pasiones además del sexo. Su flamante y enamorado esposo se pasó buena parte de su luna de miel jugando al golf en los campos cercanos al hotel. La realidad era que Ava se encontró muy sola porque él apenas le prestaba atención, salvo por las noches cuando estaban en la cama. «Fue una luna de miel ideal —dijo Rooney—. Sexo y golf, golf y sexo.» Sin embargo, para Ava fue una dolorosa decepción. Solo veía a su marido durante las comidas, y el resto del tiempo lo pasaba en compañía «del pobre y paciente señor Petersen».

Después de cuatro días que Ava recordaría con rabia y dolor, la pareja partió en coche hasta San Francisco. La luna de miel había terminado y la Metro había programado al actor una serie de apariciones públicas para promocionar su última película de la serie de Andy Hardy. De nuevo se vio totalmente desplazada a un segundo plano mientras su esposo obtenía toda la atención de la prensa y el clamor del público. Las autoridades recibían a Mickey Rooney en cada ciudad que visitaban como a un «héroe» y se organizaron fiestas y elegantes banquetes en su honor. Ava, que desconocía la etiqueta y se sentía una extraña rodeada de políticos, empresarios y gente de la alta sociedad local, lo pasó muy mal.

El mejor recuerdo de la gira fue cuando de camino a Washington pudieron desviarse a Raleigh, donde su madre vivía con Inez y su marido en una modesta casa de Fairview Road. Molly se había vestido muy elegante para recibir a su famoso yerno y estaba feliz. La vivienda se llenó de familiares venidos desde muy lejos para conocer en persona a la gran estrella de Hollywood. Pese a que la madre de Ava estaba enferma disfrutó de la fiesta de bienvenida que prepararon a los recién casados y todos comieron su plato favorito, el pollo frito a la sureña. La actriz quedó muy agradecida a Mickey, quien se mostró especialmente atento con su suegra. La abrazó, la hizo reír a carcajadas con sus chistes e imitaciones, y hasta se animó a cantar en su honor un tema de su última película. Ava se despidió de Molly con lágrimas en los ojos porque intuía que no volverían a verse.

La última etapa de la gira fue Washington, donde la actriz

viviría la experiencia más extraordinaria desde que Mickey entró como un huracán en su vida. Habían sido invitados junto a otras grandes estrellas de Hollywood a la fiesta del sesenta cumpleaños del presidente Franklin D. Roosevelt en la Casa Blanca. Ava estaba muy nerviosa y nunca olvidó que durante unos minutos estuvo charlando con el presidente de Estados Unidos, el hombre del que su padre siempre había hablado como si fuera un dios. «Hace seis meses estaba en Wilson, Carolina del Norte, preocupada porque no sabía qué clase de trabajo como secretaria iba a encontrar, y ahora estoy aquí, en la Casa Blanca, siendo presentada con todos los honores al presidente de Estados Unidos y a la primera dama. Es verdaderamente un sueño», comentó incrédula.

Cuando regresaron a Los Ángeles la luna de miel llegó a su fin y empezó la vida de casados. Les Petersen se había encargado de encontrarles un apartamento en Westwood Village. Era sin duda más grande que el que había estado compartiendo con Bappie, pero no tenía el menor encanto. «Era más soso que la suite de un hotel», aseguró la actriz. Enseguida el estudio reclamó a su joven estrella para comenzar a rodar una serie de películas. Ava pasó de nuevo a un segundo plano y apenas veía a su marido. Cuando no estaba rodando en el plató, Mickey asistía a las carreras de caballos, jugaba al golf y salía de juerga con su pandilla de amigos. Mientras, ella seguía posando para los fotógrafos de la Metro y asistiendo a sus clases de dicción y arte dramático. Para la actriz el matrimonio era algo sagrado y para toda la vida, así la había educado su madre, pero él no estaba dispuesto a abandonar sus antiguas costumbres. Más adelante le confesó desencantada a un periodista: «Mickey Rooney pensaba, si es que llegó a pensar en ello, que un matrimonio podría funcionar al margen de su vida habitual: bebidas, fiestas, clubes, mujeres, corredores de apuestas, partidas de golf, sin mencionar el apretado ritmo de trabajo del estudio y la publicidad».

Al principio Ava asumió el papel de esposa hogareña ocupándose de la casa, planchando y cocinando para él algunos de sus platos sureños. Pero Mickey prefería cenar siempre fuera en Chasen's o Romanoff's, en medio del bullicio, el humo y rodeado de su camarilla de aduladores. «Ava entonces no hablaba mucho. Escuchaba con atención y al acabar yo, en la habitación reinaba un silencio de muerte. Ella se ponía a leer una revista o escribía cartas a su familia. Yo me volvía loco. Tenía que tener gente a mi alrededor, acción. No soportaba aquellas largas noches en casa», explicó el actor. Por el contrario, a ella le encantaba holgazanear en la cama hasta el mediodía, comer tranquila y escuchar discos durante horas echada en el suelo y siempre descalza. «La verdad es que los únicos momentos en que realmente soy feliz —escribió la actriz— es cuando no hago nada en absoluto. No entiendo a la gente a quien le gusta trabajar y hablan de ello como si fuera un puñetero deber. No hacer nada me hace sentir como si flotara en agua tibia. Delicioso, perfecto.»

Solo había una cosa que les unía a ambos: en la cama se entendían a las mil maravillas. De la mano de Mick —como ella le llamaba— descubrió el placer del sexo y deseaba hacer el amor con su esposo a todas horas. El actor, que nunca fue muy discreto a la hora de desvelar sus intimidades, dijo: «Ava fue una aplicada alumna y una vez aprendió a hacerlo bastaba una mirada, una risa... para despertar al animal que habitaba en ella... Había nacido para el sexo». Pero tal como el señor Mayer había advertido a la actriz, su inmaduro y engreído esposo era un insaciable mujeriego. Pronto Ava entendería el sentido de la frase que la secretaria del presidente de la Metro le había dicho en su despacho en Culver City refiriéndose a Mickey Rooney: «Un leopardo nunca cambia sus manchas».

Llevaban casados dos meses cuando Ava se despertó gritando en plena noche debido a un terrible dolor de estómago. Mickey llamó a una ambulancia y la llevaron al hospital. La operaron de apendicitis y permaneció ingresada durante una semana. Su esposo la visitaba con frecuencia cargado de regalos, libros y ramos de flores, pero cuando Ava regresó a casa encontró, según ella, suficientes pruebas de que durante su ausencia el actor había estado en su cama con otras mujeres. Mickey lo negó, pero la joven estalló, furiosa por los celos. Aquella noche, tras una larga discusión, la actriz recordaba que se besaron, se reconciliaron y siguieron adelante con sus vidas. Pero aquel incidente cuando se encontraba tan vulnerable y aún creía en su matrimonio sería el principio del fin de la relación.

Entre 1941 y 1945, Ava trabajó en una veintena de películas donde no aparece su nombre en los créditos porque era una más entre los cientos de secundarios. «Seguía siendo una de tantas *starlets* del montón —lamentó— y a veces aunque te peinaban y maquillaban ni siquiera salías en el plano.» A pesar de que continuaba asistiendo a clases y ya había perdido su marcado acento sureño, aún no dominaba los nervios y en el plató se mostraba torpe: «Recuerdo que me pasaba todo el tiempo intentando no echarme a llorar porque no sabía hacer lo que me pedían». En la primavera de 1942, Ava al fin consiguió pronunciar su primera frase en la pantalla. Hacía de camarera en la película *La última prueba* dirigida por Fred Zinnemann. Con voz grave y seductora sonrisa, preguntaba a la pareja protagonista: «¿Tomaréis algo de postre, chicos?». Su aparición en el filme duraba apenas veinticinco segundos y, aunque no era nada especial, en los planos cortos estaba deslumbrante. Pese a su evidente fotogenia y potencial artístico para el estudio, Ava solo era una chica preciosa y sexy más del montón y siguieron ofreciéndole papeles de figurante.

Louis B. Mayer nunca pisaba un plató, pero estaba al tanto de todo lo que les ocurría a sus estrellas. Sus espías hacían bien su trabajo. Por aquel entonces ya le habían informado de que el matrimonio de Mickey comenzaba a tambalearse. Preocupado siempre por la imagen de Andy Hardy, cuyas películas aún le daban suculentas ganancias, temía que el divorcio de su carismático protagonista podría ser nefasto para la serie. El productor siguió renovando el contrato a Ava y le aumentó el sueldo hasta ciento cincuenta dólares semanales. Para contentarla, también le dio un pequeño papel en la comedia *La casa encantada*, una película de serie B donde por primera vez su nombre apareció en los créditos. Mayer tampoco se opuso cuando Les Petersen le informó de que la joven pareja se iba a mudar a una mansión de alquiler con jardín y piscina de Bel Air.

La relación continuaba deteriorándose y la convivencia se volvió insoportable. Ava reconocía que seguía deseándole, pero las broncas y los reproches eran habituales. Para la actriz su matrimonio ya estaba roto y acusaba a su esposo de ser «un inmaduro, egoísta y de padecer de infidelidad crónica». También cuando se enfurecía le llamaba «enano engreído» delante de la gente. Pensando que un cambio de aires a una casa más confortable y donde tuvieran más espacio cambiaría las cosas, se mudaron al exclusivo barrio de Stone Canyon Drive. Pero no sirvió de nada. En aquellos días Rooney deseaba tener un hijo con Ava, quizá para salvar su matrimonio, pero la joven tenía terror a quedarse embarazada. Según la biógrafa Jane Ellen Wayne, el actor recordaba que una noche, después de hacer el amor, ella se levantó de la cama y, al llegar a la puerta del cuarto de baño, se volvió hacia él y le dijo: «Mickey, si alguna vez me quedo embarazada, te mato». Ava nunca quiso hablar de la razón de su miedo y tampoco le dio a su esposo ninguna explicación. Quizá su madre le había contado las penalidades que había sufrido en los partos —y la cesárea de urgencia que le practicaron para que ella viniera al mundo—, y veía la maternidad como algo doloroso y terrible. O pensaba que si se quedaba embarazada el estudio podría obligarla a abortar o romper su contrato.

Ava tenía veintiún años cuando comenzó a beber. Al llegar a Hollywood le sorprendió que el alcohol estuviera al alcance de todos los actores. «Estos chicos de atrezo que pululaban por los platós te ofrecían todo lo que necesitabas para una escena, pero todo, todo. Incluidas toda clase de bebidas: café, té, agua de Seltz y licores fuertes. Lo único que tenía que hacer era acercarme un poquito, arquear las cejas y me entregaban un discreto vaso de papel. Jamás supe lo que era, ni me importaba. Todo lo que sabía entonces es que metiéndome dos tragos rápidos en el cuerpo lograba calmar mi pánico», escribió en sus memorias. Mayer conocía las adicciones de sus estrellas, y no era ningún secreto que daba instrucciones a los médicos del estudio para recetar anfetaminas y somníferos a los actores y actrices sobrecargados de trabajo.

A esas alturas de su vida conyugal, la relación con Mickey había entrado en una etapa marcada por el sexo y la bebida. «Cuando pienso en aquel matrimonio, pienso en los clubes de noche, como el Palladium o el Cocoanut Grove. [...] Allí es donde aprendí a beber, a beber de verdad. Aunque todos los clubes eran estrictos con la venta de alcohol a menores, Mick me servía los dry martinis en tazas de café», dijo la actriz. El problema era que él estaba acostumbrado al alcohol, pero cuando Ava bebía en exceso se volvía una persona violenta y paranoica. La tímida y encantadora muchacha sureña podía convertirse de pronto en una histérica que se echaba a llorar y le gritaba obscenidades en público. En una ocasión, durante una de sus peleas, ella le lanzó un tintero a la cabeza. Otra noche que salieron juntos a cenar a Chasen's, Ava le dijo que se sentía cansada y que en cuanto acabara la cena quería regresar a casa. Al final tuvo que irse sola porque Mickey se hallaba muy ocupado firmando autógrafos. Había bebido demasiado y al llegar a casa estaba triste y furiosa. Entonces cogió un cuchillo de la cocina y empezó a rasgar los cojines del sofá y la tapicería de las sillas. Cuando Mickey llegó se encontró el salón destrozado y cubierto de plumas, y a Ava durmiendo plácidamente en su cama.

Al día siguiente ella se marchó de casa. Mickey nunca pensó que Ava pudiera abandonarle y se fue tras ella suplicándole que volviera. Ahora que no la tenía a su lado se dio cuenta de lo mucho que significaba para él. Añoraba su risa, la música de sus discos, su compañía y sobre todo no poder hacer el amor como antes. La llamaba continuamente, la perseguía por los platós, le mandaba flores con cariñosas notas y fabulosos regalos. Una mañana le envió a un mensajero con una gran caja alargada que contenía un abrigo de visón valorado en diez mil dólares. Pero Ava no atendía sus llamadas ni le abría la puerta cuando se presentaba en plena noche gritando su nombre en el apartamento de Westwood Village donde ahora vivía con Bappie. En septiembre la prensa informó de la separación de la pareja. Más adelante, la actriz, recordando a Mickey, comentó con ironía: «El marido más pequeño que he tenido y el error más grande que he cometido. Pero le debo una cosa a Mick, me enseñó a disfrutar del sexo. En la cama, siempre he sabido que estoy en un lugar seguro».

A Louis B. Mayer le inquietaba el estado en el que se encontraba Mickey. El actor apenas dormía, tenía unas marcadas ojeras, bebía mucho y había perdido peso. Decía que deseaba tanto volver con ella que se estaba volviendo loco. Ava se negaba a verle y seguía sin coger el teléfono cuando él la llamaba todas las noches. El productor, preocupado por la salud de su estrella y el escándalo que estaba a punto de estallar, llamó a la pareja y les suplicó que se reconciliaran en nombre del amor verdadero. Ava accedió a darle una nueva oportunidad, pero no funcionó. Mickey siguió con su antigua vida y sus inevitables conquistas que tanto daño le hacían. Ahora ya no era la joven tímida e ingenua que bebía batidos de chocolate mientras esperaba en la habitación de un hotel a que su esposo volviera de jugar al golf. La actriz había madurado y tenía más confianza en sí misma.

Una noche se encontraban en una fiesta en el Ambassador con un grupo de amigos de Mickey y todos bebieron más de la cuenta. Uno de ellos le dijo al actor: «Vamos, Mickey, ¿dónde está tu libreta con los teléfonos de las chicas? Anda, compártela con tus amigos». Rooney estaba tan borracho que sacó de su bolsillo una pequeña agenda negra donde guardaba los contactos de sus amantes y empezó a recitar sus nombres delante de su esposa. Ava, humillada y furiosa, se marchó sin decir palabra. En aquel instante supo que nunca podría vivir con un hombre tan egoísta y mujeriego como Mickey y que ya nada podría salvar su matrimonio.

El 15 de enero de 1943, a los pocos días de cumplirse el primer aniversario de su boda, Ava solicitó el divorcio. Renunció a la pensión alimentaria y aceptó el pago en metálico de veinticinco mil dólares —una modesta cantidad teniendo en cuenta que era uno de los actores mejor pagados de Hollywood—, además del abrigo de visón, su coche Lincoln y las joyas que le había regalado su marido. La Metro le prometió mostrarse agradecida con ella a cambio de que fuera discreta con la prensa y no aireara los trapos sucios de su estrella. Por su parte, el señor Mayer le aseguró que a cambio de no «exprimir» a Mickey le haría progresar en su carrera. «Éramos criaturas, solo unos niños, y nuestras vidas estaban manejadas por mucha gente. No nos habían dado ninguna oportunidad», lamentó Ava. Mickey confesó tiempo después: «Era demasiado joven para aceptar las responsabilidades del matrimonio. Perdí mucho dinero apostando a los caballos. No quería renunciar a las apuestas, las copas y las mujeres. Así perdí a Ava y siempre me arrepentí».

El mismo día que la actriz consiguió el divorcio, su madre fallecía a la edad de cincuenta y nueve años. Ava, completamente destrozada, asistió al funeral con su hermana Bappie en Smithfield y rezó junto a su tumba. Una muchedumbre se acercó hasta el cementerio para ver de cerca a la hija de Molly, cuya visita había sido anunciada en grandes titulares en el periódico local. «Fue un período muy confuso y triste en la vida de Ava —recordó una amiga de la infancia—. La muerte de su madre fue un golpe terrible. A pesar de sus diferencias, habían estado muy unidas y Ava lamentó no haberla acompañado en sus últimos momentos. Perder a la vez a la madre y al esposo fue muy duro para ella.»

Amores tóxicos

Cuando Howard Hughes leyó en el diario la noticia de que Mickey Rooney se separaba de su esposa, se quedó observando la fotografía de la atractiva morena de ojos verdes que posaba junto a él y pensó: «Esta chica será mía». Hughes aún no había cumplido los cuarenta años y era toda una leyenda en Estados Unidos. Hijo de un magnate del petróleo de Texas, al quedarse huérfano siendo un adolescente heredó una inmensa fortuna que le convirtió en uno de los hombres más ricos del mundo. Hábil y poderoso empresario, genial inventor y un temerario aventurero, representaba una rara avis en el mundillo de Hollywood. «Durante toda su vida solo sintió entusiasmo por cuatro cosas: el dinero, el cine, los aviones y las mujeres hermosas con pechos generosos... Por ello, obviamente, es por lo que yo entré en su vida», dijo Ava. Aparte de sus aireadas extravagancias, producía y dirigía películas de presupuestos faraónicos y más adelante compraría los estudios RKO. También le apasionaba la aviación, había batido récords de velocidad y fundado su propia compañía aérea. Pero sobre todo era conocido por su reputación de infatigable seductor y coleccionista de mujeres. Le apodaban «el Casanova de Hollywood» y por sus brazos pasaron estrellas como Jean Harlow, Olivia de Havilland, Ginger Rogers, Bette Davis y Katharine Hepburn.

Ava declaró que tras pedir la separación de Mickey «se sentía la chica más sola del mundo», así que cuando recibió la llamada de Howard Hughes para invitarla a salir aceptó encantada. Sin embargo, el hombre que acudió a la cita no era el poderoso magnate sino su ayudante de prensa Johnny Meyer, que también desempeñaba la labor de celestino. Le dijo a Ava que su jefe había tenido que atender un asunto urgente y el encuentro debería posponerse. En realidad Johnny estaba ahí para «tomarle las medidas» a la actriz y comprobar si era tan exuberante y atractiva como decían. El señor Meyer, un hombre bajito, grueso y calvo pero muy divertido, confirmó que la chica valía la pena. Entonces Hughes la telefoneó al día siguiente para disculparse y quedaron aquella misma noche. «En nuestra primera cita me invitó a cenar al Player's, un elegante club nocturno muy selecto en Sunset Boulevard, cuyo propietario era el famoso director Preston Sturges —dijo Ava—. Cuando llegamos el lugar estaba desierto. Lo había reservado todo, con orquesta incluida, para nosotros dos solos.»

Howard Hughes era el polo opuesto de Mickey. Moreno, alto y delgado, tenía un cierto aire a Gary Cooper. Vestía de manera informal y se mostraba reservado y hablaba poco debido a su ligera sordera. Ava calculó que era unos quince años mayor que ella —en realidad se llevaban diecisiete— y los dos habían nacido el mismo día, en Nochebuena. La actriz contó en repetidas ocasiones la divertida anécdota de que cuando él la llamó por primera vez, ella había creído que estaba hablando con Howard Hawks, el famoso director de cine. Hughes se tomó la confusión con sentido del humor y así supo que Ava, a diferencia de otras actrices, no había quedado con él por su fortuna. En conjunto ella lo encontró encantador, varonil y un tipo interesante. A Hughes le pareció distinta a todas las demás, y junto a su innegable atractivo sexual le gustó su fuerte temperamento. Cuando le pidió que tuvieran una segunda cita, ella aceptó enseguida y al poco tiempo se les veía juntos en los restaurantes y clubes de moda de Hollywood.

«Nos hicimos buenos amigos, y digo amigos porque no me atraía como amante. Era muy alto y apuesto pero tenía un grave problema: su higiene personal dejaba mucho que desear, y además corrían rumores de que tenía una enfermedad venérea. Así que un beso en la mejilla después de nuestra décima cena fue lo más lejos que llegó. Me dijo que estaba dispuesto a ser paciente», explicó la actriz. Pero Hughes no era de los que se daban por vencidos y la indiferencia de Ava le resultaba de lo más excitante.

Una noche, durante una romántica cena, le regaló una cajita de terciopelo que contenía un anillo con una gran esmeralda cuadrada. Ava se quedó sin palabras, y más cuando a continuación le dijo muy serio: «Quiero que te cases conmigo». Ella le respondió que no lo haría, que aún no estaba divorciada de Mickey y que no pensaba en un nuevo matrimonio.

Ava no estaba enamorada de Hughes ni nunca lo estaría. Para él el matrimonio era un juego de poder y no significaba nada. Mientras se declaraba a ella, el millonario alojaba en su mansión de Los Ángeles a una amante de diecisiete años y al mismo tiempo había instalado en otros puntos de la ciudad a varias mujeres a las que también cortejaba. Su ayudante Johnny Meyer solía ir a la estación de autobuses y de tren para elegir a las chicas más bonitas que soñaban con convertirse en estrellas. Hughes se hacía cargo de todos sus gastos, asistían a clases de interpretación, de baile y de canto, pero nunca les hacía una prueba. Las tenía escondidas en alguna de sus mansiones o apartamentos en Los Ángeles esperando a que él las llamara. La italiana Gina Lollobrigida fue una de aquellas chicas bellas e ingenuas que cayeron en sus garras, pero consiguió escaparse del apartamento donde los guardaespaldas de Hughes la tenían casi secuestrada y regresar a Roma. El millonario estaba tan ocupado con sus películas, viajes y diseño de aviones que la mayoría de las veces se olvidaba de ellas. Ava lo sabía y hablaba del «harén de Hughes», pero cuando estaba en su compañía se mostraba tan caballeroso y atento como si fuera «la única y más importante mujer de su vida».

Howard Hughes era capaz de hacer realidad todos los sueños de Ava. Con Mickey se había acostumbrado a llevar un lujoso tren de vida, pero lo que el magnate texano era capaz de conseguir la dejaba sin aliento. Si quería ir de compras a Ciudad de México, solo bastaba con llamarle y en unos minutos tenía un chófer a su disposición que la llevaba al aeropuerto, donde la esperaba un avión para ella sola. A su llegada, una limusina la conduciría al mejor hotel de la ciudad. Si deseaba pasar un fin de semana en Acapulco o comer en el mejor restaurante de Nueva York, solo tenía que decírselo y lo organizaba todo. Lo que no le gustaba de él era su cicatería con sus automóviles. Hughes se negaba a llevarla en alguno de sus elegantes Rolls-Royce y en vez de ello siempre la paseaba en un viejo y desvencijado Chevrolet. «No era un coche, era una ruina: lleno de golpes y sucísimo. Acostumbrada al Lincoln nuevo con el que Mickey me venía a buscar a casa, el trasto de Hughes me resultaba humillante, pero así era de extravagante», dijo Ava.

La actriz se dejaba agasajar, pero se trataba de un juego peligroso. Un día el millonario la invitó a pasar un fin de semana de ensueño en San Francisco. Preparó a conciencia todo un plan para seducirla. Reservó dos suites contiguas en el lujoso hotel Fairmount, la llevó de compras, le regaló un anillo de oro con zafiros y la condujo a un divertido club nocturno gay donde Ava lo pasó en grande. Ya de regreso en el hotel, Howard quiso que tomaran la última copa de champán juntos en su suite. Ella, que estaba cansada, le dijo «no, gracias» y se puso a leer tranquilamente las tiras cómicas de un periódico. Entonces Howard, molesto porque no le prestaba atención, dejó la copa y le arrancó violentamente el diario de las manos y lo tiró al suelo. «No di ningún grito. En tres segundos ya me había encerrado en mi habitación. Luego me senté encima de la cama, asustada y nerviosa. Lo que había empezado tan bien se había convertido en una noche terrible, verdaderamente terrible», lamentó Ava.

Al día siguiente fue Bappie quien despertó a Ava, que aún seguía encerrada en su habitación del hotel. Hughes la había llamado por teléfono de madrugada a Los Ángeles para decirle que fuera inmediatamente a San Francisco en uno de sus aviones privados para llevarse a su hermana de vuelta a casa. Cuando Bappie llegó al hotel, él le mostró una caja llena de joyas que parecía el tesoro de un sultán: anillos, pulseras, broches... valorados en más de un millón de dólares. Le dijo que estaba muy arrepentido por lo ocurrido y que si Ava se casaba con él podía quedarse con ellas. «He estado hablando con Howard, está desesperado. Me ha enseñado alguna de estas joyas que compró ayer para ti. Acabo de tener en mis manos un broche de oro macizo con incrustaciones de diamantes, esmeraldas y rubíes... Ava, por Dios santo, en toda mi vida no he visto joyas así. Entra en razón», le suplicó Bappie. Al igual que había hecho Mickey Rooney, el magnate había conseguido convertir a Bappie en su aliada. Pero Ava, que aún se sentía humillada, le respondió con su lenguaje habitual cuando estaba muy enfadada: «¡Dile que se joda!». A Howard Hughes le quedó claro aquel día que a Ava Gardner no podría comprarla como a otras con fabulosas joyas.

Bappie no podía entender que su hermana no aceptara casarse con un hombre apuesto, encantador y sumamente rico como Howard Hughes. Lo que ella ignoraba es que a medida que pasaban los meses su comportamiento se había vuelto cada vez más extraño y paranoico. Ava tenía la sospecha de que padecía algún trastorno psiquiátrico. Aparte de sus rarezas —comía exactamente lo mismo todos los días del año, un bistec con veinticinco guisantes—, su falta de higiene y su estrafalaria forma de vestir, comenzó a espiarla. «Me costó un tiempo descubrir quiénes eran aquellos hombres que se apostaban por turnos delante de mi apartamento o me seguían por la calle o aparecían en mi mismo restaurante. Howard me tenía vigilada las veinticuatro horas del día», reveló Ava. Lo que ella no sabía es que Hughes hacía seguir y vigilar a todas sus chicas. Cuando se lo comentó indignada, él lo negó todo.

Tras lo sucedido en San Francisco la actriz estuvo un tiempo sin hablarle, pero un día quedó con él para aclarar la situación. Ava le dijo que había sido muy honesta desde el inicio, que solo deseaba ser su amiga y continuar pasándolo bien en su compañía. Decidieron darse una tregua y entonces Hughes la animó a ir a Las Vegas, donde podría conseguir más rápidamente su divorcio de Mickey y «pasar página para ser de nuevo feliz». Al principio descartó la idea, pero finalmente pensó que sería bueno para poder seguir adelante con su vida. Hughes lo organizó todo y la actriz pasó seis tranquilas semanas en Last Frontier, un lujoso rancho en medio del desierto donde se dedicó a descansar, a beber y a refrescarse junto a la piscina. Sin que ella lo supiera, seguía estrechamente vigilada por los guardaespaldas mormones de Howard. Cuando consiguió el divorcio, regresó sin tardanza a Los Ángeles, donde ahora vivía con Bappie en un bungalow de dos dormitorios en Bel Air. Estaba feliz, guapa y bronceada. Le confesó a su hermana que se sentía una mujer nueva y, por primera vez en mucho tiempo, libre.

Ava siempre negó que hubiera mantenido relaciones sexuales con Howard Hughes, pero mentía. Al final de sus días acabó reconociendo lo que todo el mundo en Hollywood sabía. «No me acosté con Howard Hughes enseguida. Esperé a que fuera efectivo el divorcio con Mickey y él tuvo mucha paciencia. Durante el primer año le mantuve a raya y luego quise averiguar cuál era su secreto con las mujeres. Había oído tantas cosas de él, que si era bisexual, fetichista, que si era un adicto al sexo... Como amante, digamos que Howard Hughes fue una agradable sorpresa. No tenía la vivacidad de Mickey, ni su alegría entre las sábanas, ni la mía, para ser sincera. Pero él sabía cómo tomarse su tiempo con una mujer, era casi perfecto», le confesó Ava al periodista Peter Evans dos años antes de morir.

Hughes había conseguido al fin conquistar a la inalcanzable Ava Gardner, pero no del todo. Una vez más le pidió matrimonio y ella lo rechazó amablemente. Durante ese tiempo no renunció a ver a Mickey Rooney, con quien de vez en cuando tomaba una copa, lo pasaban bien y acababan juntos en la cama: «Sí, hubo una época en que me acostaba con Hughes y con Mickey a la vez. Solo era sexo; supongo que ya no era tan ingenua y me habían hecho mucho daño como para creer en el amor». Pero quien no podía soportar que Ava se viera con otro hombre era el propio Hughes, a pesar de que este había comenzado una relación con la actriz Yvonne De Carlo. Llevado por sus celos enfermizos, mandó colocar micrófonos en todas las habitaciones del apartamento de Ava e intervenir su teléfono. La llegó a amenazar de muerte si seguía viéndose con Rooney, pero ella le respondió que ahora era una mujer soltera y no tenía que dar cuentas a nadie sobre su vida privada.

Una noche Ava regresó tarde a su casa y se acostó enseguida. A la mañana siguiente tenía que estar en el estudio temprano para comenzar un rodaje. Llevaba un rato durmiendo cuando de repente se encendieron las luces y se despertó. Vio a Howard Hughes de pie junto a su cama mirándola fijamente. Al instante la actriz entendió que sus «espías» le habían informado mal y que pensaba que la encontraría con Mickey en la cama. Al comprobar el error, no supo cómo reaccionar. Ava, en cambio, se puso una bata y salió del dormitorio muy excitada y gritándole. «¡No quiero que me espíen, maldita sea! ¡No soy una jodida propiedad tuya!» Entonces Hughes se abalanzó sobre ella y la abofeteó empujándola contra el sofá. El golpe le lastimó un ojo y sentía un gran dolor en la mandíbula. Ava, fuera de sí, agarró una pesada campana de bronce que encontró a su alcance y se la lanzó a la cabeza. El hombre se desplomó hacia atrás y comenzó a sangrar. «Cayó al suelo en medio de un charco de sangre. Creí que le había matado. Pedí ayuda al estudio, y el incidente llegó a oídos de Ida, la secretaria del señor Mayer. Enseguida enviaron a unos hombres que lo limpiaron todo y a mí me sacaron casi en volandas del apartamento. A Hughes se lo llevó una ambulancia. Louis B. Mayer quería evitar a toda costa que el nombre de su compañía se viera implicado en un escándalo de tal magnitud; mi seguridad no le preocupaba lo más mínimo», le contó a Peter Evans.

Howard Hughes, que había sobrevivido a tres graves accidentes de aviación, estuvo a punto de morir a manos de una enfurecida Ava. Acabó con varios puntos de sutura en la frente y algún diente roto. Ella, con un ojo hinchado y morado. Tras el incidente, continuó un tiempo llamando a la actriz, que no conseguía librarse de él. «No sentí ningún remordimiento. Para mí no era más que un maldito maltratador de mujeres», comentó aún traumatizada por lo ocurrido. En verano de 1944, el magnate sufrió un aparatoso accidente de automóvil y recibió otro fuerte impacto en la cabeza al salir despedido a través del cristal del parabrisas. «Había indicios cada vez más claros de daños cerebrales, de problemas congénitos y un serio trastorno obsesivo compulsivo. El propio Hughes reconoció que estaba sufriendo una crisis nerviosa», escribió el biógrafo Lee Server. Un día de octubre, desapareció sin dejar rastro y durante un tiempo nadie supo qué había sido de él. «La relación entre nosotros dos iba a convertirse en un culebrón que no acabaría aquí. Hughes entraría y saldría de mi vida durante al menos veinte años», explicó la actriz.

Cuatro años en Hollywood le habían traído poca felicidad. Había fracasado en su matrimonio, seguía encadenada a la Metro y su aventura con el excéntrico millonario había tocado fondo. El estudio solo le ofrecía pequeños papeles y aún la consideraba una actriz de reparto de películas de serie B. Lo único positivo es que tras el divorcio de Mickey y la desaparición de Hughes había recuperado la libertad y tenía ganas de pasarlo bien. En aquellos días solía salir por las noches con su amiga Lana Turner a tomar unas copas en Ciro's o a bailar al Mocambo. La rubia y glamurosa actriz era una de las sex symbols de la Metro y arrastraba la fama de ser una auténtica «devoradora de hombres». A sus veintitrés años ya se había divorciado en dos ocasiones y entre sus conquistas se encontraban algunos de los más apuestos galanes del momento como Clark Gable, Errol Flynn y Tyrone Power, del que se enamoró perdidamente. Ambas compartían risas, chismes y en ocasiones parejas. La Turner había tenido una aventura con Mickey Rooney antes de casarse con Ava, y también había sido una codiciada presa de Howard Hughes, pero el rico texano se quedó con las ganas. Lana, altiva y siempre elegante, no entendía cómo Ava podía salir con un hombre que «no usaba desodorante, comía como un cura y vestía como un vagabundo».

En 1945, la suerte de Ava cambió. Una de esas noches en las que acudió a bailar al club Mocambo, en Sunset Boulevard, se le acercó el guionista y productor Philip Yordan, que la había conocido cuando ella trabajaba como extra en una de sus películas. Le comentó que estaba escribiendo el guion de la película *Señal de parada* para la United Artists y que había pensado en ella. El proyecto le interesó desde el primer instante, y más cuando Yordan le dijo que interpretaría el papel protagonista junto al actor George Raft. Daría vida a Mary, una hermosa mujer de oscuro y misterioso pasado, un papel que le resultaba muy atractivo. Yordan habló con la Metro y el estudio le cedió encantado a su actriz de reparto. El director de la película, Léonide Moguy, se dio cuenta enseguida de que la joven apenas tenía experiencia y trató de resaltar su fuerza erótica con una cuidadosa iluminación y provocativo vestuario. Hubo que repetir muchas tomas hasta conseguir que Ava actuara de forma más natural, pero aun así estaba tan tensa y nerviosa que el resultado dejaba mucho que desear. Por su parte, George Raft —que le doblaba la edad y más parecía su padre que su amante— tampoco era entonces un buen actor. En una de las escenas Ava le dio un apasionado beso con la boca abierta que dejó a todo el equipo asombrado. Finalmente Yordan se vio obligado a reescribir alguna secuencia y a acortar los diálogos de la actriz. La película se terminó en seis semanas y la productora decidió estrenarla sin darle mucha publicidad, convencida de que sería un auténtico fracaso.

Ava sentía que había hecho un gran ridículo, y pese a que el director había sido muy amable y comprensivo con ella, reconocía que el papel le venía grande. Una noche, tras el estreno de la película, entró a hurtadillas en una sala de cine donde la proyectaban oculta tras unas gafas de sol y un pañuelo en la cabeza. Estaba horrorizada al verse tan rígida y carente de dramatismo en la pantalla, pero cuando llegó la escena del beso el público masculino reaccionó entusiasmado exclamando: «¡Qué

mujer!» o «¡Dios mío, es soberbia!». «Fue mi primer papel protagonista y conseguí que se fijaran en mí. Después de años de
ser la muñeca de porcelana de la Metro Goldwyn Mayer, ya
había roto el molde, y aunque yo no lo sabía, estaba a punto de
dar el salto», dijo la actriz. Para sorpresa de todos, las críticas
fueron buenas. La revista *Variety* escribió: «Ava Gardner realiza
su mejor trabajo hasta la fecha». Regresó al estudio con la cabeza bien alta, convencida de que ahora la valorarían más. Pero
no fue así y su carrera siguió estancada.

En aquellos días, le presentaron en el club Mocambo al
famoso clarinetista y director de orquesta Artie Shaw, el hombre que hacía bailar a todo Hollywood. Alto, moreno, elegante
y muy culto, a sus treinta y cuatro años ya se había coronado
como el «rey del swing». Ava era una fan de él; tenía todos sus
discos, iba a ver sus actuaciones y conocía al dedillo sus temas
más conocidos como *Begin the Beguine* y *Frenesí*. La actriz estaba tan emocionada como si acabara de conocer a un ídolo de
su juventud. Además, le resultó muy atractivo: «¡Oh, Dios mío!
—pensé—, ¡qué hombre tan guapo! Artie era apuesto, bronceado, muy confiado y no paraba nunca de hablar. [...] Pero era
tan afectuoso y encantador que me enamoré de él a la primera.
Conmigo siempre sucedía así, o inmediatamente o nunca».

Por su parte Artie Shaw también quedó impresionado. No
sabía que Ava era actriz ni la había visto nunca, pero le pareció
increíblemente hermosa. Los dos charlaron toda la noche y lo
pasaron muy bien. En esta ocasión fue ella quien tomó la iniciativa y le propuso irse de allí y tomar una copa en algún sitio
más tranquilo. A Shaw se le antojó una fantástica idea y a partir de esa noche comenzaron a salir juntos a locales discretos,
donde podían disfrutar de algo de intimidad y relajarse. Ava se
sentía fascinada porque Artie era el primer hombre culto e inte

ligente que había conocido. Un intelectual y un genio de la música, capaz de tocar, componer y dirigir. A diferencia de Howard Hughes, que era un declarado racista, Shaw fue el primer director de orquesta de jazz que contó con artistas negros, entre ellos la gran Billie Holiday. Pero además de por su brillante carrera, Artie se había hecho célebre por su agitada vida sentimental. Casado en cuatro ocasiones, era un consumado donjuán. Su más tempestuoso matrimonio había sido con Lana Turner y duró apenas unos meses. Ava lo sabía, pero estaba colada por él. Una noche Artie la llevó a un pequeño y romántico restaurante italiano y al final de la velada, mirándola a los ojos, le dijo: «Ava, creo que física, emocional y mentalmente eres la mujer más perfecta que he conocido. Y te aseguro que me casaría contigo esta misma noche, si no fuera porque me he casado demasiadas veces hasta ahora».

A la actriz, que conocía la fama de Shaw con las mujeres de «amarlas y dejarlas», le sorprendió que durante las primeras semanas que estuvieron saliendo juntos no le pidiera que se acostara con él. El músico la trataba con gran caballerosidad y cada noche la dejaba en la puerta de su bungalow de Bel Air y se despedía con un casto beso en la mejilla. «Pasamos los ocho o nueve meses saliendo a cenar, bailando y hablando por los codos. Pero nada más. Las manos fuera. Luego decidimos que si íbamos a tener una aventura amorosa sería mejor que fuera de verdad, así que me mudé a su enorme casa estilo Tudor en Bedford Drive, Beverly Hills», cuenta Ava. Cuando llegó a oídos de Louis B. Mayer que la señorita Gardner se había ido a vivir con su amante, se enfureció e intentó persuadirla de que suponía un grave error. Bappie también hizo todo lo que pudo para disuadir a su hermana y le advirtió que ahora que su carrera estaba despegando lo que menos le convenía era un escándalo. En la Metro se aceptaba el divorcio, pero no que sus actrices «vivieran en pecado». Mayer podía haber despedido a Ava por romper la cláusula de moralidad de su contrato, aunque el éxito de *Señal de parada* le disuadió.

Cuando Artie conoció a Ava le abrió su corazón y le contó que acababa de salir de una profunda depresión. Al estallar la guerra se alistó en la Marina, donde dirigió una orquesta militar para levantar la moral a las tropas destacadas en el Pacífico. Los soldados lloraban cuando escuchaban tocar los viejos éxitos de Shaw en medio de la jungla. En 1944 regresó a Estados Unidos, pero le costó mucho adaptarse a la vida civil. Se encontraba emocionalmente hundido, y durante un tiempo no pudo quitarse de la mente las imágenes de los heridos y los muertos a su alrededor. Apenas dormía, no tenía apetito y se pasaba el día en la cama. Un amigo le llevó a la consulta de una psicoterapeuta nada convencional, May Romm, una refugiada europea que entonces vivía en Los Ángeles. Tras unos meses de terapia, el músico se recuperó y pudo seguir con su vida. Ahora estaba formando una nueva orquesta con la que saldría de gira por California, Chicago y Nueva York, y Ava le acompañaría. La orquesta de Artie tocaba cada noche en un lugar distinto, y la actriz, que se había olvidado de su carrera, se sentía feliz por primera vez en mucho tiempo. Amaba el jazz, disfrutaba de los ambientes nocturnos de los locales donde actuaban, bebía bourbon y fumaba entre bastidores mientras se dejaba llevar por el ritmo de la música. Artie, en cambio, odiaba las giras y el tener que interpretar siempre los temas que le pedían sus fans. «Él era un músico serio y un genio del clarinete —declaró Ava—. Odiaba la gente para la que tocaba con su orquesta, un montón de adolescentes que no paraban de bailar y masticar chicle.»

La actriz seguía muy enamorada del músico, pero al regresar de la gira y vivir juntos de nuevo en su mansión en Beverly Hills se dio cuenta de que era un hombre problemático que arrastraba muchos traumas. Su amiga Lana Turner, le advirtió: «Es el hombre más vanidoso, arrogante y desagradable que he conocido». Pero Ava había caído rendida a sus encantos y no la creyó. A Shaw le consternaba la falta de cultura de la actriz y que solo sintiera interés por bailar, escuchar discos, leer las revistas de moda y estar al tanto de los últimos chismorreos del estudio. Se sorprendió al descubrir que los dos únicos libros que la actriz había leído en su vida eran la Biblia y *Lo que el viento se llevó*. Para llenar este vacío se empeñó en culturizarla. Le hizo leer a Dostoievski, Thomas Mann, Darwin y Freud, entre otros. «Me organizó un cursillo acelerado: conferencias, seminarios, música clásica, libros y más libros. Me matriculó en cursos de literatura y economía por correspondencia en la Universidad de California. Todo tenía que hacerse según su voluntad y le hacía caso porque le amaba.»

Artie era un ferviente defensor del psicoanálisis y la convenció para que visitara tres veces a la semana a su terapeuta May Romm. Le dijo que esas sesiones podrían ayudarla para descubrir el origen de su inseguridad y enfrentarse a sus propios fantasmas. Para el músico la Metro era una institución degradante e intentaba apartar a Ava del frívolo ambiente de Hollywood. «Entonces creía que Artie estaba enderezando mi vida al cultivar mi mente y mi espíritu, pero la verdad, me lio aún más», explicó ella. La actriz conoció a médicos y psiquiatras del círculo de May Romm y le pidió a uno de ellos que le hiciera un test de inteligencia. Para su tranquilidad descubrió que aunque Artie la trataba como si fuera tonta, su coeficiente intelectual estaba por encima de la media. En sus memorias la actriz recordó sin rencor aquellos meses en los que asistió a terapia: «El psicoanálisis me resultó de gran ayuda y todavía me sigue ayudando». Sin embargo, los amigos que la frecuentaron en aquel tiempo comentaron que a Ava le afectó negativamente. «Nos decía que los psiquiatras la estaban confundiendo aún más y que se sentía mucho más insegura y vulnerable», declaró alguien cercano a la actriz.

Desde el comienzo de su relación Ava había mostrado un gran complejo de inferioridad al lado de Shaw. «Mi vergüenza y mi ignorancia me llevaron hasta el punto de mentirle acerca de mi edad cuando nos conocimos. Creía que si me quitaba un año, le resultaría más fácil aceptarme como era.» El músico le reprochaba continuamente su falta de cultura y el que no hubiera aprendido nada en la escuela. Tenía poca paciencia y no dudaba en ponerla en evidencia delante de los demás. «El auténtico problema de Artie es que era un machista y un narcisista. Lo único que era capaz de decir de Ava era que tenía un culo precioso. Elogiaba su físico, pero nunca demostró ningún interés en ella como persona; la trataba como si fuera estúpida. Le preguntaba algo y acto seguido decía: "¡Oh, olvídalo, no lo entenderías!". Él la despreciaba intelectualmente y se lo hacía pasar muy mal», recordó el novelista Budd Schulberg, amigo del músico.

Todo Hollywood pensaba que la aventura de Ava con el famoso director de orquesta pronto llegaría a su fin. Algunos amigos invitados a sus fiestas fueron testigos de sus peleas y ataques verbales. En una ocasión en que celebraban una reunión en casa, estaban todos relajados charlando y bebiendo cuando la actriz, como hacía siempre, se quitó los zapatos y se quedó descalza. Artie se la quedó mirando con frialdad, y exclamó: «Por Dios, ¿qué haces? ¿Acaso crees que aún estás en los campos de tabaco?». Ella se ruborizó, empezó a temblar y se echó a llorar. Muchos no entendían cómo Ava, que había plantado cara a Howard Hughes lanzándole un objeto a la cabeza, no reaccionaba ante la forma tan humillante como la trataba Shaw. La gran diferencia era que lo amaba profundamente. Por aquella época la actriz empezó a beber en serio, no por placer sino para evadirse de la tiranía y el maltrato psicológico de Artie. Su autoestima estaba por los suelos, creía que no valía nada; incluso pensó en serio en dejar el cine y regresar a Carolina del Norte.

El departamento de publicidad de la Metro consiguió durante un tiempo que las revistas de cotilleos no publicaran la noticia de que Ava vivía con el director de orquesta Artie Shaw porque, según ellos, se trataba de «algo transitorio». Pero a medida que pasaban los meses las temidas columnistas de chismes Louella Parsons y Hedda Hopper no dejaban de preguntarse «¿cuándo se casará la feliz pareja?». Ava reconoció que ninguno de los dos había pensado en el matrimonio, pero la presión de la prensa y del estudio era muy grande. Finalmente se casaron el 17 de octubre de 1945 en una ceremonia íntima celebrada en la casa de un juez de Beverly Hills. La actriz llevaba un traje chaqueta azul oscuro con un ramo de orquídeas no muy diferente al de la boda con Mickey Rooney. «Para Artie era su quinto matrimonio y para mí, el segundo. No teníamos ningún interés común, pero estaba loca por él. Pensaba que el amor podía curarlo todo y que al casarnos la relación mejoraría», explicó la actriz.

Pasaron la luna de miel en el lago Tahoe, en Nevada, y luego continuaron viaje a Nueva York porque Artie debía actuar con su orquesta en el teatro Paramount. Ava tenía mucho tiempo para pasear y quería impresionar a su esposo, por lo que se dedicó a recorrer algunas librerías de Manhattan. Un día compró una novela titulada *Por siempre Ámbar* de la escritora Kathleen Winsor, que era un gran éxito de ventas. Cuando el músico la vio, se enfadó con ella y le gritó: «Si vuelvo a pillarte leyendo esta basura, te echo a la calle». Con el tiempo Ava recordó esta anécdota con humor porque la señorita Winsor se convirtió en la siguiente esposa de Artie Shaw.

Pasaban los meses y la Metro seguía sin ofrecerle un buen papel. Ava tenía veintitrés años y sentía que su carrera no avanzaba. Pero en mayo de 1946 llegó la oportunidad que tanto estaba esperando. El productor y periodista Mark Hellinger, que trabajaba para el estudio Universal, se puso en contacto con ella. Quería que fuera la protagonista de la película *Forajidos*, basada en un relato del escritor Ernest Hemingway. Pensaba que Ava estaría perfecta en el papel de Kitty Collins, la provocativa y malvada novia de un gángster a quien traiciona y lleva a la perdición. El director Robert Siodmak quiso hacer una prueba previa a Ava y al primer actor, Burt Lancaster, para comprobar si existía química entre ellos. Eligió una escena de amor para que la interpretaran ante un reducido equipo de filmación. Para Burt se trataba de su debut en el cine y no estaba acostumbrado a representar una escena tan íntima frente a las cámaras. Atlético, varonil y muy atractivo, a sus treinta y dos años el actor se sentía tan nervioso como Ava y en la prueba ocurrió un pequeño contratiempo. Años más tarde, un cineasta francés le preguntó al actor qué sintió al besar por primera vez a Ava Gardner en aquella prueba. Este, sin pensarlo, respondió muy orgulloso: «¡Tuve una erección!». Al parecer el incidente no pasó desapercibido para los demás miembros del equipo, que se echaron a reír. Ava también se lo tomó con humor y lo consideró un cumplido.

«Hasta que hice el papel de Kitty Collins nunca había trabajado muy duro en el cine. No tenía ninguna ambición por ser una actriz de verdad. No era más que una chica que había tenido la suerte de encontrar trabajo en Hollywood. Hacer el papel de Kitty cambió todo eso, me enseñó lo que significaba intentar una interpretación seria y convincente. Me hizo sentir que, después de todo, tal vez tuviese un poco de talento en aquel campo», declaró la actriz. Ava encontró en Siodmak, un gran director alemán de películas de suspense, el apoyo y la seguridad que tanto necesitaba. Fue su maestro y la ayudó a vencer su inseguridad, a modular la voz y a transmitir emociones con veracidad. El primer día del rodaje la actriz se presentó maquillada al estilo de las grandes producciones de la Metro. Al verla el director se quedó horrorizado y la mandó a que se lavara la cara. Ava regresó con el rostro al natural y estaba bellísima. Durante mucho tiempo el director se refirió a la Gardner como la primera actriz adulta que aceptó rodar bajo sus órdenes sin maquillaje. «Tenía un cutis perfecto y todo lo que hicimos fue frotarle la piel con un poco de vaselina para conseguir un efecto más brillante. Como la película era en blanco y negro, el contraste de su cabello moreno y el tono suave marfil de su piel resaltaba el misterio y la sensualidad de su personaje», recordó el jefe de iluminación.

Siodmak, fascinado por Ava, también cuidó mucho su vestuario. La diseñadora Vera West realizó el sugerente vestido de noche en satén de color negro a juego con sus largos guantes, que resaltaba la blancura de su piel. Bastó una sola escena, donde la actriz aparecía cantando con voz profunda y sensual y con aire de vampiresa, para que el público la elevara a la categoría de las diosas del amor del Hollywood de los años cuarenta como Rita Hayworth, Lana Turner o Maureen O'Hara. «Con el paso de los años, mucha gente me ha dicho que *Fora-*

jidos fue la película que me encaminó hacia el estrellato, que definió mi imagen de mujer seductora y sexy con vestido largo escotado, apoyada sobre un piano y prendiendo fuego al mundo —contó la actriz—. Tal vez sea cierto, tal vez no, pero en aquel momento eso no me interesaba en lo más mínimo porque estaba enamorada de Artie Shaw.»

Mientras la carrera de Ava comenzaba a despegar, en su vida privada se enfrentaba a una grave crisis matrimonial. Artie trabajaba de noche y ella tenía que madrugar para asistir a los rodajes. Se veían muy poco y cuando coincidían en casa, él esperaba que se comportara como una esposa y le tuviera preparada la cena. Durante el rodaje de *Forajidos* se mostraba encantadora y alegre con todos; incluso les contaba orgullosa que se había matriculado en un curso por correspondencia de literatura inglesa y de economía y que estaba leyendo a Freud. En el plató se llevaban muy bien, no había divos ni discusiones, y el equipo la adoraba por su sencillez y simpatía. Nadie intuía el mal momento que la actriz atravesaba y que le estaba afectando a la salud. Debido al estrés adelgazó varios kilos y volvieron los dolores agudos de estómago que padecía desde hacía años. «Intentaba disimular, pero la realidad es que mi vida con Artie había tocado fondo —confesó—. Me humillaba constantemente delante de sus amigos diciéndome que me callara; si intervenía en la conversación me decía que no tenía ni idea de lo que estaba hablando. Acabé sintiéndome tan nerviosa y acomplejada que no abría la boca para nada. Entonces aún se enfadaba más y me gritaba: "¿Eres muda?". Yo me sentía morir y la situación resultaba muy tensa para todo el mundo.»

Artie odiaba Hollywood y le enfurecía el control que ejercía Louis B. Mayer sobre sus actores. En el pasado, cuando estaba casado con Lana Turner, se había enfrentado al magnate

de la Metro, quien un día se presentó en su casa para comprobar que el músico «tomara las medidas adecuadas para no dejar
embarazada a su estrella más sexy». La relación con Lana, que
era la típica reina de los estudios mimada y consentida, le había
hecho aborrecer el mundo de las estrellas de cine, donde ahora
Ava se movía a sus anchas. La reconocían por la calle, tenía fans
y empezó a usar gafas negras y un pañuelo en la cabeza para
pasar desapercibida. «Artie me dijo una vez que no podría respetar a una mujer que se ganara la vida como estrella de cine:
la actuación cinematográfica no tiene nada que ver con el talento, se trata solo de luces y buenos pómulos», recordaba Ava.
El músico no quería tener a otra estrella a su lado; solo deseaba
irse a vivir a Nueva York, seguir componiendo y convertirse
en escritor.

Durante la primavera de 1946, sin previo aviso, Artie Shaw
le dijo que se mudaban. El músico decidió vender su mansión
de Bedford Drive para trasladarse a una casa más modesta que
había alquilado en Burbank, cerca de la Warner Bros. A Ava no
le gustaba el lugar ni la nueva vivienda, que era pequeña y
poco confortable. Del disgusto, apenas comía y seguía bebiendo mucho. Las discusiones y la fría relación que mantenían
llegaron a tal punto que ella ya no compartía la cama con su
esposo y prefería dormir en el sofá. Un día después de una
fuerte pelea, se fue a vivir a casa de su amiga Minna Wallis.
«Tuve que abandonarle porque me estaba anulando», reconoció la actriz. Sin embargo, para Ava era una separación mo-
mentánea porque a pesar de todo seguía amándole. Creía que
debían darse un tiempo y reflexionar, y quizá las cosas volverían a ser como antes. Pero Artie estaba aburrido y cansado de
ella. Según él, habían comenzado a distanciarse por culpa de Ava,
que había decidido no elegirle a él sino a Hollywood. Insistía

en mudarse a Nueva York, pero Ava no quiso acompañarle. «Si me voy ahora, se olvidarán de mí», le dijo. Había trabajado duro para que la tomaran en serio como actriz y no estaba dispuesta a abandonarlo todo.

Vivía en la casa de su amiga Minna cuando un día recibió una llamada de Artie. Le comunicó que se encontraba en su oficina de Beverly Hills y le preguntó si podía acercarse porque tenía algo importante que decirle. Fue muy amable con ella y por el tono de su voz Ava pensó que querría reconciliarse. Cuando llegó a su despacho él la estaba esperando y le pidió que tomara asiento. Entonces con una amable sonrisa le dijo: «Ava, ¿tendrías algún inconveniente en que fuera a México para arreglar un divorcio rápido?». Ava se quedó sorprendida pero le respondió: «Sí, claro». Luego se enteró de que Artie tenía tanta prisa por conseguir el divorcio porque iba a casarse con la novelista Kathleen Winsor.

El 16 de agosto de 1946 la actriz presentó la demanda de divorcio acusando a Artie de crueldad y de haberle causado «un grave sufrimiento mental». Pidió recuperar su apellido de soltera y renunció, como había hecho con Mickey, a exigir la mitad de sus bienes. Su segundo matrimonio había durado un año y una semana. La dolorosa ruptura coincidió con el lanzamiento de su carrera como actriz. *Forajidos* se estrenó en Nueva York el 28 de agosto de 1946, el mismo año que *Gilda*, protagonizada por una deslumbrante Rita Hayworth. Los espectadores no sabían a quién elegir entre las dos mujeres fatales más seductoras de la gran pantalla: Gilda, con su larga melena color fuego y piernas interminables, y Kitty Collins, una morena de diabólica belleza y piel de alabastro. La Universal apostó por la película resaltando el protagonismo de Ava Gardner y se hizo una gran campaña de publicidad. Sobre la fachada de un cine en Broadway se podía ver un enorme cartel con su imagen de cuerpo entero luciendo su vestido negro de escote generoso y mirada misteriosa. Debajo del anuncio se leía: «Algunos hombres nunca sabrán que... las mujeres también pueden ser unas ASESINAS».

Forajidos obtuvo un enorme éxito de público y de taquilla. Las críticas también fueron muy favorables. La revista *Life* le dedicó varias páginas y elogiaba su actuación. Consiguió el premio de la revista *Look* a «la actriz más prometedora de 1947» y Ernest Hemingway dijo que era la primera película basada en una de sus obras por la que sentía una sincera admiración. De repente la chica sureña a la que nadie había prestado atención estaba a punto de entrar en el panteón de las diosas de Hollywood.

LA VENUS IMPERFECTA

«Estaba muy enamorada. Le adoraba y le idolatraba y no creo que nunca llegara a comprender el daño tan profundo que me hizo», confesó Ava refiriéndose al terrible maltrato psicológico que sufrió a manos de su segundo marido. Los meses siguientes a su divorcio fueron un período confuso para la actriz, que se mostraba caprichosa e imprevisible. Se mudó varias veces de apartamento y se hizo asidua de todos los locales nocturnos y clubes de jazz de Hollywood o Central Avenue. Su amiga, la actriz Ann Miller, recordó: «Fueron Artie y todos esos psiquiatras y el hecho de que de repente se convirtiera en una gran estrella. Supongo que fue demasiado para ella. Se transformó en una niña salvaje y se comportaba como tal». Llevaba meses recluida, dedicada por completo a satisfacer a Artie, y ahora tenía ganas de pasarlo bien. Le encantaba la vida nocturna y era clienta asidua del Ciro's, el local de moda en Hollywood. Solía regresar a casa cuando ya estaba amaneciendo. Le costaba dormir y se quejaba de que padecía insomnio, aunque algunos amigos recordaban que lo que le daba pánico era dormir sola. A menudo pedía a personas a las que apenas conocía que la acompañaran a su casa y se tendieran a su lado en la cama hasta que lograra conciliar el sueño.

Tras finalizar el rodaje no le habían ofrecido otro papel, y se dedicó a la promoción de la película. Un fin de semana unos amigos la invitaron a la casa del director John Huston, que vivía en un rancho apartado del Valle de San Fernando, a una hora en coche de Beverly Hills. Ava le conocía solo de nombre porque había colaborado en el guion de *Forajidos*. El cineasta se había quedado literalmente fascinado por su belleza felina y magnetismo cuando la vio dando vida a la perversa Kitty Collins. Se cayeron bien al instante. John tenía entonces cuarenta años, era muy alto, delgado y desgarbado. Fumaba puros y bebía tanto como ella. Por la noche, tras una deliciosa cena y animada charla entre amigos, John, que iba muy borracho, empezó a acosarla. Ava recordaba que el director se lanzó a perseguirla como un loco por el extenso jardín que rodeaba el rancho hasta que ella se tiró vestida a la piscina para escapar de él. Huston se rio a carcajadas al ver la reacción de la actriz, pero a ella la broma no le hizo ninguna gracia. Empapada hasta los huesos, maldiciéndole y con varias copas de más, Ava pidió a sus amigos que la llevaran en coche de regreso a su casa. Tendrían que pasar aún muchos años para que John Huston dirigiera a la actriz en la película *La noche de la iguana* y se reconciliara con él.

Ava vivía ahora en una casita de dos plantas en Olympic

Boulevard, en un extremo de Beverly Hills. Alquiló el ático del segundo piso y contrató a una joven sirvienta negra, Mearene Jordan, a quien la actriz llamaba Reenie. «Supuestamente era mi doncella, pero fue una de las mejores amigas que he tenido, y mi confidente —explicó la actriz—. Era pequeña y bonita, con una risa contagiosa y una maravillosa habilidad para hacer frente a todos los avatares de la vida. Desde el primer momento nos llevamos bien y pasó media vida conmigo.» Reenie fue un miembro más de la familia y trabajó para Ava durante casi treinta años en Los Ángeles, Madrid y Londres. A pesar de las peleas y discusiones que tuvieron, ella siempre estuvo a su lado. «A Ava jamás le importó el color de la piel de la gente, simplemente le caías bien o no —dijo Reenie, que había vivido en carne propia la segregación racial en su Saint Louis natal—. No tenía prejuicios como otras damas blancas para las que había trabajado. Para ella el racismo era algo absolutamente absurdo.»

En la planta baja vivía la joven actriz Candy Toxton, que recordaba que por aquella época Ava tenía un aspecto muy triste y escuchaba a todas horas los discos de Artie Shaw. «Salía mucho de noche, a veces llegaba al amanecer; era tan guapa que todos querían salir con ella, todos se enamoraban de ella. Sin embargo, en ocasiones parecía que se burlaba de ellos porque concertaba dos citas en su apartamento en una misma noche y a veces los dos pretendientes se cruzaban en el vestíbulo como si fuera un cambio de guardia. Creo que no lo hacía con maldad, solo se divertía porque aún tenía el corazón roto», comentó su vecina Candy.

Fue en aquellos días cuando Ava volvió a tener noticias de su amigo Howard Hughes, que había desaparecido de su vida. Se enteró de que a principios de julio había sufrido un gravísimo accidente en Los Ángeles mientras pilotaba un nuevo modelo de avión. El millonario se estrelló con el aparato en pleno Beverly Hills pero consiguió salir de la cabina en llamas y salvarse. Sufrió graves quemaduras, fracturas de costillas y lesiones internas. Su recuperación fue milagrosa, pero nunca volvió a ser el mismo. Su ayudante Johnny Meyer llamó a su adorada Ava y le contó lo ocurrido. «Cariño, el jefe ha preguntado por ti, deberías ir a verle», le dijo muy afectado.

Ava aún mostraba un extraño afecto por Howard Hughes, que nunca se olvidaba de enviarle por su cumpleaños un ramo de rosas rojas acompañado con una tarjeta con las iniciales H. H. Sentía lástima por él, creía que era un ser torturado y enfermo, pero a ratos le gustaba su compañía. Fue a visitarle al hospital Cedars de Lebanon donde estaba ingresado. Hughes había hecho llamar a las «mujeres de su vida» y los periodistas que hacían guardia a la entrada del hospital vieron desfilar atónitos a Lana Turner, Jean Peters, Gene Tierney, Linda Darnell, Jane Russell y otras bellezas de la gran pantalla. Ava sufrió un gran impacto al verle porque estaba irreconocible. Habían pasado dos años, y parecía mucho más viejo y cansado. Tenía unas ojeras pronunciadas, el pelo mal teñido y se había dejado crecer el bigote para ocultar las cicatrices del labio superior.

Seis semanas después del accidente que casi le cuesta la vida, Hughes decidió darse de alta sin el consentimiento de su médico y abandonó el hospital. En septiembre estaba prácticamente recuperado y solo se le notaba una ligera cojera al andar. Ava pensó que ahora podrían mantener una relación más madura y civilizada. Pero el excéntrico magnate la seguía deseando y estaba listo para volver a la carga. Un fin de semana la invitó a Nueva York. Salieron a cenar y de compras como en los viejos tiempos, y Ava le acompañó a un combate de boxeo. La actriz lo pasaba bien con él, pero Hughes recuperó sus antiguas costumbres: le pedía todas las noches que se casara con él, le ofrecía fabulosos y extravagantes regalos —como un Cadillac que le obsequió en Navidad— y volvió a encargar a sus guardaespaldas mormones que vigilaran todos sus movimientos. Entretanto, Hughes también cortejaba a la actriz Jean Peters, que unos años más tarde se convirtió en su segunda esposa. Ava estaba al tanto de sus aventuras amorosas y decidió por el momento mantenerle a raya mientras disfrutaba de sus atenciones.

El año de 1947 empezó para Ava con buenos augurios. La popularidad que le había dado su papel en *Forajidos* hizo que el estudio comenzara a interesarse por ella. Louis B. Mayer la llamó a su despacho en Culver City, pero esta vez se mostró encantador y muy paternal. Le prometió que su suerte cambiaría y que a partir de ahora el estudio le buscaría buenos papeles. Para empezar, y como gesto de buena voluntad, le anunció que iba a trabajar junto a Clark Gable en su próxima película, *Mercaderes de ilusiones*. Ava sintió que había tocado el cielo. «Habiendo estado enamorada de él desde que tenía ocho años en Carolina del Norte, estaba, naturalmente, emocionadísima, y para completar mi dicha Clark Gable, que había insistido en que me dieran el papel, vino a mi modesto apartamento para hablar conmigo, una persona totalmente insignificante, acerca de mi papel. Pero así era Clark: sencillo, informal, amante de la gente, servicial, y todo ello con un gran estilo. Era muy dulce, y a la vez muy grande y viril, con mucha personalidad. Puede que no fuera uno de los mejores actores, pero, Dios, era mucho más que eso. Era una estrella», cuenta Ava en sus memorias.

Clark Gable, apodado «el Rey», tenía entonces cuarenta y seis años y, aunque más envejecido y con pelo gris en las sienes, aún conservaba su legendario atractivo. El galán por excelencia de la Metro y pareja en la pantalla de las más seductoras estrellas de Hollywood, no atravesaba por su mejor momento. Tras la muerte de su esposa, la actriz Carole Lombard, en un accidente de aviación, se había convertido en un hombre atormentado, solitario y bebedor. Su última película junto a Greer Garson había sido un fiasco y su regreso tras dos años de ausencia despertaba una enorme expectación. Gable volvía a la gran pantalla como galán maduro pero con un guion mediocre que no estaba a la altura del mito. Ava interpretaría a la bella y sugestiva cantante de un club nocturno, y tampoco le entusiasmaba porque no era la protagonista femenina. Este papel se lo dieron a la actriz británica Deborah Kerr, que debutaba en Hollywood con esta película.

Ava estuvo a punto de echarse atrás porque se sentía muy insegura rodeada de grandes actores y con la presión añadida de tener a su lado a una estrella como Gable, a quien tanto admiraba. Finalmente el actor la convenció con una llamada telefónica: «Se supone que debo hablar contigo —le dijo— para que hagas la película, pero no voy a hacer tal cosa; odiaba que lo hicieran conmigo. Pero espero que cambies de opinión, pequeña. Creo que lo pasaríamos bien trabajando juntos». Ella le escuchó y añadió con su habitual franqueza: «Bien, pues que sepas que la única razón por la que haré esta jodida película es porque tú trabajas en ella».

Desde el principio existió una gran complicidad entre ellos y se ayudaron mutuamente durante el rodaje. Ava lo pasaba muy mal en las escenas de amor que debía rodar con el actor, que había sido el ídolo de su madre Molly: «Me quedaba con la mente en blanco. Se me olvidaban mis frases, pero el bueno de Gable lo comprendía. Si tenía que besarle se inclinaba un poco más con su rostro curtido y sonriente y me susurraba: "Eh, niña, ¿por dónde íbamos? ¿Te has quedado atascada? Deja que te dé una pista"». Ambos se sentían inseguros en el rodaje por distintas razones. La actriz se dio cuenta en el plató de que el Rey tenía un ligero temblor en las manos y en la cabeza y creyó que era por la resaca. Clark le confesó que se debía a la medicación que estaba tomando para perder peso, ya que había engordado por beber demasiado. Ava le ayudó a disimular frente a las cámaras sus temblores en los planos en los que coincidía con él. Después del rodaje salían a cenar juntos y compartían confidencias. En aquella época de sus vidas eran «un par de solitarios con el corazón roto y a la deriva», tal como les definió un miembro del equipo. En esta película demostraron que formaban una pareja espléndida. Se hicieron buenos amigos y más adelante rodarían juntos dos películas, entre ellas *Mogambo*, a las órdenes de John Ford.

Los periodistas, siempre a la búsqueda de escándalos entre las estrellas de Hollywood, insinuaron que Clark Gable había tenido una aventura con Ava. Conocían su fama de seductor —se jactaba de «haberse acostado con todas las divas de la Metro»—, pero la actriz siempre lo negó: «Por Dios santo, ¿cómo podía no adorarle? Nunca hubo nada entre los dos, nunca. Había perdido su corazón, y casi su razón de existir, cuando Carole Lombard murió en aquel accidente de aviación. Jamás conocí a Carole, pero Clark me dijo que mi forma de hablar y mi franqueza le recordaban a ella». Ava Gardner adoraba a Gable y según uno de sus biógrafos «su amistad fue más íntima de lo que ambos confesaron».

En aquel otoño de 1947 la actriz seguía siendo libre y disfrutaba a lo grande de su soltería. Su amiga Ann Miller fue testigo de su transformación: «Creo que Artie la destruyó. Después de divorciarse de él cambió completamente. Ya no confiaba en los hombres, era como si quisiese vengarse de ellos. Se conformaba con hacer el amor y dejarlos plantados. Era impetuosa. Prefería los ligues rápidos. Había dejado de ser la Ava inocente que llegó a Hollywood con la cabeza llena de sueños... Su experiencia con Artie creó una barrera que se interponía entre ella y los hombres. Ava solo buscaba dos cosas: sexo y diversión. Todo intento de ir más allá chocaba con la barrera». El apuesto actor Howard Duff era su amante más asiduo del momento y sufrió en carne propia su frialdad. Se conocieron en una fiesta y, aunque él tenía un idilio con la actriz Yvonne De Carlo, la dejó plantada por la indómita y alegre Ava. Comenzaron a salir y eran una de las parejas más guapas, sexis y envidiadas de Los Ángeles. Compartían risas, jugaban al voleibol en la playa, se les veía fotografiados en los clubes nocturnos y se bañaban desnudos en las piscinas de las mansiones de sus amigos. Ambos disfrutaban del sexo y pasaban horas en la cama sin salir de la habitación. «Nos gustamos al instante —reconoció Ava— y no tardamos mucho en acostarnos.»

El problema fue que Howard Duff se enamoró de Ava y ella no quería una relación seria. Había sufrido mucho en el pasado y solo deseaba divertirse. El actor fue testigo de cómo se había convertido en una bebedora empedernida: «Tenía mucho aguante —dijo— y prefería un trago fuerte al vino o al champán. Bebía casi todo lo que le ofrecían, ginebra, vodka, whisky escocés o tequila». Cuando Ava tomaba más alcohol de la cuenta se volvía irascible, grosera y hasta violenta. Su relación con Duff se fue deteriorando a causa de los celos y la frustración del actor, que llegó a pedirle matrimonio. Discutían en público, se separaban y volvían a reunirse. «Me trata como a un perro», se lamentó Duff, que aún la amaba. Ava se distanció un tiempo de él mientras preparaba su siguiente película.

En aquellos días otros hombres pasaron por la vida de Ava, desde el irresistible *latin lover* argentino Fernando Lamas hasta el famoso cantante de jazz Mel Tormé, con quien salió dos meses. También vivió un breve romance con el galán David Niven, quien un año atrás había perdido a su esposa. El actor aún no se había recuperado de su muerte y buscaba consuelo en los brazos de hermosas actrices. Ava le recordaba como un hombre caballeroso, divertido y un amante entregado. Sin embargo, la actriz despidió el año en brazos de un recién llegado a Hollywood, el actor Kirk Douglas. Lo conoció en un programa de radio, salieron juntos y, según el actor, «tuvieron una relación muy lujuriosa». Años después Douglas recordaba así aquel encuentro con la actriz: «Al ser judío, siempre había ayunado por Yom Kippur. Y déjeme que se lo diga: no es fácil hacerle el amor a Ava Gardner con el estómago vacío».

De todos los hombres que se cruzaron en aquel período en su vida, el seductor y mujeriego John F. Kennedy apenas dejó huella en ella. Se conocieron en Los Ángeles cuando era un joven congresista y acudía a Hollywood en busca de las más recientes y despampanantes estrellas de la pantalla. Fue su agente Charlie Feldman quien les presentó a petición de Kennedy. Al parecer le había echado el ojo a la escultural Ava Gardner y ansiaba conocerla. Cuando la columnista Louella Parsons le preguntó a la actriz si había tenido una aventura con el futuro presidente de Estados Unidos, ella muy diplomática le respondió: «Era un hombre dulce y encantador».

A los veinticinco años era la actriz más libre de Hollywood y la que más disgustos daba al señor Louis B. Mayer por sus continuos escándalos. Durante 1948 siguió viéndose con

Howard Hughes, salió con el productor y guionista Jerry Wald y con el director de orquesta del Ciro's. También tuvo una breve aventura con el guapo y atlético actor británico Peter Lawford, quien acabaría casándose con Patricia Kennedy, la hermana del presidente estadounidense. La prensa le atribuyó un romance con el temido Johnny Stompanato, un antiguo guardaespaldas del jefe de la mafia Mickey Cohen. El matón anduvo detrás de ella durante unas semanas, pero Sinatra, que entonces comenzaba a salir con ella y tenía buena relación con el capo Mickey Cohen, le pidió a este que le hiciera el favor de decirle a Stompanato «que dejara de ver a Ava». Lo que sí reconocía la actriz era que, como otras muchas *starlets* de los años cuarenta en Los Ángeles, había salido en alguna ocasión a cenar con el apuesto mafioso Bugsy Siegel, el inventor de Las Vegas: «Nunca me atrajeron los gángsteres como Stompanato, tipos violentos y peligrosos, ni tampoco Bugsy Siegel, que era todo un dandi y podía haber llegado a ser una estrella de cine pero a mí no me tocó ni un pelo».

En enero Ava comenzó el rodaje de una nueva película, *Venus era mujer*. La Metro, que ya tenía a su sex symbol Lana Turner, no sabía qué hacer con otra y la cedió de nuevo a la Universal. Era una disparatada pero divertida comedia en la que interpretaba a la estatua de una diosa griega exhibida en el escaparate de unos grandes almacenes que cobraba vida al ser besada por un empleado, que encarnaba el actor Robert Walker. Ava convertida en diosa del amor y la lujuria, un papel que le disgustaba pero que la marcó para siempre: «Rita Hayworth dijo una vez que el problema de su vida era que los hombres se enamoraban de Gilda, su personaje más glamuroso, y se despertaban con Rita. Es un sentimiento con el que me identifico totalmente. Siempre me he sentido como ella, prisionera de mi imagen. Debido a que me promocionaron como una especie de sirena y que hacía los papeles de aquellas chicas tan sexis, la gente cometía el error de pensar que yo era así fuera de la pantalla. No podían estar más equivocados».

Sin escatimar gastos, la Universal encargó al escultor Joseph Nicolosi una estatua de tamaño natural para la película y Ava tuvo que posar para el artista varias horas al día durante dos semanas. Al principio lo hizo en traje de baño, pero Nicolosi le pidió que se quitara la parte de arriba para darle mayor realismo a su obra. Ava recordaba así ese momento: «¿Desnuda? ¿Yo? ¿Enseñar mis pechos? ¿Qué hubiera pensado mamá? Jesús, bastante tenía ya con dos maridos y un novio. Nadie se metía en la cama más rápido que yo. Me lo pasaba muy bien con el sexo, pero la idea de exhibir mi cuerpo era otra cosa. Pero reconozco que desnuda la estatua quedó muy bien».

El problema surgió cuando el escultor enseñó con orgullo su obra terminada al productor de la película, que se quedó estupefacto: «¡Maldita sea! ¡Se le ven los pechos! ¿Cómo vamos a mostrar esto en la película?», le gritó. Hubo que hacer otra estatua más decorosa y «la falsa moralidad americana quedó, una vez más, a salvo», comentó la actriz con humor. Cuando Ava se convertía en una Venus de carne y hueso lucía su «vestido de diosa», una fina túnica de gasa al estilo de la Grecia clásica con un cordoncillo alrededor de la cintura y un hombro al descubierto. Se suponía que no llevaba nada debajo y un ayudante la seguía a todas partes con un calentador portátil para que no pasara frío y no se le marcaran los pezones, lo que hubiera obligado a repetir la toma. Cuando comenzó el rodaje Ava estaba más relajada que nunca porque su papel no requería de una gran interpretación. Solo tenía que ser divertida, guapa y sexy a la vez, algo que se le daba muy bien. El departamento de prensa del estudio utilizó las medidas de la Gardner para la campaña publicitaria de la película: «Busto: 90; cintura: 60; caderas: 86; cuello: 32; muslos: 48; pantorrillas: 33, y tobillos: 19».

Aunque estaba bellísima y encantadora en su papel de diosa terrenal, la película fue vapuleada por la crítica y fracasó en taquilla. Pero *Venus era mujer* la erigió en un mito erótico. Su deslumbrante aparición en la pantalla vestida con una vaporosa túnica que dejaba entrever su escultural figura causó en el público un gran impacto. Ava Gardner volvió a su tierra natal convertida en una estrella famosa. Fue recibida con pancartas y banda de música, y el alcalde de Smithfield le hizo entrega de las llaves de la ciudad. Una nube de reporteros siguieron a la actriz durante su recorrido por las calles y se dejó fotografiar sentada en el porche de la casa donde nació con algunos de sus parientes y compañeras de colegio. La actriz no olvidó ese día, alegre y triste a la vez porque no estaba a su lado su madre Molly disfrutando de aquel momento de gloria de «su pequeña».

En la Metro tampoco pasó desapercibido el indudable atractivo sexual que Ava mostraba en la película. Louis B. Mayer, que seguía considerando que no era una actriz —ni sabía cantar ni bailar como su rival Rita Hayworth—, la ascendió a la categoría de estrella convencido por la fama que estaba alcanzando. Se le asignó el camerino más grande del estudio, con tres habitaciones, vestidor, baño y cocina. También tenía a su servicio una doncella que la atendía en el plató. Ahora cobraba mil doscientos cincuenta dólares a la semana y pudo alquilar una bonita casa en Palm Springs, adonde huía cuando quería estar sola.

Por aquella época Ava compró su primera casa, algo con lo que soñaba desde hacía tiempo. Se hallaba situada en lo alto de una colina, en Nichols Canyon, y era una vivienda modesta de planta baja y estuco blanco, con un amplio patio trasero y rodeada por una valla de madera. Nada que ver con las lujosas mansiones con césped y piscinas rodeadas de palmeras donde vivían las grandes estrellas de Hollywood. Le costó barata, estaba cerca de la Metro y le recordaba a los ranchos de Carolina del Norte. Durante meses se dedicó a decorarla y pasó mucho tiempo arreglando el jardín. Ava seguía siendo una chica de campo y sabía plantar, cultivar, podar y cavar. Las visitas se quedaban atónitas cuando la veían con sus viejos jeans y la camisa arremangada revolviendo la tierra con una pala. «¡Contrata a un jardinero, por el amor de Dios! ¡Eres una estrella de cine!», le decían sus amigos. Pero a ella le gustaba tocar la tierra y plantar sus flores preferidas. En el patio trasero su sirvienta Reenie tendía la colada, y a Ava la visión de las sábanas blancas y las toallas colgadas de la cuerda y moviéndose con la brisa la trasladaba a su niñez cuando en la pensión de Brogden ayudaba a su madre con la colada. «Desde que abandoné Carolina del Norte, este fue mi primer y verdadero hogar.»

Soñaba con que la Metro, además de un camerino digno de una diva, le diera un papel que le permitiera demostrar que tenía talento. Pero el siguiente proyecto que llegó a sus manos era más de lo mismo. En *Soborno*, una película de aventuras ambientada en una exótica isla caribeña, ella volvía a ser una provocativa cabaretera y mujer fatal. Ahora compartía cartel con el atractivo galán Robert Taylor, y entre ellos surgió la pasión. Ava había cortado definitivamente su relación con Duff y una vez más se encontraba libre. Por su parte, Taylor estaba casado con la actriz Barbara Stanwyck, aunque su matrimonio hacía tiempo que se tambaleaba y unos años más tarde se divorciaron. Su idilio fuera del plató duró tres meses y lo mantuvieron en secreto. Para Taylor esta aventura con Ava le ayudó a recuperar «su masculinidad perdida», y al acabar el rodaje se sentía un hombre nuevo. Al parecer su esposa Barbara, despechada porque el actor ya no se acostaba con ella, había difundido el rumor de que era homosexual. Con el paso del tiempo, se especuló con que Ava se había quedado embarazada de Taylor y que tuvo su primer aborto. La actriz nunca habló de ello. A finales de 1948, su amiga Lana Turner también pasaba por una situación similar. Estaba embarazada de su adorado Tyrone Power y Louis B. Mayer la obligó a abortar. La sex symbol rubia nunca lo superó y en su madurez confesó: «Él fue mi gran amor».

En otoño de 1949 Howard Hughes reapareció en su vida. El millonario había comprado los estudios RKO y le ofreció a Ava un contrato para protagonizar *Odio y orgullo*. Era una película maldita desde su comienzo. Hughes se involucró de manera obsesiva en el guion, en la selección de los actores y en el montaje final. No se estrenaría hasta dos años después y para entonces nadie reconoció la versión original. Fue un nuevo fiasco económico y apenas se mantuvo unas semanas en cartel. Ambientada en Nueva Orleans en el siglo XIX se trataba de un melodrama aburrido en el que Ava hacía de rica heredera que quería vengarse de su antiguo amor. Lo mejor de la película fue que el protagonista masculino era Robert Mitchum, de quien se enamoraban todas las actrices que trabajaban con él, y Ava no resultó la excepción. Alto, robusto, de pelo castaño y su inconfundible nariz rota, había sido jornalero, minero, boxeador y doble en películas de acción. Un tipo duro y mujeriego que, para redondear su leyenda, acababa de salir de la cárcel después de haber sido arrestado por posesión de marihuana. Ava lo encontró irresistible y tenían mucho en común. Les gustaba beber, el sexo y juntos se lo pasaban en grande. Todas las noches, después de terminar la jornada de rodaje, se escabullían y se perdían por los clubes de jazz y bares de Los Ángeles. En las escenas de amor que rodaron Ava se entregó a fondo, incluso más de lo que exigía el guion. Hacía tiempo que no se sentía tan atraída por un hombre. Mitchum estaba casado con su amor de juventud y tenían dos hijos. A pesar de que no era un matrimonio perfecto, quería a su esposa Dorothy. El actor le había sido infiel en otras ocasiones, pero siempre regresaba a su lado. Aunque se había prometido a sí mismo enderezar su vida, al conocer a Ava no pudo evitar caer en sus brazos. Los dos vivieron una apasionada y discreta aventura fuera del plató. Ava se enamoró tanto de él que un día le dijo: «Bob, cásate conmigo», y el actor en tono burlón le respondió: «Encantado, nena, pero antes pregúntale a mi mujer si está de acuerdo». Fue Mitchum quien al final cortó la relación porque según le confesó a Ava: «Hay solo dos cosas que temo en la vida, y una de ellas es a Frank Sinatra».

UNA PASIÓN SALVAJE

Ava conoció a Frank Sinatra cuando todavía estaba casada con Mickey Rooney y tenía veinte años. Fue una noche en el Mocambo, donde la joven pareja había ido a tomar unas copas. Sinatra era un asiduo de este club de moda entre los famosos de Hollywood, y se acercó a saludarles. Mickey se la presentó, y él con una seductora sonrisa le dijo: «Eh, ¿por qué no te conocería yo primero?». A la actriz le cogió desprevenida, pero entonces aún era muy tímida y no se atrevió a responderle. «Supongo que le devolví una sonrisa vacilante, pero creo que no dije nada. Porque en aquella época, yo siempre me sentía desplazada. Conocer a Frank Sinatra ya era bastante emocionante. Pero que me dijera algo así me dejó completamente sin habla.»

Sinatra era uno de los cantantes más famosos del mundo y un ídolo nacional. El suyo había sido un camino largo y difícil para un chico nacido en un pueblo de New Jersey, cercano a Manhattan, en el seno de una modesta familia de inmigrantes italianos. Nunca mostró interés por los estudios y creció en la calle entre las pandillas callejeras y los matones del lugar. Sin embargo, aquel muchacho tímido e introvertido tenía una voz clara y prodigiosa que llamaba la atención. Su oportunidad llegó cuando a los veinticuatro años comenzó a cantar con las grandes orquestas del momento como la de Tommy Dorsey. Gracias a su talento y carisma, en poco tiempo pudo despegar en solitario alcanzando un enorme éxito y popularidad. Se ganó el apodo de «la Voz» y durante la guerra sus románticas baladas habían hecho soñar a una legión de fans, en su mayoría quinceañeras que se desmayaban cuando actuaba en directo. Sinatra también era una estrella de cine y de la radio, pero cuando conoció a Ava su suerte estaba a punto de cambiar.

A Frank le gustaba contar que había descubierto a Ava en una revista de cine donde posaba ligera de ropa como todas las *pin-ups* de la época. Le deslumbró su sensualidad y belleza provocadora: «¿Sabes qué? Me casaré con esa chica», le dijo a un amigo. La casualidad quiso que unos años más tarde Ava y Frank fueran vecinos durante un tiempo. Tras su divorcio de Artie Shaw, la actriz vivía con su hermana Bappie en un pequeño apartamento en Sunset Boulevard, y el cantante había alquilado un piso de soltero justo al lado de su edificio. Al principio no le cayó demasiado bien; lo consideraba arrogante, caprichoso y algo neurótico. El artista atravesaba una crisis matrimonial y había decidido pasar una temporada separado de su mujer.

Estaba casado con Nancy Barbato, una esposa fiel y hogareña con quien tenía tres hijos. De cara a la galería formaban una pareja perfecta, pero en Hollywood todos sabían que su matrimonio hacía aguas. Frank era un padre atento que adoraba a sus niños pero que no renunciaba a los placeres de la fama, lo que incluía acostarse con todas las modelos y actrices a su alcance. Tuvo romances, entre otras, con Marilyn Maxwell y Marlene Dietrich, y en 1946 mantenía un idilio con la explosiva Lana Turner.

Una noche Ava y Sinatra coincidieron en la calle y él la invitó a cenar. La actriz no ignoraba los problemas que tenía el cantante en su matrimonio y su fama de mujeriego, pero insistió tanto y le veía tan ilusionado, que aceptó. Frank no era un galán de cine como otros hombres que habían pasado por la alcoba de Ava. Tenía treinta y tres años, y ya llevaba peluquín para ocultar su visible calvicie. Parecía un tipo corriente, flaco y no demasiado alto, pero tenía unos brillantes ojos azules y una voz cautivadora. Vestía siempre impecables trajes hechos a medida y lucía una cuidada manicura. Durante la cena ambos se sintieron muy atraídos y, después de tomar unas copas, Sinatra la invitó a su apartamento con la intención de acostarse con ella. Pero Ava sabía que Frank acababa de tener a su tercera hija, y por muy mal que fuera su matrimonio seguía casado con Nancy. Le pareció que no era el lugar ni el momento oportuno para tener una aventura con él. Tras unos besos apasionados regresó sola a su casa, convencida de que ya no volverían a verse.

En otoño de 1949 coincidieron de nuevo. Fue en Palm Springs, donde Ava había alquilado una casa con su hermana Bappie para pasar las vacaciones. Una noche la invitaron a una fiesta que se celebraba en casa del productor Darryl F. Zanuck.

Y, cómo no, Sinatra estaba allí. Se le acercó con un martini seco en la mano y esa sonrisa que a todas les resultaba irresistible. Bebieron durante horas, rieron y abandonaron la reunión dando tumbos. Frank dijo que la acompañaría de regreso a su casa y subieron a su Cadillac descapotable. El cantante pisó el acelerador a fondo, por el camino los dos seguían bebiendo y se pasaban la botella de whisky que Frank se había llevado del bar de la casa de Zanuck. Llegaron a Indo, un pueblo polvoriento y oscuro de California. Sinatra detuvo el coche en una de sus calles, abrió la guantera y sacó dos Smith & Wesson de calibre 38. Cogió una de las pistolas y comenzó a disparar alegremente al aire rompiendo varias farolas. Ella también quiso probar y con la otra pistola tiró al azar y destrozó el escaparate de una ferretería. Sinatra arrancó el vehículo mientras los dos continuaban gritando, riendo y disparando a las estrellas. Cuando el cantante cogió la autopista para regresar a Palm Springs, oyeron una sirena y vieron las luces de un coche de la policía. Ava y Frank acabaron aquella noche de desenfreno en la cárcel. El jefe de la policía accedió a mantener en secreto el incidente hasta que el cantante pudiera contactar con su agente de prensa, George Evans. Al día siguiente este se presentó en Indo con un maletín que contenía treinta mil dólares y la pareja quedó en libertad bajo fianza. Así comenzó su romance.

De regreso en Hollywood, el cantante la llamó y quedaron en un lugar íntimo y tranquilo, sin armas de fuego a mano. Cenaron en un restaurante italiano a la luz de las velas y en esta ocasión se mantuvieron sobrios. Frank se sinceró con ella y le confesó que su matrimonio estaba roto desde hacía años y seguía con su esposa solo por sus hijos. Ava pensó que esta triste historia de su vida ya se la habría contado a muchas mujeres, pero en aquella velada cargada de romanticismo, le creyó. «No dijimos mucho más. El amor es una comunión muda entre dos personas. Esa noche regresamos a mi pequeña casa de la colina en Nichols Canyon e hicimos el amor por primera vez. ¡Oh, Dios! Fue mágico. Nos convertimos en amantes para siempre. Eternamente», recordaba la actriz años después.

Ava había encontrado en Frank a su alma gemela. Ambos eran apasionados, sensuales, inseguros y volubles. Les gustaba la noche, divertirse sin freno y disfrutar del sexo. La actriz descubrió encantada lo que se rumoreaba en el mundillo de Hollywood, que Sinatra «estaba muy bien dotado». Eran animales nocturnos y a sus amigos les resultaba difícil seguir su ritmo. Fumaban un cigarrillo tras otro, y cuando bebían —que era mucho y con frecuencia— sacaban lo peor de sí mismos y chocaban como dos trenes en marcha. El cantante se describía como «un maníaco depresivo de dieciocho quilates» y, como ella, tenía un carácter endiablado. En el fondo eran dos solitarios en busca de amor. Aunque parecían estar hechos el uno para el otro, su relación fue muy destructiva. Sus peleas, broncas y borracheras alimentaron la leyenda.

Ava y Frank empezaron a salir juntos pero de manera discreta mientras se suponía que el cantante negociaba la separación con su esposa. Intentaban no llamar la atención y se veían a menudo en el nido de amor de Ava, en su casa de las colinas de Hollywood. Cuando Lana Turner se enteró de su idilio le advirtió sobre el cantante, a quien conocía muy bien. Dos años atrás Frank y ella habían vivido un tórrido romance. Lana le amaba y creyó que él también y que abandonaría a su esposa. Llegaron incluso a hacer planes de boda, pero un día, sin previo aviso, Sinatra cortó con ella y dejó a la estrella con el corazón roto. Ahora ya le había perdonado, pero le aconsejó a su amiga que no se hiciera demasiadas ilusiones: «No dejes que te haga daño, cielo. Él te engañará, te dirá todo lo que quieras oír; pero tú no debes creerle. Él nunca dejará a su esposa». Ava le respondió que los dos estaban muy enamorados, y que esta vez sí iba a abandonar a Nancy para siempre.

Se amaban con tanta pasión que se relajaron y empezaron a dejarse ver en público en contra de la opinión de George Evans, el astuto jefe de prensa y publicista de Sinatra que le había catapultado a la cima del éxito. Acudían juntos a estrenos de películas y, aunque a los periodistas les decían que se habían encontrado «casualmente», los rumores se desataron. Evans era el responsable de la imagen pública de Sinatra como hombre sencillo, encantador y amante de la familia que durante años había cautivado al público norteamericano. Se trataba de la única persona en quien el cantante confiaba, y solía aceptar todas sus sugerencias y recomendaciones. Pero cuando Evans le dijo que estaba cometiendo un grave error al exhibirse con su amante y que si no dejaba a Ava el escándalo acabaría con él, no le hizo caso. «Es el amor de mi vida», le respondió. Al final Sinatra tuvo que elegir entre la mujer que amaba o su hombre de confianza, y presionado por la actriz, le despidió.

La preocupación de George Evans por el futuro de la carrera de Sinatra tenía su razón de ser. A finales de 1949 su popularidad como cantante había caído en picado. Ya no era el ídolo de las jovencitas ni conseguía llenar los teatros donde actuaba. Sus discos no se vendían y su voz ya no era la de antes. En el cine su carrera también se encontraba estancada. Louis B. Mayer, cuyo reinado estaba tocando a su fin y pronto dimitió de su cargo, aún tenía poder en el estudio y despreciaba la vida disoluta de Frank. Su profesionalidad dejaba mucho que desear; llegaba tarde al trabajo, era arrogante y resultaba un tipo que caía bastante antipático. Se peleó con periodistas y columnistas que le relacionaban con personajes del crimen organizado y ahora parecía dispuesto a romper definitivamente su sólido matrimonio. Cuando Ava le conoció, la Voz atravesaba por un bache personal y profesional. «Después de muchos años en la cumbre, había caído al número cinco en la lista de cantantes favoritos, hacía tiempo que no sacaba un disco que fuese un éxito de ventas, y además, la Metro le había humillado, poniéndole segundo en la lista de créditos después del bailarín Gene Kelly, cuando se estrenó su película *Un día en Nueva York*», recordó Ava.

A principios de enero de 1950, Sinatra fue contratado para actuar en la gala de inauguración del hotel Shamrock en Houston, Texas. El cantante quiso que Ava le acompañara y la actriz, muy ilusionada, pidió permiso al estudio, pero se lo negaron. No deseaban más escándalos que acabaran por hundir la carrera de una de sus estrellas en ciernes. Pero Ava lo tenía muy claro; hizo las maletas y corrió a los brazos de Sinatra. «Ni la Metro ni la prensa ni nadie van a dirigir mi vida», le dijo a su hermana Bappie antes de tomar el avión. La fatalidad quiso que aquel mismo día George Evans muriera de un ataque al corazón a los cuarenta y ocho años tras una fuerte discusión con un periodista que pretendía publicar un reportaje sobre las infidelidades del artista. Frank Sinatra recibió la noticia de camino a Houston y se quedó conmocionado. Avisó al gerente del hotel para decirle que llegaría con retraso a la gala y voló a Nueva York para asistir al funeral de su amigo.

Después del concierto inaugural en el Shamrock, la pareja acudió a una cena que ofrecía el alcalde en honor del cantante en un restaurante italiano. Entonces un reportero del *Houston Post* les hizo una foto mientras comían espaguetis. Ava gritó y se tapó la cara con su abrigo de visón, y Frank, enfurecido, se levantó de un salto para arrancarle la cámara. El dueño del restaurante obligó al fotógrafo a entregar el carrete, pero el daño ya estaba hecho. La noticia del incidente apareció en la prensa de todo el país. Fue un escándalo de enormes proporciones que esta vez no pudo frenar su agente. Nancy, dolida por semejante humillación pública, al fin reaccionó y llamó a un abogado. Eligió el día de San Valentín de 1950 para contarle al mundo que su marido no volvería a pisar su casa, pero matizó que «como ella y su esposo eran católicos ninguno quería el divorcio».

La prensa se cebó con Ava, que se llevó la peor parte. Durante las semanas siguientes la Metro recibió montones de cartas acusándola de ser una pecadora y una «destrozahogares». Un corresponsal la llamó «Perra-Jezabel-Gardner» y la Legión para la Decencia la amenazó con prohibir sus películas. La columnista Hedda Hopper se puso de parte de Nancy, la esposa abandonada, y acusó a Ava de «perversa y desvergonzada manipuladora». La estrella se encontraba en estado de shock. Louis B. Mayer no castigó a su actriz, pero llegó a un acuerdo con Sinatra por el que se ponía fin a su contrato con los estudios. Frank se sintió liberado y dijo a la prensa que «estaba harto de interpretar papeles de marinero». En marzo tenía su próximo estreno en el famoso club Copacabana de Nueva York, donde iba a ofrecer tres shows nocturnos durante ocho semanas. Pensó que para entonces la «tormenta mediática» ya se habría calmado y la prensa les dejaría en paz.

Por su parte, la Metro se sintió muy aliviada al saber que su problemática y rebelde estrella Ava Gardner pronto abandonaría el país para rodar en Europa una película. La actriz iba a ser la protagonista de la película *Pandora y el holandés errante*, a las órdenes del director Albert Lewin, autor también del guion.

A mediados de marzo la actriz llegó a Nueva York para pasar dos semanas con Frank antes de viajar a Londres. Se alojó con él en el hotel Hampshire House acosados por los fotógrafos y periodistas que hacían guardia en la puerta. El artista tenía los nervios destrozados por el estrés de los últimos meses. Se le veía demacrado, bebía y fumaba sin parar, y tomaba estimulantes y tranquilizantes para seguir en pie.

El día de su estreno en el Copacabana, Sinatra parecía preocupado y tenso, pero allí se encontraba su amada Ava sentada en primera fila para animarle. Aquella noche los críticos comentaron que su voz no era la de antes y el público tampoco estaba muy entregado. Sinatra cerró su actuación cantando *Nancy with the Laughing Face*, una canción dedicada a su esposa que siempre incluía en su repertorio porque decía que le traía buena suerte. Ava sintió que todas las miradas se posaban sobre ella y algunos, pensando que era una broma, se echaron a reír. La actriz mantuvo la calma, pero ya en el camerino, y pese a que el cantante intentó convencerla de que no significaba nada, Ava estalló y le dijo en tono amenazante: «O desaparece esta canción o desaparezco yo de tu vida». Al día siguiente ya no interpretó el tema y la actriz asistió a su show las diez noches siguientes regalándole desde su mesa la mejor de sus sonrisas.

Sinatra estaba muy enamorado y dispuesto a hacer lo que fuera por ella. Ava era impetuosa, volcánica y tan imprevisible como él. Se adoraban y se odiaban. En el camerino las escenas entre ellos eran terribles. Nunca discutían por motivos profesionales sino llevados por unos celos «primitivos y apasionados» que fueron su destrucción. Si en un restaurante ella creía que Frank miraba de manera especial a una camarera, podía estallar como un huracán. Y fue lo que ocurrió durante una

cena en el club Copacabana. Ava le llamó «bastardo» por sonreír a una chica bonita, él le respondió «jódete» y armaron tal
alboroto que los tuvieron que separar ante la mirada atónita
del resto de los comensales. Aquella noche estaba muy enfadada con él y le devolvió el golpe con su mejor arma, los celos.
Cuando llegó a la suite que compartía con Sinatra en el hotel
Hampshire House llamó a su exmarido Artie Shaw, que no
vivía muy lejos de allí. Pese a que era muy tarde, Artie le dijo
que se encontraba con su novia pero que podía pasar a tomarse una última copa. La actriz se marchó dejando la agenda
abierta en la página donde estaba anotado el teléfono del músico. Sinatra, que detestaba a Artie, se presentó al cabo de un
rato en su apartamento acompañado de Hank Sanicola, su
amigo y guardaespaldas. Loco de celos, el cantante pensó que
los descubriría en actitud comprometida. Pero enseguida entendió que había hecho el ridículo y que Ava le había tendido una trampa. Allí estaba ella sentada, fumando relajada y con
una copa en la mano. Artie le invitó a pasar, pero él no dijo una
palabra y se marchó hecho una furia dando un portazo.

Ya de madrugada Ava regresó al hotel, y cuando se disponía a meterse en la cama sonó el teléfono. Era Sinatra, que
quería hablar con ella. Estaba muy abatido, y con voz entrecortada le dijo: «No puedo soportarlo más. Me voy a matar. Ahora mismo». Se oyó un disparo, una pausa y luego otro disparo.
Ava cruzó desesperada el salón de la suite que compartían y
entró en el dormitorio de Frank. Lo encontró sentado en la
cama, en pijama y con la pistola humeante en la mano. Sonriendo como un niño, le dijo: «¡Ah!, hola». Todo había sido una
broma y ella, en lugar de enfadarse, exclamó: «¡Vete al diablo!»
y le abrazó. Más adelante, Ava, recordando aquella época en
que a Sinatra le dio por fingir que se suicidaba, explicó: «Era

un truco, pero conmigo funcionaba. Yo lo entendía como un grito de auxilio y siempre picaba».

El 25 de marzo de 1950 la actriz y su hermana Bappie abandonaron Nueva York con destino a Londres. Su siguiente película, *Pandora y el holandés errante*, se iba a filmar en España pero antes en la capital inglesa debía reunirse con todo el equipo para probar el vestuario y ultimar los detalles con el director. Albert Lewin era uno de los cineastas independientes más originales y excéntricos de la época dorada de Hollywood. El filme contaba la historia de Pandora Reynolds, una mujer de arrebatadora belleza que destruye la vida de quienes se enamoran de ella, entre otros un celoso torero al que daba vida el matador Mario Cabré. La insaciable seductora acabará enamorándose de un marinero solitario y maldito —el holandés errante— condenado a navegar por los mares, interpretado por el actor James Mason.

Lewin quería a una verdadera diosa de la pantalla para interpretar a Pandora. Una mujer capaz de arrastrar a los hombres a la muerte por su amor. Enseguida pensó que Ava Gardner era ideal para el papel y la pidió prestada a la Metro. El cineasta se quedó prendado de su belleza salvaje y de su apasionado temperamento. Durante todo el rodaje Lewin solo tendría ojos para ella. Al leer el guion Ava concluyó que Pandora se le parecía: «Es casi como yo», comentó. La actriz también conoció a Jack Cardiff, el director de fotografía de la película, considerado el «mago» del tecnicolor. Este no olvidó su primer encuentro con la estrella: «Casi lo primero que me dijo cuando nos presentaron fue: "Jack, debes tener cuidado con la forma de iluminarme cuando tenga la regla". Así era Ava, simplemente natural y sincera con todo». Nadie la sacó en color tan hermosa y sensual como él.

El rodaje de *Pandora y el holandés errante* se realizaría en Tossa de Mar, entonces un pequeño pueblo de pescadores de la Costa Brava, en Cataluña. A mediados de abril Ava y Bappie volaron a Barcelona, donde las esperaba una limusina para trasladarlas hasta allí. Tras su animada estancia en la capital londinense, aquel pintoresco pueblo de casas encaladas, calles estrechas y silenciosas, con su pequeña bahía dominada por un antiguo castillo, le causó una profunda impresión. Parecía un lugar mágico, detenido en el tiempo, donde no había llegado la modernidad ni el turismo. La Costa Brava con sus recónditas calas de aguas cristalinas, playas de arena dorada y sus frondosos bosques de pinos era un paraíso. En el pueblo de Tossa nunca habían visto un rodaje y sus habitantes se volcaron en la película, trabajando como extras y operarios. «No sé si fue el clima, los hombres o la música, pero desde que descubrí España me enamoré profundamente de ese país», confesó la actriz. A Ava la cautivó el carácter alegre de los gitanos, el sol ardiente, las corridas de toros y los ambientes nocturnos llenos de humo donde se bailaba y cantaba un flamenco «primitivo, carnal y auténtico».

La noticia del rodaje en España de una película con grandes estrellas de Hollywood —la primera que se filmaba en el país— causó un enorme revuelo. Los periódicos locales recibieron a Ava Gardner con elogiosos artículos y reportajes destacando su belleza y simpatía. Desde su llegada siguieron todos sus pasos para informar puntualmente dónde se alojaba la diva y dónde se la podía ver tomando una copa o cenando. Enseguida la actriz se puso a las órdenes del director Albert Lewin, con quien mantuvo una tensa relación a pesar de la adoración que sentía por ella. Los rodajes se hacían interminables porque Lewin tenía fama de ser uno de los cineastas más lentos y dubitativos de Hollywood. Ava recordaba que en una ocasión puso a prueba su paciencia cuando llegaron a rodar ochenta y ocho tomas del mismo plano porque no le convencía la iluminación o dudaba del encuadre.

Desde su llegada a Tossa, la actriz se ganó el aprecio de todos. Los que esperaban encontrarse con una altiva diva hollywoodiense se topaban con una mujer alegre, cercana, desinhibida y con una increíble vitalidad. «Nos enamoramos de ella. Trabajaba todo el día pero no se perdía ni una fiesta. Le gustaba bailar, beber y pasárselo bien. Era difícil seguir su ritmo porque bebía mucho y se acostaba de madrugada, pero al día siguiente a las siete de la mañana ya estaba lista y bellísima para comenzar el rodaje», recordaba un miembro del equipo. Mientras Ava disfrutaba de las noches mágicas en Tossa de Mar, a miles de kilómetros de allí Frank Sinatra veía cómo su vida y su carrera se desmoronaban. Seguía con sus actuaciones en el Copacabana, pero la añoraba mucho y olvidaba sus penas con la bebida y los tranquilizantes. La mujer que amaba con locura y por la que había decidido romper definitivamente su matrimonio se encontraba en un pueblo perdido de España donde era difícil localizarla. Todos los días el cantante le mandaba un telegrama y la llamaba por teléfono desde Nueva York a la villa donde se alojaba en Tossa de Mar. Pero con la diferencia horaria casi nunca la encontraba o fallaba la comunicación, y Sinatra se desesperaba. «El amor que siento por ella me deja noqueado —le confesó a su guardaespaldas Hank Sanicola—. No consigo sacar fuerzas para nada. ¿A qué clase de embrujo me ha sometido?» Hank le respondió: «Esa chica, Ava, será tu muerte».

A medida que pasaban las semanas, Ava se dejaba llevar por la magia y el romanticismo de aquel rincón del Mediterráneo.

Le encantaba visitar las animadas tabernas donde los gitanos tocaban hasta el amanecer mientras bebía un buen vino o coñac. Y bailar descalza bajo las estrellas en las fiestas que se organizaban en la playa al ritmo de las orquestas locales. Algunas noches la acompañaba Mario Cabré, que en la película hacía de Juan Montalvo, un torero celoso y violento amante de Pandora. Además de matador, era actor y poeta aficionado. Alto, moreno y bien parecido, encontró a su compañera irresistible. Cabré no hablaba inglés, pero tenían un intérprete para hacerse entender y en los descansos entre toma y toma le enseñaba algunas palabras en castellano. El torero, inspirado por su nueva musa morena de ojos esmeralda, le dedicó varios poemas de amor y pasión que más adelante publicó en forma de libro. «Mario era guapo y viril como solo sabe serlo un latino —explicó Ava—, aunque también era descarado, vanidoso, escandaloso y estaba totalmente convencido de que era el único hombre del mundo para mí.»

A Ava le resultaba divertido que Mario Cabré la sedujera fuera del plató, pero el día que lo vio torear en la plaza enfundado en su traje de luces le fascinó su hombría y coraje. Hasta entonces la actriz no había demostrado mucho interés por él, pero a partir de ese momento se les vio cenando juntos y paseando por la playa cogidos de la mano bajo la luz de la luna. Les hicieron algunas fotos y para la prensa la aventura de la famosa estrella hollywoodiense y el torero español se convirtió en una bomba informativa. Con el tiempo Ava evocaba así aquella relación: «Cabré era guapo, yo estaba borracha y fue un error terrible. Un error de una sola noche». Sus compañeros de reparto lo recordaban como una fugaz aventura hinchadísima por la prensa y el departamento de publicidad de los estudios. Mario Cabré, un torero de segunda a quien le gustaban las

actrices, sabía que cortejar a Ava Gardner le podía hacer célebre en Hollywood. Pero nadie dudó que se hubiera enamorado de verdad de la actriz. Él mismo se encargaba de pregonar
a los cuatro vientos sus sentimientos y de informar a la prensa
que la glamurosa estrella estadounidense le había robado el
corazón.

En sus memorias Ava se mostraba muy dura hacia Mario
Cabré, al que acusaba de haberse aprovechado de su breve
aventura para conseguir un gran protagonismo en los medios.
«Alguien le había dicho: si quieres ser famoso, tienes que llegar
a los titulares. Y ¿qué mejor oportunidad que robarle el puesto a Frank en mis afectos? Su motivación fue un egoísmo muy
cínico. Sus declaraciones sobre su amor por mí y el mío por él
llegaron a los titulares en España, América y el resto del mundo, y eso era lo único que le importaba. Daba entrevistas diciendo que yo era "la mujer que quiero con toda la fuerza de
mi alma", escribió los poemas de amor más idiotas que pueda
imaginarse, y luego se marchó a recitarlos a la embajada de Estados Unidos en Madrid», explicó Ava. Cuando la noticia de
«la historia de amor entre la diosa de Hollywood y el apuesto
matador de toros» llegó a oídos de Louis B. Mayer, el departamento de publicidad del estudio, lejos de negarlo, distribuyó
sus propias fotos a los periódicos confirmando el «idilio español» de su estrella. Para Mayer era una forma de vengarse de
Sinatra, que tantos problemas le había ocasionado, y a la vez la
supuesta relación era una magnífica promoción para *Pandora y
el holandés errante*. Por su parte, a Ava este flirteo con Mario
Cabré también le servía para dar celos a Frank y presionarle
para conseguir el divorcio.

La actriz se apresuró a llamar a Sinatra por teléfono al hotel
Hampshire House de Nueva York para decirle que todo lo

que habían publicado era un montaje de la Metro para dar publicidad a la película. Sinatra no la creyó porque las fotografías de la pareja en actitud acaramelada que había publicado la revista *Variety* no dejaban lugar a dudas. Aquella misma noche Frank salió a actuar en el Copacabana y al final de una canción se quedó sin voz. Apenas logró murmurar «Buenas noches» y abandonó el escenario dejando perplejo al público. Sufría una grave afección de garganta y tuvo que cancelar las actuaciones que le quedaban. Los médicos le recomendaron descanso y que no cantara durante dos semanas. Desoyendo su consejo, Frank decidió viajar a España para ver a Ava y aclarar ese asunto del torero que le estaba «quemando por dentro».

El 13 de mayo el cantante llegó al aeropuerto de Barcelona, donde le esperaba una nube de periodistas. Le acompañaba el compositor y amigo de juergas Jimmy Van Heusen. Tras dieciocho horas de vuelo, cansado y malhumorado, no quiso hacer comentarios y solo susurró: «Se supone que no puedo hablar». Sinatra le traía a Ava dos regalos de Nueva York: seis botellas de Coca-Cola —porque se había quejado de que en Tossa no había— y un maravilloso collar de esmeraldas valorado en diez mil dólares. La realidad iba a superar a la ficción y el rodaje de *Pandora* se convirtió de repente en un vodevil para delicia de los periodistas. En Tossa, donde todo el equipo estaba al tanto de la aventura de Gardner con Cabré, la llegada de Sinatra hizo saltar las alarmas. El director mandó al torero a la ciudad de Gerona con la excusa de ensayar las escenas de la corrida de toros que en breve se iban a filmar en su plaza. La orden que dio Lewin fue «que Mario no regrese hasta que Sinatra se haya ido».

Ava encontró a Frank muy desmejorado. Había adelgazado diez kilos, tenía el rostro demacrado y mostraba toda la tensión acumulada durante los cinco últimos meses. «Francis, cariño, tienes un aspecto horrible», le dijo ella. Fue un encuentro dulce y amargo. Intentaron dejar atrás los problemas y como esa misma semana comenzó a llover muy fuerte en toda Cataluña y hubo que parar el rodaje, pudieron pasar más tiempo juntos. Ava le llevó a sus tabernas preferidas, donde comieron tapas —a ella le fascinaba la paella, el jamón y la tortilla de patata— y bebieron lo bastante como para emborracharse y volver a sentir de nuevo la pasión entre las sábanas. Recorrieron los alrededores de Tossa en el coche que Frank había alquilado, salieron a la mar en la barca de un pescador del pueblo y durante largas noches hicieron el amor en la casa que pusieron a disposición del artista. Pero el fantasma de los celos seguía atormentándole y no estaba dispuesto a abandonar España sin solucionar «el asunto del torero». Un día Sinatra explotó y le advirtió: «¡Si me entero de que ese enano español ha vuelto a rondarte, os mataré a los dos!». Ava le replicó: «¡Estamos haciendo una jodida película juntos y se supone que él es mi amante!, ¿cómo quieres que no esté cerca de mí?».

El interludio amoroso pronto se rompió. Frank seguía obsesionado con Mario Cabré y ahora ya sabía que lo habían alejado de él para evitar un enfrentamiento. Volvieron de nuevo las discusiones, las peleas, las borracheras y los gritos. Al final, cuando la actriz tuvo que incorporarse al rodaje, Sinatra dio por terminada su visita y regresó a Barcelona. Había pasado solo cinco días con Ava y se sentía igual de abatido. Ya en Nueva York intentó ser amable con los periodistas, y les comentó: «Ese torero no significa nada para ella. ¡Nada! Ella está muy preocupada porque no tiene nada que ver con ese tipo, a quien la prensa española ha tratado de convertir en un héroe. Para ellos sería como colgarse una medalla el hecho de poder afirmar que Ava esté interesada por él. En realidad estamos más unidos que nunca». Mientras, Mario Cabré rompía su silencio y volvía a la actualidad declarando a la prensa: «¿Quién es Sinatra? En cuanto se vaya, me reencontraré con la divina Ava. [...] Nuestro amor sobrevivirá, porque ella es la mujer con la que soñamos todos... Solo que con ella, cuando uno se despierta, ¡el sueño continúa!».

A esas alturas, para Ava las declaraciones de amor de Mario Cabré le resultaban patéticas. «Al principio supongo que me resultó vagamente entretenido, y puesto que hacíamos de amantes en la película, nadie me estaba precisamente animando a declarar públicamente que era un pelmazo y un estorbo. Pero cuando empezó a involucrar a Frank en sus jugarretas, diciendo que no se iría de España con vida si me hacía aquella visita, Mario se convirtió en un auténtico fastidio», confesó Ava. Durante la estancia de Sinatra, el torero no dejaría de llamarla a diario al hotel La Gavina donde ella se alojaba. «*I love you, I love you*», era lo único que sabía decir en inglés, y no paraba de repetírselo a la actriz. En esos días el torero perdió varios kilos, apenas comía y salía muy poco de su habitación del hotel Peninsular de Gerona donde le seguía escribiendo a su amada dolientes poemas.

A finales de mayo de 1950 concluyó el rodaje de *Pandora*. Era el momento de regresar a Londres, donde aún quedaban por rodar unas secuencias en el estudio. Los actores y todo el equipo celebraron una fiesta de despedida en la playa. Mario seguía desesperadamente enamorado de Ava y se mostraba muy triste por la partida de su amante. La película no gustó a la Metro, que la encontró «una rareza y extravagancia de su director» y pospuso su estreno hasta un año después. Fue muy mal recibida por la crítica y un desastre para la taquilla. Había

costado un millón y medio de dólares y acabó con la carrera de
Albert Lewin. Solo en España tuvo un gran éxito y las salas
de cine se llenaron de un público ansioso por ver las escenas de
amor entre la diva y Mario Cabré. El pueblo de Tossa nunca
olvidó a Ava Gardner y gracias a la película muy pronto se
transformaría en un importante destino turístico. En el mira-
dor de la Vila Vella que domina la hermosa bahía se alza una
estatua de bronce, a tamaño natural, que inmortaliza a la actriz
estadounidense como la bella y sensual Pandora.

EL GOLFO Y LA DIVINA

Ava regresó a Hollywood y tuvo poco tiempo para estar con
Frank, quien pasaba por sus horas más bajas. Los periodistas les
acosaban día y noche, el divorcio no llegaba y su carrera seguía
estancada. A la actriz la reclamaban en la Metro para comenzar
el rodaje de una película y a Sinatra le había contratado la CBS
en Nueva York para participar en unos programas de radio y
televisión. De nuevo sus caminos se separaban por motivos
profesionales. A mediados de noviembre, la actriz iniciaba el
rodaje de *Magnolia*, una comedia musical ambientada en un
barco del Mississippi a las órdenes de George Sidney, uno de
los directores más respetados del estudio. Desde el primer instante Sidney —que le había hecho la primera prueba de cámara a Ava para la Metro diez años atrás— quiso que ella interpretara el papel de Julie, una bella mestiza sureña de trágico
destino. La actriz estaba muy ilusionada; era el primer papel que
de verdad le gustaba y además tenía que cantar. Volvió a tomar
clases de interpretación con la señora Lillian Burns y durante
varias semanas ensayó los temas con un profesor de canto. Al

final de tanto esfuerzo, Ava se sentía satisfecha de su trabajo; creía que su voz de «tenor con whisky» le daba fuerza dramática a su personaje. Pero la Metro consideró que su voz no estaba a la altura de la del resto de sus compañeros y eligieron a Annette Warren para que la doblara en sus canciones.

Una vez más, Ava se sintió traicionada por el estudio. Para ella era otra muestra del desprecio de la Metro y eso a pesar de que a finales de 1950 su popularidad como actriz se hallaba en lo más alto. Muy pronto iba a convertirse en una de las estrellas mejor pagadas de Hollywood. «El departamento de publicidad enviaba fotos mías en blanco y negro firmadas al ritmo de tres mil peticiones a la semana, cifra que solo superaba Esther Williams», aseguró la actriz. Pese a su gran desengaño, *Magnolia* fue una de las mejores películas de Ava Gardner y recibió el reconocimiento unánime de la crítica. Se encontraba en un magnífico momento y bordó su papel, el de una mujer a la que el amor y los prejuicios raciales arrastran al alcoholismo y a la autodestrucción. Un personaje que, como otros, tenía mucho de ella misma.

La relación con Frank seguía con sus altibajos. En Nueva York el cantante había debutado en su nuevo programa de televisión sin demasiado éxito. Se sentía solo y desgraciado, su carrera se hundía y la mujer que amaba se encontraba lejos de él. De vez en cuando solía visitar a su familia por amor a sus tres hijos y se quedaba a comer con ellos. A Ava le molestaba porque aquellas reuniones le parecían tan innecesarias como hipócritas. Para empeorar las cosas, la prensa publicó una foto de él estrechando la mano a Lucky Luciano y se empezó a rumorear que Sinatra frecuentaba a miembros de la mafia italiana. Aquellas no fueron unas Navidades muy felices, pero Frank tuvo un detalle con Ava que le llegó al corazón: le regaló un cachorro de corgi galés al que llamaron Rags. La actriz se enamoró tanto de esta raza que a lo largo de su vida varios corgis formarían parte de su familia.

El nuevo año de 1951 no presagiaba grandes cambios en su romance con Sinatra, pero el público comenzó a estar de su parte. Los que antes la llamaban «zorra» y «Jezabel», ahora pensaban que quizá la habían juzgado con demasiada severidad cuando no era más que una mujer que se había enamorado sin pensar en las consecuencias. Sin embargo, su hermana Bappie, que seguía muy unida a la actriz, le pidió que se olvidara del cantante. No le gustaba Sinatra y creía que la estaba perjudicando seriamente. «Sigue con él —le advirtió un día—, y arruinará tu carrera del mismo modo que ha arruinado la suya.» Debido a sus discrepancias sobre Frank, las dos hermanas se distanciaron y estuvieron sin hablarse varios meses.

En agosto Ava le dio un ultimátum a Sinatra: o solucionaba ya el asunto con su esposa o podía olvidarse de ella para siempre. El artista ideó entonces un plan. Ese verano tenía un contrato para actuar en el hotel Riverside de Reno, y justo después en el Desert Inn en Las Vegas. Decidió que establecería su residencia en Nevada y solicitaría allí el divorcio. Mientras ese día llegaba, y viendo a Ava tan disgustada, la invitó a pasar un fin de semana con él en una casa que había alquilado en el lago Tahoe. Durante tres días disfrutaron de algo de intimidad sin fotógrafos al acecho de una exclusiva. Navegaron en barco, bebieron, jugaron y volvieron a hacer el amor con la pasión de antes. Una noche el cantante, que había bebido bastante y estaba de mal humor, insistió en que le contara la verdad sobre su relación con Mario Cabré. «Ava, cariño —le dijo—, a mí esas cosas no me importan. Todos nos metemos en camas equivocadas en algún momento dado. Dime la verdad y luego nos olvidaremos de todo.» Ava, harta de que sacara de nuevo el tema, le confesó que se había acostado con el torero. Sinatra, que era un celoso maníaco y enfermizo, no encajó demasiado bien su sinceridad. Aunque él había estado saliendo con otras mujeres en ausencia de la actriz, se lo tomó muy mal. Mirándola fijamente a los ojos, le dijo: «No te lo perdonaré jamás».

Aquella noche, como tantas otras en su vida, pasaron en un instante del amor a los gritos y las amenazas. A medianoche Ava, muy dolida por los insultos de Frank, decidió regresar a Los Ángeles. Su sirvienta Reenie la ayudó a hacer las maletas y cogieron el coche atravesando las oscuras y desiertas carreteras de Nevada «sorbiendo bourbon para no congelarse». Horas más tarde llegó a su casa cansada del viaje, con una fuerte resaca y muy disgustada por lo ocurrido. Cuando iba a meterse en la cama sonó el teléfono. Era Hank Sanicola que le llamaba desde Tahoe y con voz entrecortada le explicó que Frank había intentado quitarse la vida con una sobredosis de pastillas y alcohol. «¡Dios, Ava, tienes que volver enseguida, no sé qué vamos a hacer!» La actriz recordó el simulacro de suicidio del año anterior en el hotel de Nueva York y pensó que podría ser otra de sus bromas. Pero le había visto tan inestable y angustiado que tomó un avión y al mediodía llegó a Tahoe. Sanicola le contó que por fortuna todo había quedado en un susto y ni siquiera había sido necesario hacerle un lavado de estómago. Ava entró en la habitación y encontró a Frank acostado en la cama. «Hola, nena —la saludó con voz débil—. Pensé que te habías ido.»

Como siempre ella le perdonó y permaneció a su lado en su debut en Las Vegas, una ciudad que años más tarde Sinatra ayudaría a convertir en la capital mundial de la diversión y el juego. Pero nada era capaz de detener sus eternas peleas en público que atraían a los paparazzi como las moscas a la miel. «Soy celosa y posesiva, igual que Frank —decía Ava—. Él tiene un temperamento que arde con llamas, mientras que el mío me quema por dentro horas y horas.» Pocas semanas más tarde, Sinatra volvió a intentar acabar con su vida. Esta vez se encontraba en el apartamento de un amigo suyo en Manhattan. Se tomó un bote de somníferos y abrió las llaves del gas de la cocina. Su amigo lo encontró tirado en el suelo inconsciente. Unos minutos más y hubiera muerto. «He visto en su mirada que Ava no me quiere», dijo en esta ocasión para justificarse.

A finales de octubre de 1951 Sinatra consiguió el divorcio. Nancy se quedó con un tercio de sus ingresos además de la casa de Holmby Hills, un Cadillac y la custodia de los niños. Sinatra conservó la casa de Palm Springs y su Cadillac descapotable. El artista debía pasar una pensión a Nancy de casi tres mil dólares mensuales. Para hacer frente a los pagos atrasados, tuvo que pedir un préstamo a Ava de diecinueve mil dólares. «Ava, no me quedará dinero ni para comprarte un par de medias cuando acaben conmigo», bromeó. Pero estaba dispuesto a perderlo todo si a cambio tenía a Ava. Al fin podían casarse después de dos años de tensa espera y comenzaron ilusionados los preparativos para la boda.

Manie Sachs, que había sido director de Columbia Records, la casa discográfica del cantante, le ofreció la mansión de un amigo suyo en Filadelfia para celebrar el enlace. Antes de partir para Pensilvania la pareja se reunió con sus invitados en una suite del Hampshire House de Nueva York, donde celebraron una fiesta. Entonces un inesperado incidente estuvo a punto de arruinar la boda. En mitad de la velada apareció un botones con una carta para Ava. Estaba escrita a mano y su autora era una prostituta que afirmaba haber mantenido una larga relación con Sinatra, y daba detalles íntimos que parecían muy convincentes. Sintió que el mundo se hundía a sus pies y, muy alterada, le dijo a Bappie que anunciara a todos que la boda se suspendía. Desapareció y corrió a encerrarse en su habitación. En las siguientes horas, la suite fue un ir y venir de gente intentando convencer a Ava de que cambiara de opinión. La actriz sabía que lo que decía la carta era cierto, pero no descubrió hasta más adelante que fue Howard Hughes quien lo arregló todo para que esa mujer desvelara la historia justo la víspera de su boda. Al final, dejó a un lado su resentimiento y se reconcilió con Frank. Había esperado demasiado tiempo como para echarlo todo a perder.

La lluviosa mañana del 7 de noviembre de 1951 Ava Gardner y Frank Sinatra se casaron en una breve ceremonia con apenas veinte invitados. Ella estaba radiante con un vestido de Howard Greer de una tela muy fina de color malva, sin tirantes, falda plisada y corpiño de tafetán rosa. Como único adorno eligió un sencillo collar de perlas de dos vueltas y unos pendientes de diamantes. Hacía tiempo que no se les veía tan sonrientes y relajados. Poco después de la cena que ofrecieron a sus invitados —un bufet frío con champán—, ella se cambió el vestido de novia por un traje chaqueta de Christian Dior y tras despedirse de todos con besos y abrazos salieron por la puerta trasera de la mansión para evitar a los fotógrafos que hacían guardia en la entrada principal. Se subieron a un coche que les llevó hasta el aeropuerto, donde les esperaba un avión privado que Frank había alquilado, y despegaron de inmediato. Era un lujo que no se podía permitir, pero quería evitar a toda costa a la prensa. Unas horas más tarde los recién casados llegaron a Miami, la primera etapa de su luna de miel antes de proseguir rumbo a La Habana, donde permanecieron algunos días en el Hotel Nacional. «Bueno, ¡lo conseguimos!», exclamó Frank con una gran sonrisa cuando al fin se quedaron solos.

A su regreso a Nueva York, el cantante tuvo que enfrentarse a lo que ya era una dolorosa realidad: su carrera había tocado fondo. La CBS suspendió su programa de televisión por su baja audiencia y sus nuevos discos recibieron muy mala crítica. La Columbia Records decidió no renovarle el contrato. Mientras Frank veía cómo todo a su alrededor se desmoronaba, Ava se encontraba en la cúspide de su carrera. *Magnolia* había sido un éxito en taquilla y le permitió que su flamante agente, Charles Feldman, negociara un nuevo contrato con la Metro de siete años. Ava se comprometía a rodar doce películas y cobraría más de cien mil dólares por cada una. Para ayudar a Sinatra insistió en incluir una cláusula bastante desconcertante en la que el estudio se comprometió a producir una película que ella protagonizaría con su marido.

En mayo de 1952, Ava Gardner inmortalizó las huellas de sus manos y pies en el Paseo de la Fama, en Los Ángeles, junto a otras leyendas del cine. Habrían de pasar trece años para que Sinatra lograse ese honor. El cantante estaba arruinado por el divorcio, y para un hombre con su orgullo resultaba difícil aceptar que a partir de ahora Ava le tendría que mantener. De hecho, ella acabaría pagando toda la luna de miel, incluido el alquiler del avión privado con el que había querido impresionarla. «La boda no ha estado mal, pero he tenido que pagar por cada maldita cosa», se lamentó a un amigo. Pero lo que peor llevaba Frank del éxito de la actriz era estar separados. Ahora que al fin Ava se había convertido en su esposa le exigía que se quedara con él cuando tenía un concierto porque la necesitaba a su lado. En más de una ocasión ella rechazó algunos papeles y pidió permiso al estudio para acoplarse a sus compromisos. Pero para él no bastaba, y empezaron de nuevo las peleas y las tensiones.

Pocas semanas después de su luna de miel Ava comenzó el rodaje de la película *Las nieves del Kilimanjaro*, basada en el relato de Hemingway. El escritor, fascinado por su trabajo en *Forajidos*, sugirió que la actriz sureña sería perfecta para el papel de Cynthia, una hermosa y desinhibida modelo que seduce a un famoso novelista apasionado de los safaris. Ava compartía cartel de nuevo con su querido amigo Gregory Peck y Susan Hayward. Aunque la historia transcurría en París, en África y en España, se rodó íntegramente en los platós de la Fox en Hollywood. El resultado fue una película mediocre con una trama enrevesada donde destacó la interpretación de Ava por encima de todo el reparto. Ella tenía muchas ganas de hacer la película, pero el rodaje fue un auténtico infierno. «Cynthia —escribió Ava— fue el primer papel de mi carrera que comprendí y con el que me sentí a gusto, el primer personaje que tuve ganas de interpretar.» Sin embargo, la actriz tuvo que poner sus condiciones al estudio por la presión de Sinatra, quien quería que estuviera presente el día de su estreno en el teatro Paramount de Nueva York.

Ava consiguió que el director Henry King reagrupara todas sus escenas para filmarlas en diez días, pero debido a un imprevisto tuvo que quedarse en Los Ángeles un día más. Sinatra se puso furioso y no dejaba de telefonearla para saber si podrían coger juntos el avión y llegar a tiempo al concierto. Todo el equipo, que presenció las discusiones y las presiones a las que estuvo sometida, valoró su «enorme entereza y profesionalidad». A Hemingway no le gustó la película y cuando más adelante se conocieron en Madrid le confesó: «Ava, las dos únicas cosas buenas erais tú y la hiena que aparecía al final».

La carrera de Sinatra se limitaba ahora a actuar en clubes nocturnos que apenas llenaba. En Chicago tenía que cantar en el Chez Paree con un aforo para mil doscientas localidades y solo se vendieron ciento veinte. Sufría continuos problemas con su voz, bebía mucho y seguía tomando estimulantes para no venirse abajo. Algunos amigos se referían a sus infecciones de garganta llamándolas irónicamente «gérmenes de la culpa». En la primavera de 1952 una revista del corazón insinuó que «el matrimonio de Ava y Frank» se tambaleaba. Decían estar locamente enamorados el uno del otro pero las broncas entre ellos eran incesantes. «Nunca nos peleábamos en la cama. Los problemas llegaban camino del bidet», reconocía la actriz.

Y entonces tuvo lugar una de sus peleas más salvajes y la que mayor escándalo provocó en la prensa. Ocurrió un sábado por la noche; salieron a cenar con un par de amigos, bebieron mucho y discutieron. Cuando regresaron a su casa en Pacific Palisades la actriz, sin dirigirle la palabra, se encerró en el cuarto de baño y se dio un baño de espuma para relajarse. Él, furioso, le dijo: «Muy bien, nena, me largo. Si quieres localizarme estaré en Palm Springs. ¡Tirándome a Lana Turner!». Ava se quedó meditando sobre lo que Frank le acababa de decir y su rabia iba en aumento. Sabía que le había ofrecido ese fin de semana su casa de veraneo a su amiga Lana y que habían sido amantes en el pasado. Finalmente llamó a su hermana Bappie y una hora más tarde las dos se dirigían en un coche hacia el este a través del desierto.

Cuando llegaron a Palm Springs se encontraron a Lana Turner con su mánager, Ben Cole, bañándose en la piscina. No había ni rastro de Frank, así que las dos hermanas se quedaron a cenar con la pareja. Estaban a punto de sentarse a la mesa cuando llegó el cantante hecho una furia. Sin mediar palabra les gritó a todos que se largaran de su casa. Ava dijo que también era la suya y comenzó a recoger sus cosas tranquilamente. Entonces Frank lanzó por la ventana algunas de sus pertenencias. La actriz, muy exaltada, empezó a destrozar los cuadros de las paredes del salón y a tirar al suelo los libros y discos que había en las estanterías. Los vecinos llamaron a la policía, alarmados por el ruido y los gritos. Al día siguiente el suceso era el rumor más comentado en todo Hollywood y corrieron diferentes versiones según la imaginación de quien lo contara. En una de ellas, se decía que Frank al llegar a la casa sorprendió a Lana Turner y a Ava juntas en la cama. El escándalo estaba servido y la Metro, preocupada por lo ocurrido, solo pensaba en alejar cuanto antes a su estrella de su violento esposo.

Ava dejó de ver a Sinatra durante dos semanas. Aquella ruptura fue la más seria de su turbulenta relación. El cantante le pidió a un columnista amigo que publicara su deseo de reconciliación: «Frankie se rinde: quiere que Ava vuelva con él y acepta cualquier condición». Entonces le telefoneó y quedaron en asistir juntos a una convención del candidato demócrata a la presidencia, Adlai Stevenson. Ava subió al estrado con un traje de noche de satén negro sin tirantes, y la estola de visón que le había regalado Frank el día que se comprometieron. Avanzó con paso firme hacia el micrófono y dijo: «Señoras y señores, yo no soy capaz de hacer nada, pero sí puedo presentarles a un hombre maravilloso, maravilloso de verdad. Yo también soy una gran admiradora suya. Mi marido, ¡Frank Sinatra!». Estuvo deslumbrante y sonriente, y él cantó con su estupenda voz de siempre. A los periodistas que les preguntaron sobre sus siguientes planes, la actriz respondió: «En breve viajaré a África para rodar una gran película de aventuras y mi esposo me acompañará».

Mogambo era una nueva versión de *Tierra de pasión*, la película que veinte años atrás había gustado tanto a Ava y a su madre Molly cuando la vieron en el cine de Smithfield. Ahora el papel que hizo Jean Harlow en 1932 fue a parar a manos de la Gardner, convertida en una corista sensual y muy locuaz. La actriz Grace Kelly, el nuevo descubrimiento de Hollywood, interpretó a la esposa elegante y puritana que acompaña de safari a su esposo. Las dos mujeres, una rubia y una morena, se disputaban el amor del protagonista, un rudo cazador blanco que de nuevo dio vida el veterano Clark Gable. Dirigida por John Ford, los exteriores se rodaron en Uganda, Kenia y la actual Tanzania. Al saber que Ava se pasaría cinco meses fuera de Estados Unidos, Sinatra decidió ir con ella, ya que en ese momento no tenía ninguna oferta de trabajo a la vista. La pareja celebró su primer aniversario de boda volando rumbo a Nairobi, donde les esperaba el resto del equipo. Lo festejaron en el avión brindando con champán. Él le regaló un anillo con un diamante y Ava un reloj de pulsera de platino.

«Para alguien con mi temperamento, irreverente por naturaleza, hacer el papel de una corista insolente y malhablada que silba a los hombres, bebe whisky de la botella y que del vino dice: "No importa el año ni la marca, todos me hacen mostrar lo mejor de mi carácter", era como un regalo del cielo», dijo Ava de su personaje. Le ilusionaba hacer esta película, pero su relación con John Ford no fue fácil. Al principio el director la trató muy mal porque él quería a Maureen O'Hara para su papel, pero tuvo que aceptarla por imposición de la Metro. Un día Ava, harta de que la humillara en público, le espetó: «Soy tan irlandesa y cabrona como usted y no pienso soportar esta situación. Si no me quiere aquí, no tiene más que decírmelo». Ford tuvo que cambiar de táctica y dos días después la mandó llamar a su despacho y le dijo: «Eres muy buena. Pero relájate». A partir de aquel momento se llevaron estupendamente y trabajaron muy a gusto.

El rodaje de *Mogambo* iba a ser una emocionante y agotadora aventura para todo el equipo. El calor y la humedad eran sofocantes —las temperaturas oscilaban entre los cuarenta y cinco y cincuenta y cinco grados—; los actores y demás miembros del equipo tuvieron que enfrentarse en la vida real a numerosos peligros: ataques de fieras —dos leones asaltaron la cocina y causaron el pánico entre el personal, y tres rinocerontes estuvieron a punto de matar al operador de cámara—, enfermedades tropicales y varios accidentes en los Land Rover que se cobraron la vida de un ayudante de producción y dos africanos. Al igual que había ocurrido durante el rodaje de *Pandora y el holandés errante*, bajo el hechizo africano la ficción y la realidad se confundieron. Grace Kelly se enamoró perdidamente del maduro Clark Gable y no disimulaba la atracción que sentía por él. Al actor, que se encontraba en el ocaso de su carrera, le resultó muy estimulante que la joven y bella señorita Kelly perdiera la cabeza por él, pero su supuesto romance no fue a más.

Mientras Ava rodaba, su esposo se quedaba en el campamento, en un segundo plano, y tenía grandes dificultades para conciliar el sueño. Sinatra no estaba acostumbrado a vivir en tiendas de campaña, por muy elegantes y confortables que fueran, y se sentía mortificado al no hacer nada. Aunque a diario llegaban en avión deliciosos manjares y vinos franceses procedentes de Londres, la humedad de la jungla, las fuertes lluvias que lo convertían todo en fango y los mosquitos le resultaban insoportables. Solo encontraba consuelo en la bebida y por las noches las borracheras y peleas entre el matrimonio eran frecuentes. «La lona de las tiendas no era muy gruesa y una noche después de cenar nos retiramos todos a dormir. Entonces me despertó un grito y entendí que Frank y Ava se estaban peleando. No sé la razón, pero se insultaban y gritaban como animales salvajes. Asomé la cabeza y vi atónito que se lanzaban objetos el uno contra el otro. Luego, de repente, se hizo el silencio. La discusión había terminado, y lo siguiente que oí fue que se habían metido en la cama y que esta no paraba de crujir. Habían hecho las paces a su manera», recordaba el actor Donald Sinden.

Fue entonces cuando Sinatra recibió un telegrama diciéndole que debía presentarse lo antes posible para una prueba con la Columbia Pictures. Era la ocasión que llevaba meses esperando desde que saltó la noticia de que Harry Cohn iba a producir la película *De aquí a la eternidad*, con un reparto de lujo. Frank había leído la novela y le dijo a Ava que solo él podía interpretar a Maggio, un soldado italiano, frágil pero orgulloso e insolente. Sabía que era su oportunidad para relanzar su carrera como actor. Antes de viajar a África, había ido a ver a Cohn, el temible mandamás del estudio, y se ofreció incluso a trabajar gratis. Lo que el cantante ignoraba es que Ava, a sus espaldas, también había hablado con el jefe de la Columbia para suplicarle que le hicieran una prueba a su esposo. Temía que si no le daban el papel se suicidase porque estaba absolutamente obsesionado en conseguirlo. Ella le propuso hacer una película gratis a cambio de que le dieran una oportunidad.

Unos días después de la partida de Sinatra, la actriz se mareó y se desmayó en el plató. En un principio pensaron que era debido al calor asfixiante y a su preocupación por que a Frank no le dieran el papel que tanto anhelaba. Pero Ava sabía que su malestar no se debía a su esposo ni a las tensiones del rodaje. Estaba embarazada. No quiso decírselo para no inquietarle y que no anulara su viaje a Hollywood. Con quien sí se sinceró fue con John Ford, que estaba preocupado por su salud. Ava le confesó la delicada situación que atravesaba y su tristeza porque «el niño llegaba en el peor momento para ellos, en plena crisis de su matrimonio y con un futuro incierto». El director intentó convencerla de que no abortara y le aconsejó que se tomara un tiempo para reflexionar. Pero Ava ya lo había decidido y le pidió una semana de baja para ir a Londres.

El 23 de noviembre de 1952, la actriz voló a la capital inglesa con su agente de publicidad Morgan Hudgins y la esposa de Robert Surtees, director de fotografía de la película. Se alojaron en el hotel Savoy y aquella misma tarde fue ingresada en una clínica privada. A la prensa se le dijo que la estrella había contraído disentería en África. Cuando Sinatra la llamó desde California para saber cómo se encontraba, ella le contó la misma historia. Ya de regreso en el avión a Nairobi, Ava le reveló a la esposa de Surtees: «Odiaba tanto a Frankie que no quería que ese niño naciera». También le explicó que se sentía muy dolida porque había recibido la factura del anillo que él le regaló el día de su aniversario.

Ava se incorporó al rodaje de *Mogambo* muy decaída. Había adelgazado cuatro kilos, estaba desanimada y tenía por delante aún tres largos meses de trabajo. En aquellos difíciles momentos, encontró un gran apoyo en Grace. La elegante y glamurosa chica rubia de Filadelfia era casi una desconocida en Hollywood. Solo había rodado dos películas de las que no se sentía nada orgullosa y todavía le faltaba un año para alcanzar el estrellato de la mano de Alfred Hitchcock. Desde el primer día se quedó sorprendida por el salvaje y desinhibido comportamiento de su compañera. Pero a medida que la fue conociendo simpatizó con ella y se hicieron buenas amigas. En una ocasión pasaron ante un grupo de guerreros watusi; Ava se volvió hacia Grace y le dijo: «Me pregunto si sus penes son tan grandes como dicen». Grace se sonrojó y siguió caminando, pero la actriz le levantó el taparrabos a uno de ellos y comentó: «No está mal, pero Frank la tiene más grande».

Sinatra regresó a África a tiempo para pasar las Navidades con ella y celebrar el treinta cumpleaños de Ava. Le había comprado unos preciosos pendientes de esmeraldas —que pagaría a plazos al joyero— valorados en veintidós mil dólares. Estaba feliz y exultante porque la prueba había sido un éxito y el papel de Maggio era suyo. Pero su alegría duró poco. Ava le confesó que había abortado en Londres y para el cantante fue una noticia devastadora. Seguía muy enamorado de ella y aún soñaba con formar una familia. Pero esta vez Frank no discutió; ahora solo pensaba en relanzar su carrera y volver a ser el ídolo de antaño. A su fiel amigo y guardaespaldas Hank Sanicola, le dijo: «No la perdonaré jamás por lo que me hizo a mí y al bebé, pero la quiero demasiado».

La Metro organizó una gran fiesta de Navidad para todo el equipo de *Mogambo* en medio de la selva. Tras superar tantas dificultades y peligros durante el rodaje, habían llegado a formar una gran familia. Los nativos cantaron villancicos y Frank Sinatra les dedicó algunos de sus temas más conocidos. Disfrutaron de una deliciosa cena que les hizo llegar el estudio en avión acompañada de abundante champán. Con el tiempo la actriz recordó con nostalgia aquellas Navidades que pasó con su esposo en el corazón de África. Hacía mucho que no estaban tan relajados y disfrutaron navegando en canoa por el río y cenando en su tienda a la luz de las velas. Frank le improvisó una ducha cerca de su alojamiento y cada atardecer bombeaba el agua del río para que ella pudiera refrescarse.

Y fue en esos días felices cuando la actriz volvió a quedarse embarazada. Esta vez no pudo ocultárselo a Frank, que se mostró muy ilusionado. Pero decidió de nuevo abortar. En breve ella debía comenzar en Londres el rodaje de *Los caballeros del rey Arturo* y el cantante volaría a Hawái para unirse al equipo de su nueva película. Sinatra quería un hijo, pero Ava pensaba que no era el momento más oportuno, y esta vez sí discutieron. «Ni siquiera éramos capaces de vivir juntos como cualquier pareja normal de casados —lamentó ella—. Frank llegaba a las cuatro de la madrugada después de cantar en una sala de fiestas o en un concierto. Y yo me iba de casa a las seis y media de la mañana, o incluso antes, para llegar a tiempo al estudio. No teníamos un hogar que ofrecer a nuestro hijo.»

Ava regresó sola a Londres y esta vez eligió una pequeña y discreta clínica privada en Wimbledon, donde ingresó para interrumpir su embarazo. Coincidió que aquella misma semana Sinatra había llegado a la ciudad para empezar su gira de conciertos por Europa. «Alguien debió de decirle dónde me encontraba, porque mientras viva jamás olvidaré el momento en que me desperté después de la operación y vi a Frank sentado a mi lado con los ojos llenos de lágrimas. Pero creo que hice bien. Todavía creo que hice bien», escribió Ava.

Los primeros meses de 1953 sus compromisos profesionales les mantuvieron separados. Frank viajó a Hawái para comenzar el rodaje de *De aquí a la eternidad* a las órdenes de Fred Zinnemann y en verano se sumergió de lleno en la promoción de la película y en una gira de conciertos. Esta vez Ava no le acompañó. Decidió viajar a España para pasar unas breves vacaciones y visitar de nuevo la Feria de Sevilla. En Madrid se alojó en una suite del hotel Castellana Hilton por la que pagaba una cantidad simbólica, ya que era buena amiga del director. Una calurosa noche de agosto, en una fiesta que organizaron Ricardo y Betty Sicre, sus anfitriones en España, le presentaron al torero más famoso del país, Luis Miguel Dominguín. Ava había acudido con su amiga Lana Turner y las dos se quedaron prendadas del torero, pero él solo tuvo ojos para la morena. Fue un auténtico flechazo. «Cuando le vi por primera vez supe con absoluta certeza que era para mí», dijo la actriz. Alto, delgado y de ojos oscuros y penetrantes, le resultó muy atractivo. Cuatro años menor que Ava, era un ídolo nacional y un soltero de oro. Además de excelente matador, tenía elegancia, un gran sentido del humor y mucha cultura. Entre sus amigos había intelectuales y artistas como Picasso y Hemingway. Este escritor le describía como una mezcla de Hamlet y don Juan; un caballero y un golfo a la vez que volvía locas a las mujeres. Cuando Ava le conoció se estaba recuperando de una cornada casi mortal que había recibido unos meses atrás. Los dos tenían mucho en común; compartían unos orígenes humildes, eran rebeldes y dos espíritus libres. Aunque en su primer encuentro Luis Miguel utilizó todas sus armas de seducción para conquistarla, ella no cedió a la tentación. Aún estaba casada con Frank y no se sentía preparada para comenzar una relación con un hombre que sabía que no iba a ser el capricho de una noche.

A principios de septiembre Ava regresó a Nueva York para asistir al estreno de *Mogambo* y acudió a un concierto que Sinatra daba en el Riviera. Hubo un nuevo intento de reconciliación propiciado por Dolly Sinatra, la madre del cantante, pero no salió bien. Un mes más tarde Frank fue contratado para dar su primer concierto en el Sands, un famoso hotel y casino de Las Vegas. El plan inicial era que viajaran juntos, pero en el último momento ella no apareció porque la noche anterior habían discutido. El artista no estaba dispuesto a que una rabieta de su esposa le arruinara su triunfal regreso a Las Vegas, donde fue recibido como un rey. Una noche, harto de que Ava le echara en cara que coqueteaba con una escultural corista de su espectáculo, la llamó desde su suite del Sands para decirle que, efectivamente, en ese instante estaba en la cama con otra mujer. Ava, que se encontraba en su casa de Palm Springs, le colgó el teléfono y supo que su historia de amor había acabado para siempre. «Fue horrible. Me sentí profundamente herida. No porque hubiéramos dejado de estar enamorados, sino porque nuestro amor nos había herido y golpeado tanto que ya no podíamos soportarlo por más tiempo.»

El final de su matrimonio llegó cuando los dos estaban a punto de dar un gran salto en su carrera. Ava fue nominada al Oscar a la Mejor Actriz por *Mogambo*, y pese a que no lo consiguió recibió muy buenas críticas. Sinatra sí ganó la codiciada estatuilla de oro por su magnífica interpretación de Maggio, y de repente cambió su suerte. Sus discos volvían a venderse y los críticos alababan su nuevo estilo y brillante voz. A su esposa le parecía que el éxito se le había subido a la cabeza y se mostraba más arrogante que nunca. Ella le prefería deprimido y sin trabajo porque «cuando estaba en la cima era un monstruo sagrado convencido de que en el mundo no había nadie más que él». Seguían peleándose por cualquier motivo, pero las reconciliaciones ya no eran tan estupendas como antes. Ava confesó a una amiga que ya no le daba placer en la cama.

El 29 de octubre de 1953 la Metro anunció a la prensa que Ava Gardner y Frank Sinatra comenzaban los trámites de su divorcio «con profundo pesar y un gran respeto mutuo». Para ella era su tercer fracaso matrimonial y solo deseaba iniciar una nueva vida lejos de Hollywood. Pero Frank aún la amaba y soñaba con una reconciliación. La idea de perderla para siempre le consumía por dentro. Una noche que se encontraba solo en su apartamento neoyorquino, había bebido mucho y tomó más pastillas de la cuenta. Desesperado se fue a la cocina, cogió un cuchillo y se cortó las venas. Se salvó de morir desangrado porque su amigo Jimmy Van Heusen llegó justo a tiempo para llevarle al hospital. Pero esta vez Ava no acudió a consolarle junto a su lecho. Se hallaba volando rumbo a Roma, donde iba a empezar el rodaje de *La condesa descalza*.

El director Joseph Mankiewicz había pensado primero en Rita Hayworth para el papel protagonista, pero la estrella se estaba divorciando del príncipe Alí Khan y no aceptó porque su personaje le recordaba demasiado a su propia vida. Al final Ava Gardner fue la elegida y para ella la sola idea de rodar unos meses en Roma, pasar buena parte de la película descalza y trabajar a las órdenes de un gran director fue suficiente para que firmara enseguida el contrato. Alquiló un apartamento en un viejo edificio del Corso d'Italia y comenzó las pruebas de vestuario con las hermanas Fontana en su taller de la via Veneto. Estas reconocidas modistas italianas diseñaron toda la colección de magníficos trajes elaborados en telas exquisitas y bordados a mano que lució su personaje. Por las tardes Ava posaba para un escultor encargado de crear la estatua de mármol de la condesa que aparece en la última escena de la película. En esta ocasión la actriz posó con una combinación, pero el resultado no la convenció: «No me reconocí en la estatua que me hicieron en *Venus era mujer* y mucho menos en esta, que me pareció horrible y ni siquiera tenía mis rasgos ni mis proporciones.

Y posar en aquel taller frío, húmedo y con goteras, me hizo enfermar».

En esos ajetreados días conoció a David Hanna, su nuevo agente de prensa, que con el tiempo acabó siendo su mánager y confidente. Como el rodaje no comenzaría hasta enero, le pidió al director unos días de vacaciones para pasar las Navidades en España y celebrar su treinta y un cumpleaños en Madrid. Quería volver a ver a Luis Miguel Dominguín, a quien no se había podido quitar de la cabeza. Lo que no imaginaba la actriz es que Sinatra la llamaría para decirle que quería pasar las fiestas con ella. «Nena, nos veremos en Madrid y si hace falta me voy al Polo Norte. Quiero estar contigo», le dijo exultante por teléfono. Ava no se atrevió a decirle que no fuese y decidió dejar que los acontecimientos siguieran su curso.

Cuando Sinatra llegó a Madrid el 29 de diciembre no encontró a Ava en la suite del Hilton, donde siempre se hospedaba, porque estaba con Luis Miguel en Villa Paz, su finca del campo. Por aquella época el diestro había abandonado los ruedos y repartía el tiempo entre sus negocios y la vida social. Frank aún no sabía que la actriz vivía un apasionado romance con otro torero. El encuentro con Frank fue desagradable, de nuevo discutieron, se gritaron y al final regresaron juntos a Roma casi sin dirigirse la palabra. A los pocos días él se marchó a Estados Unidos porque comenzaba el rodaje de una nueva película en Hollywood. Al quedarse sola, enseguida mandó un mensaje a Luis Miguel invitándole a que se reuniera con ella. Ya no disimulaban en público la química que había entre ambos y los paparazzi les fotografiaron en actitud acaramelada paseando por las calles de la ciudad. En sus brazos Ava deseaba olvidar a Frank y centrarse en su carrera.

La condesa descalza era la historia de una bailaora española,

María Vargas, que actúa en locales nocturnos de mala muerte de Madrid y que al ser descubierta por un cazatalentos acaba convirtiéndose en una famosa estrella de cine en Hollywood. Ava se identificó al instante con la historia y con su personaje por sus humildes comienzos, su rebeldía, sus tormentosos romances y su afición a andar descalza. Trabajó a fondo su papel y durante tres semanas ensayó los pasos de baile flamenco que debía interpretar en una secuencia. El resultado sorprendió a todo el equipo porque Ava se movía con notable gracia, pasión y erotismo. Para vencer su pánico escénico seguía bebiendo a escondidas antes de cada toma. En esta ocasión compartía cartel con Humphrey Bogart que, además de ser una leyenda en Hollywood, era amigo personal de Sinatra. Desde el comienzo el actor adoptó una actitud muy desagradable y prepotente hacia ella. Se quejaba de que era imposible trabajar con una actriz que hablaba tan bajo que apenas se la entendía y que no sabía moverse en un plató. «No me aporta nada —repetía delante de todo el equipo—, tengo que cargar yo con el peso de cada escena que hacemos juntos.» Bogart la llamaba «la gitana de Grabtown» y se burlaba de su afición por los toreros. En alusión a Luis Miguel Dominguín, que en ocasiones la acompañaba al rodaje, le dijo: «Nunca lograré entender a las mujeres. Media población femenina se lanzaría a los pies de Sinatra, y aquí estás tú divirtiéndote y tonteando con tipos que usan capa y zapatillas de bailarina». Un día Lauren Bacall, la esposa de Bogart, llegó a Roma para hacerle una visita y le trajo a Ava un regalo muy especial de Frank: su pastel favorito de coco. «Me dijo que lo dejara encima de una mesa después de haber cargado con él desde Nueva York y ni lo abrió. Se notaba que estaba harta de Frank, pero él seguía loco por ella», recordó Bacall.

AVA
GARDNER
1922-1990

Esta fotografía cambió la vida de Ava Gardner y fue su pasaporte a la fama. Tenía solo diecisiete años y se la tomó su cuñado Larry Tarr, quien le pidió que posara para él cautivado por su belleza. La imagen la exhibió en el escaparate de su estudio de la Quinta Avenida en Nueva York, donde no pasó desapercibida.

En 1942 Ava contrajo matrimonio con Mickey Rooney. Ella tenía diecinueve años y era una recién llegada a Hollywood. Él, la estrella infantil más famosa y taquillera de la meca del cine. La pareja se divorció apenas un año después debido a las infidelidades del actor.

Ava fue un mito del cine del siglo XX y una de las actrices más hermosas de la época dorada de Hollywood. Pero tras su deslumbrante físico y provocativa sensualidad se escondía una mujer tímida, insegura y vulnerable que odiaba el apelativo de «el animal más bello del mundo».

El cantante Frank Sinatra fue el gran amor de Ava Gardner. Se casaron en 1951, pero su relación estuvo marcada por las salvajes peleas, borracheras y escándalos que hicieron las delicias de la prensa sensacionalista. Tras su divorcio mantuvieron una estrecha amistad hasta el final de sus días.

Entre los hombres que le robaron el corazón a Ava estaba el famoso y apuesto torero español Luis Miguel Dominguín. Lo conoció en una fiesta en Madrid en 1953 y, tras divorciarse de Frank Sinatra, vivió una apasionada relación con él.

Poco antes de cumplir los treinta y tres años, Ava decidió instalarse en España. Quería olvidar a Sinatra, huir del acoso de la prensa y alejarse de Hollywood. Adoraba el clima soleado, la alegría de los gitanos, los toros, el flamenco y las noches sin fin de Madrid. Aquí posa vestida de flamenca en Sevilla en 1950.

En la película *La noche de la iguana*, del director John Huston, la actriz —ya en su madurez y sin apenas maquillaje— interpretó uno de sus más aclamados papeles. Se rodó en escenarios naturales de Puerto Vallarta, México, y compartió protagonismo con Richard Burton, que acababa de iniciar su sonado romance con Elizabeth Taylor.

Durante sus últimos años Ava vivió en Londres en una casa cerca de Hyde Park, donde llevaba una vida muy tranquila y anónima. En esta imagen posa con su querido corgi galés Morgan —adoraba esta raza de perros— justo antes de sufrir un ataque de apoplejía. Hasta el final de su vida no perdió el buen humor y su atractiva sonrisa.

La obsesión de Sinatra era tal que quiso quedarse con la estatua de mármol de Ava que se había utilizado en la película. A él le parecía que estaba muy conseguida y que era una réplica exacta de su rostro y su voluptuosa figura. Su director accedió y el cantante hizo que la instalaran en el jardín de su mansión del elegante barrio de Holmby Hills, en Los Ángeles. El cantante convirtió la vivienda en una especie de santuario donde había fotografías de la actriz por todos los rincones, incluso en los cuartos de baño. Seguía pensando constantemente en ella y en cómo recuperarla. A sus amigos les preocupaba su inestable estado mental. Sufría una fuerte depresión y apenas dormía. Frank tardaría mucho en olvidarla. En aquella época salió con muchas mujeres, incluso con Judy Garland y Elizabeth Taylor, que estaba perdidamente enamorada de él y solo deseaba convertirse en la próxima señora Sinatra. Pero como el artista le confesó a un amigo: «No puedo quitármela de la cabeza, no hay ninguna mujer como Ava».

La condesa descalza no funcionó en taquilla y tampoco convenció a los críticos. Sin embargo, con esta película Ava Gardner alcanzó el estatus definitivo de diosa hollywoodiense. Nunca antes había aparecido en la gran pantalla tan glamurosa y con tanto estilo gracias a los espectaculares modelos de alta costura italiana creados para ella y al cuidado trabajo de iluminación del gran director de fotografía Jack Cardiff. Fue a partir de entonces que quedó inmortalizada como «el animal más bello del mundo», una frase publicitaria que ella siempre rechazó porque le resultaba humillante. Había llegado a lo más alto, era una de las actrices más famosas y mejor pagadas de Hollywood, y contaba con una legión de fans. Pero no era feliz ni le gustaba en lo que se había convertido: «Me sentía encarcelada por el estilo de vida de una estrella de cine, ya no tenía intimidad y sencillamente ya no podía aguantarlo más, necesitaba escapar de todo».

EMBRUJO ESPAÑOL

«Animados por la música flamenca, reíamos, bebíamos, salíamos. Yo era su chica, y él mi hombre; así de sencillo. Éramos buenos amigos además de buenos amantes, y no nos exigíamos demasiado el uno al otro», recordaba la actriz. En marzo de 1954 Ava estaba de nuevo en Madrid y siguió su idilio con Dominguín. De la mano del famoso torero la actriz descubrió una ciudad donde las noches eran interminables. Conoció a la flor y nata de la alta sociedad madrileña, a políticos, ricos hombres de negocios, espías, intelectuales y todo el mundillo de la farándula. Se les podía ver en la Cervecería Alemana, cenando en el Jockey, tomando unas copas en Chicote y por la noche recorrían los tablaos flamencos como el Villa Rosa y El Duende, donde Ava se soltaba la melena y se subía a las mesas a bailar al ritmo de las palmas de los gitanos. Por aquella época bebía mucho y en más de una ocasión de madrugada sus amigos la tenían que llevar en brazos hasta su hotel y dejarla en la cama porque apenas se aguantaba de pie.

Una noche del mes de abril, Ava estaba durmiendo en su suite del Castellana Hilton con Luis Miguel a su lado cuando se despertó con un dolor agudo en el estómago. La llevaron al hospital y el diagnóstico fue que sufría un cólico nefrítico. Dominguín hizo que instalaran una cama plegable en la habitación y se quedó allí cuidándola día y noche. Llenó las habitaciones de flores, le regaló su perfume favorito y le cantaba canciones al oído para ayudarla a dormir. Solo se separó de ella una mañana para ir al hotel Palace a ver a su amigo Hemingway, que se encontraba de paso en Madrid. El torero le pidió si podía acompañarle a visitar a su amiga Ava Gardner, que estaba ingresada y sin mucho ánimo. El escritor se mostró muy interesado en conocer a la famosa estrella de cine que había protagonizado dos películas basadas en sus novelas. Cuando llegaron a su habitación la vieron pegada al teléfono y gritando a un ejecutivo de la Metro que intentaba convencerla para que actuara en un musical dirigido por Charles Vidor, el director de *Gilda*. Ella se negaba con firmeza porque en la película *Magnolia* ya le habían doblado las canciones que interpretaba y no estaba dispuesta a pasar de nuevo por semejante humillación. «¿Qué pretenden que haga? —vociferaba a los cuatro vientos—. ¿Que abra la boca como una carpa gigante mientras ustedes me doblan con la maldita voz de otra?»

A Hemingway le gustó el fuerte y apasionado temperamento de Ava y se llevaron muy bien. Pensó que sería la heroína perfecta de una de sus novelas. Cuando la estrella se enteró de que el escritor se marchaba de Madrid fue a despedirse de él. Entonces Hemingway le hizo una extraña petición: que le regalara una de las piedras del riñón que había expulsado, como un amuleto de la buena suerte. Ava cumplió su deseo y el escritor la llevó encima durante varios años. Entre la Gardner y «papá» Hemingway surgiría una estrecha amistad y la actriz le visitó en Finca Vigía, la hacienda que tenía en Cuba.

En junio la actriz regresó a Estados Unidos para resolver su divorcio y tratar de solucionar su pleito con la Metro, que le había suspendido el contrato. Pensaba fijar su residencia en Nevada para así agilizar los trámites y le pidió a Howard Hughes que le buscase un buen abogado. El magnate le ofreció una de sus mansiones junto al lago Tahoe, cerca de Reno, para que se instalara cómodamente con su doncella Reenie y se recuperara. Aún seguía enamorado de ella y ahora que estaba a punto de divorciarse de Sinatra pensó que quizá aceptaría su propuesta de matrimonio. Como era su costumbre, encargó a sus hombres que la espiaran y puso micrófonos en todas las habitaciones de la casa.

Al cabo de unos días Ava se aburría y llamó a Luis Miguel para invitarle a la casa del lago. El 7 de julio el torero llegó procedente de España y vivieron un fogoso encuentro. Tras unos días idílicos tomando el sol en la piscina, nadando y haciendo el amor, la magia se rompió. Una noche fueron juntos al casino a jugar a la ruleta, la actriz bebió más de la cuenta y al llegar a casa tuvieron una fuerte discusión. Ella, hecha una furia, se encerró en su dormitorio dando un portazo. Entonces uno de los sirvientes que trabajaba como espía en la vivienda le dijo al torero que en el aeropuerto había una avioneta esperándole para llevarle al aeropuerto de Los Ángeles y de ahí un avión de la TWA le trasladaría a Europa. A Luis Miguel le sonó como una amenaza y optó por hacer el equipaje y poner tierra de por medio. A la mañana siguiente, cuando Ava se despertó, su amante ya se había ido. No supo hasta más tarde que Howard Hughes estaba detrás de su inesperada y misteriosa desaparición.

Durante aquel año de 1954 apenas había visto a Frank. Un día se presentó de improviso en la mansión de Tahoe para pedirle que no siguiera adelante con el divorcio y volviera con él. Esta vez fue un encuentro tranquilo, como el de dos viejos amigos, y no discutieron. El odio y la amargura estaban desapareciendo para dejar paso a la tristeza y a la nostalgia «por lo que pudo haber sido y no fue». Ava se refería a él como «mi Frankie», y la distancia ayudó a curar lentamente las heridas. Llevaban tres años casados, pero apenas habían llegado a vivir dos años juntos. Cuando el cantante se enteró de que finalmente Ava no seguiría adelante con el divorcio, pensó que quizá podía haber cambiado de parecer y estaba dispuesta a darle otra oportunidad. En realidad la actriz había dado marcha atrás porque esperaba poder llegar a un acuerdo económico con él. En el pasado, cuando su carrera iba en picado, ella le había mantenido y prestado dinero, ahora que Sinatra triunfaba de nuevo y se estaba haciendo rico, deseaba recuperarlo.

Tras pasar seis semanas en el lago, Ava solo quería abandonar cuanto antes Nevada y librarse del control de Hughes, quien seguía empeñado en casarse con ella. En aquellos días le regaló un anillo con un magnífico zafiro de Cachemira —que ella le devolvió al finalizar su relación— y la tentó con un collar de perlas y diamantes que había pertenecido a la zarina de Rusia y que sería suyo si le daba el «sí, quiero». Para rematar la lista de fabulosos obsequios llegó a ofrecerle doscientos cincuenta mil dólares en metálico si hacía una película para él. Pero ni siquiera la visión de un cuarto de millón de dólares en un maletín le hizo cambiar de opinión. «Howard solo quería comprarme, convertirme en una de sus propiedades, y yo no estaba dispuesta a ello. Además yo no estaba enamorada de él, y sabía que por mucho que lo intentara no podría estarlo jamás», explicaría la actriz. Hughes se casó tres años más tarde con la joven y bella actriz Jean Peters, pero para entonces su desequilibrio metal le hacía vivir prácticamente recluido en un bungalow de un hotel.

Con Luis Miguel volvieron a verse unos meses más tarde en Nueva York, donde Ava tenía que asistir al estreno de *La condesa descalza*. Aún seguía dolida por lo ocurrido en la casa de Tahoe y quería que le diera una explicación. Se alojaron en una suite del hotel Drake y durante dos días no pisaron la calle. Luis Miguel le pidió que olvidaran el pasado y que se casara con él. Quería formar una familia y tener hijos con ella. Ava rechazó la proposición y él regresó a España triste y decepcionado. Antes de que acabara el año, se casó con la actriz italiana Lucia Bosé. El torero siempre guardó un grato recuerdo de Ava y en una ocasión dijo de ella: «No le daba importancia al dinero. Era desprendida y generosa con sus amigos. Sus relaciones no podían durar porque exigía una absoluta entrega y lealtad. Era una mujer de extremos, lo que la llevaba a ser irritable y caprichosa. Estallaba en ataques de furia, pero a los cinco minutos se le había olvidado el motivo. Fue una mujer constantemente incomprendida, a quien su belleza solo la perjudicó. La quise muchísimo, de corazón».

Ava se embarcó en una larga y agotadora gira mundial para promocionar *La condesa descalza*. Cuando regresó a Londres en enero de 1955 había recorrido casi ochenta mil kilómetros en avión. En el aeropuerto los periodistas la acribillaron a preguntas y entre las perlas que soltó dijo: «A los treinta y dos años, soy la segunda actriz más vieja de la Metro» o «¿Crear? Yo no creo nada. Eso se lo dejo al guionista y al director. Yo no soy actriz y no tengo nada que decir sobre mi trabajo. Yo solo hago lo que pone en el guion y créame que a veces es terrible porque hay que repetir los mismos tópicos una y otra vez» y «trabajo solo por dinero». A esas alturas de su vida estaba harta del mundo del cine pero aceptó rodar algunas películas más para ganar dinero rápido y asegurarse un buen retiro.

Apenas pudo recuperarse de su gira porque en aquel verano iba a comenzar para la Metro la película *Cruce de destinos*, dirigida por George Cukor. De nuevo hizo las maletas y se marchó con su doncella Reenie a Lahore, en Pakistán, donde tendría lugar el rodaje. La película estaba ambientada en la India colonial y Ava interpretaba uno de sus papeles más complejos, el de una bella enfermera angloindia atormentada por sus orígenes que vive en carne propia el racismo imperante en el Raj británico. Su compañero en la pantalla era el apuesto Stewart Granger, el galán por excelencia de las películas de aventuras, que hacía de un veterano coronel británico. Se trataba de la primera vez que trabajaban juntos y según el actor Ava quiso seducirle desde que lo vio, pero él estaba casado con la actriz Jean Simmons y no sucumbió a la tentación. Fue un rodaje muy duro y lleno de contratiempos. Las calles de Lahore se hallaban llenas de basura, el calor y la humedad eran insoportables y había mucha pobreza. Para Ava todas las incomodidades valieron la pena con tal de poder trabajar a las órdenes de Cukor, quien había dirigido a las grandes reinas de la pantalla desde la Garbo hasta Katharine Hepburn. La mayoría de los miembros del equipo enfermaron y Ava sufrió una insolación y una grave intoxicación alimentaria. Pese a todo, la actriz se sintió muy satisfecha con su actuación y en la película aparecía bellísima con el cabello teñido de negro y vestida con saris de seda de vivos colores. Tras cuatro meses de rodaje regresó a Londres a tiempo para asistir a la gala de *Atrapa a un ladrón*, la última película protagonizada por su amiga Grace Kelly antes de convertirse en princesa de Mónaco, y tuvo ocasión de conversar con la joven reina Isabel y el príncipe de Edimburgo.

«En diciembre de 1955, poco antes de cumplir los treinta y tres años, hice algo que amenazaba con hacer desde hacía tiempo, algo que nadie me creía capaz. No, no se trataba de dejar el cine, pero sí de algo parecido. Abandoné Estados Unidos para siempre y me instalé en España», cuenta Ava en sus memorias.

La noticia causó una gran sensación en el mundillo de Hollywood y entre sus miles de seguidores. Nadie entendía cómo una estrella en la cumbre de su carrera lo dejaba todo para ir a instalarse en un país atrasado y pobre que había quedado devastado por la Guerra Civil. Pero ella lo tenía claro; detestaba Hollywood, el acoso de los paparazzi y a la Metro, que seguía sin valorarla. Para muchos resultaba irónico que una actriz como Ava Gardner, una sex symbol que encarnaba la libertad y la rebeldía, se mudara a vivir a la España de Franco. «¿Qué hace la mujer más deseada, fotografiada y famosa del planeta en un país sometido a una férrea dictadura y aislado del mundo libre?», se preguntaba la prensa estadounidense crítica con el régimen.

Los españoles la recibieron con cariño y respeto y estaban orgullosos de que una estrella mundialmente famosa hubiera elegido ser «una madrileña de adopción». «Me sentía emocionalmente próxima a España, y sus gentes me aceptaron sin preguntas. Lo cual no debió de resultarles fácil. Al fin y al cabo, yo representaba todo aquello que no aprobaban. Era una mujer, sola, divorciada, no católica y actriz», dijo Ava. Había otras razones además del clima soleado, la alegría de sus gentes y su pasión por los toros y el flamenco. España era un país muy barato para ella, tenía buenos contactos con norteamericanos ricos y muy poderosos que la ayudaron a instalarse, y el residir en el extranjero la eximía de pagar impuestos. En aquellos años cincuenta el país se había convertido en un gran plató de cine donde grandes directores como Orson Welles y John Huston venían a rodar películas faraónicas atraídos por su bajo coste de producción. Contaban con el beneplácito de Franco, que veía en el negocio del cine una manera de estrechar lazos con Estados Unidos, su nuevo aliado. Ava fue la primera estrella de cine estadounidense que fijó su residencia en España y aquí daría rienda suelta a sus excesos mientras las autoridades miraban hacia otro lado.

Ava Gardner se compró un chalet en La Moraleja, una zona tranquila a las afueras de Madrid. Era un edificio muy espacioso de planta baja, de ladrillo rojo que se extendía de forma irregular, como un rancho. Se llamaba La Bruja porque sobre su tejado había una veleta que tenía la forma de una bruja montada en una escoba. La finca estaba rodeada de un extenso terreno con enormes sauces y unas vistas magníficas a los montes de la sierra. Y aquí se instaló en diciembre de 1955 con su hermana Bappie, su inseparable doncella Reenie y sus dos corgis galeses, Rags y Cara, que le había regalado Sinatra. Harta de los periodistas que la perseguían día y noche, y de los espías de Hughes, en La Bruja la actriz pudo disfrutar de auténtica intimidad. Al principio se negó a tener teléfono porque no quería que la molestaran, y si alguien deseaba comunicarse con ella, debía dejar un recado en el Hilton o enviarle un telegrama. Durante cinco años este fue su hogar más querido y donde más a gusto se sintió.

La actriz vivía muy cerca de Ricardo y Betty Sicre, que eran sus íntimos amigos y consejeros desde hacía dos años. Una pareja elegante, rica y muy bien relacionada. Aunque oficialmente él era un próspero hombre de negocios, trabajaba como espía para el servicio de inteligencia de Estados Unidos. De la mano de los Sicre, conoció a la importante comunidad de exiliados que vivía en Madrid y pronto se convirtió en el miembro más glamuroso de este reducido y privilegiado círculo. Betty, que llegó a conocer muy bien a la estrella, dijo: «Por aquel entonces parecía un alma perdida; se había separado de Frank y no sabía muy bien qué hacer con su vida. Lo único que tenía claro era que quería estar lejos de Hollywood, había muchos recuerdos que deseaba dejar atrás». Los Sicre tenían cuatro hijos y fueron como una familia para Ava, que llegó a ser la madrina de uno de ellos. Betty se encargó durante años de atender la correspondencia de sus admiradores porque la actriz no quería leer las cartas, tan solo firmaba las fotos. Tampoco tenía ganas de volver a rodar una película y los guiones que le llegaban se apilaban en una mesa del salón. «No parecía una estrella de cine porque carecía de divismo. Era natural, campechana y no le apetecía demasiado trabajar —explicó Betty—; era muy perezosa. Le gustaba dormir hasta tarde y era muy poco estricta a la hora de hacer ejercicio. Sin embargo, tenía el cuerpo más hermoso que se pueda imaginar. Y no era como otras guapas estrellas que se pasan tiempo arreglándose ante el espejo antes de que nadie pueda verlas. No era nada presumida, por lo general apenas se maquillaba. Era una mujer nocturna y le encantaba vivir en Madrid porque la diversión empezaba muy tarde y duraba hasta la madrugada.»

A pesar de su ruptura con Dominguín, se encontraba muy animada y dispuesta a adaptarse a su nuevo país. Durante los primeros meses comenzó a tomar lecciones de español con un viejo actor al que llamaba Mr. Martini. Acudía a su chalet varias veces por semana y el apodo venía a cuento porque acababan las clases apurando las jarras de esta bebida que les preparaba Reenie. No quería ser una turista y para ello se tomó muy en serio aprender bien el idioma. «Aunque terminé por leer y escribir muy bien, mi español hablado nunca fue lo que debería haber sido, porque mi timidez innata me lo impedía», reconocía Ava. Cuando acabó con la mudanza y ya tenía decorada la casa a su gusto, comenzó a viajar con su hermana por España en su nuevo coche, un Facel Vega que le regaló Sinatra por su cumpleaños. Le gustaba mezclarse con la gente y conocer las costumbres locales. Visitó Barcelona, Sevilla y Granada, y como su fascinación por el flamenco iba en aumento, siempre acababa en algún tablao rodeada de gitanos con los que bebía vino, coñac y ginebra y se lanzaba a bailar pasodobles durante toda la noche. «He de admitir que España me fascinó desde el primer momento. Sentía una especie de parentesco con el flamenco; entonces estaba vivo, era puro. Las corridas de toros eran espectáculos bellos y emocionantes. Todo era maravilloso, y continuaba sin tregua día y noche.» Con Bappie formaban una curiosa e inseparable pareja. «La hermana mayor era poco agraciada, bajita, con el cabello teñido de rubio y usaba gruesas gafas. Bebía mucho también, pero no tenía su carácter violento. Era simpática y se llevaba bien con todos. Cuando Bappie se peleaba con ella y se hartaba, regresaba a Estados Unidos y Ava se sentía muy triste y sola», recordó su secretario David Hanna.

A mediados de abril de 1956, Ava viajó a Mónaco en compañía de David Niven para asistir a la boda de Grace Kelly y el príncipe Rainiero. Además de ser amiga de la novia, fue ella quien le presentó en su apartamento de Londres al periodista Rupert Allan, quien luego invitó a Grace al Festival de Cine de Cannes, donde conoció al príncipe. La Metro Goldwyn Mayer había conseguido la exclusiva para filmar la «boda del siglo», que fue televisada en color y en directo a todo el mundo. Cuando Ava vio el despliegue de cámaras, focos y técnicos que había en el interior de la catedral comentó que le parecía «una maldita película de la Metro donde solo faltaba que hicieran repetir a los novios la escena del "sí, quiero"». La actriz se alegraba por la suerte de su amiga y en el fondo sentía una cierta envidia. Con solo veinte años Grace Kelly había

llegado a Hollywood, conseguido ser una estrella y la musa de
Alfred Hitchcock, y en lo mejor de su carrera lo había abandonado todo para casarse con un príncipe. Cuando Grace avanzó
por el pasillo del brazo de su padre para ir al altar, Ava le comentó al publicista de la Metro: «Fíjate en el padre de Grace.
¡Cómo la envidio! ¡Lo que hubiera dado por tener un padre en
quien ahora apoyarme!». Ava no tenía ni idea de la tensa relación que la joven mantenía con su padre, Jack Kelly, ni tampoco que su historia de cuento de hadas acabó en un profundo
desengaño. A la boda de Grace Kelly no asistió uno de los invitados más esperados: Frank Sinatra. En el último momento el
cantante decidió quedarse en Londres porque «no había querido arruinar a la señorita Kelly su boda provocando un altercado con la prensa». Pero muy pronto los caminos de Ava y
Frank volverían a cruzarse.

Esa misma primavera el artista viajó a España para trabajar
en *Orgullo y pasión*, junto a Cary Grant y Sophia Loren. Antes
de tomar el avión a Madrid, la columnista Hedda Hopper le
preguntó si iba a reunirse con Ava, y él respondió: «Si me encuentro con ella será en algún lugar público, y solo habrá un
hola, un qué tal estás y un adiós». El rodaje tuvo lugar en la
localidad de El Escorial y duró dieciséis semanas. Sinatra prefirió alojarse en una suite del Castellana Hilton para estar más
cómodo, y cada mañana un chófer le recogía en un Cadillac
descapotable para trasladarle al rodaje. El cantante iba acompañado de una belleza llamada Peggy Connelly, una corista
veinteañera que había conocido en su show de Las Vegas. A Ava
le enfureció enterarse por la prensa de su llegada y una noche le
llamó al Hilton y le dijo: «Tú, maldito idiota. ¿Acaso no pensa-
bas decirme que estás en la ciudad? ¿Es que tengo que enterar-
me por los periódicos?». Estuvieron charlando un buen rato y

Frank la visitó una noche en La Bruja, donde cenaron, bebieron y acabaron peleándose como de costumbre. Su relación seguía siendo una montaña rusa de sentimientos encontrados.

Otro día Frank finalizó muy tarde el rodaje en El Escorial y se quedó a dormir en el hotel Felipe II, donde se alojaba todo el equipo. Estaba solo en la barra del bar tomando una copa cuando descubrió un piano en un rincón. Se acercó, comenzó a tocar y pidió un teléfono al camarero para llamar a Ava. Cuando le pasaron la conferencia, empezó a cantar en voz baja algunas de sus baladas más románticas. Al cabo de un buen rato, mientras Sinatra continuaba interpretando una canción tras otra, apareció ella deslumbrante envuelta en un abrigo de visón blanco. Debajo llevaba solo un camisón porque había saltado de la cama para acudir lo más rápido posible a verle. Se abrazaron y se marcharon cogidos de la mano a la habitación de él. Al día siguiente en el rodaje no se hablaba de otra cosa.

Fue una aventura de una sola noche y no hubo reconciliación. Cuando estaban juntos acababan a gritos o peleándose delante de todo el mundo. Frank abandonó antes de lo previsto el rodaje dejando al equipo de la película colgado. No soportaba estar más en España y se prometió a sí mismo que no regresaría jamás. Pero la realidad es que los dos aún se necesitaban. «Podríamos estar en diferentes ciudades, en distintos países, pero nunca estábamos separados. De vez en cuando, Frank me llamaba a Madrid, Londres, Roma, Nueva York o donde quiera que estuviese y decía: "Ava intentémoslo de nuevo". Y yo contestaba: "¡Vale!" y lo dejaba todo, a veces incluso un papel en una película. Y era maravilloso, pero no duraba más de veinticuatro horas. Nunca llegamos a entender del todo por qué lo nuestro no había funcionado ni podría funcionar nunca. Nuestras facturas de teléfono eran astronómicas y las cartas y telegramas que Frank me enviaba podían llenar una maleta», contó Ava.

En verano la actriz rodó otra película porque no podía permitirse seguir más tiempo en paro y necesitaba dinero. La compra de su chalet en La Moraleja la había dejado casi en la ruina y se había gastado una buena suma en contratar a un famoso decorador y amueblarla con antigüedades. La Metro le propuso rodar *La cabaña*, donde de nuevo coincidía con Stewart Granger y se reencontraba con David Niven, con quien había tenido un breve idilio en el pasado. Era una película muy mediocre donde Ava daba vida a una fogosa náufraga en una isla perdida del Pacífico: «Odié cada minuto de aquella película —confesó—. Era una historia ridícula y el director era un espanto, pero ¿qué podía hacer? ¿Arriesgarme a una nueva suspensión de contrato y quedarme en la Metro durante el resto de mi vida?».

La película se rodó en los estudios de Cinecittà en Roma y Ava alquiló de nuevo su viejo y oscuro apartamento en el Corso d'Italia. En aquellos días floreció su romance con Walter Chiari, un apuesto actor italiano muy famoso en su país al que había conocido durante el rodaje de *La condesa descalza*. Chiari era el tipo de hombre que le gustaba a Ava, alto, moreno, divertido y viril, dos años menor que ella. Curiosamente en aquel tiempo su novia era Lucia Bosé, que acabó casándose con Luis Miguel después de que Ava rechazara su propuesta de matrimonio. Desde que Chiari conoció a la estrella no dejó de pensar en ella y ahora iban a trabajar juntos porque Ava le había conseguido un pequeño papel en la película. El actor se instaló en su casa y los fines de semana se la llevaba de viaje a conocer el interior de Italia. «Walter —escribió Ava— era divertido, apuesto, tranquilo, muy inteligente. Un compañero encantador. Me siguió por toda Europa. Por todo el mundo, en realidad. Nuestra relación duró mucho tiempo, e incluso vivimos juntos en muchas ocasiones. Me pidió varias veces que me casara con él, pero yo no quería y no lo hice. La distancia que separa gustar de amar es tan ancha como el Pacífico.»

Tras el fiasco de *La cabaña*, Ava recibió una propuesta que la ilusionó de nuevo. Ya había trabajado en un par de películas basadas en obras de su querido «papá» Hemingway y le llegó el guion de *Fiesta*, una de sus grandes novelas. Se lo enviaba Henry King, que ya la había dirigido en *Las nieves del Kilimanjaro* y que desde el principio pensó que ella debía ser la protagonista. Junto al guion le incluía una carta en la que le informaba del reparto de lujo que la acompañaría: Tyrone Power, Mel Ferrer, Errol Flynn y Robert Evans. En aquellos días Hemingway se encontraba pasando sus vacaciones en el hotel Felipe II, cerca de El Escorial. Dio la casualidad de que se alojaba en la misma habitación donde había estado meses atrás Sinatra y habían hecho el amor por última vez. «Cuando leí el guion —contaba Ava— casi me da un ataque. Se lo llevé a Hemingway, y cuando dejó de chillar llamó a Peter Viertel, un buen amigo suyo, e hizo que lo contrataran para escribir la versión definitiva.»

Aunque se reescribió el guion, la película estaba condenada desde sus inicios. Debía rodarse en España porque buena parte del relato transcurría en Pamplona, durante los encierros de toros en las fiestas de San Fermín, pero las autoridades denegaron el permiso. Hemingway no era «persona grata» para el régimen de Franco y finalmente el rodaje se trasladó a la ciudad de Morelia, México. Ava interpretaba a Lady Brett, una deslumbrante y apasionada aventurera inglesa enamorada de un hombre que es impotente y se ve obligado a presenciar cómo ella mantiene una aventura amorosa con un joven torero. Ava insistió en que le dieran el papel de torero a su amante Walter Chiari, pero esta vez no lo consiguió. En la primavera de 1957 la actriz se instaló en una casa colonial de quince habitaciones a las afueras de Morelia con unos preciosos jardines y una piscina de mosaicos azules. Muchas noches celebraba fiestas en su residencia, a las que acudían sus compañeros de reparto y donde sonaba hasta el amanecer la música de los mariachis que la actriz contrataba para amenizar las veladas.

Fue durante aquel rodaje en México cuando Ava empezó a notar que su radiante belleza comenzaba a palidecer. El exceso de bebida, el tabaco —fumaba hasta sesenta cigarrillos al día— y la falta de sueño le estaban pasando factura. Ya no se recuperaba de las juergas nocturnas con la rapidez de antaño. Muchos días llegaba al set de maquillaje con unas marcadas ojeras y el rostro algo hinchado. Un técnico de iluminación le recordó que «el tequila era la bebida que peor efecto causaba en la piel». Ava no se dio por aludida, pero sus excesos con el alcohol y sus aventuras amorosas eran la comidilla del equipo. Se le atribuyeron varios romances: uno con el guionista Peter Viertel —que nunca lo negó, pero se distanció de ella porque no soportaba ver cómo se destruía y acabó casándose con la actriz Deborah Kerr—, otro con el famoso playboy Porfirio Rubirosa y uno más fugaz con el torero mexicano Alfredo Leal.

A punto de finalizar la película, viajó a la Ciudad de México para solicitar el divorcio acusando a Sinatra de abandono conyugal del hogar. La actriz alegaba que hacía más de seis meses —en realidad llevaban más de tres años separados— que no vivían juntos. Cuando el artista se enteró de la noticia estaba de crucero por Baja California consolando a Lauren Bacall, que se había quedado viuda. Bogart había fallecido de un cán-

cer de esófago apenas unos meses atrás a la edad de cincuenta
y siete años. El divorcio se falló el 26 de julio de mutuo acuerdo y Ava solo exigió que el cantante pagara las tasas y honorarios legales. La actriz nunca comentó por qué tras demorar
tanto su divorcio decidió de manera inesperada hacerlo efectivo
en México. Ahora eran libres para volver a casarse si lo deseaban, pero siguieron siendo buenos amigos. Sabían que podían
contar el uno con el otro. Sinatra siempre cuidó de ella a lo
largo de los años. Una mera indirecta era una orden para él.
Cuando Ava comentó algo sobre un piano, el artista le compró
el mejor y se lo hizo llegar a su casa madrileña. Cuando se encontraba en Nueva York él siempre insistía en que se alojara en
su apartamento de Manhattan, y en Londres puso el suyo a su
disposición. Hablaban por teléfono con bastante frecuencia y
Sinatra cada vez que sacaba un disco nuevo se lo enviaba porque sabía que Ava los guardaba como su mayor tesoro.

En octubre, de regreso en España, Ava aceptó la invitación
de Ángel Peralta, un rico ganadero que le había presentado
Hemingway, para asistir a una tienta de becerros en su finca
El Rocío, en Sevilla. Desde su llegada al país, se había aficionado mucho a las corridas de toros y era frecuente verla en su
palco de la plaza de Las Ventas durante las fiestas de San Isidro.
La actriz se presentó en el cortijo de Peralta en compañía de su
hermana Bappie y del actor Walter Chiari, quien ahora vivía
con ella en su casa de La Moraleja. Animada por unos cuantos
sol y sombra —anís y coñac a partes iguales— y por el clamor
de la gente que se concentró en la pequeña plaza, Ava subió a
un caballo y trató de rejonear a un toro. Fue una temeridad
porque ella no sabía montar; tiró demasiado fuerte de las riendas y el animal se encabritó. Todo pasó muy rápido, y cuando
quiso darse cuenta el caballo la había lanzado a la arena. «Di

con la mejilla contra la tierra —cuenta en sus memorias—. Sentí el impacto, pero ningún dolor. Supongo que los "sol y sombra" habían hecho su trabajo... Recuerdo que me recogieron y me sacaron del ruedo. No estaba histérica, ni tan solo asustada... Aquella noche se había preparado una gran fiesta y vinieron gitanos a cantar y bailar desde muchos kilómetros a la redonda. Animada por los inagotables suministros de vino, me uní a la fiesta y bailé hasta que salió el sol.»

Al día siguiente al mirarse en el espejo Ava vio que en la mejilla, encima del pómulo, tenía un llamativo bulto. Preocupada por la marca que podría quedarle en el rostro, la actriz viajó a Londres para que su amigo el doctor sir Archibal McIndoe, considerado el mejor cirujano plástico del mundo, le hiciera un reconocimiento. El médico le dijo que se trataba de un hematoma y le desaconsejó cualquier tipo de operación. El bulto desaparecería solo pero tardaría un tiempo. A su vuelta en Madrid, se encontró con la desagradable sorpresa de que las fotografías del accidente habían sido publicadas en revistas y periódicos de todo el mundo. Empezó a convencerse de que le habían tendido una trampa para conseguir aquellas imágenes. «Había un fotógrafo —escribió Ava— con una cámara rápida situada en un buen ángulo entre la multitud para poder captar lo que ocurría. Fue un detalle que no descubrí hasta más tarde, ni tampoco que *Paris Match* pagó setenta y cinco mil dólares por la exclusiva. Todo el asunto había sido claramente arreglado de antemano, con la idea de marearme un poco primero y luego colocarme sobre un caballo veloz y meterme en el ruedo con un animal peligroso.» La publicidad del suceso dañó considerablemente su reputación en Hollywood y empezaron a correr rumores de que Ava Gardner ya no podría rodar más películas.

Se encerró durante meses aislada en La Bruja y solo permitía que la visitasen sus amistades más íntimas. Su mánager David Hanna le mandó una sauna Gesicht, un aparato para el masaje facial terapéutico con vapor de agua. Ya no tomaba el sol como antes en la piscina y solo dormía de espaldas. Tampoco usaba cremas hidratantes ni maquillaje en la cara. Se miraba constantemente al espejo y de nada servía que los amigos le dijesen que seguía estando tan hermosa como antes. Con el tiempo solo le quedó un duro y minúsculo bulto del tamaño de una avellana. Aquellas Navidades no fueron muy festivas porque se encontraba deprimida y de mal humor. La relación con Walter Chiari se volvió muy tensa y se pasaban el día peleando. La actriz le culpaba de lo ocurrido y le echaba en cara que no le hubiera impedido subirse al caballo en las condiciones en las que se encontraba. Llegó incluso a acusarle de que él y Ángel Peralta habían preparado su caída del caballo para vender las fotos. Era una idea absurda, pero se sentía tan culpable de lo sucedido que necesitaba buscar un chivo expiatorio.

Ava comenzó el año de 1958 muy preocupada por su futuro. Creía que su carrera había terminado y que ningún director la contrataría. El accidente le había enfrentado a sus propios demonios. Sin su belleza no era nadie. Nunca había tenido el talento de una Bette Davis o de Katharine Hepburn, a las que tanto admiraba. Si había llegado a ser una estrella se debía únicamente a su físico. Ahora tenía treinta y cinco años y para una actriz en Hollywood significaba el principio del fin. La divina Garbo se había retirado de la pantalla casi a la misma edad dejando tras de sí una aureola de leyenda y misterio. Rita Hayworth, a los treinta y ocho, aún actuaba, pero su ocaso estaba próximo. Lana Turner, la rubia sex symbol de América, ahora hacía papeles de madre de hijos adolescentes en películas mediocres. «Mis temores por una vez fueron naturales, ya que desde el accidente los reportajes de la prensa me habían descrito como medio muerta, inválida o desfigurada para toda la vida —confesó Ava—. Muchos amigos me habían llamado o escrito para decirme lo mucho que lo sentían y cuánto deseaban que me mejorase. ¡Jesús!»

Llevaba casi un año sin trabajar y la Metro le encargó la que fue su última película para el estudio. «Por fin quedaría libre para elegir mis propios proyectos, libre para elegir mis papeles y libre para exigir los honorarios que valía mi trabajo. Ya era hora después de diecisiete años de mi condenado contrato con la Metro», escribió en sus memorias. Se trataba de *La maja desnuda* y contaba la historia de amor entre el pintor Goya y la duquesa de Alba, su modelo favorita. En un principio se pensaba filmar en España, pero la Casa de Alba presionó para que no se hiciera y acabó rodándose en Roma. Ava intentó dar una excusa al estudio porque le aterraba ponerse de nuevo ante las cámaras. Se sentía aún muy insegura, pero finalmente David Hanna la convenció de que debía aceptar el papel para evitar que se siguiera especulando sobre el deterioro de su rostro.

En enero de 1958, Ava y Bappie viajaron hasta Roma en un Cadillac con chófer para evitar cualquier encuentro con los fotógrafos. Esta vez se instalaron en un espacioso ático de la plaza de España porque su piso del Corso d'Italia estaba alquilado. El rodaje estuvo lleno de contratiempos y la estrella hizo que reescribieran el guion hasta tres veces. Al demorarse tanto, se vieron obligados a trabajar durante el húmedo verano romano. La actriz lucía unos vestidos de época que pesaban mucho y le resultaban insufribles. Desde el principio fue una película fallida y siempre la recordaría como «una biografía bastante estúpida de Goya, el gran genio español». Ava interpretaba a la duquesa de Alba y el actor Tony Franciosa el célebre pintor. La estrella seguía obsesionada con su cicatriz y pasó todo el rodaje discutiendo con el cámara y el encargado de iluminación. Ahora no estaba a su lado su amante Walter Chiari, que se había ido a Capri tras una violenta discusión con ella, y le echaba de menos. Además la estrella exigió al director que el rodaje fuera a puerta cerrada y que solo trabajaría hasta las seis de la tarde. Su malhumor fue a más cuando leyó en los periódicos que Frank Sinatra planeaba casarse con Lauren Bacall. Cuando logró hablar con él, el cantante le desmintió la noticia y en tono irónico le dijo: «Nena, jamás podría casarme con esa marimandona». En su biografía Lauren Bacall recordaba que sí llegó a pedirle matrimonio, pero que Sinatra se portó con ella «como un verdadero cerdo». Estuvieron seis años sin dirigirse la palabra.

Ava, pese a sus aventuras amorosas, cada vez pensaba más en Frank. Se sentía muy halagada al saber que siempre podía contar con él y que el cantante todavía la amaba. A mitad de aquel verano se enteró de que iba a viajar a Europa y le invitó a que la visitara en Roma. Él aceptó encantado, pero una semana antes de su llegada a Italia aparecieron en los periódicos unas fotos suyas tomadas en Londres donde se le veía en compañía de una joven y bella aristócrata inglesa. Cuando Sinatra llegó a Roma se instaló en una suite del hotel Hassler y la llamó, pero ella no le respondió. Le siguió dejando mensajes pero parecía que la actriz se había esfumado. Ocurrió que una mañana temprano, ella salió a pasear a su perro Rags y decidió seguir caminando hasta el hotel donde se alojaba el cantante. Sin previo aviso subió a su habitación y llamó a la puerta.

Frank se quedó asombrado al verla, y entonces Ava se quitó el anillo de boda de su dedo y se lo lanzó a la cara al tiempo que le espetaba: «Dáselo a tu dama inglesa». Y dándose media vuelta se marchó. En la calle rompió a llorar, y cuando regresó a su apartamento le confesó a Bappie: «Me siento muy desgraciada. No debería haberlo hecho y ahora lo lamento mucho». Frank, muy consternado y furioso, aquella misma tarde abandonó Roma y pasaron varios meses hasta que volvieron a dirigirse la palabra.

Durante el rodaje de *La maja desnuda*, la prensa italiana se hizo eco del romance entre Tony Franciosa y Ava Gardner. El actor estaba casado con la actriz Shelley Winters, con quien mantenía una tempestuosa relación. Esta nueva aventura hizo recobrar a Ava la alegría y la seguridad en sí misma. Con Tony disfrutaron de las noches romanas y las juergas duraban hasta el amanecer. «Ella nunca dormía —declaró el actor—. Nunca había visto beber tanto a una mujer y, aun así, seguía estando guapa delante de la cámara.» En cuanto saltó la noticia del romance, los paparazzi noche tras noche les seguían la pista y se apostaban a la entrada de los locales que frecuentaban. Un día llegó a Roma la esposa del actor, que había visto las fotos publicadas. Shelley culpó a Ava del lamentable estado en el que se encontraba su marido, que había perdido varios kilos y parecía demacrado. Tony admitió su infidelidad y le suplicó a su esposa que le perdonara. Unos días antes de finalizar el rodaje, Shelley le ordenó que se fuera con ella a Capri para someterse a una cura de reposo y antes le dejó muy claras las cosas a Ava: «Querida, yo me crie en Brooklyn, y algunos de mis compañeros de juego son peligrosos matones. Te juro que si pones un pie en Capri mientras mi marido se está recuperando, voy a contratarles para que acaben contigo». El asunto quedó zanjado y Ava dio por finalizada aquí su loca aventura con el apuesto Tony Franciosa.

La actriz siempre había dicho que lo que más feliz le haría en este mundo era librarse de sus obligaciones con la Metro, pero a su secretario personal David Hanna le confesó: «He pasado toda mi vida con ellos. Nunca he tenido otro trabajo y no sé hacer otra cosa. Les he odiado durante veinte años, he odiado tener que hacer todo lo que me decían y pasar de una absurda película a otra, pero ahora que soy libre tengo mucho miedo. Quiero conseguir dinero, todo el dinero que pueda y tan rápido como pueda, porque no voy a durar mucho en este negocio». De ser la actriz mejor pagada del mundo, Ava Gardner pasaba a ser una actriz independiente, y ello la inquietaba. Por el momento no le faltaron proyectos y a principios de enero de 1959 viajó a Melbourne, Australia, para comenzar el rodaje de *La hora final* a las órdenes de Stanley Kramer. En esta ocasión encarnaba a una mujer alcohólica y desesperada en un filme futurista sobre el fin del mundo. Sus compañeros de reparto fueron su amigo Gregory Peck y Fred Astaire en su primer papel dramático. Ava cobró cuatrocientos mil dólares por su trabajo, y esta vez el dinero fue a parar íntegramente a su bolsillo. La película fue un éxito de taquilla y Ava obtuvo sus mejores críticas desde *Mogambo*. Y, sin embargo, ella seguía convencida de que no era una buena actriz y el trabajar con grandes estrellas le creaba una gran inseguridad. «Muchas veces he pensado que si al menos supiese actuar, todo lo relacionado con mi vida y mi carrera hubiera sido diferente. Pero nunca fui una actriz de verdad (ninguna de las chicas de la Metro lo fuimos). Solo éramos unas caras bonitas», escribió.

EL OCASO DE LA DIOSA

Tras cuatro meses de rodaje en Australia lleno de incomodidades y soportando el acoso constante de los periodistas, Ava regresó a su casa de Madrid. Estaba agotada y hastiada de todo. «Nada conseguía satisfacerla. Su coche era un asco, España era un asco, todo era un asco. Despedía a sus criados por razones inverosímiles (que le robaban huevos, por ejemplo) y volvía a readmitirles y volvía a despedirles. [...] Nuestra relación se hizo cada vez más difícil. Se aburría en La Bruja y me llamaba a las horas más insensatas para que me ocupara de menudencias. Y entonces le dije que dimitía, que ya no aguantaba más», recordó David Hanna. Para Ava aquella primavera fue una etapa complicada en su vida. La dimisión de su mánager resultó un duro golpe para ella. Había estado a su lado durante seis años, y los dos últimos como su secretario personal a tiempo completo. Tras recibir la carta, Ava se sinceró con él: «Sé que no es agradable estar conmigo y ver cómo me destruyo día a día. Porque eso es lo que estoy haciendo. Sé que puedo ser malísima persona, y decir y hacer las peores cosas. Al minuto me arrepiento y paso las noches llorando. Sabes que soy muy perezosa y necesito a alguien que me espolee, que me haga trabajar. Si te vas, seguiré sola, pero supongo que tendré que acostumbrarme a ello».

A la marcha de David se sumó la de su hermana Bappie, que en aquellos días también la abandonaría para irse a Estados Unidos. Tenía cincuenta y siete años y seguía sintiendo la misma devoción por Ava, pero ahora estaba enamorada. Había conocido a un hombre del mundo del cine que vivía en Los Ángeles y deseaba probar de nuevo suerte con el matrimonio. Y su fiel doncella y confidente Reenie pronto también se marcharía de su lado porque necesitaba vivir su propia vida al margen de su señora. Ava se sentía desorientada, como perdida, sin saber qué rumbo tomar. Se había hartado de vivir en La Bruja, donde se encontraba demasiado aislada, y comenzó a buscar una vivienda más céntrica en Madrid. A principios de 1960 puso en venta su casa de La Moraleja y en otoño se trasladó al número 11 de la avenida Doctor Arce. Su nuevo hogar era un moderno y elegante apartamento dúplex con terraza y piscina. Ahora ya no tenía que dar cuentas a nadie; quería olvidar el pasado y se dedicó a «beberse la vida», como explica Marcos Ordóñez, su biógrafo de sus años locos en Madrid. Alguien de su entorno dijo que Ava Gardner entonces solo pensaba en «la bebida, la juerga y el sexo».

«Era indescriptible lo que podía llegar a beber. Desayunaba con champán y diez minutos después estaba tomando un chinchón, y diez minutos más tarde un rioja, y luego un whisky doble, y un martini, y así todo el día, y aguantaba de pie. [...] Antes del mediodía no podías contar con ella para nada. Sus días empezaban al mediodía y duraban hasta el amanecer. Bebiendo sin parar, y sin perder su belleza», recordaba Teddy Villalba, productor de cine español y buen amigo de la actriz. En los inicios de los años sesenta, la estrella se dejó arrastrar por un torbellino de fiestas y noches de desenfreno en las que ahogaba sus penas y frustraciones en alcohol. Cuando se emborrachaba recuperaba el acento sureño que los estudios habían intentado eliminar y perdía por completo los modales. Volvía a ser el «chicazo» que trepaba a los árboles en los campos de algodón de Carolina del Norte. Decía tacos, insultaba a la gente y protagonizaba escenas muy desagradables. Cuando los turistas la reconocían por la calle y le preguntaban: «¿No es usted Ava Gardner?», ella respondía: «No. Solo me parezco a ella».

Sus locuras y extravagancias eran la comidilla de todo Madrid. Los taxistas, los botones y los camareros contaban historias de una mujer que parecía haber perdido el control de su vida. Solo hacía cinco años que había llegado como una glamurosa estrella a Madrid y ahora en sus restaurantes y locales de copas preferidos le prohibían la entrada. Temían sus arrebatos de ira, sus provocaciones y escenas violentas. En una ocasión, en el restaurante Horcher, tras quejarse en voz alta de «la barata ginebra española» con la que le prepararon el martini seco, derramó la bebida en los pantalones del dueño. En el hotel Ritz una Ava totalmente ebria orinó en un rincón del vestíbulo ante la mirada alucinada del personal y los huéspedes. El actor Charlton Heston la vio de noche sola y descalza caminando por la Castellana y toreando con su abrigo de visón blanco a los pocos coches que circulaban a aquellas horas.

Las fiestas que celebraba en su dúplex de Doctor Arce también daban mucho de que hablar. En una velada podía juntar a sus amigos estadounidenses —entre ellos jóvenes pilotos de la base de Torrejón—, gente de la farándula madrileña y grupos de gitanos. Como en algunos tablaos tampoco la dejaban entrar, Ava los invitaba a su casa y allí continuaba la juerga bailando y cantando hasta el amanecer. Le seguía dando miedo dormir sola, y eso daba pie a muchos rumores y a acrecentar su leyenda de estrella promiscua. Un día le comentó a un amigo: «Muchos de los hombres que dicen haberse acostado conmigo solo durmieron castamente a mi lado en la cama, porque eso era lo único que les pedía: compañía». Poco a poco su círculo más cercano de amistades se fue alejando de ella harto de sus broncas y excesos.

Las célebres fiestas de Ava no gustaban nada a quien ahora era su vecino. Al poco de mudarse a su dúplex descubrió que en el piso de abajo vivía Juan Domingo Perón, que había sido presidente de Argentina. Tras la muerte de su esposa Evita, se produjo un golpe de Estado que le obligó a exiliarse del país y Franco le dio asilo en Madrid. En ese tiempo el exdictador tenía nueva esposa, Isabelita, y al principio se llevaron bien. Perón era un admirador de la actriz desde hacía muchos años, pero pronto las buenas relaciones que mantenían se rompieron. El militar se quejaba de que no podía dormir por culpa de las fiestas «salvajes» que Ava celebraba en su casa. Ella le echaba en cara que los ladridos de los dos caniches que tenían le resultaban insoportables. «Como la casa de Ava era inmensa, podías encontrarte a un grupo de flamencos en un rincón y a un trío de jazz tocando en la otra punta. Decir fiestas es quedarse corto: eran unas juergas tremendas, que duraban hasta el amanecer y ponían histérico a Perón. Una noche empezaron a aporrear la puerta y ella me dijo: "Abre tú". Fui a abrir y me encuentro a Perón con dos escoltas. Y un 45 en la mano, apuntándome. "No puedo aguantar más esto", dijo muy alterado», recordaba el apuesto actor español Carlos Larrañaga, que entonces contaba veinticuatro años y fue su amante. Al final el matrimonio Perón y la actriz intentaban evitarse. Ava descubrió que el político argentino solía salir al balcón de su casa, contiguo al suyo, y pronunciaba largos discursos dirigiéndose a un público imaginario. Entonces ella y su criada se asomaban y le gritaban en castellano: «Perón maricón», y se escondían entre risas para no ser vistas.

«Ava siempre acababa huyendo de sus fiestas, por alcohol o por soledad. Subía a la parte de arriba de su dúplex, donde estaba su vestidor, su alcoba y aquella terraza maravillosa que daba a la piscina. Muchas noches acabamos ella y yo hablando durante horas, al borde de la piscina. Otras noches la recuerdo quedándose sola, hablando con Sinatra por teléfono, también largas horas. Ese es mi recuerdo: ella arriba, sola, y abajo cuarenta personas bailando», evocaba Carlos Larrañaga. Seguía gastándose mucho dinero en interminables conferencias porque necesitaba hablar con Frank. Desde que se habían divorciado se llamaban más regularmente. Las conversaciones podían durar horas, eran muy íntimas y le servían para consolarse. La muerte inesperada de buenos amigos le causaba un gran dolor y en esos momentos necesitaba más que nunca escuchar su voz. La noticia de que su querido «papá» Hemingway se había quitado la vida a principios de julio de 1961 la dejó deprimida durante mucho tiempo.

Ava no conocía la palabra «ahorro» y durante sus años en España se dedicó a dilapidar el dinero y a disfrutar de la *dolce vita* de una estrella de cine. Todo lo que ganaba se lo gastaba. Ahora tenía a su servicio un pequeño séquito compuesto por varias criadas y una cocinera, y también un chófer, Manolo, que conducía su coche americano descapotable. Durante un tiempo contrató a distintos secretarios personales norteamericanos o ingleses, que duraban poco porque se hartaban de sus exigencias. A mediados de 1962, después de dos años y medio sin trabajar, le asustó comprobar el estado de sus cuentas bancarias. Necesitaba ganar dinero rápido y accedió a regresar al cine con la película *55 días en Pekín*, dirigida por Nicholas Ray. El productor Samuel Bronston le propuso interpretar a una condesa rusa atrapada en China durante la rebelión de los bóxers y la actriz firmó un contrato por medio millón de dólares. El rodaje se llevó a cabo en Las Matas, a las afueras de Madrid, donde en una enorme extensión de terreno se levantó una réplica exacta a gran escala de la Ciudad Prohibida de Pekín. Charlton Heston, uno de los protagonistas del filme, no sentía ninguna simpatía por Ava, a quien consideraba una actriz «muy indisciplinada e imprevisible». Por fortuna también trabajaba en la película David Niven, con quien mantenía una buena relación y fue un gran apoyo para ella en aquellos momentos.

Ava, que siempre había demostrado una gran profesionalidad y puntualidad en los rodajes, comenzaba a llegar tarde, le costaba concentrarse y en ocasiones no se sabía los diálogos. Se había convertido en lo que tanto detestaba: una diva de cine caprichosa y difícil. Exigió dos grandes camerinos para ella sola, con cocina y nevera, donde siempre tenía que haber una buena provisión de champán y vodka. La mayoría de los días se presentaba en el rodaje muy bebida y fue un auténtico calvario trabajar con ella. En una ocasión tenía que rodar una escena con David Niven y no apareció en el plató. Fueron a buscarla a su domicilio en Doctor Arce, pero no había dormido allí. Finalmente la encontraron en el tablao Villa Rosa sentada en una mesa sola, borracha y somnolienta. «En aquellos días no paraba de beber; parecía una mujer angustiada y solitaria que estaba llegando al final de su carrera. No nos lo puso fácil a nadie del equipo y sus broncas en el plató fueron legendarias», recordaba el guionista Bernard Gordon. La película —una faraónica superproducción que costó nueve millones de dólares y en la que trabajaron tres mil quinientos figurantes— fue un desastre de taquilla que arruinó a Samuel Bronston, quien jamás volvió a trabajar. Para Nicholas Ray supuso también el fin de su carrera como director. Aunque fue el primer y único filme que Ava Gardner rodó durante su estancia en España, no le dedicó ni unas líneas en sus memorias. Para ella *55 días en Pekín* fue «una pesadilla que solo deseaba olvidar». Tras su estreno en Londres en mayo de 1963, los críticos se ensañaron con ella. Uno de ellos tituló su artículo: «¿Estamos ante el crepúsculo de una diosa?».

Había cumplido cuarenta años y a pesar de que su belleza comenzaba a marchitarse y su fama de «actriz difícil y problemática», le seguían llegando ofertas de trabajo. Cuando hablaba con sus amistades Ava negaba que fuera una alcohólica y nunca quiso ingresar en un centro de rehabilitación. «Cualquier persona que tenga mi apetito no puede ser alcohólica», solía exclamar cuando surgía el delicado tema de su adicción. Pero en realidad, el prolongado abuso del alcohol estaba minando su salud. Ava se volvió paranoica; era capaz de parar un rodaje si pensaba que había un fotógrafo escondido en el plató o hacer las maletas e irse en plena noche de un hotel porque creía que un paparazzi la seguía. Sus bruscos cambios de humor y su comportamiento agresivo preocupaban a los pocos amigos que aún conservaba. «A Ava le encantaba viajar. Huir, huir, huir. Huir sin parar», dijo Claude Terrail, conocido playboy y propietario del restaurante parisino La Tour d'Argent, que fue su amante durante unos meses y viajó con ella por medio mundo. Cuando en Madrid se aburría, de repente ordenaba a su doncella que hiciera su equipaje y volaba a Nueva York, Londres, Nueva Orleans o Montecarlo a pasar unos días. Luego regresaba igual de malhumorada y al cabo de unos días elegía al azar otro destino. En ocasiones sus amigos y familiares trataban de encontrarle un novio sin demasiado éxito. Bappie le concertó una cita muy romántica en Los Ángeles con Rock Hudson, pero no pasó nada porque el apuesto galán era homosexual. Y su amiga la princesa Gracia de Mónaco la animó a «liarse» con Onassis. El millonario griego tenía fama de ser un gran amante y un irresistible seductor. Se organizó en el palacio de los Grimaldi una cena íntima para los dos, pero no dio resultado. Ava no le encontró nada atractivo y le dijo a la princesa que nunca se acostaría con él ni siquiera en su «palacio flotante», en referencia a su yate *Christina*.

Había prometido que tras el fiasco de sus últimas películas iba a abandonar el cine para siempre, pero en mayo de 1963 recibió una llamada que la hizo cambiar de parecer. «Ava, cielo», dijo una voz que ella reconoció enseguida. Era el director John Huston, que había volado a Madrid con el único propósito de convencer a la actriz para que interpretara a la protagonista de *La noche de la iguana*, un clásico de Tennessee Williams. «Todo empezó con una inesperada llamada telefónica. Era el año 1963 y yo estaba en España sin hacer gran cosa, levantándome tarde, hablando con amigos, bailando flamenco toda la noche. En resumen, estaba disfrutando de la vida sin meterme con los demás y quería seguir haciendo lo mismo. No deseaba trabajar en ninguna película», cuenta en sus memorias. Ava no había vuelto a ver a John Huston desde aquel fin de semana de 1946 cuando el director, bastante bebido, la había perseguido por su rancho y ella acabó lanzándose a la piscina. Sin embargo, la actriz adoraba su rebeldía, su corrosivo sentido del humor y su enorme talento artístico.

Huston necesitó varios días y largas noches regadas de alcohol por los locales y tablaos de Madrid para que Ava aceptara hacer la película. El guion era muy potente y su papel un auténtico regalo para cualquier actriz, pero a ella le impresionaba que Bette Davis lo hubiera interpretado con enorme éxito en los escenarios. La protagonista Maxine era una mujer madura, sensual, divertida y alcoholizada que dirigía un cochambroso hotel en México. El cineasta reescribió el guion inicial adaptándolo a la personalidad de Ava Gardner. Y aunque se hizo de rogar, acabó aceptando porque admiraba al director y porque este le confesó que cobraría el doble que su compañera de reparto Deborah Kerr, a quien ella no soportaba. El papel de atormentado sacerdote apartado de la Iglesia por tener una aventura con una menor y que busca refugio en el hotel de su vieja amiga Maxine recayó en el gran actor Richard Burton. A finales de septiembre el equipo se reunió en Ciudad de México y Ava llegó acompañada de Reenie, su criada, que había regresado de nuevo a su lado. Al día siguiente apareció Richard Burton con su amante Elizabeth Taylor, cuyo romance se había iniciado durante el rodaje de *Cleopatra* y les perseguía el escándalo. Los dos estaban aún casados y tenían hijos. Eran la pareja más irreverente y codiciada por la prensa del corazón; la versión de Ava Gardner y Frank Sinatra de los años sesenta.

La película se rodaba en la península de Mismaloya, una aldea de pescadores al sur de Puerto Vallarta, en la costa del Pacífico. Un lugar salvaje y remoto sin luz eléctrica ni agua corriente al que solo se accedía por mar. Ava y Reenie se instalaron en una casa en lo alto de una colina en Puerto Vallarta, mientras que los Burton alquilaron una espaciosa villa de estuco blanco a un paso de la playa. Ellos se compraron un barco de pesca para cruzar cada día la bahía y Ava contrató una rápida lancha motora. La actriz llegaba al improvisado plató construido en un acantilado en medio de la selva haciendo esquí acuático en las aguas infestadas de tiburones. El primer día de rodaje, Huston reunió a sus protagonistas y les regaló a cada uno de ellos una pistola de bolsillo chapada en oro junto con cinco balas grabadas con sus nombres. «Si la competencia se hace demasiado feroz —les dijo—, siempre podéis utilizar la pistola.» Fue una broma del cineasta para aliviar la tensión porque, según cuenta en sus memorias, «en Hollywood todos creían que aquel rodaje iba a ser un avispero».

Desde el primer instante Ava se sintió atraída por Richard Burton, un hombre extremadamente viril, divertido y culto, pero la presencia de Liz Taylor, que no se separaba de él, evitó que le sedujera. En cuanto al alcohol, Richard bebía a todas horas: comenzaba con varias cervezas antes del desayuno y al atardecer le daba al tequila. Pero en esta ocasión Ava se entregó a su interpretación con una profesionalidad e intensidad que sorprendió a todos menos a Huston. El director le permitió construir el personaje a su manera y que lo enriqueciera aportándole el encanto de su acento sureño y sus expresiones habituales. Incluso le dejó prescindir de su maquillaje y que se acentuara las ojeras y vistiera unos pantalones de torero y un holgado sarape. La ayudó como ningún director lo había hecho antes y consiguió de ella una de sus mejores interpretaciones. «Ava conocía muy bien a esa mujer triste y derrotada que vivía "en el fin del mundo" y estaba al borde de la destrucción. Se parecía mucho a Maxine. Las dos eran eso que las novelas policíacas solían llamar "Mujeres con pasado"», dijo Richard Burton. Como en otros rodajes, la realidad se confundió con la ficción y Ava, al igual que su personaje, se divirtió con algunos chicos mexicanos de la playa que invadían su casa, bebiendo, fumando marihuana y bailando en las fiestas que organizaba. «Ava se encaprichó de un ligón playero que Burton creía que era un chapero, y le advirtió que anduviese con cuidado. Solo tenía veintiún años y no se portaba muy bien con ella. Un día se pelearon violentamente en la playa y él comenzó a golpearla delante de los turistas», recordaba la secretaria de rodaje.

Pese al alto riesgo que suponía reunir a aquel reparto en un lugar tan desolado y claustrofóbico como Mismaloya, cuenta Ava en sus memorias: «Todos nos llevamos increíblemente bien. Liz y yo éramos amigas de los viejos tiempos de la Metro: parecíamos dos licenciadas por la misma universidad reencontrándose después en el desierto. Yo no conocía a Richard

Burton, y se convirtió en un hermano para mí, que no paraba de gastarme bromas. A decir verdad, el único elemento conflictivo de aquel rodaje fue la iguana, un lagarto gordo que se negaba a moverse un milímetro».

Liz y Ava trabaron una buena amistad. Las dos eran muy parecidas: detestaban la tiranía de la Metro, eran rebeldes y apasionadas, vivían su sexualidad libremente y se habían casado en varias ocasiones con hombres famosos, poderosos y atormentados. Al igual que Elizabeth con Burton, su romance con Frank Sinatra la catapultó a la categoría de «vampiresa y destrozahogares». Ambas eran consideradas las dos estrellas de cine más bellas de su época, pero la Taylor siempre envidió la esbelta figura de Ava y sus largas piernas.

La película se estrenó en Estados Unidos en agosto de 1964 y, aunque no tuvo una buena recaudación de taquilla, le valió a Ava Gardner algunas de las mejores críticas de toda su carrera. «Yo solo tengo una norma a la hora de actuar —declaró la actriz—. Confiar en el director y poner toda mi alma en el trabajo. Y John es el director en el que más he confiado. Trabajar con él me proporcionó el único gozo verdadero que he sentido alguna vez en el cine.»

John Huston se había convertido en su «único director favorito» y muy pronto volverían a trabajar juntos en *La Biblia*, una película de gran presupuesto que se rodó en Roma durante el verano. El cineasta la convenció para que interpretase a Sara, la esposa estéril de Abraham. «Sea lo que sea, será otra aventura en la que estaremos juntos —le dijo Huston—, y además quiero verte a lomos de un camello envuelta en una túnica... La verdad, querida Ava, es que quiero que siempre estés en todas las películas que haga.» La actriz no pudo negarse y a principios de julio se instaló con Reenie en una villa situada en la via Appia Antica. Aquella misma tarde, Huston le presentó al actor George C. Scott, que hacía el papel de Abraham y al que Ava no conocía. «De haber tenido la más mínima intuición femenina —escribió la actriz—, la sola mención de aquel nombre tendría que haber disparado todas mis alarmas internas.» Fue, a su juicio, la relación sentimental más equivocada y tóxica de su vida.

George C. Scott era un exmarine y excelente actor que tenía cinco años menos que ella y se había casado tres veces. A Ava le gustó enseguida; se trataba de un hombre alto, ancho de espaldas y robusto, con la nariz rota y una sonrisa fácil. En cuanto él la vio, se enamoró perdidamente de la exuberante y temperamental actriz. Durante las primeras semanas de rodaje se volvieron inseparables. Ava pensaba que era inteligente, divertido y sensible, y se rindió ante sus encantos. Pronto se arrepintió porque tras su atrayente fachada se ocultaba un gran bebedor y un hombre muy violento. «Se enamoró de Ava y los celos le volvieron loco. Estaba casado pero quería casarse con Ava. Exigía que le prestara todo su tiempo y toda su atención, y cuando Ava se negaba a hacerlo podía ponerse extremadamente agresivo», cuenta Huston en sus memorias.

Las peleas y los gritos entre Scott y Ava fueron constantes durante todo el rodaje, pero un día la situación llegó muy lejos. Cuando estaban filmando exteriores en las montañas de los Abruzos regresaron juntos a la habitación del hotel y tomaron unas copas. De repente Scott comenzó a insultarla y ella al verle tan furioso decidió marcharse. En ese instante el actor la agarró del brazo y le pegó en la cara con tanta fuerza que cayó al suelo. A la mañana siguiente Ava llegó al plató con la cara hinchada y llena de moratones. Todo el equipo se quedó conmocionado al verla y aunque estuvo tentada de abandonar la película, no lo hizo por Huston. «Bebía, me molía a palos y al día siguiente no se acordaba de nada; así era Scott.» El actor se disculpó mil veces, pero Ava le retiró la palabra. Al cabo de unos días se les veía de nuevo juntos y salía a cenar con él y a tomar unas copas. «No podíamos entender cómo Ava seguía saliendo con un hombre que podía comportarse como un loco furioso, bebiera o no bebiera. Era muy posesivo y estaba obsesionado con ella. En una ocasión, para defenderse de él, Ava le golpeó con tal fuerza en el estómago que ella se rompió la clavícula», recordaba un miembro del equipo. Huston, alarmado ante el comportamiento de Scott, contrató a tres guardaespaldas para que se encargaran de la seguridad de la actriz sin que ella lo supiera.

Dio la casualidad de que en aquellos días Sinatra estaba también rodando una película en Roma y se alojaba en una espléndida villa a las afueras de la ciudad con dieciocho habitaciones y helipuerto. Ava fue a visitarle y pasó un fin de semana con él. Frank estuvo muy cariñoso y sentimental, y como siempre fantasearon con la posibilidad de vivir juntos en alguna ciudad lejos de Hollywood. Sinatra aún seguía enamorado de ella y soñaba con recuperar la relación. «Frank quería volver a intentarlo —explicó una amiga íntima del cantante—, pero el estado anímico de Ava en aquellos momentos no resultaba el más adecuado. Lo que más le dolía era que aún bebiese tanto. Ava seguía bebiendo y Frank no soportaba ver cómo la mujer que aún amaba se autodestruía. Fue una lástima, porque Mia Farrow ya le había echado el ojo a Frank.»

A primeros de septiembre finalizó el rodaje de *La Biblia* y Ava voló a Londres para visitar a su amigo, el escritor Robert Graves, que iba a dar una serie de conferencias en Oxford. Se alojó con Reenie en el hotel Savoy y allí de nuevo apareció

George C. Scott, que continuaba obsesionado con ella. Una noche la invitó a cenar y Ava aceptó, pero a medida que transcurría la velada la actriz se dio cuenta de que seguía bebiendo mucho y, temiendo su reacción, pidió un taxi y regresó al hotel. Al cabo de un rato el actor se presentó en su suite totalmente ebrio y empezó a abofetearla y a golpearla. Ava y Reenie se refugiaron en el cuarto de baño y consiguieron salir a otro pasillo por la ventana. La policía acudió al hotel y Scott, tras destrozar todo el mobiliario de su habitación, pasó la noche entre rejas. Pero no desistió. Siguió persiguiendo y acosando a Ava mientras ahogaba sus penas en litros de alcohol.

Unos meses más tarde la estrella se encontraba en Los Ángeles, adonde había ido a visitar a su hermana Bappie, y se alojaba en un bungalow del hotel Beverly Hills. Estaba durmiendo y pasada la medianoche la despertó un ruido. Era Scott, y la escena fue aún más violenta que en el hotel Savoy: «Entró en mi habitación rompiendo de un puñetazo la puerta trasera, completamente borracho, enloquecido. Me amaba, me decía, y continuaba empeñado en casarse conmigo. Si no podía poseerme, estaba dispuesto a matarme. Me dio un puñetazo en la cara con tal fuerza que me derribó al suelo. Luego siguieron más golpes, más furia, más amenazas. Acabé con la retina desprendida y un pómulo roto. Todavía hoy me basta con verlo por la televisión para empezar a temblar y tengo que apagar el aparato», recuerda Ava en sus memorias.

En aquel verano de 1965, la actriz sufrió una depresión debido al cansancio y el estrés de los últimos meses. Se marchó de Madrid de manera muy discreta y sin dar explicaciones a nadie. Alguna revista dijo que se había ido al rancho que Elizabeth Arden tenía en California para someterse a una «cura de belleza», pero no era cierto. Más adelante se supo que había

ingresado en una clínica especializada en enfermedades ner-
viosas en Los Ángeles y que Bappie había estado cuidando de
ella. La misma Ava lo confesó en una sincera entrevista que
concedió a un periodista: «Ahora estoy algo mejor. Estoy aún
convaleciente de un serio agotamiento nervioso. Creo que he
estado a punto de enloquecer. He vivido como si me arrastrara
una corriente. [...] En relación con mi vida he sido siempre una
hábil destructora».

Cuando en septiembre regresó a España, puso en venta su
lujoso dúplex de Doctor Arce. Mandó guardar sus muebles en
un almacén a la espera del «nuevo destino», y mientras se alojó
en casa de amigos y volvió a ocupar durante alguna temporada
su suite del Hilton. El 19 de julio de 1966, Sinatra se casó con
la actriz Mia Farrow dejando muy sorprendidas a todas sus
amistades. Ella tenía veintiún años y el cantante cincuenta. Su
relación había saltado a los periódicos el año anterior, pero
nadie la tomó demasiado en serio. Unos minutos antes de la
boda en el hotel Sands de Las Vegas, Sinatra le encargó a su
secretario que telefonease a Ava para comunicarle la noticia.
No quería que se enterara por la prensa o la televisión. Aunque habían pasado nueve años desde su divorcio, la actriz se
mostró muy dolida porque a su manera seguía amándole.
Cuando la prensa le preguntó qué opinaba de la boda, ella respondió con una de sus frases lapidarias: «Siempre supe que Frank
acabaría en la cama con un chico». El artista la siguió llamando
para felicitarla en su cumpleaños y aunque estaba casado con
Mia —el matrimonio duró apenas dos años—, Ava sabía que
podía seguir contando con él para lo que fuera y en cualquier
momento.

Llevaba doce años viviendo en España y ya no era tan popular ni querida por la gente. Su comportamiento disoluto y

sus excesos la habían convertido en una *persona non grata* que apenas tenía amigos. Decía que estaba harta de vivir en un país que había cambiado mucho y donde se aburría. Ya no le interesaban las corridas de toros ni las juergas flamencas con sus gitanos, y las borracheras eran menos divertidas. Los periodistas no la respetaban como antaño y daban buena cuenta de sus peleas y escándalos. Para el gobierno de Franco la presencia de la estrella de Hollywood también resultaba muy incómoda. Ya entonces empezó a comentar la posibilidad de trasladarse a vivir a Londres, una ciudad que había visitado con frecuencia y que sentía como su segundo hogar. Hubo otras poderosas razones para que la actriz abandonara definitivamente España y que ella revela en sus memorias: «Los funcionarios de la Hacienda española llamaron a mi puerta exigiéndome algo así como un millón de dólares de impuestos atrasados. Mi estado de ánimo no era muy receptivo, puesto que, a mi entender, había estado pagando mis malditos impuestos todos los años. Ellos insistían, sin embargo, y como la idea de enredarme en juicios con las autoridades locales me daba escalofríos, hice las maletas y me mudé a Londres en 1968. Y nunca eché la vista atrás».

Ava encontró un apartamento en el número 34 de Ennismore Gardens, cerca de Hyde Park, en un barrio elegante y tranquilo. Ocupaba todo el segundo piso de una mansión victoriana restaurada. Era muy amplio y luminoso, con varios balcones que daban a un jardín privado y un salón comedor muy grande. Encargó a un famoso interiorista inglés que se lo decorara. Toda la vivienda tenía un aire oriental, con biombos lacados, altos jarrones y muebles que parecían salidos de la película *55 días en Pekín*. No era la vivienda de una famosa estrella de cine, sino más bien la residencia de una «pudiente condesa viuda», como la definió un visitante. Aquí se instaló con su inseparable corgi galés Cara y su doncella Reenie, que aún estaba con ella. En esa ciudad iba a encontrar la paz que necesitaba en sus últimos años. «Vale, en Londres llueve, pero resulta que me gusta la lluvia. Además, y esto es lo más importante, los ingleses te dejan en paz. Toman tres o cuatro fotos cuando llegas, y luego se olvidan de que existes. Si elijo pasear por la calle o cruzar el parque con mi perro, nadie me molesta. Cuando la gente me reconoce, sonríen y saludan con la cabeza, lo cual es un trato muy distinto del que estoy acostumbrada a recibir», escribió la actriz.

Al principio de instalarse en Londres no estaba tan sola y por su casa pasaba mucha gente, la mayoría amigos del mundo del cine. Los recibía con la cara lavada, unos tejanos y siempre descalza. En cualquier momento podías cruzarte en la escalera de su edificio con George Cukor, Gregory Peck, Stewart Granger o Ginger Rogers. Aún le encantaba cocinar para las visitas sus célebres espaguetis con salsa de caviar y nata, o su pollo frito al estilo sureño. Sus mejores amigas en Londres, a las que quería de verdad y admiraba, eran Elizabeth Taylor y Gracia de Mónaco. Cuando la princesa viajaba a la capital inglesa para asistir a algún concierto benéfico solía visitarla, y las dos se quedaban hasta muy entrada la noche tomando una copa y recordando los buenos tiempos. Grace compartió con ella su desencanto y su frustración por no poder regresar al cine. La vida en palacio no era como había imaginado y le había resultado muy difícil adaptarse al rígido y anticuado protocolo de los Grimaldi.

En Londres llevaba una vida más comedida; atrás quedaron las borracheras, las broncas y los escándalos en lugares públicos. Podía mantenerse sobria durante tres o cuatro meses antes de volver a beber de nuevo, pero nunca como antaño. Al poco de mudarse a su nueva vivienda, su querida Reenie se marchó a Sacramento a ver a su familia y ya no regresó. Ahora tenía una nueva ama de llaves, una joven ecuatoriana de carácter afable que permaneció junto a ella hasta el final. Se llamaba Carmen Vargas, y a la actriz le encantó la coincidencia de su apellido con el de su personaje en *La condesa descalza*. Al igual que Reenie, acabó siendo su amiga y confidente, y la acompañaba en sus viajes cuando tenía que actuar en alguna película. Como de costumbre no quería volver a trabajar, pero aceptó participar en filmes de serie B en títulos que como ella misma decía «era mejor olvidar». También hizo algunas apariciones estelares en series de televisión. Ava confesaba que al final de su vida no había sabido reconducir su carrera artística: «Siempre que necesitaba dinero, respiraba hondo y decía que sí a algún trabajo de cine. Naturalmente rechacé muchos más papeles de los que acepté, incluyendo el que resultó ser un éxito tan grande para Anne Bancroft, en *El graduado*, y, si he de ser sincera, los que acepté a menudo fue por motivos equivocados».

En julio de 1976, Frank Sinatra se casó por cuarta vez. Su nueva esposa, Barbara, era una excorista de Las Vegas, rubia, simpática y muy atractiva. Esta vez Ava encajó mejor la noticia y le deseó de corazón suerte en su nuevo matrimonio. Hacía tiempo que los dos habían aceptado que su historia de amor nunca podría volver a ser la misma. Quedaba entre ellos una tierna amistad y, aunque con el tiempo las llamadas de Frank se fueron espaciando, sabía que siempre podría contar con él. Aquel verano Sinatra mandó retirar del jardín de su mansión de Bel Air la espectacular estatua de mármol de Ava de *La condesa descalza* que aún seguía allí después de más de veinte años. Un camión se la llevó y nadie supo qué fue de ella. Sinatra quería al fin pasar página y también retiró todas las fotos de la actriz que decoraban las paredes de su residencia en Los Ángeles.

En 1980 murió su querida corgi Cara y lo sintió como si hubiera perdido a un hijo. La adoraba hasta tal punto que en su apartamento había montones de álbumes con fotos de ella. Cuando estaba de viaje, llamaba a casa para oírla ladrar e incluso le enviaba postales y le pedía a Carmen que se las leyera en voz alta. Al cabo de un tiempo la actriz recuperó la alegría porque llegó Morgan a su vida. Era un precioso cachorro, otro corgi galés con las patas blancas que se convirtió en su mejor compañía. Por aquella época, cuando se acercaba a los sesenta, disfrutaba de un ritmo de vida relajado. Sacaba a pasear a Morgan, se sentaba a charlar en el parque con los jubilados y las niñeras jamaicanas y daba cenas íntimas para su reducido círculo de amigos. Vestida con ropa informal y sin maquillaje, nadie la reconocía, y este anonimato le encantaba. En el barrio era muy querida por su generosidad. Cuando algún vecino se ponía enfermo ella le visitaba y le llevaba libros y flores. Si por la calle se encontraba a algún mendigo, lo subía a casa y le daba algo de comer, ante la mirada preocupada de Carmen que temía por la seguridad de su señora.

Al cumplir los sesenta años concedió alguna entrevista a la prensa tras años de silencio. Las preguntas siempre giraban en torno a los mismos temas: su relación con Sinatra, su próximo regreso al cine, cómo llevaba el paso de los años y sus fracasos matrimoniales. A este respecto, Ava declaró: «Estuve loca por Artie, igual que lo estuve por Mickie y Frank. Pero el amor loco y apasionado no es suficiente. Me casé con tres hombres atractivos, de mucho talento y que sabían fascinar a las damas... y supongo que, por su parte, ellos podrían decir más o menos lo mismo de mí. Pero teniendo en cuenta que entre mis maridos han reunido una colección de veinte esposas, supongo que no todo debe de ser culpa mía». En cuanto a sus excesos con la bebida, Ava solía decir con ironía: «Mire, no he tomado una sobredosis de pastillas para dormir. No he estado en la cárcel y no voy corriendo a ver a un psiquiatra cada dos minutos. En esta época creo que eso es todo un logro, ¿no le parece?».

A principios de 1986, Ava se encontraba desanimada y no conseguía quitarse de encima un fuerte resfriado que arrastraba desde hacía un tiempo. Había perdido mucho peso y tenía una tos persistente. En otoño respiraba con dificultad y sentía un fuerte dolor en el pecho. Preocupada por su salud, viajó a Los Ángeles para ingresar en el St. John's Hospital de Santa Mónica y hacerse un chequeo. Las pruebas determinaron que sufría una neumonía y empezaron a tratarla. Cuando llevaba unos días en el hospital sufrió un ataque de apoplejía. La parte izquierda de su cuerpo se quedó parcialmente paralizada, tenía el rostro desencajado y le costaba mucho hablar. Frank la llamaba por teléfono con frecuencia, pero le resultaba difícil hacerse entender. «Te quiero, cariño —le decía él—. Envejecer es un asco.» A finales de noviembre le dieron el alta. Los médicos le aconsejaron que debía dejar de fumar y de beber. Ella sonrió y les aseguró que lo intentaría, aunque no era buena paciente.

Tenía por delante un largo proceso de recuperación. Necesitaba medicarse, descansar y hacer ejercicio. Regresó a su casa londinense a principios de 1987 y empezó la rehabilitación. Al cabo de un tiempo ya pudo andar sola, con alguna dificultad, y también mejoró su habla, aunque el brazo izquierdo seguía afectado. Aun así, no perdía el buen humor y sabía reírse de sí misma. «Querida —le dijo a una amiga—, si conoces a alguien que quiera darle trabajo a una vieja actriz con un brazo paralizado, un labio torcido y un acento sureño reconstruido, ¡es a mí a quien está buscando!» Si hacía buen tiempo, se animaba a salir a pasear a Morgan por Hyde Park siempre en compañía de Carmen. Un día un reportero de un diario sensacionalista inglés le tomó unas fotografías en chándal, haciendo ejercicios en el parque y visiblemente desmejorada. A partir de ese instante se recluyó porque tenía pánico a los fotógrafos.

El 6 de enero de 1988 Ava sufrió una recaída que se complicó con problemas respiratorios. Su estado era grave y Sinatra pagó los gastos de un jet privado equipado como ambulancia para trasladarla de Londres a Los Ángeles y también costeó su larga estancia en el St. John's de Santa Mónica. Fue dada de alta en mayo y Bappie le pidió que no volviera a Inglaterra porque el clima húmedo y frío perjudicaría aún más su delicada salud. Ava se quedó un mes en la casa de su hermana, que vivía en Rinconia Drive, y experimentó una gran mejoría. Pero regresó a su vivienda londinense; añoraba a su querido Morgan y ese era su hogar. En los meses siguientes apenas abandonó la cama. Padecía terribles dolores en las articulaciones a causa de un lupus y tomaba demasiados analgésicos y otros medicamentos que, además, mezclaba con alcohol. Vivía recluida y atrapada en la nostalgia. Le gustaba recordar el pasado y cuando en televisión ponían una de sus viejas películas, descolgaba el teléfono y llamaba a algunos de sus compañeros de rodaje. Una noche estaba viendo *Cruce de destinos* y llamó al actor Stewart Granger a su casa de Los Ángeles y le preguntó: «Cariño, ¿de verdad éramos así de guapos?», y el actor, conmovido al oír su voz entrecortada, le respondió: «Claro que lo eras, cielo. Y aún lo sigues siendo».

Escuchaba a todas horas los discos de Sinatra, cuya voz, al igual que la de Maria Callas, la «hacía llorar de pura felicidad».

En ocasiones, ya en la cama, se quedaba largas horas leyendo la correspondencia que Frank le había escrito en el transcurso de los años. Había postales, telegramas, extensas cartas y notas cariñosas que solían acompañar sus regalos. Las leía, una y otra vez; algunas la hacían llorar y otras dibujaban una sonrisa en su rostro. Frank nunca se olvidaba de felicitarla para su cumpleaños, pero cuando celebró su sesenta y siete aniversario el teléfono no sonó. Ese día Carmen le preparó dos pasteles, uno de coco y otro de chocolate, siguiendo la receta secreta que la actriz le había enseñado de su madre Molly. Su hermana Bappie también se encontraba muy enferma y no pudo viajar desde California para estar a su lado. Fue su cumpleaños más triste y solitario, pero Ava se sentía tranquila. Intuía que había llegado su hora y estaba en paz consigo misma. Llamó a su sirvienta y le entregó una caja de cartón envuelta en papel, y le dijo: «Carmen, guarda esto; si me ocurriera algo, quiero que lo destruyas. No quiero que nadie lo abra y vea lo que hay dentro. ¿Lo harás por mí?». Ella le prometió que así lo haría y la guardó. «Respeté su deseo. Confiaba plenamente en mí y cumplí su último deseo», recordó más adelante.

La fría y ventosa mañana del 25 de enero de 1990, Carmen le llevó como de costumbre el desayuno a la cama. Cuando un poco más tarde volvió para recoger la bandeja, Ava abrió los ojos y le susurró: «Estoy muy cansada». Y al instante falleció. La noticia dio la vuelta al mundo y en todas las necrológicas se hacía referencia «a la última diosa», «a la mujer más seductora de Hollywood» y «a la Venus hecha mujer». Otros recordaban su extravagante y libertino estilo de vida, su arrolladora personalidad y su lista interminable de amantes. Sinatra se enteró de su muerte al día siguiente y casi se desmayó del dolor. Su hija Tina dijo que sus ojos se llenaron de lágrimas y se encerró solo durante toda la noche en su habitación. No quería hablar con nadie y siempre lamentó no haber estado a su lado en aquellos duros momentos al final de su vida.

Ava Gardner quería ser enterrada junto a sus padres en el cementerio de Smithfield. Su fiel doncella Carmen viajó desde Londres hasta Carolina del Norte acompañando el ataúd de su señora. La enterraron con un vestido rosa, como era su deseo, y había cien rosas sobre su féretro. Sinatra envió un gran ramo de flores con una tarjeta que decía: «Con mi eterno amor, Francis». Quizá su mejor epitafio lo escribió ella misma en sus memorias: «Si tuviese que volver a vivir mi vida, la viviría exactamente igual. Tal vez un par de cambios aquí y allá, pero nada en especial. Porque la verdad, encanto, es que he disfrutado de mi vida. Me lo he pasado en grande».

RITA HAYWORTH

La desdichada diosa del amor

Los hombres se acuestan con Gilda y se despiertan conmigo.

RITA HAYWORTH

Cinco letras marcaron su destino y la convirtieron en oscuro objeto de deseo. En la mujer fatal por excelencia capaz de arrastrar a un hombre a la perdición. Gilda era lo opuesto a la verdadera Rita Hayworth —tímida, callada y hogareña—, pero el público nunca lo supo. Desde el estreno de la película el mito la devoró y fue para siempre Gilda, la «diosa del amor». Daba igual el papel que interpretara; ver su ondulante melena pelirroja en tecnicolor despertaba una fascinación casi hipnótica. Su sensualidad traspasaba la pantalla y sin desearlo se transformó en la más elegante de las sex symbols de los años cuarenta. Más allá del glamour que desprendía como estrella, la suya fue una vida marcada por los desengaños, los malos tratos y las adicciones que acabaron con su leyenda. Todos la moldearon a su antojo. Tuvo cinco maridos, entre ellos el genio del cine Orson Welles y un príncipe oriental, Alí Khan, que no fue azul sino un insaciable playboy. «Solo deseaba, como cualquier mujer, sentirme amada», confesó. Pero siempre atraía a hombres violentos, bebedores y dominantes que se aprovechaban de su fama y buen corazón. Tipos que le recordaban a un padre despreciable que la obligó a ser su pareja de baile siendo una niña y abusó sexualmente de ella durante años. Este episodio dejó en ella una profunda huella que jamás cicatrizó y un sentimiento de culpa que arrastró toda su vida.

Tras el éxito de *Gilda* los estudios la encasillaron en papeles de vampiresa que aborrecía. Nunca quiso ser actriz, porque lo suyo era bailar y lo hacía de maravilla. Orson Welles, que como marido tampoco estuvo a la altura, dijo de ella: «Es una de esas mujeres de las que la cámara se enamora y convierte en inmortales». Su amigo, el maquillador Bob Schiffer, no pudo ocultar de su rostro la tristeza de su mirada. Rita Hayworth, tras su deslumbrante y perfecta belleza, fue la más desdichada de las estrellas en aquella fábrica de sueños rotos llamada Hollywood.

UNA NIÑA MARCADA

Su verdadero nombre era Margarita Cansino y por sus venas corría sangre española. Había nacido el 17 de octubre de 1918 en el barrio de Brooklyn, Nueva York, en el seno de una familia de inmigrantes donde todos eran bailarines. La saga la inició su abuelo sevillano, Antonio Cansino, un hombre hecho a sí mismo y el primero en ganarse la vida bailando. A los catorce años debutó en los escenarios de Sevilla y no tardó en salir de gira por el mundo con su espectáculo flamenco. Cuando se retiró de las tablas abrió su propia academia en Madrid, donde adquirió fama como maestro de danza española. Su mujer, Carmen Reina, era una belleza sevillana morena y de ojos negros que había trabajado en una fábrica de tabacos antes de contraer matrimonio. Tuvieron nueve hijos y ninguno fue a la escuela porque el patriarca de la familia no lo consideró necesario. Lo único que se esperaba de ellos era que aprendieran a bailar para ganarse la vida. De su numerosa prole solo Eduardo, futuro padre de Rita Hayworth, y su hermana Elisa triunfarían en América formando pareja con el nombre artístico de los Dancing Cansinos.

Si bien Eduardo desde niño quería ser torero y no bailarín, finalmente presionado por la familia se embarcó rumbo a Nueva York dispuesto a probar fortuna. Cuando en enero de 1913 divisó desde la cubierta del barco la imponente estatua de la Libertad tenía diecisiete años y le acompañaba su hermana Elisa, dos años mayor que él. En aquel tiempo el flamenco estaba de moda gracias al entusiasmo que habían despertado en el pasado artistas como Carmencita, «la reina de Broadway», bailarina española que con su arte y belleza conquistó al público norteamericano.

El primer lugar donde actuaron fue en una señorial mansión de Newport, en Rhode Island, donde su propietaria, la millonaria y excéntrica señora Fish, organizaba espléndidas fiestas que incluían espectáculos exóticos y divertidos para sorprender a sus invitados. Las actuaciones privadas de los Dancing Cansinos ante la flor y nata de la alta sociedad neoyorquina fueron el inicio de una brillante carrera artística. Pronto se les acumularon los contratos para actuar en revistas de variedades en Nueva York. Habían llegado con veinte dólares en el bolsillo y en apenas un par de años sus nombres aparecieron en letras destacadas en los carteles de los mejores teatros de vodevil. En 1915 fueron contratados como estrellas principales en los distintos locales que la cadena de teatros Orpheum tenía por todo el país, cosechando un gran éxito de público y crítica.

Siendo ya unos conocidos actores de revista, los Dancing Cansinos dieron el salto a la comedia musical y debutaron en el célebre espectáculo de variedades Ziegfeld Follies de Broadway, donde compartieron cartel con otra pareja de hermanos que se harían mundialmente famosos: Fred y Adele Astaire. Eduardo acababa de cumplir veintiún años y, además de emprendedor, era simpático y sabía cómo ganarse a la gente. Durante los ensayos se enamoró perdidamente de una de las coristas del musical, una chica de origen irlandés llamada Volga Hayworth. Alta y exuberante, no tenía un especial talento artístico, pero en escena resultaba llamativa con su cabello rojizo y ojos verdes. Desde niña soñaba con ser actriz de teatro y a los dieciséis años se fugó de la casa de sus padres en Washington dispuesta a cumplir sus sueños. Aunque estos deseaban que su hija se casara con un buen muchacho de la ciudad y sentara la cabeza, Volga tenía otros planes. Siempre había sido muy liberal y desenvuelta, y su futuro no pasaba por convertirse en una aburrida ama de casa rodeada de niños.

Volga pronto cayó rendida a los encantos del joven y apuesto bailarín. Aunque Eduardo Cansino hablaba poco inglés, la atracción fue mutua. A ella le parecía «misterioso y exótico como los hombres de raza gitana» con su tez morena, cabello engominado y ojos color azabache, y enfundado en su ceñido traje de flamenco. Convencida de que de su mano podría trabajar como actriz y codearse con grandes estrellas, aceptó enseguida su propuesta de matrimonio. Cuando comunicó a su familia que se había casado con un bailarín español, su padre, muy disgustado, le dijo que no quería volver a verla ni tener noticias suyas.

No hubo una romántica luna de miel porque tras su precipitada boda a principios de 1917, la joven esposa se fue de
gira con los Dancing Cansinos. Pronto descubrió que Elisa, la
hermana de su marido, también formaría parte de sus vidas.
Ambos se sentían muy unidos; habían trabajado duro en un
país extraño y la complicidad era evidente. Para Volga fue una
gran decepción y no tardó en darse cuenta de que como bailarina no había lugar para ella. Sin embargo, estaba tan enamorada de Eduardo que no le importó renunciar a su vocación.
En lo sucesivo ella se ocupó de los engorrosos detalles de sus
giras artísticas. «Volga era su secretaria y su agente. Ella reservaba los hoteles, sacaba los billetes de tren, daba las propinas,
hablaba con la prensa y se encargaba de la contabilidad», contó
su cuñada Teresa Cansino.

Pero lo que a Volga más le dolió fue descubrir que buena
parte del público pensaba que Eduardo y Elisa eran marido y
mujer. Desde el principio los hermanos jugaron con esta ambigüedad porque les resultaba más rentable. Con el paso del tiempo le quitó importancia a este asunto, y más cuando supo que
estaba embarazada. Eduardo, al conocer la noticia, se mostró
muy cariñoso y solícito con ella. Se sentía muy alegre porque
deseaba un varón que continuase la tradición familiar de los
Cansino, que se remontaba a tres generaciones. Así que aquella
fría mañana de otoño de 1918 cuando Volga dio a luz a una
niña saludable y de buen peso, su marido sufrió una gran decepción. Sus primeras palabras mientras contemplaba a la recién nacida en el regazo de su madre fueron: «Dios mío, ¿qué
voy a hacer con una chica?». La pequeña fue bautizada con el
nombre de Margarita Carmen Cansino. Entonces nadie imaginaba que aquella niña risueña y mofletuda de cabello castaño
llegaría a ser una de las más deseadas estrellas de Hollywood.

Con el nacimiento de Margarita, su madre tuvo que dejar definitivamente a un lado sus ambiciones artísticas. Por entonces vivían en una residencia teatral de actores en el corazón de Manhattan. «Nací en un hotel rodeada de artistas, en medio de la farándula y con unos padres bailarines. Imagino que eso influyó en mi destino y en mi talento precoz para la danza», evocó cuando ya era una consagrada estrella. Volga tenía veintiún años y poco tiempo después volvió a quedarse embarazada. Con una niña en brazos y otro hijo en camino, ya no podía llevar la misma vida de antes ni acompañar a los Dancing Cansinos en sus giras por todo el país. Mientras Volga se convertía en lo que más odiaba, un ama de casa sin ningún tipo de aliciente, su esposo veía cumplidos sus sueños. En aquellos días Eduardo y Elisa fueron contratados para actuar en el teatro Palace de Nueva York. Todos los actores de revista suspiraban por poder debutar en ese legendario local de Broadway considerado «el paraíso del espectáculo», pero muy pocos lo conseguían.

Margarita dio sus primeros pasos cuando su padre se encontraba en la cumbre de su carrera y este apenas le prestaba atención. Volga no solo se encargaba de las tareas del hogar; también seguía ejerciendo de secretaria de su marido y ocupándose de todo el papeleo de la compañía. Por las noches, tras preparar la cena y acostar a su pequeña, se ponía a remendar las medias y a planchar los trajes que los artistas utilizaban en sus actuaciones. Con el transcurso de los meses su frustración fue en aumento, y como no tenía con quién hablar ni desahogarse, comenzó a beber a escondidas. Siendo una adolescente había tenido el valor de fugarse de casa y ahora pasaba sus días recluida entre las cuatro paredes del diminuto apartamento que tenían alquilado mientras su esposo recibía los aplausos del público. Volga tuvo dos hijos más: Eduardo, al que llamaban

Sonny, nacido en 1919, y Vernon, que vino al mundo en mayo de 1922.

Cuando ya era una famosa estrella de cine a Rita Hayworth le gustaba contar que aprendió a bailar antes que a caminar. A los cuatro años actuó por primera vez en público en una academia de baile del Carnegie Hall de Nueva York, donde su padre la había matriculado. Vestida con un traje rojo de lunares y volantes, la pequeña se movía con una gracia inusual y tocaba las castañuelas imitando a su tía Elisa. Aunque ella hubiera preferido jugar con otros niños de su edad, nunca se quejó y aceptaba con resignación la dura disciplina de la escuela de danza a la que acudía a diario. «Desde que pude mantenerme en pie recibí clases de baile. No me gustaba, pero no tenía el valor de decírselo a mi padre. Era muy dócil y obediente, y siempre intentaba contentarle. Ensayar, ensayar y ensayar. Esa fue mi infancia», recordó en una entrevista.

Habían pasado diez años desde que los hermanos Cansino habían llegado a Nueva York y la familia aún no tenía un domicilio fijo. Aunque pasaban largas temporadas en la ciudad alojados en modestos hoteles y residencias de artistas, salían a menudo de gira y tenían que separarse. Volga estaba harta de aquella vida errante; quería echar raíces y tener un hogar propio. Cuando se trasladaron a una casa de tres pisos y ladrillo rojo en Queens, Margarita estaba ya en edad escolar. Aunque su padre no quería que estudiara, Volga matriculó a la pequeña en un centro cercano del barrio. «Yo tenía seis años y me sentía muy nerviosa porque era la primera vez que pisaba las aulas de un colegio y frecuentaba a niños de mi edad —explicó Rita—. Pero me adapté bien, hice amigas y saqué buenas notas. Sin embargo, duró poco porque una vez más tuvimos que hacer las maletas y seguir a mi padre.»

Eduardo y Elisa seguían cosechando éxitos y llegaron a ser coronados como «la mejor pareja de baile de América». En 1926 la productora Warner Bros. los contrató para protagonizar un número musical en una de las primeras películas sonoras. Aunque las escenas donde ellos salían se habían filmado en unos estudios en Brooklyn, aquella experiencia transformó al bailarín. De hecho, Eduardo pensó seriamente que podría hacer carrera como actor en Hollywood. Se percató enseguida de que la época dorada de la revista estaba tocando a su fin y el cine sonoro parecía una apuesta de futuro cada vez más segura.

Eduardo trasladó a su familia a las soleadas tierras de California, donde se encontraban los grandes estudios cinematográficos. La opinión de Volga, que no quería mudarse con sus tres hijos a una ciudad extraña como Los Ángeles, no contó para nada. En esta ocasión, tía Elisa no les acompañó. Para disgusto de su hermano, la bailarina había decidido irse a vivir a Miami y comenzar allí una nueva vida. No le atraía el mundo del cine y tenía ganas de formar su propia familia. Los Dancing Cansinos se disolvían, aunque no por mucho tiempo.

Margarita tenía ocho años, pero nunca olvidó aquel viaje a Los Ángeles en una destartalada camioneta sin calefacción y con los amortiguadores rotos que su padre compró de segunda mano. Durante largas semanas recorrieron más de cuatro mil kilómetros de costa a costa, atravesando montañas, llanuras, ríos y desiertos. Volga pasaba la mayor parte del día sin hablar, sumida en sus pensamientos o llorando desconsolada. Fue una travesía interminable porque Eduardo, para hacer frente a los gastos del viaje, se comprometió a actuar en algunos clubes nocturnos de las ciudades que encontraban a su paso. Para alguien de su talento artístico que había pisado los mejores escenarios de Broadway, debió de ser una humillación bailar en aquellos garitos oscuros y llenos de humo frecuentados por borrachos.

Los comienzos en Hollywood no iban a ser como él imaginaba porque 1929 fue un año fatídico para el país. Ya instalados en la ciudad, el bailarín recorrió varios estudios en busca de trabajo. Pensaba que le resultaría fácil conseguir un papel de *latin lover* en alguna película romántica, pero se encontró con una barrera infranqueable. Eduardo no hablaba bien inglés y tampoco había tenido interés en aprenderlo. Era atractivo, de buena planta y un bailarín sensacional, pero en la época del cine sonoro no había sitio para él. Nunca llegó a ser como Fred Astaire, quien formó junto a Ginger Rogers una pareja mítica. Pero lejos de desanimarse, decidió abrir una academia de baile, la Cansino Dance School, cerca de la céntrica Sunset Boulevard. Margarita era su alumna más joven y aplicada. Cada día al salir del colegio acudía puntualmente a sus clases, que se prolongaban durante largas y agotadoras horas. Eduardo le enseñaba todo tipo de bailes: tango, vals, sevillanas, foxtrot y ritmos latinos que estaban muy de moda. Era un maestro severo y le exigía una gran disciplina y concentración. Cuando se equivocaba la reñía y la obligaba a repetir los pasos una y otra vez. A punto de cumplir los doce años, Margarita seguía siendo una niña dócil y callada que hacía todo lo que le decían.

La crisis financiera de Wall Street acabó definitivamente con los sueños de Eduardo. Todo el país sufrió una gran depresión económica y se vio obligado a cerrar su escuela de danza por falta de estudiantes. Además, perdió todos sus ahorros en malas inversiones y la familia se quedó al borde de la ruina. Fueron tiempos difíciles, pero en la primavera de 1931 pensó que podía resucitar de nuevo a los Dancing Cansinos cuando vio bailar a su hija Margarita en el Carthay Circle Theatre. En aquel tiempo se ganaba la vida coreografiando los espectáculos en directo que se representaban en los cines antes de proyectar la película. Un día, en la víspera de un estreno, la bailarina contratada se lastimó un tobillo y entonces se le ocurrió que Margarita podría sustituirla. Tenía solo doce años y el pánico se adueñó de ella. El Carthay Circle era uno de los teatros más grandes de Los Ángeles con capacidad para mil quinientas personas y se habían vendido todas las entradas. Eduardo le pidió a su esposa que maquillara a la niña para que pareciese mayor y eligió para ella un apretado vestido de volantes y pronunciado escote de color chillón. Margarita se sentía incómoda disfrazada como para asistir a un carnaval, pero, como siempre, obedeció. Sobre el escenario dejó a un lado la timidez y bailó con su habitual pasión y sensualidad. Al día siguiente los periódicos se hacían eco de su debut y se referían a ella como «una joven de catorce años, de busto prominente y aspecto provocativo». Fue entonces cuando Eduardo pensó en convertir a su hija en su pareja de baile y resucitar así a los Dancing Cansinos. «Abrí los ojos de repente; mi hija ya no era una niña. Tenía buen tipo, vaya que sí, y creí que había llegado el momento de lanzarla», contó Eduardo evocando el instante en el que decidió bailar con ella.

La vida de Margarita iba a dar un giro inesperado. A los pocos días su padre la sacó del colegio, y llegó a mentir sobre su verdadera edad para que las autoridades no la obligaran a estudiar. Eduardo necesitaba dinero para mantener a la familia, pero también añoraba los aplausos y los «bravos» que había cosechado en su carrera. Tenía entonces treinta y seis años y formando pareja con su atractiva hija conseguiría relanzar su carrera. Tomó la decisión sin consultarlo con su esposa. Al en-

terarse de sus planes, Volga le recriminó que apartara a su hija
de los estudios y que la arrastrara con él a unos ambientes nada
apropiados para una menor de edad. Pero la madre de Margarita no pudo hacer más. Deprimida, amargada y con una salud
delicada ahogaba sus penas en el alcohol. Las peleas y broncas
con su marido eran habituales.

Eduardo puso todas sus esperanzas en su hija y se dedicó a
pulirla como un diamante en bruto. Para Margarita, a quien su
padre nunca le había prestado atención, resultaba una situación
nueva que no le desagradaba. En el fondo se sentía orgullosa de
que la hubiera elegido a ella para sustituir a tía Elisa en su espectáculo. No era consciente de que, al ser la única fuente de
ingresos de la familia, tendría sobre sus hombros una enorme
responsabilidad para alguien de su edad. Tampoco imaginaba
que su progenitor, al que muchos tachaban de tirano y mezquino, la explotaría convirtiéndola en el escenario en un objeto de deseo que despertaba las fantasías de los hombres.

Eduardo y Margarita comenzaron a frecuentar los casinos
flotantes que jalonaban la costa californiana. A estos sórdidos
locales no llegaba la ley seca que estaba en vigor en Estados
Unidos, y el juego y el alcohol atraían a un numeroso público
ansioso de diversión. Aunque al principio actuar sola con su
padre le pareció una excitante aventura, muy pronto descubrió
que también él era un alcohólico y podía llegar a ser muy violento. Todas las noches, entre función y función, Eduardo se
acercaba a las mesas de juego y se gastaba todo el dinero que
habían ganado en fichas y whisky. Cuando ya no le quedaba un
dólar en el bolsillo, le pedía a su hija que «se diera una vuelta
para pescar algo para la cena». Margarita, retraída y temerosa
por naturaleza, desaparecía de su vista y se escondía en algún
lugar donde nadie pudiera verla. Si regresaba con las manos

vacías, lo que era habitual, su padre la golpeaba con furia en el camerino, siempre en lugares donde no dejara señales que pudiese ver el público. También solía encerrarla durante horas mientras él bebía y jugaba.

Al poco tiempo la familia Cansino volvió a cambiar de hogar. Abandonaron su apartamento de Los Ángeles y se instalaron en una casa de madera que alquilaron en Chula Vista, un pueblo tranquilo junto a la frontera mexicana. Eduardo había conseguido un contrato para actuar en un conocido local nocturno, el Foreign Club de Tijuana. Esta localidad, distante a veinte minutos en coche, era conocida como la «ciudad del pecado». El juego, el alcohol y la prostitución constituían un lucrativo negocio y los artistas que trabajaban en sus clubes y casinos se ganaban bien la vida. Volga enseguida matriculó a sus dos hijos en una escuela, pero Eduardo se opuso a que Margarita perdiera el tiempo estudiando. En las fotos que se conservan de aquella época se ve a una joven rolliza, de rostro redondeado y facciones infantiles. Se había teñido su cabello castaño de negro y lucía una marcada raya central y moño en la nuca. Su padre la vestía con blusas escotadas, collares de cuentas y amplias faldas de vivos colores para que el público creyera que era española. Llevaba los labios y las uñas pintados de un intenso rojo carmín y parecía diez años mayor.

Eduardo la había transformado en una mujercita sensual y provocativa, pero Margarita seguía siendo muy reservada. En Chula Vista ayudaba a su madre en las tareas del hogar y luego se sentaba en el porche de su casa con la mirada perdida y sin hablar con nadie. «Era muy tímida, y a mí me daba mucha pena verla así tan sola y aburrida —recordaba una vecina de los Cansino—. No hacía nada más. No tenía amigas y no la dejaban ir a la escuela porque debía trabajar para mantener a la familia. Para Rita no existía otra vida. Todo lo tenía prohibido, incluso jugar con otros niños de su edad.» Por las tardes ensayaba a diario en el salón de la casa y aprendía nuevos ritmos latinos con gran facilidad. Eduardo nunca tuvo una palabra amable para ella. Cuando se equivocaba la reñía y le gritaba sin importarle que todos le oyeran. «Padre, lo intentaré de nuevo», le respondía con un hilo de voz sin atreverse a mirarle a los ojos. Y repetía una y otra vez los pasos hasta que conseguía su aprobación. Al ponerse el sol Margarita salía de su casa vestida con llamativos trajes y unos altos tacones. Los niños de la vecindad la contemplaban asombrados mientras se subía al viejo Chevrolet de su progenitor y se perdían por las polvorientas carreteras que conducían a Tijuana, la bulliciosa ciudad al borde del desierto.

Eduardo Cansino tuvo gran éxito en los clubes de Tijuana, donde su joven acompañante no pasó desapercibida. Todo el mundo los tomaba por un matrimonio porque le había prohibido a Rita llamarle papá en público. Tras su actuación muchos hombres se acercaban a él para pedirle que les presentara a su guapa mujer. Nunca los corregía, porque si descubrían su secreto podrían haberle arruinado su carrera. De nuevo, al igual que hiciera con su hermana Elisa, jugó con la ambigüedad, pero esta vez fue más lejos. Años más tarde, ya casada con Orson Welles, la actriz le confesó un terrible secreto de su infancia. Cuando era la pareja de baile de su padre este había abusado sexualmente de ella en repetidas ocasiones. Con apenas trece años había soportado un auténtico infierno entre bambalinas que la marcó de por vida. Eduardo no solo le había impedido llevar una infancia normal, sino que no dudó en explotarla dentro y fuera de los escenarios. Margarita, para quien su padre aún era una poderosa y venerable figura, no se atrevió a decírselo a nadie, ni siquiera a su madre. Volga algo debía de intuir porque aunque le inquietaba dejar solos a sus hijos en su casa de Chula Vista, muchas veces los acompañaba a los clubes nocturnos de México donde actuaban. Conocía bien a su esposo; sabía que cuando se emborracha se volvía agresivo porque ella misma era víctima de sus malos tratos. Cuando regresaban de madrugada a casa, Margarita siempre dormía en el cuarto de su madre, donde compartían la misma cama. «Era algo que nos extrañaba mucho —comentó una amiga de la familia—. La casa tenía tres dormitorios: el padre ocupaba el principal, los chicos otro y Rita dormía con su madre en el tercero, en una cama de matrimonio. No sé si es que no se llevaban bien o que Volga quería proteger a su hija, pero corrían muchos rumores.»

Los Dancing Cansinos fueron contratados para actuar en Agua Caliente, un casino de lujo de Tijuana rodeado de jardines y palmeras que ofrecía todo tipo de distracciones que atraían a una selecta clientela: millonarios, aristócratas, altos ejecutivos y estrellas de Hollywood. Un auténtico oasis a un paso de la frontera que contaba con hotel, piscina, pistas de tenis, campo de golf, hipódromo y hasta un spa de aguas termales. Pero el verdadero atractivo, además de las bebidas, era poder jugar al póquer, al bacarrá y a la ruleta en el suntuoso Salón de Oro decorado al estilo Luis XV. Entre sus asiduos clientes estaban Clark Gable, Dolores del Río, Charles Chaplin, Jean Harlow o los Hermanos Marx. Si Eduardo quería que un «pez gordo» de los estudios se fijara en su hija, este era el lugar adecuado. Tenía la esperanza de que, si la joven conseguía un contrato, él podría trabajar como bailarín y coreógrafo. Eduardo y Margarita actuaban en uno de los restaurantes del casino conocido como el Patio Andaluz y les solía acompañar una orquesta de mariachis. Al final de la velada les invitaban a sentarse a la mesa con productores y empresarios del cine para tomar una copa. Aunque su padre le insistía en que se mostrase sonriente para causar buena impresión, ella rehuía las miradas y apenas hablaba. Cuando lo hacía su tono de voz era tan bajo que apenas se la oía. A todos les llamaba la atención que la bailarina descarada y provocativa que les había cautivado en el escenario fuera en realidad una muchacha callada y asustadiza.

En la primavera de 1934, Winfield Sheehan, jefe de producción de la Fox, acudió un fin de semana a Agua Caliente con unos amigos y al ver bailar a Margarita Cansino se quedó embelesado. Vestida con un ceñido traje de volantes y el cabello recogido en un moño, le pareció que encajaba en el perfil de artista latina que estaba buscando para una película que pronto iban a rodar. Cuando más tarde tuvo la oportunidad de saludarla le sorprendió su extrema timidez y su comportamiento infantil. Pero había algo en ella que se le antojó muy atractivo: «Tenía una sonrisa candorosa y un brillo en la mirada capaz de derretir los corazones. Estaba convencido de que resultaría muy fotogénica», recordó el productor. Aquella misma noche Sheehan le propuso a Eduardo hacerle una prueba de cámara a la joven. Era la oportunidad que llevaba tiempo esperando y aceptó de inmediato.

FABRICANDO UNA ESTRELLA

Al día siguiente los Cansino se presentaron en los estudios de la Fox en Bervely Hills. La prueba que le realizó el gran director de fotografía Rudolph Maté no pudo ir mejor. «Si había un cámara archidotado y cualificado para descubrir el potencial cinematográfico que había en la vergonzosa y regordeta Margarita, era él», escribe su biógrafa Barbara Leaming. Tal como había intuido Sheehan, la joven tenía una «indudable presencia escénica y enorme fotogenia». Margarita salió de la Fox con su primer contrato bajo el brazo, que firmó su padre al ser ella menor de edad. Acababa de cumplir dieciséis años cuando debutó bailando sensualmente en la película *La nave de Satán*, ambientada en un casino flotante y protagonizada por Spencer Tracy. Aunque estaba muerta de miedo, el hecho de que su nuevo amigo Rudolph Maté fuese el director de fotografía la ayudó a tranquilizarse. Eduardo también consiguió trabajo como coreógrafo de los números que interpretaba su hija con el guapo y atlético Gary Leon. Nadie dudaba de que fuera una magnífica bailarina, pero como actriz lo tenía todo que aprender. Aun así, Sheehan le ofreció un pequeño papel en la siguiente película, *Amor de gaucho*, donde interpretaba a una joven argentina llamada Carmen. Estaba tan nerviosa y asustada que no hizo más que tartamudear hasta que la toma fue válida. Había veces que no podía evitarlo y se echaba a llorar delante de los directores y colegas. «Parecía muy aturdida, como si no entendiera nada de lo que sucedía a su alrededor», dijo un periodista que la entrevistó en 1935. Sus comienzos en el cine fueron con pequeños papeles en películas de serie B y en mediocres westerns haciendo de mexicana.

Tras dos años en Chula Vista, la familia Cansino se mudó a Los Ángeles para estar más cerca de Margarita. Todos estaban emocionados con el contrato de seis meses que había firmado con la Fox y la posibilidad de que llegara a ser una estrella de cine. Para la joven era una nueva responsabilidad que pesaba sobre sus hombros y se sentía muy insegura. No sabía si estaría a la altura de las grandes expectativas que su padre había puesto en ella y tenía pánico al fracaso. Como de costumbre, nadie contó con su opinión. Disfrutaba bailando, pero le aterraba tener que hablar ante una cámara y nunca pensó en ser actriz. No obstante, la productora estaba decidida a invertir en ella y la presentaron a la prensa como «una bella y misteriosa bailarina hispano-irlandesa de dieciséis años que ha dado la vuelta al mundo una docena de veces y pertenece a una célebre familia de bailarines españoles». Todo este montaje publicitario aún la ponía más tensa y sus hermanos a menudo la veían llorar de rabia e impotencia.

Como todos los grandes estudios de Hollywood, la Fox se ocuparía de «fabricar a su estrella», lo que incluía que podían cambiarle el nombre, el físico y hasta su biografía. «Pasabas a ser de su propiedad. Desde el primer instante ellos elegían tus papeles, controlaban tu imagen publicitaria y vigilaban estrechamente tu vida privada. Era la tiranía del *star system* y yo lo odiaba», declaró en una ocasión la actriz. Para empezar le abreviaron el nombre, que quedó en Rita, como ahora todos la llamaban. Tuvo que tomar clases de dicción, interpretación, baile y equitación. La obligaron a adelgazar porque les parecía que estaba demasiado gruesa y comenzó un estricto régimen al tiempo que asistía al gimnasio y practicaba natación.

Muchos creían que era solo una chica guapa y fotogénica; sin embargo, Winfield Sheehan seguía pensando que tenía un enorme potencial como actriz. Así, le ofreció otro pequeño papel en una película de aventuras ambientada en Egipto. Lo que quería era que Rita se familiarizase con el medio porque tenía en mente para ella un importante proyecto: el de protagonista en la película *Ramona*, la primera producción en color de la Fox. En ella daría vida a una huérfana mestiza en un filme de aventuras ambientado en la vieja California. En el fondo estaba convencido de que este papel la lanzaría a la fama como la nueva Dolores del Río, la consagrada y bellísima estrella mexicana.

Aunque Rita ya no trabajaba en los escenarios con su padre, este seguía controlando su carrera y su vida privada. Su trabajo como coreógrafo en la Fox le permitía vigilar de cerca a su hija. Hasta la fecha la actriz no había salido con ningún muchacho porque Eduardo se lo hubiese impedido. Por este motivo cuando un día descubrió que su hija se sentía atraída por un joven universitario que había conocido, intervino sin miramientos para cortar la relación. En cambio, cuando eran hombres maduros y sin escrúpulos los que se acercaban a ella para ofrecerle un papel en una película o promocionarla a cambio de favores sexuales, no lo criticaba. Rita no veía el momento de poder huir de aquel padre que se comportaba con ella de manera tan cruel y mezquina.

Winfield Sheehan, el todopoderoso magnate de la Fox que había descubierto a Rita en un club nocturno de Tijuana y había sido su benefactor tuvo que renunciar a su cargo. Su productora arrastraba serios problemas económicos desde el desplome bursátil de 1929 y se había visto obligada a fusionarse con Twentieth Century Pictures. Ahora la nueva empresa se llamaba 20th Century Fox y el famoso productor Darryl Zanuck cogió las riendas del negocio. Como Rita había sido la protegida de Sheehan, lo primero que hizo el nuevo gerente fue deshacerse de ella. La consideraba una chica latina poco agraciada y vulgar, sin futuro en su compañía. Tras visionar las pruebas que había hecho para la película *Ramona*, decidió que no valía para el papel y la sustituyó por la actriz Loretta Young. No solo la apartó de este proyecto que tanto la ilusionaba; tampoco le renovó el contrato.

Estaba desmoralizada, y la sola idea de tener que regresar a los clubes y casinos de Tijuana con los Dancing Cansinos le resultaba aterradora. En este instante de su vida, cuando sentía que todo se tambaleaba a su alrededor, se cruzó en su camino un hombre que vio en ella «un diamante en bruto». Se llamaba Eddie Judson y se presentaba en público como un magnate del petróleo y hombre de negocios. En realidad era un personaje turbio y oscuro que se ganaba la vida como mánager de actores y vendiendo coches de lujo a las estrellas de Hollywood. Tenía treinta y nueve años y se había casado y divorciado en tres ocasiones, un detalle que no le contó a la actriz. Parecía sobrarle el dinero porque vestía siempre ropa cara y a la última moda, y reservaba mesa en los mejores locales nocturnos de la ciudad. Era pura fachada porque siempre tenía problemas económicos y gastaba mucho más de lo que ganaba. «Nadie, ni siquiera sus propios amigos, sabían en realidad a qué se dedicaba. Su vida y su pasado eran un misterio», comentó el publicista Henry Rogers.

A Eddie le gustaba contar que conoció a Rita por casualidad un día que se paseaba por los estudios de la Fox. Según él, la vio sentada en un rincón de uno de los platós llorando y se acercó a ella para preguntarle qué le ocurría. Le resultó muy dulce y atractiva y enseguida se ganó su confianza. La actriz le explicó entre lágrimas que estaba muy triste porque la habían despedido de malas maneras y temía por su incierto futuro. Eddie, muy persuasivo, la convenció de que podría ayudarla porque conocía a los más importantes ejecutivos de la industria del cine. A Eduardo Cansino no le pareció mal que aquel hombre de buena presencia y que decía tener buenos contactos en Hollywood se ocupara de relanzar la carrera de su hija. Muy pronto, y con su aprobación, Rita comenzó a dejarse ver con Eddie en los clubes de moda como Trocadero y Ciro's.

Ella tenía diecisiete años y él le doblaba la edad, pero le gustaba salir con ese hombre alto, bien vestido y seguro de sí mismo. A su lado se sentía protegida y le obedecía en todo. La primera noche que Eddie la invitó a cenar fue directo al grano y le dijo que, si quería ver su nombre en grandes letras de neón, debía hacer algunos cambios. Según él, la ropa que llevaba no la favorecía y se ofreció a elegirle un elegante vestuario. Su aspecto físico tampoco le convencía; parecía una «lugareña», y se comprometió a transformarla en una belleza seductora.

En apenas unas semanas su encantador Pigmalión comenzó a ocuparse de todos los aspectos de su vida. Acostumbrado a tomar siempre la iniciativa, le decía lo que tenía que hacer y decir en cada momento mientras ella parecía encantada. Eddie empezó a moverse por los grandes estudios presentándose como agente artístico de Rita Cansino y le consiguió pequeños papeles sin contrato pero que le reportaban algo de dinero. Ella ignoraba que a cambio su representante prometía a los productores una rebaja en el precio de los automóviles italianos que vendía. Rita apareció en un par de películas de vaqueros sin importancia, pero de repente la fortuna le sonrió. La mítica Columbia Pictures se fijó en ella y le ofreció un contrato de siete años como a tantas actrices en ciernes. Durante este tiempo invertirían en formarla y pasaría a ser propiedad de la productora. Si la actriz no daba los resultados que ellos esperaban, se reservaban el derecho de no renovarle el contrato. Al menos ya no tendría que ir de aquí para allá y si destacaba entre todas las aspirantes podría lograr un buen papel y ganar más dinero. «Tenía una tremenda magia. Nunca había visto antes tanta belleza en una persona, a pesar de que Hollywood estaba lleno de mujeres más guapas. Tenía un gran magnetismo, una verdadera aura. Lana Turner era muy bella también, pero no tenía su magia. Rita hacía que te detuvieras para tomar aire», comentó un director musical de la Columbia impresionado por ella.

Parecía que por fin la suerte la acompañaba y se mostraba más relajada y feliz. Tenía otros motivos para sonreír, y no solo profesionales. Se había enamorado de su representante Eddie Judson y en mayo de 1937 se fugó con él. Había mantenido en secreto su romance por miedo a que una vez más su padre se interpusiera. Cuando Eduardo se enteró por un telegrama que Rita le envió de que se habían casado en Yuma, Arizona, montó en cólera. Más tarde se mostró más comprensivo con algunos periodistas que al conocer la noticia se presentaron en su casa. El matrimonio Cansino declaró a la prensa que aunque en un principio habían sentido un enorme disgusto estaban dispuestos a recibir a la feliz pareja con los brazos abiertos.

Tras una breve luna de miel en Baja California, los recién casados regresaron a Los Ángeles. Muy pronto Rita supo que había cometido un grave error. «Yo me casé por amor, pero para él fue solo una inversión. Desde el principio se puso al frente de todo y durante cinco años me trató como si no tuviese ni alma ni cerebro», se lamentó la actriz más tarde. Eddie se convirtió en lo que fue su padre, en un vividor que se aprovechó de su talento y de su juventud. Controló con mano férrea su carrera cinematográfica y se quedó con el salario íntegro que la actriz cobraba cada semana. Desde su boda vivía a costa de su esposa y los que le conocían afirmaban que «no daba golpe ni tenía ningún medio para ganarse la vida». A él solo le importaba lanzar al estrellato a Rita, y para ello la Columbia y su jefe, Harry Cohn, debían fijarse en ella. Y lo consiguió modelándola a su gusto. Aconsejada por él se quitó dos molares, una práctica muy habitual entonces entre las actrices para afinar su rostro. También se puso en manos de un dietista para someterse a un estricto régimen porque se quejó de que estaba demasiado gorda. Cuando Eddie le dijo que su voz era muy aguda, ella se esforzó en conseguir un tono más grave.

Todos sus desvelos iban encaminados a conseguir que Rita tuviera el aspecto de una glamurosa estrella al gusto del público estadounidense. Y para ello debía cambiar su aspecto físico. Tenía una larga y frondosa melena negra, pero poca frente porque el pelo le nacía muy abajo. Eddie le consultó a Helen Hunt, directora de peluquería de los estudios Columbia, qué solución veía más adecuada para sacarle mayor provecho a sus facciones. Ella le sugirió que podría recurrir a la depilación eléctrica para dejar la frente más despejada y conseguir un rostro más seductor. En aquellos años era un proceso largo y doloroso. Rita no rechistó y durante tres meses se sometió a diario a las duras sesiones de electrólisis, que le causaban fuertes migrañas.

Pero la verdadera transformación de Rita se produjo cuando cambió de color de pelo y de peinado. Eddie le pidió a la señorita Hunt que la tiñera en un tono pelirrojo, le cortara su larga melena por encima de los hombros y se la ondulara. El resultado fue espectacular porque el color fuego le iba a la perfección a su tez clara, y sus ojos castaños parecían aún más grandes. Por último, le llegó el turno a su nombre. En la Fox habían querido lanzarla como prototipo de latina, pero ahora Rita Cansino sonaba demasiado español. Si querían venderla al público como una auténtica estrella americana no era un nombre muy apropiado. Así que se lo cambió por el de Rita Hayworth, que era el apellido de soltera de su madre, pero con una «y» intercalada.

A los que conocieron a Rita en la época en que estuvo casada con Eddie Judson les sorprendía la actitud fría y pragmática que tenía hacia ella. Su esposo no mostraba en público el menor afecto por la joven. Era muy atento y solícito pero nada cariñoso. Tras los retoques de estética comenzó a exhibirla en salas de fiestas y clubes de la ciudad frecuentados por estrellas y ejecutivos de Hollywood. La obligaba a salir todas las noches, aunque estuviera cansada o no le apeteciera. Le alquilaba preciosos vestidos, cenaban en buenos restaurantes y acababan la noche en los locales de moda en Beverly Hills. Siempre le pedía que se sentara en un lugar cerca de la pista de baile para que la vieran bien bajo la luz de los focos. Como los fotógrafos de prensa que frecuentaban estos establecimientos no la conocían, Judson les invitaba a su mesa y les pagaba unas copas a cambio de que publicaran al día siguiente su fotografía en los periódicos. También organizaba en su casa agotadoras sesiones de fotos y entrevistas en las que Rita posaba sonriente en traje de baño, en pantalón corto o con seductores vestidos de noche que dejaban a la vista sus largas y bonitas piernas. Él le decía cómo vestirse, cómo debía posar y lo que debía responder a los periodistas. «Todo se lo debo a Eddie —dijo Rita a los reporteros—. Jamás habría sido alguien en Hollywood sin él. Yo era demasiado apocada. La idea de dedicarme al cine fue suya.»

Eddie Judson estaba impaciente por conseguir que el mandamás de la Columbia, Harry Cohn, conociera el nuevo aspecto de Rita. Él no podía presentarse en persona en su despacho, pero le insinuó a Helen Hunt que le enseñase las fotos que últimamente le habían hecho a su esposa. Cuando el sagaz productor las vio, se quedó impresionado y preguntó quién era esa deslumbrante belleza pelirroja. La señorita Hunt le respondió sonriendo: «Es Rita Hayworth, la nueva estrella por la que pierde la cabeza todo el mundo, y aún no la has visto bailar». Entonces le dijo que quería conocerla y que fuera cuanto antes a su despacho.

Eddie se presentó en las oficinas de la productora llevando del brazo a su preciosa esposa. Pero para su decepción la secretaria del señor director tenía órdenes de dejar pasar solo a miss Hayworth y él tuvo que esperar fuera. El señor Cohn no simpatizaba en absoluto con el esposo de la actriz, de quien opinaba que era un «hombre mayor que ha encontrado un vale de comida para siete años, sin limitaciones y con habitación gratis». Rita nunca olvidó su primer encuentro con el temido productor, que le pareció un tipo de lo más repulsivo. Cuando entró en su despacho se encontró a solas frente a un hombre grueso y de pronunciadas entradas hablando por teléfono y fumando un puro. Él levantó la vista y sin dirigirle la palabra le pidió por señas que se acercara a la mesa. Entonces con el abrecartas que tenía en la mano le abrió la boca para inspeccionar detenidamente su dentadura. Rita se quedó en shock y sin saber cómo reaccionar. Después colgó el teléfono y con el mismo abrecartas le levantó las faldas para ver sus muslos. La trató como si estuviera comprando un caballo. Cohn era un depredador sexual, un tipo vulgar y mezquino que tenía fama de acosar a las actrices, y Rita fue su nueva víctima.

La Columbia era una de las grandes productoras de Hollywood, pero no tenía, como la Metro Goldwyn Mayer, diosas como Greta Garbo, Katharine Hepburn o Joan Crawford. De ahí que Harry Cohn estuviera ansioso por descubrir una estrella que brillara entre toda su plantilla de jóvenes actrices. Tras conocer a Rita le ofreció un papel en su primera película importante, *Solo los ángeles tienen alas*, dirigida por Howard Hawks y en la que compartió reparto con Cary Grant, uno de los actores más populares de la meca del cine. Después de trabajar en producciones mediocres iba a ser su verdadero lanzamiento. Pero ponerse a las órdenes de Hawks fue una experiencia amarga y decepcionante para Rita. Según cuenta Barbara Leaming, estaba aterrada cuando se presentó el primer día en el plató para interpretar su breve pero lucido papel. El director la trató de manera humillante y delante de todo el equipo le dijo que en realidad no era importante que actuase. Lo único que le pidió es que se limitara a mostrarse provocativa ante la cámara. En una escena en la que Rita tenía que aparecer borracha, harto de esperar que la actriz hiciera una buena interpretación, ordenó a su compañero Cary Grant que le derramase en la cabeza un jarro de agua con hielo. Hawks quería que la joven y novata actriz se comportara con naturalidad, pero sus métodos no funcionaron con ella. Rita siempre recordaría esta película con mucho resentimiento. Más adelante confesó que Howard Hawks la trató como «si fuera tonta y careciese de emociones». Pero el pequeño papel que interpretó cautivó al público y convenció a Harry Cohn de las posibilidades que tenía. Eddie, que también controlaba las finanzas de la actriz, podía estar tranquilo porque el productor tenía grandes planes para ella. Ahora cobraría dos mil quinientos dólares a la semana que iban a parar directamente a la cuenta bancaria de su esposo, y encadenó una película tras otra.

Pero Eddie no estaba del todo satisfecho. Temía que el interés de Cohn por su mujer fuera un capricho pasajero y que en cualquier momento se cansara de ella y le rescindiera el contrato. Entonces centró todas sus energías en dar a conocer al gran público a la deslumbrante Rita Hayworth. No bastaban las fotografías donde posaba como una modelo y que publicaban los periódicos en la sección de espectáculos o sociedad. Quería que su rostro perfecto, su seductora melena color fuego y escultural figura entraran en los hogares de las familias norteamericanas. Y para ello había que crear noticias sobre la actriz, aunque fueran falsas; despertar la curiosidad del público por su vida privada. Era una empresa de gran magnitud y él solo no podría conseguirlo. Recurrió a un viejo amigo publicista, Henry Rogers, al que convenció para que ideara una buena campaña para convertirla en una sex symbol. El resultado no se hizo esperar y a las seis semanas Rita Hayworth salía en la portada de la revista *Look* como «la actriz de Hollywood que gasta en ropa hasta el último centavo de los quince mil dólares que gana al año». No era cierto, todo había sido un invento de Rogers, pero a la publicación le interesó la noticia y mandó un fotógrafo a casa de la actriz. Era el comienzo de un auténtico fenómeno porque a partir de este instante Rita protagonizó un sinfín de artículos y reportajes que mantendrían vivo el interés del público por ella. La actriz seguía dejando hacer a su esposo pese a que esta constante exposición de su vida privada le creaba un enorme estrés. «Durante los tres años que fui su agente publicitario no recuerdo haberle oído decir a Rita más de tres palabras seguidas. Era Eddie siempre quien hablaba por los dos, quien daba el visto bueno a las campañas publicitarias. La trataba igual que a una niña», recordó Henry Rogers, que en aquella época frecuentaba mucho a la pareja.

Si bien Rita declaraba a los reporteros que «todo se lo debía a Eddie» y le estaba muy agradecida, este solo pensaba en explotar su belleza. Si su padre le había robado la infancia, su esposo estaba dispuesto a todo con tal de conseguir que triunfara en la meca del cine. «La habría vendido al mejor postor si ello le hubiera beneficiado profesionalmente», comentó Henry Rogers. En una ocasión, y viendo que la carrera de Rita se hallaba estancada, le insinuó que si tenía que acostarse con otros hombres para conseguir un buen papel lo hiciera. Para la joven, que aún estaba enamorada de él, fue terrible escuchar de su boca una propuesta tan humillante. A esas alturas no podía engañarse. Tras su encantadora fachada Eddie era un hombre sin escrúpulos que solo conocía dos palabras: dinero y fama. «No hay ninguna estrella de Hollywood que sea capaz de complicarse la vida como Rita Hayworth. Desde que se casó con Eddie Judson ha dejado que su corazón dirija su vida. Nunca ha permitido que su mente intervenga en sus romances», escribió la columnista Louella Parsons sobre las tormentosas relaciones sentimentales de la actriz.

A pesar del inicial entusiasmo de Harry Cohn hacia su nueva promesa Rita Hayworth, la realidad es que no le llegaban buenos papeles. En 1940 apareció en cinco películas, y pese a que trabajó a las órdenes de grandes directores como George Cukor y Charles Vidor, no se ganó al público. Pero su suerte estaba a punto de cambiar y al fin llegó el fabuloso papel que tanto esperaba. Mientras se encontraba pasando unas cortas vacaciones con su esposo en Tucson, Arizona, la llamaron de la Columbia para comunicarle que habían negociado su cesión con la Warner Bros. y la reclamaban para comenzar enseguida una comedia. Se trataba de *La pelirroja*, en la que compartió cartel con James Cagney y Olivia de Havilland. En ella Rita encarnaba a una mujer alegre, desinhibida y cruel capaz de hacer perder la cabeza a un hombre. La película tuvo un éxito arrollador y el público quedó embelesado ante la actuación de esta joven desconocida que el estudio y la publicidad habían transformado en una rutilante estrella de cine. «Este papel determinó la que fue la clásica imagen de Rita Hayworth en el futuro, la mujer de los sueños y fantasías masculinos: carnal y físicamente accesible, y a la vez reservada y misteriosa... inalcanzable», dijo su biógrafa Barbara Leaming.

Pero sería *Sangre y arena*, dirigido por Rouben Mamoulian, el filme que la lanzó como el gran ídolo erótico de los años cuarenta. El protagonista masculino era el apuesto galán Tyrone Power, que a sus veintisiete años interpretaba a un torero obsesionado por ella hasta el extremo de autodestruirse. La actriz encarnaba a doña Sol, una hermosa mujer española, seductora, fría y despiadada que arrastra a su enamorado matador a la perdición. «Creo que esta película catapultó a Rita sobre todo por el célebre primer plano del balcón donde se ve a doña Sol posando la mirada en el atractivo torero. Pero más allá de su belleza, lo que impresiona es el intenso deseo sexual que emana de cada centímetro de ella. Era una gran actriz aunque poco reconocida», comentó su amigo y coreógrafo de la película Hermes Pan. Para Rita trabajar junto a Tyrone Power fue una experiencia inolvidable. Seductor, caballeroso, atento y sumamente atractivo, resultaba irresistible a las mujeres. Al ver la química que existía entre ellos en las escenas de amor, muchos pensaron que tendrían un romance fuera del plató. Pero aunque Power declaró que «Rita Hayworth era la mujer más bella que había conocido en su vida», su relación fue meramente profesional. Él estaba felizmente casado con Annabella, una actriz francesa que le había robado el corazón durante el rodaje de la película *Suez* en la que ambos coincidieron.

Sangre y arena fue otro gran éxito de taquilla y su papel de doña Sol le abrió las puertas al estrellato. «Tenía una fotogenia excepcional y era la seductora más elegante de la época. Su melena color fuego que caía en cascada sobre sus hombros blancos y la perfección de sus rasgos resultaba un espectáculo fabuloso cuando se la filmaba en tecnicolor», declaró su director Mamoulian. Para celebrar el éxito de la película el productor Harry Cohn invitó a Rita y a su esposo a pasar un fin de semana en su yate. En el último momento Eddie fingió estar enfermo porque quería que su esposa pudiera estar a solas con el empresario. Muy pronto vencía el contrato de la actriz y pensó que a Cohn, con fama de mujeriego, le encantaría cortejar a su aclamada estrella sin la incómoda presencia del marido. Ella sabía que todo era una excusa y rehusó ir sola, pero Eddie la obligó. «Siempre que me negaba a hacer algo me amenazaba con castigos físicos o me chantajeaba —contó la actriz—. Desde el principio me dijo que yo no podría hacer nada por mí misma. "Eres como una niña", me repetía. Nunca fui feliz con él. Nunca pude tomar mis propias decisiones. Era como un marido-niñera.»

Rita siempre obedecía a su esposo, pero esta vez se rebeló. Nunca se entregó a Cohn, a pesar de que este no dejaba de acosarla. El despótico productor la consideraba de su propiedad, y cuando se negó a acostarse con él —al igual que había hecho con otras actrices—, le aseguró que se lo haría pagar caro. Sentía por ella una pasión obsesiva y, llevado por unos celos enfermizos, empezó a espiar todos sus movimientos. Hasta llegó a colocar micrófonos ocultos en su camerino para escuchar sus conversaciones privadas y saber quién la visitaba. La humillaba obligándola a fichar cuando acudía a rodar a los estudios. Rita lo odiaba y recordaría sus inicios en la Columbia con auténtico pavor. «Era tremendamente posesivo conmigo. No quería que saliera con nadie ni que tuviera amigos. Se creía mi dueño. Así que luché contra él. Era un monstruo y marcó mi vida», dijo Rita.

En contra de lo que Eddie Judson imaginaba, la productora le renovó el contrato. El señor Cohn era ante todo un hábil hombre de negocios y no estaba dispuesto a dejar marchar a una estrella que le reportaba ingresos millonarios. Pero no había olvidado lo ocurrido en el yate y la avergonzaba siempre que podía. Rita contó en una entrevista que, en ocasiones, cuando el productor la recibía en su despacho, este iba al aseo y dejaba la puerta abierta mientras orinaba. Era su manera de decirle que para él no valía nada.

Sin embargo, Rita Hayworth se había convertido en una de las más grandes estrellas de la productora. «Rita es la Columbia», llegó a decir Frank Sinatra. Ya no dudaban de su talento interpretativo y le ofrecieron ser la pareja de Fred Astaire en el musical *Desde aquel beso*. Se trataba de un enorme desafío para Rita, que iba a sustituir a Ginger Rogers en los brazos del que era considerado el mejor bailarín del mundo. El rodaje comenzó en junio de 1941 y Fred Astaire se quedó admirado de la profesionalidad y el encanto de su joven acompañante. Rita, que tenía entonces veintidós años, tuvo que vencer su timidez y sus nervios para ensayar cada día junto a un hombre que encarnaba una leyenda. Y a pesar de que Fred tenía fama de ser muy perfeccionista y la obligaba a esforzarse tanto que en ocasiones llegaba a casa llorando, el sacrificio valió la pena: en la pantalla parecía que llevaban bailando juntos toda la vida. Era evidente la química que existía entre ellos y la película fue un nuevo éxito de taquilla. Fred Astaire dijo de ella: «Era una bailarina nata y no he conocido a nadie capaz de aprenderse los pasos más difíciles con tanta rapidez. Bailando con Rita he sentido por primera vez que tenía alas».

Fue un rodaje muy duro, cinco semanas ensayando más de ocho horas al día, pero Rita en ningún momento dio signos de cansancio o de estar preocupada. Nadie podía intuir los problemas que tenía con su jefe Harry Cohn y que su matrimonio se hundía. Todos los que trabajaron con ella a lo largo de su carrera destacaban su disciplina y su profesionalidad. Su vida privada podía ser un auténtico caos, pero en cuanto pisaba los platós se olvidaba de todo y daba lo mejor de sí misma. No obstante, su relación con Eddie era un verdadero suplicio. Cuando Rita llegaba agotada a casa tras los ensayos no podía relajarse ni descansar. Él la esperaba para torturarla con preguntas e insinuaciones. Muchas noches se iba a la cama sin cenar porque no soportaba sus gritos y peleas. Eddie quería saber con detalle todo lo que había hecho durante el día y las personas con las que había hablado. El miedo que tenía a que la Columbia pudiera rescindir su contrato en cualquier momento le volvió paranoico y agresivo. Aún pretendía que le acompañase a los locales nocturnos de moda para que les vieran juntos, ignorando que Rita ya era una estrella y no necesitaba ese tipo de publicidad. Fue en este difícil período de su vida cuando la actriz le insinuó que quería separarse de él porque ya no aguantaba más. Eddie reaccionó de manera muy violenta y la amenazó con arrojarle ácido a la cara para destruir «la belleza que él había creado». Por primera vez sintió miedo de verdad, pero lejos de amilanarse ante sus amenazas siguió adelante con sus planes de divorcio.

Mientras su matrimonio iba a la deriva, Rita se estaba convirtiendo en una celebridad mundial y tan solo le faltaba un empujón para convertirse en leyenda. En aquellos turbulentos días, la actriz apareció en las páginas centrales de la revista *Life* en una imagen que pasó a la historia. El fotógrafo Bob Landry la inmortalizó posando con un sensual camisón de raso blanco y encaje negro sentada de rodillas sobre la cama. Se publicó el 11 de agosto de 1941, y cuando unos meses más tarde bombardearon Pearl Harbour y el país entró en la Segunda Guerra Mundial los soldados fantasearon con esta fotografía que colgaban en los barracones. Rita, con su risueña sonrisa y su cabellera pelirroja ondulada, se había convertido en la reina de las *pin-ups* y madrina de los ejércitos.

La Columbia, que estaba invirtiendo lo indecible en la promoción de la actriz, le organizó una serie de actos publicitarios en Nueva York para el lanzamiento comercial del musical que había protagonizado con Fred Astaire. Como Rita no deseaba que sus problemas maritales salieran a la luz y truncaran su carrera, se llevó con ella a su esposo para tenerle calmado. Aunque Eddie concedió varias entrevistas en las que lamentaba que Rita, en la cúspide de su carrera, hubiera olvidado que «todo se lo debía a él», la actriz se mantuvo al margen de sus declaraciones.

A pesar del agotamiento y el estrés que le producía la presencia de Eddie, se centró en su carrera. Hizo dos películas más: una con el actor francés Charles Boyer y una comedia romántica con el galán Victor Mature. Este joven atractivo, bronceado y de cuerpo musculoso por el que suspiraban muchas mujeres, no dejó de cortejarla desde el primer instante. Para la actriz, que atravesaba un delicado momento personal, su compañía fue una bocanada de aire fresco. Rita tenía ganas de pasárselo bien con alguien de su edad y encontró en este actor bromista y divertido a la persona ideal. Cenas románticas en casa de Mature, paseos al atardecer por la playa de Santa Mónica y su primer regalo —un brazalete de oro del que colgaba un corazón— le hicieron olvidar por un momento el infierno que vivía con Eddie. Cuando acabó el rodaje de la película todo Hollywood sabía que estaban liados. El inesperado romance le dio fuerzas para romper definitivamente con su despreciable esposo.

No fue un divorcio fácil porque Eddie, al igual que el productor Harry Cohn, la consideraba de su propiedad y estaba dispuesto a sacarle todo el dinero. Mientras ejerció de mánager, él había controlado sus asuntos financieros, y ahora, dolido y despechado, quería castigarla. Insinuó a la prensa que poseía información comprometedora para la actriz, y Rita, al temer una publicidad escandalosa que perjudicara su carrera, se vio obligada a llegar a un acuerdo con él. Así accedió a que su esposo se quedara con todos los bienes, salvo el coche, con la condición de que dejara de hostigarla y que desapareciera de su vida para siempre. El divorcio no se hizo efectivo hasta la primavera de 1943, y pese a quedarse en la ruina, consiguió liberarse del hombre que durante los cinco años que duró su matrimonio la había sometido a «intensas y dolorosas torturas mentales y físicas», según alegó en la demanda. Muy pronto otro hombre, culto y brillante, iba a cruzarse en su camino. Sería el gran amor de su vida y se llamaba Orson Welles.

La bella y el genio

Orson Welles se encontraba en Brasil rodando cuando, mientras hojeaba un número atrasado de la revista *Life*, se topó por casualidad con la fotografía de Rita que le había hecho Bob Landry. No conocía en persona a la actriz, pero se quedó prendado de su belleza y sensualidad. Welles aún no había cumplido los treinta años y ya era considerado un genio del cine. Actor, director, productor, guionista... había dirigido dos películas que pasaron a la historia: *Ciudadano Kane* y *El cuarto mandamiento*. También había ganado una gran popularidad en la radio con la famosa emisión de *La guerra de los mundos*, en la que hizo creer a sus miles de oyentes que los marcianos habían invadido la Tierra. Era solo una broma que el actor había decidido gastar en la víspera de Halloween, pero que provocó una histeria colectiva por su gran veracidad. Los disturbios que desencadenó la emisión le abrieron las puertas de Hollywood, donde pronto se convirtió en el cineasta mejor pagado del país.

Welles no podía sacarse de la cabeza la imagen de Rita y empezó a comentar que lo primero que haría al regresar a Estados Unidos sería casarse con ella. Sus más allegados se lo tomaron a broma, pero lo decía muy en serio. El cineasta acababa de romper con la diva mexicana Dolores del Río, con quien había vivido un tórrido romance que a punto estuvo de acabar en boda. Cuando llegó a oídos de Rita que el director de culto Orson Welles iba proclamando a los cuatro vientos que pensaba proponerle matrimonio, se sintió muy molesta. La actriz creía que el gran genio se burlaba porque no había podido ir a la escuela y carecía de cultura. Suponía que al igual que la mayoría de los hombres que le pedían una cita, lo único que deseaba era acostarse con ella.

Orson organizó una fiesta para conocerla y descubrió sorprendido que la imagen de «devoradora de hombres» que proyectaba en la gran pantalla no se correspondía con la realidad. A pesar de toda su celebridad y belleza, era muy tímida e ingenua. «Rita tenía mucha dulzura y sensibilidad, pero también una enorme indefensión y fragilidad, y al mismo tiempo una increíble fuerza interior, casi dureza —contó el actor—. Resultaba una mezcla fascinante que me cautivó y muy distinta a las demás estrellas de cine.» En aquella velada se enamoró aún más de ella, pero Rita no hizo nada para conquistarle. Welles la intimidaba porque era un intelectual y un brillante conversador. Tras aquel primer encuentro la actriz no tuvo interés en volver a verle, ni se molestaba en responder a sus llamadas. «No cogía el teléfono, se negaba a hablar conmigo. Estaba harta de esos tipos de Hollywood que le iban detrás, y con razón. Pero yo no iba a renunciar. Y así fue como lo conseguí. Porque fui perseverante», recordó más tarde Orson Welles.

Al cabo de cinco semanas Rita finalmente atendió a sus llamadas y aquella misma noche la invitó a cenar. Poco a poco Orson se fue ganando su confianza. Respetaba sus silencios, la escuchaba y, para su sorpresa, descubrió que la actriz detestaba el *star system* y el poder que el estudio ejercía sobre ella. «La habían obligado a ocupar una posición que no le gustaba nada. Ser una actriz famosa no le procuraba ni un solo momento de placer. Odiaba ser Rita Hayworth. Para ella era solo un trabajo. Era simplemente una mujer que iba a su trabajo como lo había hecho desde los doce años. Yo le decía: "Ya que eres una estrella, disfruta de tu momento". Pero ella me respondía: "Todo esto es absurdo. Si tengo un fracaso, al día siguiente volveré a no ser nadie". Y no era una pose, lo creía de corazón. Quería huir de Rita Hayworth. Pero aún no podía hacerlo: debía ganarse la vida», dijo Orson.

Pese a que Welles insistía en cortejarla y la llamaba varias veces al día, Rita se hacía de rogar. Seguía sin creerse que uno de los grandes talentos del cine pudiera enamorarse de ella. Acababa de pasar por un traumático divorcio del que todavía no se había recuperado. Sin embargo, a medida que le fue conociendo fue sucumbiendo a sus encantos. Alto, de imponente figura, con cara de niño y sonrisa infantil, Welles tenía gancho con las mujeres. Rita también descubrió que no era el engreído y arrogante cineasta que muchos temían y criticaban, sino una persona cercana y sensible, con un gran sentido del humor. Tampoco había tenido una infancia fácil, pero había conseguido superar los obstáculos. Orson fue un niño prodigio y a los nueve años se quedó huérfano de madre, una brillante pianista a la que adoraba, y un tiempo después perdió a su padre víctima del alcoholismo. Los dos compartían un doloroso pasado. «Es la historia más triste del mundo —confesó Orson Welles a un periodista acerca de Rita—. Primero los abusos de su padre y luego un primer marido que era un macarra. Literalmente un macarra. Ya puedes figurarte lo que era ella. Vivía rodeada de sufrimiento por todas partes.»

Rita, más allá de los focos, era una mujer de carne y hueso que solo deseaba ser amada. La primera noche que se acostaron juntos a Orson le encantó descubrir su naturalidad y que apenas estuviera pendiente de su físico. Su anterior amante, Dolores del Río, había sido el polo opuesto. La estrella mexicana era muy coqueta; siempre iba maquillada y peinada de forma impecable, incluso en el dormitorio. Le gustaba lucir una delicada y muy erótica ropa interior de encaje que hacía las delicias del cineasta. Pero a Rita no le preocupaba levantarse despeinada y con el camisón arrugado, y en casa nunca se maquillaba y vestía de manera informal una camisa y unos tejanos viejos. «Era aún más guapa al natural que en la pantalla», aseguró Welles.

La relación de la famosa pareja comenzó a ser la comidilla de Hollywood. Hasta el momento habían evitado que se les viera juntos en público, pero cuando Orson la invitó a acompañarle a un ensayo del programa radiofónico semanal que tenía en la CBS quedó claro que la relación iba en serio. Estaba orgulloso de tenerla a su lado en el estudio y ella le miraba con una mezcla de afecto y veneración. La secretaria personal de Welles, Shifra Haran, fue la primera en darse cuenta de que el actor estaba «loco por ella». A los pocos días la actriz se fue a vivir a la casa que el cineasta tenía en Woodrow Wilson Drive, junto a la mansión de la niña prodigio Shirley Temple. Durante un tiempo el público ignoró el romance de la actriz. Rita salía poco de la vivienda; disfrutaba tomando el sol y nadando en la piscina, y pasaba todo el tiempo posible en compañía de su nuevo amor. Welles, que siempre tenía varios proyectos entre manos y estaba sobrecargado de trabajo, atravesaba un período de tranquilidad y podía prestarle toda la atención que necesitaba. Aun así, en ocasiones le sorprendían las bruscas reacciones y cambios de humor de Rita. La actriz era muy celosa y de repente se ponía furiosa y le acusaba de coquetear con otras mujeres. Al principio Orson no le dio importancia: «Siempre me acusaba de mirar a otras chicas cuando la verdad es que me comportaba de un modo superejemplar. Entonces no sabía que eran los primeros síntomas de una grave enfermedad degenerativa. Pensaba que sus ataques irracionales se debían a sus ancestros, y me decía a mí mismo: "Es la llamada de la sangre gitana y voy a tener que ser yo quien aplaque su furia"».

Lo mejor que pudo hacer Welles por Rita al inicio de su relación fue integrarla en uno de sus más divertidos proyectos. Desde el estallido de la guerra, Hollywood se había volcado para levantar la moral a los soldados que visitaban la ciudad de Los Ángeles. Muchas actrices como ella habían actuado gratis en los cuarteles locales y en la Cantina de Hollywood, donde los jóvenes de uniforme podían bailar con sus estrellas favoritas. Welles estaba preparando un espectáculo de circo, el Mercury Wonder Show, para entretener a los valientes soldados que pronto partirían para el Pacífico, y Rita colaboró en él. Acostumbrada a actuar en casinos y revistas de variedades, se sentía en su salsa ensayando entre ilusionistas, malabaristas y acróbatas. En uno de los trucos Orson, disfrazado de mago, la encerraba en un baúl y con una sierra la cortaba por la mitad para luego salir entera y de una pieza.

Durante las once semanas que duraron los ensayos, Rita no pudo ser más feliz. El espectáculo debía inaugurarse en agosto de 1943 en una gran carpa instalada en Cahuenga Boulevard de Hollywood. Pero la víspera del estreno Harry Cohn, siempre proclive a fastidiar a su estrella, le prohibió que participase en la función circense. Rita Hayworth era propiedad de la Columbia, y no estaba dispuesto a cederla para un espectáculo de magia organizado además por su amante. La joven había comenzado en verano el rodaje de la película *Las modelos* a las órdenes de Charles Vidor, en la que bailaba con Gene Kelly, y el productor quería que se dedicara a ella en cuerpo y alma. Para Rita fue un golpe muy duro, y era tal su furia y desesperación que le dijo a Welles que deseaba abandonar para siempre Hollywood. Estaba harta de Cohn, de sus presiones y amenazas, y anhelaba alejarse de aquel mundo «de tiburones». Orson la convenció para que no diera un paso en falso y le dijo que no iba a permitir que pusiera en peligro su brillante carrera por una cosa así. Cuando Rita se enteró de que iba a ser sustituida en el espectáculo por Marlene Dietrich, gran amiga de Welles, se vino abajo. Creyó que Orson la rechazaba y que se olvidaría de ella. De nuevo le entró una gran inseguridad y le embargó la tristeza. Él no la había visto nunca así, tan frágil y necesitada de amor. Tenía veinticuatro años, pero parecía una niña desvalida. «Todos los hombres que había conocido se habían aprovechado de ella, incluido su padre, y quería protegerla. La adoraba y sentí que debía hacer algo por ella, y lo hice», recordó Welles. Si el tirano Harry Cohn había pretendido separar a la feliz pareja, había conseguido el efecto contrario. Orson le pidió matrimonio y ella, con lágrimas en los ojos, le dio el sí.

El 7 de septiembre Rita acudió como cada mañana al plató donde se rodaba *Las modelos*. Sus compañeros la vieron entrar en el estudio radiante y con una sonrisa en los labios. Aquella misma tarde se iba a casar con Orson Welles, aunque no se lo comentó a nadie. Era un matrimonio por amor y lo querían celebrar en la intimidad. Pero la noticia llegó a los oídos del señor Cohn, quien se enfureció porque no sentía ninguna simpatía por él y además se creyó traicionado por su estrella. Su manera de vengarse fue mandando avisar a la prensa para que dieran a esa boda una gran publicidad que sin duda beneficiaría a la productora. Welles recogió en su coche a la novia durante uno de los descansos del rodaje. Rita apenas tuvo tiempo de quitarse el denso maquillaje, y eligió para la ocasión un ceñido traje sastre de color beige con hombreras y una pamela amplia adornada con un velo de gasa. Cuando llegaron al juzgado de Santa Mónica se encontraron con una multitud de periodistas que habían recibido el soplo del departamento de publicidad de la Columbia. Orson estaba tan nervioso delante del juez que le costó colocar el anillo en el dedo a Rita. Tras la breve ceremonia, la pareja abandonó el edificio a toda prisa y sin hacer declaraciones. La actriz debía regresar a los estudios para continuar el rodaje. Fue la boda sorpresa del año y también para los padres de Rita, que no sabían nada y no estaban entre los invitados. Welles no quería ni ver a Eduardo Cansino, y más tras las desgarradoras revelaciones que le había hecho la actriz. «Era un monstruo; ella lo odiaba, y en casa nunca fue bien recibido.»

En los días siguientes al enlace, Rita tuvo que soportar las burlas y el menosprecio de un sector de la prensa de Los Ángeles que apodó a la pareja «la bella y el genio». En Hollywood muchos pensaban que solo era una cara bonita sin cerebro y vaticinaban que él pronto se cansaría de ella. Por el contrario, Welles valoraba los esfuerzos de la actriz por aprender y enriquecerse culturalmente. El cineasta tenía una gran biblioteca y le dejaba a mano algunos libros para que la actriz los leyera. Rita lo hacía a escondidas, y él lo sabía. Así descubrió a los autores que tanto admiraba su esposo, Shakespeare, Tolstói, Dostoievski... Orson frecuentaba a artistas e intelectuales, y cuando le acompañaba se limitaba a escuchar muy atenta. Tenía pánico a desentonar, a no estar a la altura de sus amigos. Él la seguía adorando; creía que era la actriz más genuina de Hollywood, natural, sincera y nada engreída, al contrario de la mayoría de las estrellas que conocía. Lo único que le sacaba de sus casillas era «su tremenda susceptibilidad y su absoluta falta de aspiraciones».

Sin embargo, la carrera de Orson Welles no atravesaba su mejor momento. Últimamente las productoras no querían respaldar sus costosas y polémicas películas, y él no estaba dispuesto a hacer cintas más comerciales solo para ganar dinero. Fue en esos días de incertidumbre ante su futuro cuando acarició la idea de dedicarse a la política. Comenzó a colaborar con una asociación que fomentaba la paz mundial y que necesitaba atraer para su causa a estrellas de fama internacional. Cuando se lo comentó a Rita esta dio un salto de alegría: «Le entusiasmó la posibilidad de que yo dejase de ser actor y me metiera en política. Estaba dispuesta a dejar el cine también. No lo hubiera lamentado ni un instante», reveló Welles. Así, cuando tuvo que viajar por la costa Este para participar en varios mítines, le acompañó encantada. Sin duda Welles demostró ser un orador muy cualificado y sus apasionados discursos en favor de la paz y la cooperación internacional fueron muy bien acogidos tanto en Chicago como en Nueva York. La prensa empezó a preguntarse si el cineasta pensaba dedicarse seriamente a la carrera política y eran muchos los que le augu-

raban un futuro prometedor. Pero por el momento el matrimonio Welles debería regresar a Los Ángeles para cumplir
ambos con sus compromisos profesionales. Rita aún era por
contrato una estrella de Columbia Pictures, y Harry Cohn la
reclamó para que protagonizase una nueva película.

Fue en aquel verano de 1944 cuando Rita se enteró de que
estaba embarazada. La noticia la hizo muy feliz porque lo que más
ansiaba en aquel momento de su vida era formar una familia.
A Orson le cogió desprevenido y no se mostró tan encantado
como ella. Ya tenía una hija de seis años de su primer matrimonio a la que apenas veía y, como había reconocido en más
de una ocasión, «la paternidad no era lo mío». Pero estaba con-
tento de ver tan radiante y dichosa a su esposa. Lo primero que
hicieron al regresar a Los Ángeles fue alquilar una maravillosa
mansión en el elegante barrio de Brentwood, a los pies de las
montañas de Santa Mónica. Tenía diez habitaciones y un extenso jardín con frondosos árboles y buganvillas en el que había una piscina con un islote y palmeras en el centro. Como a
la actriz le gustaba tomar el sol desnuda, el actor mandó construir un solárium protegido de los mirones. Rita nunca olvidó
aquellos alegres y tranquilos días en su nueva y lujosa residencia cuando tuvo a Orson solo para ella. «Creo que fue en mi
segundo matrimonio cuando más me esforcé por ser una
buena esposa. Quería ser todo lo que Orson esperaba de mí»,
admitió años más tarde.

El cineasta se había comprometido en colaborar en la
campaña presidencial para la reelección de Franklin Roosevelt
y en septiembre tuvo que viajar a Nueva York. La noticia no
sentó nada bien a Rita, que imaginaba que su esposo se quedaría a su lado hasta que llegara el momento de dar a luz. A
medida que se acercaba la fecha de su partida, la actriz se sentía

más angustiada. Conocía su debilidad por las actrices jóvenes y hermosas, temía que al estar separados le fuera infiel. Rita rompió a llorar el día de su marcha y le rogó una vez más que no la abandonara. Orson la tranquilizó diciéndole que pronto regresaría y volverían a estar juntos. También añadió que «se estaba comportando como una tonta porque no tenía la menor intención de engañarla». Como el actor se encontraba viajando de una punta a otra del país pronunciando discursos, apenas podían hablar por teléfono. Para empeorar las cosas, nada más irse Welles, Rita empezó a invitar a su casa a las peluqueras, maquilladoras y estilistas de los estudios, con las que se sentía mucho más cómoda que con sus colegas actrices. Por las tardes se juntaban en el jardín para tomarse unas cervezas y comentar los últimos cotilleos de la productora. Orson detestaba a esas mujeres «parlanchinas, vulgares y chismosas» y le había dicho a Rita que no quería verlas por su casa. Shifra Haran tampoco simpatizaba con «las nuevas amigas» de Rita y le advirtió que algunas solo eran unas oportunistas. La secretaria de Welles mantuvo una estrecha y larga relación con la actriz. Se llevaban muy bien y fue como una hermana para ella. En ausencia del cineasta Shifra se trasladó a vivir a su casa y cuidaba de la estrella además de ocuparse de «mil asuntos tanto privados como profesionales». En una ocasión Haran comentó: «Congeniamos desde el primer momento, lo pasamos muy bien juntas. En realidad era una niña atrapada en un cuerpo de mujer y tenía un sentido del humor muy infantil». Shifra Haran y el maquillador Bob Shiffer fueron las dos personas más cercanas a la hermética estrella y los que mejor la conocían.

Al terminar la campaña Orson regresó a Los Ángeles ilusionado con grandes proyectos. Roosevelt había sido reelegido y el actor estaba más convencido que nunca de abandonar el cine por la política. El mismo presidente le había animado a que se presentara para senador. Welles ya fantaseaba con llegar un día a ser presidente de Estados Unidos del brazo de Rita, que sería la primera dama. Pero a la actriz, que ya se encontraba en la recta final de su embarazo, las aspiraciones políticas de su esposo le preocupaban ahora bien poco. Tenía otras prioridades, como decorar y habilitar el cuarto infantil y contratar a una niñera. El 17 de diciembre de 1944 dio a luz por cesárea a una niña a la que llamaron Rebecca —Becky—, en honor al personaje femenino de la novela *Ivanhoe* de Walter Scott. Tenía un gran parecido con su padre, aunque este nunca le prestó mucha atención.

A principios de 1945 el matrimonio Welles fue invitado a la investidura del presidente Roosevelt y a una comida privada en la Casa Blanca el día anterior. Aunque a Rita le hacía mucha ilusión acompañarle, aún no se encontraba recuperada como para viajar en avión a Washington. De nuevo le molestó que su marido la abandonara en ese preciso momento, y más cuando se enteró de que tras la ceremonia se había comprometido a dar una serie de discursos en distintas ciudades de la costa Este. Orson, por el contrario, creía que ahora Rita estaría más ocupada con la niña y se sentiría menos sola en su ausencia.

Fue en este período de su vida cuando recibió la dolorosa noticia de la muerte de su madre. El alcoholismo y la depresión que arrastraba desde hacía tiempo le habían pasado factura. Volga tenía cuarenta y siete años, pero su deterioro era tan grande que estaba muy envejecida. Si bien Rita siempre la culpó de no haberla protegido de la explotación y los abusos sexuales de su padre, tenía hacia ella sentimientos encontrados. Ambas habían sido víctimas de un hombre maltratador y despreciable. La actriz le dijo a Orson que no era necesario que interrumpiese su gira para asistir al funeral, pero en el fondo no le perdonó su falta de delicadeza al no estar a su lado en un momento tan crítico. Volga había fallecido justo un mes después del nacimiento de su nieta Rebecca, a la que no llegó a conocer. Rita sufrió una crisis emocional; se culpaba por haberse distanciado de ella y no ayudarla cuando más la necesitaba. Shifra Haran, que sentía un gran aprecio por la actriz, dijo que «nunca antes la había visto tan infeliz; se sentía muy desgraciada, parecía que había tocado fondo».

Cuando Orson regresó a Los Ángeles se llevó a Rita a México y dejaron a la pequeña con la niñera. Alojados en el hotel Imperial, en Ciudad de México, la pareja reanudó una apasionada vida amorosa. Según su secretaria, que les acompañó, Orson la llamó de madrugada porque «se había quedado sin preservativos y quería que les comprase unos de urgencia». No quería arriesgarse a que Rita se quedara de nuevo embarazada. Aquellas cortas vacaciones fueron un bálsamo para la estrella tras unos meses muy duros en los que se sintió muy triste y abatida. Pero los días felices tocaban a su fin. Welles necesitaba dinero y había aceptado trabajar como actor en una película junto a Claudette Colbert. Cada día acudía temprano al rodaje y cuando por la noche regresaba a casa Rita le esperaba muy nerviosa en el salón: «Siempre que volvía de los estudios me la encontraba llorando. Me decía: "Sé muy bien lo que estás haciendo". ¡Era terrible!». Los ataques de celos y los reproches no hicieron más que alejarle de ella. Por primera vez Orson pensó que el comportamiento de Rita «no era normal» y que no se debía solamente a su ascendencia gitana, sino que había otras causas más profundas. Era como si su esposa cambiara de personalidad en apenas un instante, y se sentía incapaz de hacer nada. Welles no soportaba verla así y empezó a engañarla de verdad. En aquella época el cineasta intentaba pasar el menor tiempo posible en casa y tuvo una breve aventura con Judy Garland. Las «amigas» que Rita había hecho en los estudios, las peluqueras, costureras y maquilladoras que tanto desagradaban a Welles, se encargaron de ponerla al día sobre los devaneos amorosos de su esposo. «Estaba a merced de aquellas víboras. Ellas disfrutaban contándole los chismes que sabían sobre su esposo y no hacían más que aumentar su desdicha. Querían hundirla, destruir su matrimonio. Rodeada de aquella gentuza, era algo inevitable», diría Shifra.

Al descubrir que Orson se acostaba con actrices y prostitutas, comenzó a beber al igual que hiciera su madre. Cuando Rita se emborrachaba le montaba tremendas escenas y después cogía su coche y desaparecía. Welles temía que se matara en un accidente conduciendo a toda velocidad por las serpenteantes carreteras de las colinas de Hollywood. Seguía amándola, pero ya no podía soportar sus ataques de ira y violentos cambios de humor. «Si no me hubiera obsesionado tanto con el trabajo, me habría quedado con ella porque la amaba de verdad», confesó Welles más adelante. Por desgracia, Rita se había casado con un hombre para quien su carrera lo era todo y el amor ocupaba un segundo plano.

Viendo que su matrimonio se tambaleaba, ambos decidieron retomar sus compromisos profesionales. Orson dejó a un lado su sueño de convertirse en senador y se comprometió a dirigir un nuevo filme, *El extraño*. Y Rita había aceptado a regañadientes ser la protagonista de *Gilda*, una película de cine negro dirigida por Charles Vidor. Cuando el productor Harry Cohn, dejando a un lado los celos y su enfado, le propuso este papel, a ella no le convenció porque una vez más tenía que hacer de mujer fatal, fría y seductora que cautivaba a dos hombres a la vez. Estaba harta de que la encasillaran en ese estereotipo y pensó que sería otra película menor en su carrera. Qué poco imaginaba al firmar el contrato con la Columbia que *Gilda* la convertiría en un mito sexual y en una de las actrices mejor pagadas de Hollywood.

El día que Rita se puso a las órdenes de Charles Vidor para iniciar el rodaje de *Gilda*, nadie del equipo podía intuir que la estrella se sentía como «un barco a la deriva». Acostumbrada siempre a ocultar sus sentimientos en público, se centró en la lectura del guion y no contó a nadie los problemas que tenía. Como además de actuar y bailar debía interpretar varios temas, comenzó a tomar clases de canto para mejorar su voz. En esta ocasión compartió cartel con Glenn Ford, entonces un actor de segunda, de pelo engominado y encantador con el que ya había trabajado anteriormente. Vivieron un romance que fue breve porque la actriz seguía enamorada de su aún esposo Orson Welles. «La atracción entre Gilda y mi personaje en la película fue real, más allá del guion. Nos fue pasando poco a poco durante el rodaje. Sí, me enamoré de ella rodando *Gilda*, debo reconocerlo, y nunca he dejado de amarla», confesó el actor. Glenn Ford también recordó lo mucho que le afectó a Rita que al final le doblaran la voz en las célebres canciones que interpretaba.

El diseñador Jean Louis fue el encargado de su espectacular vestuario y eligió para ella unos modelos de noche en telas brillantes y metalizadas que causaron sensación. En una de las escenas más memorables, la actriz protagonizaba un sugerente striptease quitándose únicamente un largo guante al ritmo de la música y cantando *Put the blame on Mame* («Échale la culpa a Mame»). Enfundada en un vestido tubo de raso negro sin tirantes y con una generosa abertura hasta más allá del muslo, nunca había estado tan exuberante. Con su larga melena ondulada al viento, sus hombros desnudos y moviendo provocativamente las caderas, le imprimió a la escena una gran carga erótica. La sonora bofetada que le dio Glenn Ford en la misma secuencia también pasó a la historia. La química entre Rita y Glenn resultó explosiva y la Columbia les reunió en cinco películas más. Ninguna tuvo el éxito de *Gilda*.

Rita se encontraba en pleno rodaje cuando Welles abandonó la casa que compartían en Brentwood y se instaló en unos apartamentos propiedad de los estudios de la Metro Goldwyn Mayer, donde se rodaba el filme que ahora dirigía. De nuevo estaba inmerso en una frenética actividad. Además de hacer la película, escribía una crónica política diaria para el *New York Post* y participaba en un programa de radio semanal. Una de las ventajas de su nueva vida era que ahora utilizaba su apartamento como nido de amor. Mientras su esposa tenía que quedarse sola en casa con la niña casi todas las noches, él mantenía a escondidas una intensa vida sexual. «Estaba liado con unas cuantas jóvenes a las que visitaba por la tarde y por la noche», contó el director de producción Jim Pratt. Pero Rita pronto se enteró y resultaba muy duro tener que oír en su camerino los chismes sobre los ligues del que todavía era su esposo. A pesar de estar al tanto de sus infidelidades, solía visitarle en los estudios durante las pausas del rodaje para hablar un rato con él. Aún seguía enamorada y pensaba que podrían salvar su matrimonio. Pero un día llegó al plató donde se rodaba *Gilda* con los ojos enrojecidos de tanto llorar. «Estaba muy pálida —recordó Charles Vidor— y supimos entonces que había decidido romper su matrimonio con Welles y, sin embargo, aquel día se entregó con la misma profesionalidad a su papel.»

Cuando finalizó el rodaje de su película, Orson no regresó a casa como esperaba su mujer. Por el contrario voló a Nueva York, donde estaba preparando el montaje teatral de *La vuelta al mundo en ochenta días* de Julio Verne. Con este musical pensaba regresar a Broadway por la puerta grande. Para su sorpresa, Welles se enteró por la prensa de que Rita pensaba separarse de él. Estaba harta de sus infidelidades, de las largas ausencias y la escasa atención que le prestaba a ella y a su pequeña. Se sentía desengañada y pasaba la mayor parte del tiempo sola desde que su secretaria se había despedido. Rita esperaba finalizar el rodaje de *Gilda* para tomarse unas merecidas vacaciones en Palm Springs mientras sus abogados ponían en marcha los trámites del divorcio. «Era muy difícil vivir veinticuatro horas con un genio a quien solo le interesaba su carrera y muy poco o nada la mujer que estaba a su lado», lamentó la estrella.

Aquellas Navidades de 1945 fueron las más tristes. Tras anunciar a la prensa que iba a divorciarse de Orson Welles, no había tenido noticias de él. Se sentía muy dolida sobre todo por su pequeña Becky. «Aún no ha cumplido un año de vida y se ha quedado sin padre», comentó Rita. Para animarla, la actriz Shelley Winters la invitó a que la acompañara a la gran fiesta de Nochevieja que todos los años celebraba en su mansión el famoso productor Sam Spiegel. A su llegada, Winters la perdió de vista entre el enorme gentío que había en la fiesta. Ava Gardner, que también estaba allí, recordaba que ya entrada la noche se encontró a Rita Hayworth durmiendo plácidamente en una cama bajo una montaña de abrigos de piel. Se había sentido tan desplazada y aburrida que se refugió en una de las habitaciones de la casa. Ava no la despertó, pero al acercarse para comprobar que no le pasaba nada, vio que «tenía todo el maquillaje corrido por haber estado llorando».

RITA HAYWORTH
1918-1987

La infancia de Rita estuvo marcada por los abusos sexuales de su padre —el bailarín sevillano Eduardo Cansino—, que la obligó a abandonar el colegio y formar pareja artística con él. Ella tenía trece años cuando actuaron juntos en los casinos de Tijuana, México. Obtuvieron gran éxito y allí fue descubierta por un magnate de la Fox.

La película que catapultó a la fama a Rita Hayworth como mito erótico fue *Sangre y arena*. Dirigida por Rouben Mamoulian, la actriz interpretaba a doña Sol, una mujer española fría y despiadada que arrastra a la perdición a su enamorado, un torero al que daba vida el apuesto actor Tyrone Power.

La película *Gilda*, junto a Glenn Ford, lanzó a Rita Hayworth al estrellato y la convirtió en una de las diosas del amor más deseadas de Hollywood. Este personaje marcó para siempre su carrera y su vida personal. «Los hombres se acuestan con Gilda y se despiertan conmigo», lamentó en una ocasión.

Orson Welles se enamoró de Rita Hayworth cuando la vio en una fotografía en la revista *Life*. Se casaron en 1943, pero sus cuatro años de matrimonio estuvieron marcados por las peleas y las infidelidades de él. Tuvieron una hija en común, Rebecca (foto de arriba), y rodaron juntos *La dama de Shanghái* (abajo), donde Welles la transformó por completo cortando su ondulada melena pelirroja y tiñéndola de rubio platino.

Rita Hayworth le confesó a Welles que odiaba actuar porque lo suyo era el baile. Y así lo demostró en 1941 cuando sustituyó a Ginger Rogers como pareja de Fred Astaire en el musical *Desde aquel beso*. El famoso bailarín, asombrado por su profesionalidad, la describió como «una bailarina nata».

Siete años antes que la glamurosa Grace Kelly, fue la primera actriz hollywoodiense que se convirtió en princesa de carne y hueso al contraer matrimonio con Alí Khan. Su boda en la Costa Azul fue como un cuento de hadas, pero el príncipe era un insaciable play boy que la hizo muy infeliz.

El 28 de diciembre de 1949 la actriz dio a luz a su segunda hija, Yasmin Aga Khan, con la que aparece en la imagen. Fue la preferida de la estrella y la más querida. Yasmin, fruto de su matrimonio con el príncipe, estuvo al lado de su madre en los peores momentos. Tras su divorcio, la Hayworth entró en una espiral de destrucción.

Con el paso del tiempo Rita se refugió en el alcohol y cambió por completo su dulce carácter. Tenía dificultades para memorizar los papeles y sus violentas reacciones la alejaron de sus amigos. Nadie entonces sabía que padecía alzhéimer. Aquí posa en 1978, cuando contaba sesenta años y aún conservaba su legendaria belleza.

Welles no dudaba que su esposa tenía motivos para estar enfadada con él, pero no se esperaba que reaccionara así. Sabía que su matrimonio era un desastre y en los últimos meses le había hecho mucho daño; sin embargo, aún la quería. «Mi sensación de fracaso con ella había llegado a un punto imposible de superar —confesó el cineasta—. Pensaba en todo el dolor que le había causado y que ella merecía ser feliz con otra persona, dado que conmigo era imposible. Yo solo le procuraba algunos momentos de alegría a la semana. No podía pasarme el resto de la vida con una mujer que me recibía llorando todas las noches. Me sentía muy culpable y aún la adoraba.»

En aquellos días Rita abandonó la mansión que compartía con Welles y se instaló en una casa de Bel Air más pequeña y acogedora para ella y su hija. Todavía soñaba con dejar Hollywood para siempre y empezar una nueva vida lejos de Los Ángeles, pero aún continuaba ligada por contrato a la Columbia y tenía que seguir trabajando. *Gilda* se estrenó el 14 de febrero de 1946, justo cuando los soldados norteamericanos regresaban a casa y llenaban los cines para entretenerse y olvidar el horror de la guerra. «Nunca existió una mujer como Gilda», se anunciaba en los grandes carteles del filme que empapelaban las calles de Hollywood Boulevard, en los que se la veía posando con su famoso vestido negro y fumando provocativa en una larga boquilla. Aquellos jóvenes que habían llevado al frente la fotografía de su estrella favorita ahora hacían largas colas para verla en la gran pantalla. Aunque en algunos países como en España sufrió la censura por considerarse que era «gravemente peligrosa» para la moral, la película superó todas las expectativas. Consiguió récords de taquilla y Harry Cohn se frotaba las manos. «La actriz Rita Hayworth acaba de entrar en el Olimpo de las sex

symbols y en el reino de las *femmes fatales* de Hollywood»,
escribió un periodista.

Ante el inesperado revuelo y escándalo que provocó su
papel, Rita sufrió una crisis personal. Tenía veintisiete años, sabía que aquel filme cambiaría su vida, pero no imaginaba hasta qué punto. Muy a su pesar, el gran público siempre la identificó con Gilda, un mito sexual que nada tenía que ver con·
ella. En aquel 1946 su fama era tan grande que bautizaron con el
nombre de Gilda a una bomba atómica que el ejército de Estados Unidos lanzó durante unas pruebas en el atolón Bikini.
Cuando ella se enteró, se indignó profundamente. La actriz era
pacifista y estaba horrorizada, tal como recordó Orson Welles:
«Lejos de sentirse halagada se puso furiosísima. Cada dos por
tres le daban ataques de ira, pero nunca la vi tan afectada. Estuvo a punto de perder la razón. Quería ir a Washington para
celebrar una rueda de prensa, pero Harry Cohn se lo impidió
porque, según él, habría sido antipatriótico. Rita estaba convencida de que él era el responsable de haber puesto el nombre
de Gilda a la bomba para utilizarla como truco publicitario».

Tras la recaudación millonaria de *Gilda*, la actriz consiguió
que Harry Cohn, a regañadientes, le diera el veinticinco por
ciento de los beneficios netos de sus películas. Era un magnífico acuerdo y algunos vaticinaban que Rita no tardaría en ser
una de las mujeres más ricas de Hollywood. «No gané tanto
dinero ni era tan rica como decían. Pude serlo, pero nunca
tuve cabeza para los negocios —reveló la estrella—. Mi única
obsesión era mi carrera, actuar ante las cámaras, y a eso me·
dediqué. Al dejar mis asuntos financieros en manos de otros se·
aprovecharon de mí.» Como se rumoreaba que Welles no levantaba cabeza con sus proyectos y atravesaba por un bache
económico, el chiste que circulaba por los estudios era que había

elegido un mal momento para romper con su esposa. Lo cierto es que mientras Rita se encontraba en la cúspide de su fama y popularidad, al cineasta no le iban bien las cosas. Harry Cohn le había tenido que prestar dinero para sacar adelante la obra *La vuelta al mundo en ochenta días* en la que había invertido todos sus ahorros, pero había sido un absoluto fracaso. Y ahora Welles le debía por contrato una película a la Columbia.

Orson comenzó a trabajar en el guion de su próximo filme, *La dama de Shanghái*, que por el título parecía una clásica película de cine negro en escenarios exóticos. El cineasta ya tenía en mente a una actriz francesa para la protagonista femenina, pero Harry Cohn puso como condición que el papel fuera para Rita. Ahora que se habían separado pensó que reunirlos en una película sería una magnífica publicidad. Cuando ella se enteró de que Welles había aceptado que fuera la protagonista se ilusionó con una posible reconciliación. Una noche le invitó a la mansión que la actriz acababa de comprar a los pies de las colinas de Santa Mónica, donde residían las grandes estrellas como la legendaria Greta Garbo. Una cena íntima a la luz de las velas en el jardín fue suficiente para que Welles aceptara dejar el hotel donde se alojaba en Bel Air y se instalara en la casa para trabajar en su nuevo proyecto. El reencuentro fue tan apasionado como en sus primeros días. Tras las peleas y disputas disfrutaron de una plácida reconciliación y Rita le confesó: «Sabes, la única felicidad que he tenido en la vida ha sido contigo». Welles no supo qué responder, pues aún se sentía muy culpable por lo mal que la había tratado. Años más tarde, recordando este instante, le dijo a su biógrafa Barbara Leaming: «Si aquello fue felicidad, imagínate cómo había sido el resto de su vida».

En Hollywood, donde los chismes y rumores se extendían con rapidez, corrió la noticia de que Orson y Rita estaban de nuevo juntos. La actriz se mostraba feliz de tenerle a su lado y él volvió a sentir deseos de protegerla. Enseguida comprendió lo mucho que significaba para ella trabajar de nuevo juntos. Que Orson Welles la dirigiera podía ayudar a que el público la tomara en serio como actriz. El mejor regalo que pudo hacerle a su esposa fue el maravilloso papel de Elsa Bannister, la mujer fatal protagonista de *La dama de Shanghái*, rodada en blanco y negro. Era tal la confianza que tenía en Orson que cuando este le comentó que pensaba cambiar radicalmente su imagen, ella le respondió que haría todo lo que le dijese. «Rita estaba embelesada por trabajar con Welles. Cuando le contó el golpe de efecto que estaba tramando, le pareció de lo más divertido», aseguró un ayudante del director.

Unos días antes de comenzar el rodaje, Orson anunció a todos que en su película iba a mostrarles a una Rita Hayworth como nunca antes la habían visto. Convocó a un grupo de fotógrafos en una conocida peluquería de Sunset Boulevard para que fueran testigos de la metamorfosis que iba a sufrir su esposa. Fue un magnífico truco publicitario y la estrella quedó irreconocible. Su melena pelirroja desapareció y ahora lucía el pelo corto y teñido de rubio platino. Cuando el magnate de la Columbia se enteró de lo ocurrido, montó en cólera. «Nunca le había visto tan enfadado. Maldecía a Welles diciendo que era un hombre enfermo, que solo quería arruinarle y que ella era una pobre idiota por haberle hecho caso», contó su secretaria.

Pero Cohn aún se enfureció más al ver el resultado final porque no era la película comercial que esperaba. Orson, que también actuaba en ella, quiso romper con el mito erótico de Gilda y le dio a Rita el mejor papel de su vida. A pesar de su excelente interpretación, el filme desconcertó al público, fracasó en la taquilla y perjudicó notablemente la imagen de la diva. «Sabía que estábamos haciendo un clásico mientras la rodábamos, una de esas películas que pasarían a la historia, aunque en su momento no se comprendiera», declaró ella años después. *La dama de Shanghái* no pudo salvar su matrimonio y al finalizar el rodaje ambos decidieron de mutuo acuerdo divorciarse.

Destrozada por la ruptura, abatida por las malas críticas y el exceso de trabajo de los últimos meses, Rita se marchó a disfrutar del clima cálido de Palm Springs. No estuvo sola en aquellos días de descanso porque se encontró con su amigo David Niven, aún muy afectado y deprimido por la muerte de su joven esposa Primmie en un desgraciado accidente. Durante una fiesta en casa de Tyrone Power en Beverly Hills los invitados estaban jugando al escondite cuando ella tropezó y se cayó por una escalera; falleció en el acto. Niven nunca superó su pérdida y trató de olvidarla acostándose con todas las mujeres a su alcance, lo que le valió la fama de insaciable seductor. Tanto Rita como él atravesaban una crisis personal y tuvieron una fugaz aventura amorosa. Aunque intentaron mantenerla en secreto, cuando la actriz regresó a Los Ángeles por todo Hollywood corría el rumor de que pensaba casarse con el actor en cuanto recuperase la libertad.

El 10 de noviembre de 1947 la revista *Life* proclamó a Rita Hayworth «la diosa americana del amor» y un mito nacional. Para la actriz resultó una triste ironía del destino que el mismo día que le concedían el divorcio de Orson Welles apareciese ese titular en la portada. Sentía que había fracasado con el hombre que había sido el gran amor de su vida y, sin embargo, a partir de entonces todo el mundo la llamó con este apodo que ella odiaba y siempre asoció a su segundo divorcio. «Nada salía como yo quería; lo único que deseaba en el fondo es que me quisieran, pero el amor me dio siempre la espalda», confesó en su madurez.

Estaba cansada de Hollywood, de ser una estrella sin derecho a la intimidad y de complacer a todos menos a sí misma. «No pienso pasarme la vida entera en un plató», dijo a una amiga. Pero Rita aún estaba unida a la Columbia y comenzó el rodaje de *Los amores de Carmen*, de nuevo a las órdenes de Charles Vidor y ambientada en Sevilla. Aquí se puso en la piel de una provocativa gitana que le robaba el corazón a un soldado español interpretado por Glenn Ford. El productor Harry Cohn la seguía acosando y haciéndole la vida imposible. Ahora que se había divorciado de Welles y estaba libre, otra vez espiaba todos sus movimientos y había instalado un micrófono oculto en su camerino para grabar sus conversaciones privadas. La actriz se hallaba al corriente y no disimulaba el desprecio que sentía hacia él. «Rita no se cortaba nada y como sabía que la espiaba se dedicaba a hacer comentarios ofensivos sobre Cohn. Había dejado de temerle; era como si el triunfo de Gilda le hubiera dado fuerzas para enfrentarse al hombre más temido de los estudios», declaró su maquillador y confidente Bob Schiffer.

Lo que no llegó a saber el gran jefe de la Columbia es que por entonces Rita Hayworth mantenía en secreto una relación con el legendario millonario y aviador texano Howard Hughes. A pesar de sus extravagancias y de su aspecto descuidado, era un famoso playboy que producía películas en Hollywood y se acostaba con todas las estrellas que le gustaban. Su última conquista había sido Katharine Hepburn, con la que vivió un romance que duró tres años y pudo acabar en boda si la actriz no le hubiera dado calabazas. «Era brillante, atlético, osado y un amante maravilloso», aseguró la Hepburn en sus memorias. Tras su ruptura con Welles, la joven actriz se sentía triste, sola y vulnerable y casi sin darse cuenta cayó en las garras de Hughes, cuya especialidad era consolar a bellas actrices traumatizadas por sus divorcios. «Cuando Rita conoció a Hughes alguien la debía haber advertido de que era un insaciable seductor y adicto al sexo —dijo su amigo Bob Schiffer—. Ella era entonces emocionalmente frágil y muy insegura a pesar de que la gente la imaginaba como una "devoradora de hombres". Pero fuera del plató seguía siendo la misma muchacha triste y tímida de siempre.»

Aunque no veía ningún porvenir a esta relación, Rita se dejó conquistar por este hombre de gustos extravagantes que pilotaba aviones y tenía un enorme magnetismo. Hughes la visitaba en su casa a última hora de la noche y se comportaba con ella como un caballero. La actriz tenía intención de romper con él en cuanto acabase el rodaje de *Los amores de Carmen* y se marchara de nuevo al extranjero para pasar unas largas vacaciones.

Pero la aventura con Howard Hughes tuvo un inesperado desenlace porque la actriz se quedó embarazada. Rita estaba consternada y trató de disimular su estado hasta el final del rodaje. Por entonces había contratado a Shifra Haran, la antigua secretaria de Welles, como su asistente personal. «Rita Hayworth necesitaba tener a su lado a alguien de confianza. Era una persona muy vulnerable, como actriz famosa, como mujer atractiva y a causa de su particular personalidad. Creo que se sintió a gusto conmigo porque sabía que yo no me dedicaba a espiarla. Confiaba en mí porque Welles había confiado en mí. ¿Se imagina, usted, vivir de ese modo?», contaría Haran. Para Rita era impensable tener un hijo sin estar casada, y en ese momento de su vida no tenía ninguna intención de contraer matrimonio, aunque fuera con un multimillonario. De hecho, no le dijo nada a Hughes —quien nunca llegó a enterarse— y decidió buscar a un médico discreto para que le practicara un aborto. Tras este doloroso episodio que le provocó un gran desgaste emocional, comenzó los preparativos de su viaje a Europa. Serían las primeras vacaciones de verdad que se permitía en mucho tiempo. No tenía que regresar a Hollywood hasta el otoño, cuando por orden de Harry Cohn debía comenzar una película del Oeste con William Holden. En esta ocasión su hija Becky, de dos años de edad, se quedaría en compañía de una tía materna y al cuidado de su niñera.

La estrella tenía los nervios a flor de piel cuando cogió el tren a Nueva York cargada con su voluminoso equipaje para iniciar sus vacaciones. Le pidió a su secretaria que la acompañara durante los cuatro meses de vacaciones que tenía por delante. Necesitaba a alguien a su lado que la protegiera del acoso de los paparazzi y le hiciera compañía ahora que estaba de nuevo sola. «Aún amaba a Orson Welles y en el fondo yo creía que aquel viaje lo hacía para coincidir en algún momento con él, porque sabía que se encontraba en Italia rodando una película», recordó Shifra. Pero una vez más el destino le deparaba otra sorpresa. Un apuesto príncipe se había enamorado de ella al verla en el cine y ahora sus vidas estaban a punto de cruzarse.

UN CUENTO DE HADAS

Cuando Rita Hayworth llegó a París se alojó en el hotel Lancaster, a un paso de la avenida de los Campos Elíseos. Era el preferido por las grandes estrellas de Hollywood que valoraban ante todo su discreción. Greta Garbo, Clark Gable o Marlene Dietrich eran clientes asiduos. Pero la actriz apenas pudo disfrutar de la preciosa suite que tenía reservada porque al llegar se puso muy enferma. «A consecuencia del aborto que le habían practicado, sufría constantes hemorragias y hubo que realizarle de urgencia un legrado», contó la señorita Haran. Para la estrella fue un momento muy angustioso porque temía que la noticia se filtrara a la prensa. Lo que menos necesitaba ahora era una publicidad escandalosa y para evitarlo fue ingresada en el Hospital Americano de Neuilly en el más absoluto anonimato. Se la instaló en un ala del edificio separada de los demás enfermos y solo podía visitarla su secretaria. Pero un día ocurrió lo que ella tanto temía y una joven periodista irrumpió en su habitación aprovechando que se encontraba sola. Aunque Rita al verla escondió su rostro bajo la almohada y le gritó histérica que se marchara, no pudo evitar que la intrusa se acercara a su cama para examinarla «como a un bicho raro». La noticia no tardó en circular por Estados Unidos, donde los periódicos titularon: «Rita Hayworth, enferma en París». Por fortuna para la actriz no se llegó a descubrir el verdadero motivo de su ingreso y solo se especuló con que sufría una leve anemia.

Este incidente la afectó tanto que de regreso en el hotel se mostraba desconfiada y le daba miedo salir a la calle. Su leal Shifra, instalada en un dormitorio contiguo, tenía órdenes de mantener la guardia veinticuatro horas al día. La actriz se sentía sola y melancólica tras su ingreso en el hospital, y por mucho que su secretaria se esmerara en levantarle la moral, la presencia de los periodistas la ponía muy nerviosa y sabía que no podía evitarlos eternamente. Durante su convalecencia una de las pocas personas que la visitaron fue Elsa Maxwell, una vieja amiga que le presentó Orson Welles. Esta dama bajita, poco agraciada y regordeta era célebre por organizar las fiestas más divertidas y fastuosas de su época. También por despellejar a los famosos en sus crónicas sociales que publicaba con gran éxito en la prensa estadounidense. La Maxwell le contó que Welles estaba en Italia rodando una película y añadió en su habitual tono sarcástico: «Al parecer se ha enamorado como un colegial de Lea Padovani, una actriz italiana fea y de armas tomar que no le hace ni caso». Rita, que estaba baja de moral y se sentía muy vulnerable, comenzó a acariciar la idea de viajar a la Riviera francesa para encontrarse con el cineasta. Su divorcio todavía no era definitivo y pensaba que aún podrían reconciliarse.

En aquel año de 1948 la Riviera francesa se había convertido en el lugar de veraneo de moda para la élite de Hollywood. Estrellas, productores, magnates del cine y millonarios alquilaban suntuosas mansiones a orillas del mar, frecuentaban los casinos y asistían a fiestas en lujosos yates. «Yo creo que Rita Hayworth ha ido a Cannes porque es la ciudad que Orson frecuenta y tiene la esperanza de solucionar sus diferencias», dijo Elsa Maxwell. Efectivamente unos días más tarde la actriz se instaló en el Hôtel du Cap en la Costa Azul, situado en lo alto de una colina. Cuando Welles se enteró de que Rita se hallaba allí de vacaciones fue a verla y la invitó a cenar a un romántico restaurante. Su secretaria fue testigo del cambio de humor de la actriz en cuanto vio a Orson: «Estaba eufórica, pensaba que aún podía conquistarle y más al enterarse de que iba detrás de una actriz que no le hacía ni caso». Era Rita quien había pedido el divorcio en California, pero según la señorita Haran «ahora pensaba que había cometido un gran error».

Aquella noche se les vio cenar juntos muy cariñosos y

después acudieron a un local nocturno de moda en Cap d'Antibes, donde bailaron hasta muy entrada la madrugada. Al día siguiente la prensa estadounidense anunciaba en titulares: «Posible boda entre Rita Hayworth y Welles», pero la realidad era bien distinta. Entre los planes del cineasta, que ahora buscaba financiación para su película *Otelo*, no estaba regresar a los brazos de Rita. Tras aquel breve encuentro, ella estuvo esperando en vano su llamada durante días. Ni su secretaria ni su amiga la señorita Maxwell pudieron hacer nada para animarla. La estrella supo después que Orson se había marchado a Italia para seguir cortejando a su amada Lea Padovani. Por primera vez tuvo que enfrentarse a la dura realidad: los tiempos felices con Welles habían tocado a su fin y nunca podría recuperar al hombre que aún amaba.

Elsa Maxwell sabía que Rita tenía el corazón roto y rehuía la vida social, pero la llamó por teléfono para invitarla a una elegante cena que iba a organizar en el casino de Cannes. La actriz en un primer momento rehusó: «No me hable de cenas ni de fiestas, no tengo ánimos para salir del hotel. Las cosas entre Orson y yo van mal y la idea de que me vean en público me horroriza». Pero Elsa insistió, y tenía sus buenas razones. Un príncipe que llevaba tiempo interesado por ella acababa de llegar a la Costa Azul para pasar unas cortas vacaciones. La Maxwell le había prometido al caballero en tono misterioso que si asistía a su fiesta conocería a «una espléndida criatura». Pero Rita se hizo de rogar; no tenía humor para salir ni ropa adecuada para una cena tan elegante, donde acudiría la flor y nata de la alta sociedad. Elsa, que poseía un enorme poder de convicción, le aconsejó: «Querida, cómprese un bonito vestido, a ser posible blanco, y llegue con retraso, para hacer una entrada triunfal». La actriz, sorprendida, le preguntó por qué, y ella, sonriendo, respondió: «Porque quiero presentarle a un auténtico príncipe oriental, un hombre encantador que la distraerá y levantará el ánimo. Le aseguro que en su compañía olvidará todos sus problemas». La Hayworth se dejó convencer sin sospechar hasta qué punto iba a cambiar su vida.

Aquella cálida noche del 3 de julio de 1948 Rita siguió al pie de la letra las instrucciones que le dio su amiga y entró radiante en el salón del Casino de Cannes luciendo un vestido largo de noche blanco de Dior sin tirantes que dejaba su espalda al descubierto, y llegó media hora tarde. «Nunca lo olvidaré —dijo la Maxwell—. Estábamos todos en el salón del casino jugando en las mesas y de pronto apareció ella por la puerta. Estaba deslumbrante como en sus películas. A mi lado se encontraba el príncipe, quien al verla exclamó: "¡Dios mío! ¿Quién es esta belleza?". Y yo le respondí: "Es vuestra compañera de mesa, y se llama Rita Hayworth".»

El príncipe que, al igual que Orson Welles, se enamoró de la actriz sin conocerla se llamaba Alí Khan. Moreno, elegante y un conquistador nato, la prensa del corazón seguía con avidez sus aventuras amorosas. Su padre era el Aga Khan III, líder espiritual de millones de musulmanes ismaelitas chiitas y poseedor de una fabulosa fortuna. Además de diplomático, militar y dirigente religioso, el príncipe Alí era, según su biógrafo Leonard Slater, «un sibarita y *bon vivant*, experto jinete y criador de caballos purasangre, corredor de automóviles, cazador y piloto de aviones». Pero junto a su fama de gran deportista estaba la de playboy internacional. Se rumoreaba que se había acostado con algunas de las mujeres más hermosas del mundo. Rita no le conocía de nada pero él sí sabía quién era ella. En El Cairo, durante la guerra, le invitaron a ver *Sangre y arena* y el príncipe se quedó totalmente cautivado de su seductora protagonista. «La película nos hizo reír a todos, pero Alí estaba callado y parecía como hipnotizado. Al acabar nos dijo que tenía que conocer a Rita Hayworth y llegó a ver la película hasta en tres ocasiones más», comentó su anfitrión, el barón Adolph Bentinck.

La Maxwell era una experta celestina y había dado en la diana reuniendo al príncipe y a la bella actriz. Años más tarde fue la responsable de otro romance del siglo, el de la diva Maria Callas y el armador griego Aristóteles Onassis, a los que presentó en un fastuoso baile de máscaras en el hotel Danieli de Venecia. Alí se mostró muy atento y caballeroso con Rita durante toda la velada. Se les vio conversar animadamente y después la invitó a ir en su coche descapotable a las montañas para contemplar el hermoso cielo estrellado. La actriz descubrió a un hombre tan sensible e inseguro como ella. Huérfano de madre a los quince años —una hermosa bailarina italiana de origen humilde—, Alí había crecido bajo la sombra alargada de su carismático padre, que se mostraba muy exigente y distante con él. Tras su figura pública de mujeriego empedernido, Rita percibió «una profunda soledad y una auténtica necesidad de amor que lo hacían muy atractivo». Aun así, no se tomó muy en serio al príncipe porque conocía su fama de playboy. Eran muchos los hombres ricos y poderosos como él que merodeaban a su alrededor, entre ellos el sha de Persia y el rey Faruk de Egipto. «Era un animal de adorno. Iban tras ella porque querían que les viesen y fotografiasen con la hermosa Rita Hayworth. Todos querían utilizarla», declaró Shifra Haran.

El príncipe Alí le confesó a su chófer que tras conocer a Rita se sentía «como si flotara en el aire». Era tal su deseo de conquistarla que la invitó a comer a su espectacular mansión a orillas del mar, el Château de l'Horizon. Muy ilusionado, contrató a un nuevo chef de cocina e hizo traer de su casa de París su mejor vajilla de porcelana y cubertería de plata, y la más fina mantelería. También mandó al chófer a Niza para comprar un gramófono y sus discos preferidos porque deseaba bailar con ella.

Sin embargo, la primera cita con Rita no salió como el príncipe esperaba. Cuando el chófer fue a buscarla al hotel a la hora señalada, quien abrió la puerta fue su secretaria. Esta le dijo que miss Hayworth no se encontraba en casa porque había salido a comer con el millonario argentino Alberto Dodero. El conductor no tuvo más remedio que aguardar tres horas, y cuando Rita se presentó en el Château de l'Horizon no lo hizo muy arreglada. «Llevaba unos pantalones cortos, una blusa blanca y nada de maquillaje. El príncipe, acostumbrado a tener a las mujeres a sus pies, estaba muy nervioso por la espera, pero al verla se le pasó el enfado», rememoró la señorita Haran. No tardaron en poner música romántica y bailar agarrados hasta bien entrada la noche. Pero por más encantador que fuese el príncipe, Rita supo mantener las distancias. No estaba dispuesta a ser una más de sus conquistas.

El príncipe Alí ardía de pasión y no dejó de cortejarla. Todas las mañanas docenas de ramos de rosas rojas llegaban a la suite de su hotel y la secretaria ya no sabía dónde ponerlas. La llamaba a diario, la invitaba a cenar a los mejores restaurantes y pese a que Rita se sentía muy halagada, se resistía a mantener una relación seria. Alí estaba casado y tenía dos hijos, aunque vivía separado de su esposa inglesa. La actriz quería un hogar, una familia y el amor incondicional de su hombre, todo lo contrario de lo que el príncipe podía ofrecerle. Además, tampoco compartían gustos ni aficiones. Y, sin embargo, poco a poco fue sucumbiendo a sus encantos y atenciones. La secretaria recordaba que un día se encontraba sola en la habitación y de pronto oyó un ruido ensordecedor frente a su ventana. «El príncipe sobrevolaba el hotel con su avión privado. Hacía peligrosas acrobacias en el aire, pero Rita no estaba allí. La única persona que lo vio fui yo.» Cuando más tarde Alí llamó exultante para saber qué le había parecido a la actriz su sorpresa, se quedó muy decepcionado al enterarse de que Rita había pasado el día fuera.

Al poco tiempo la actriz se mudó al Château de l'Horizon y la noticia fue la comidilla de todo Cannes. La enorme residencia de fachada blanca tenía tres plantas con diez dormitorios en cuyas paredes colgaban cuadros de Degas, Renoir y Utrillo. Al pie de la terraza principal se extendía una gran piscina, y desde allí se podía acceder directamente al mar por una escalera monumental. La riqueza del príncipe no impresionaba a Rita, tal como dijo Shifra, que se mudó con ella al castillo: «Le traían sin cuidado la ropa de lujo, las joyas y los abrigos de piel. No era eso lo que buscaba. El príncipe era muy atractivo a sus ojos y ella necesitaba que la amasen para sentirse viva».

Si Rita pensaba que en la plácida intimidad de esa mansión de ensueño tendría para ella sola al príncipe, se equivocaba. Alí era un hombre muy sociable que disfrutaba recibiendo a gente en su casa, que estaba siempre llena de invitados. Para la actriz fue agotador tener que ejercer de anfitriona rodeada de extraños que en su mayoría hablaban en francés, idioma que no entendía. Al verla tan tensa e incómoda Alí le propuso un viaje de dos semanas por España y Portugal, en el que la actriz tampoco pudo disfrutar de la calma e intimidad que deseaba. Los paparazzi les seguían día y noche, y hacían guardia frente a la puerta de los hoteles donde se hospedaban. Se sentían acorralados y hartos de salir a hurtadillas a través de las cocinas y las puertas de servicio para no ser vistos. En la ciudad de Toledo, la actriz intentó asistir de incógnito a una corrida de toros, pero en cuanto apareció en las gradas de la plaza la banda se puso a tocar *Put the blame on Mame* y la gente empezó a corear: «¡Gilda!, ¡Gilda!». Rita, que tenía pánico a las multitudes, quiso huir, pero el príncipe la sujetó del brazo y la tranquilizó. Cuando uno de los espadas cortó la oreja al toro y se la ofreció en su honor, la actriz la aceptó con una encantadora sonrisa provocando una gran ovación entre el público.

El único momento agradable del viaje fue cuando Rita visitó Sevilla, donde aún vivían algunos parientes de la actriz originarios del pueblo de Paradas. Todos estaban ansiosos por ver al miembro más famoso de la familia, a toda una estrella de Hollywood que además llegaba del brazo de un príncipe de carne y hueso. La Hayworth organizó un banquete para su abuelo Antonio Cansino y demás familiares en el jardín de un hotel. La comida acabó en una improvisada fiesta gitana, donde Rita se encontró tan a gusto que se animó a bailar flamenco al ritmo de las castañuelas. Por un instante fue la sensual y apasionada doña Sol, la protagonista de la película *Sangre y arena* que tanto había cautivado a Alí.

El verano tocaba a su fin y de regreso en el Château de l'Horizon la actriz comenzó los preparativos para volver a Estados Unidos. Lo había pasado muy bien con su amante, pero tenía una hija y compromisos profesionales que la obligaban a incorporarse al trabajo. Para el príncipe, que no estaba acostumbrado a que las mujeres le rechazasen, la noticia de que Rita le abandonaba le dejó consternado. Se hallaba dispuesto a seguirla al fin del mundo y no iba a darse por vencido. «Habría tenido que ser solo un romance veraniego que finalizase al acabar el verano pero no fue así», dijo la señorita Haran.

A su llegada a Los Ángeles la actriz se preparó para enfrentarse de nuevo a Harry Cohn, su eterno enemigo. El jefe de la Columbia seguía obsesionado con ella y siempre que estaba en su mano la humillaba. Ahora se negaba a pasarle por anticipado el guion de *Lona Hanson*, la película del Oeste que debía interpretar con William Holden, aunque había firmado una cláusula que le daba este derecho. A esas alturas Rita no iba a tolerar que el productor la obligase a aceptar un papel que no conocía de antemano y que podría dañar su carrera. Entonces Alí Khan se presentó de manera inesperada en Hollywood y lo hizo en el momento más apropiado. Rita estaba a punto de estallar por sus continuos desencuentros con Cohn y aceptó encantada que este hombre educado y protector volviera a entrar en su vida. La eficaz señorita Haran se encargó de alquilar una mansión amueblada para el príncipe y su ayudante de cámara —que era en realidad su guardaespaldas e iba siempre armado— no muy lejos de la casa de la actriz en Brentwood. La Hayworth anunció a la prensa que «el príncipe Alí Khan era un buen amigo y que mientras se encontrara en la ciudad saldría con él a menudo».

Todo Hollywood hablaba de la pareja de moda. La presencia en Los Ángeles de un auténtico príncipe musulmán del que se decía que era uno de los hombres más ricos del mundo en compañía de «la diosa del amor» constituía una noticia sensacional. Los paparazzi estaban ansiosos por conocer más detalles del que prometía ser «el romance más glamuroso desde el que protagonizaran el rey Eduardo VIII y la norteamericana divorciada Wallis Simpson». Pero Rita y el príncipe se dejaron ver muy poco en público. «Pasaban mucho tiempo en su dormitorio, donde escuchaban música y hacían el amor», contó Shifra. Era justamente lo que ella deseaba y no había podido tener en su viaje a Europa: intimidad con el hombre que ahora ocupaba su corazón.

La actriz encontró en Alí Khan a un amante maravilloso. «Era un hombre que sabía dar placer a las mujeres y que practicaba una técnica amatoria oriental llamada Imsak que le permitía controlarse en la cama por tiempo indefinido», escribió su biógrafo Leonard Slater. Encerrada en su residencia de Brentwood, la estrella disfrutó de una felicidad que no conocía desde la ruptura con Welles. A principios de noviembre de aquel año de 1948, al no llegar a un acuerdo con Harry Cohn, que seguía negándose a que Rita viera por anticipado el guion de *Lona Hanson*, se marchó de incógnito con Alí y su secretaria Haran a Ciudad de México. Pero su romántica escapada mexicana acabó en pesadilla. El recepcionista del hotel donde iban a alojarse vendió a la prensa la noticia de la llegada de la famosa pareja. Cuando vieron una nube de fotógrafos a la puerta del hotel, dieron media vuelta y consiguieron escapar. Shifra, que conocía bien la ciudad de los tiempos en que viajaba con Orson Welles, les buscó un alojamiento más discreto, pensando que pasarían inadvertidos. Aún fue peor. Los periodistas no tardaron en localizarlos y rodearon el edificio. «Fue una experiencia horrible para Rita —explicó más adelante la secretaria—, la prensa los acosaba día y noche. Si querían ir a alguna parte, yo tenía que prepararles la huida, por la salida de servicio o a través de las cocinas de los hoteles.»

Harta de la situación, Rita propuso al príncipe pasar unos días en Acapulco, la hermosa ciudad costera que se había convertido en el refugio más deseado de las estrellas de Hollywood. Aquí al fin pudieron disfrutar de su intimidad, lejos de todas las miradas. La actriz recuperó el buen humor paseando por la playa, saliendo a pescar y bañándose en el mar. Alojados en un hotel de sencillas cabañas sobre un acantilado, la estrella recordaría su estancia en Acapulco como «uno de los escasos momentos idílicos que vivió con el príncipe».

A su regreso en Hollywood, descansada y bronceada tras sus cortas vacaciones, la actriz se enteró de que la Columbia Pictures la había suspendido de empleo y sueldo por no haberse presentado en el rodaje de la película del Oeste en la que debía actuar. Así que Rita, enfurecida, decidió seguir viajando por Europa con el príncipe, pero esta vez la pequeña Becky iría con ella. Pasarían juntos las Navidades en una granja que Alí poseía en el condado de Kildare en Irlanda, donde criaba caballos sementales. Allí estarían a salvo de los paparazzi que les hacían la vida imposible. Becky se sentía feliz de estar de nuevo con su madre, a la que veía muy poco pero adoraba. Otro rasgo que le gustaba a Rita del príncipe era el cariño con el que trataba a su hija. «Se comportaba de un modo estupendo con Rebecca; era muy atento y jugaba mucho con ella. La pequeña necesitaba un padre y simpatizó enseguida con el príncipe», explicó un amigo de la pareja. Rita guardaba un enorme rencor a Welles por el poco interés que demostraba por su hija. En aquellos días pensó seriamente que a lo mejor Alí le podía proporcionar un hogar de verdad y la vida familiar que tanto anhelaba desde tiempo atrás.

Fueron unas Navidades tranquilas y familiares, durante las cuales disfrutaron jugando a las cartas, paseando por los frondosos bosques que rodeaban la granja y saliendo de compras por Dublín. Días después Rita y Alí volaron a París en el avión privado del príncipe, *El Vengador*. A su llegada al hotel Ritz, donde iban a alojarse, tuvieron que enfrentarse de nuevo a numerosos fotógrafos que les siguieron hasta el interior del vestíbulo. La pequeña Becky, que tenía cuatro años y caminaba agarrada de la mano de su madre, se asustó tanto con los flashes que se desmayó. El príncipe, que rara vez perdía los modales, cogió en sus brazos a la pequeña y dirigiéndose muy enojado a los reporteros, les gritó: «No tienen límite, ¿verdad? Es solo una niña».

Rita recibió la llegada de 1949 en el célebre hotel Palace de Gstaad, la estación de esquí suiza de moda donde se daba cita la alta sociedad. Alí quería presentarle a sus dos hijos, Amín y Karim, de once y doce años respectivamente. Aunque intentaron ser discretos, su presencia no pasó desapercibida. Al príncipe le preocupaba que pudieran hacerles fotos porque no quería que su padre el Aga Khan se enterase de esta relación puesto que aún no tenía el divorcio de su esposa. Pero en algunos artículos de la prensa internacional más conservadora comenzaron a acusarle de un comportamiento «inmoral» y Rita tampoco quedaba en un buen lugar. Se ponía en duda que fuera una madre ejemplar y decente por el hecho de exhibirse en público con su hija por todo el mundo con un hombre casado. Tal como Alí temía, su padre reaccionó enseguida y le hizo saber que «debía acabar cuanto antes con este escándalo». Aquello significaba que o ponía punto final a su relación con «la diosa del amor» o se casaba con ella.

El príncipe Alí se encontraba en una encrucijada y decidió viajar a Cannes para pedirle el visto bueno al Aga Khan, que vivía en una mansión cercana al Château de l'Horizon. Rita accedió a conocerle, aunque aquel encuentro la llenara de una gran inquietud, tal como le confesó a Elsa Maxwell. Pero las cosas no pudieron ir mejor. La actriz se ganó con su belleza y simpatía el corazón de su futuro suegro, que la encontró «la mujer más discreta y distinguida que conozco». Tras la reunión el anciano Aga Khan, su esposa la begum y la feliz pareja posaron para los fotógrafos. Solo faltaba anunciar a la prensa la fecha de la boda para acabar de una vez con los rumores y especulaciones. Todo ocurrió tan rápido que la actriz aún no era consciente del importante paso que estaba a punto de dar y lo que significaba convertirse en la princesa de Alí Khan.

Alí consiguió en poco tiempo el divorcio de su esposa, quien supo mantenerse al margen de todo el escándalo que perseguía al príncipe. A mediados de abril regresó con Rita a su mansión del Château de l'Horizon en la Costa Azul. En aquellos días descubrió que estaba embarazada y aunque la noticia les llenó a ambos de felicidad, debían guardar las apariencias. La actriz tenía por delante unos días de mucha actividad y no le gustaba que su casa estuviera siempre llena de gente que no conocía. Ante los extraños se mostraba torpe e incómoda. Apenas hablaba y no disimulaba el disgusto que le provocaban estos invitados a los que llamaba «gorrones» porque se aprovechaban de la generosidad del príncipe. A Alí su comportamiento le desconcertaba hasta tal punto que le preguntó a su secretaria qué le ocurría a Rita y qué podía hacer él para contentarla. Shifra no se atrevió a decirle que en su mansión Rita se sentía perdida. Odiaba tener que exhibirse de continuo y carecer de privacidad. «En mi opinión —confesó la señorita Haran—, le había resultado mucho más fácil relacionarse con Welles que con el príncipe. La vivienda que compartía con Welles en Carmelina Drive era su hogar. Rita era la reina de la casa y podía recibir en albornoz a las amigas con las que se sentía a gusto. En el Château de l'Horizon siempre sería una extraña porque estaba claro que no encajaba en aquel ambiente.» Con mucho tacto le insinuó que «procedían de mundos distintos y que quizá él esperaba demasiado de ella y que tal vez con tiempo y comprensión Rita cambiaría su forma de ser».

Los preparativos de la boda ocupaban toda la atención del príncipe Alí Khan, que tenía a su cargo la lista de invitados, la elección de los menús, los vinos y la distribución de las mesas. Quería que la boda se celebrase en privado, y así comentó a los periodistas: «Será una boda muy sencilla y en la más estricta intimidad. Solo asistirán los mejores amigos de miss Hayworth y los míos». Temía que los fotógrafos y reporteros llegados de todos los rincones del mundo invadieran el lugar elegido para la celebración. Le preocupaba sobre todo Rita, porque sabía el pánico que sentía a las multitudes y al acoso de los paparazzi. La boda se fijó para el 27 de mayo de 1949. A medida que la fecha se acercaba, la actriz se mostraba más nerviosa e insegura. Ya había elegido el vestido de novia, un vaporoso traje de muselina azul pálido y manga larga a juego con una ancha pamela del modisto Jacques Fath, pero apenas podía conciliar el sueño.

Dos días antes del enlace, cuando comenzaron a llegar a Cannes los primeros invitados y regalos de todos los rincones del mundo, Rita tomó una inesperada decisión. Concertó una cita secreta con Orson Welles para hacerle una proposición que le dejó perplejo. «Me envió un telegrama a Roma para que me reuniera de inmediato con ella. No pude coger ningún avión de pasajeros y tuve que ir de pie en un avión de carga hasta Antibes. Fui directo al hotel donde Rita me esperaba y subí a la habitación. Estaba decorada toda con velas y había botellas de cava. Rita me recibió con un salto de cama maravilloso. Cerré la puerta y ella me dijo: "Aquí estoy, cásate conmigo"», recordó el cineasta.

Hacía un año que no se veían y se sentía tan agobiada por convertirse en princesa que intentaba escapar como fuera a su destino. Welles creía que Rita deseaba casarse de nuevo con él, a pesar de los problemas que habían tenido, porque en el fondo sabía que su boda con Alí Khan era un error. «Iba a casarse con el hombre más promiscuo de Europa, a contraer el peor matrimonio imaginable. Era un matrimonio condenado al fracaso. Él era un tipo encantador, atractivo y simpático (yo le conocía de siempre), pero el marido menos indicado para ella.» Al día siguiente Orson regresó a Italia y Rita volvió al Château de l'Horizon dispuesta a casarse con su príncipe oriental como si nada hubiera ocurrido. Cuando unos días más tarde Welles se enteró de que la actriz finalmente se había casado con el príncipe, comentó: «Alí representó su huida de Hollywood. Gracias a él, dejó de ser Rita Hayworth y se convirtió en la princesa consorte. Ya podía decir al estudio "que os jodan"».

En la lista de invitados que iban a asistir a la boda de Rita y Alí había siete príncipes, cuatro princesas, un maharajá, un emir y el Gaekwad de Baroda. Para la actriz fue una verdadera pesadilla. La víspera de su enlace se ofreció un magnífico bufet en la terraza del castillo a un grupo de devotos ismaelitas amigos de la familia, que la colmaron de fabulosos regalos de perlas, marfil y oro. «Rita se encontraba sentada en un sofá del salón y de repente un grupo de hombres vestidos con largas túnicas blancas se postraron de rodillas ante ella y le besaron los pies. A ella se la veía muy incómoda, sin saber cómo reaccionar. Estaba totalmente fuera de su ambiente», contó uno de los invitados.

Por la noche Rita acudió del brazo del príncipe a una proyección privada de su película *Los amores de Carmen* en un cine de Cannes. Alí lo había organizado todo en secreto para darle una sorpresa a su prometida y ofrecer un rato de diversión a todo el personal a su servicio. Su presencia causó un gran revuelo y a la salida tuvo que abrirse paso a empujones entre una multitud de admiradores que gritaban su nombre y le pedían autógrafos. Aquella situación la disgustó mucho porque estaba claro que el príncipe se había enamorado de su fama. Sintió que para él solo era un trofeo, la hermosa y sensual estrella que había conquistado en Hollywood y tenía que exhibir ante todos. Para rematar su enfado, tras la proyección acudieron a un exclusivo restaurante de la zona donde les esperaban los familiares que ya habían llegado desde la India y Oriente Próximo para asistir al enlace. El menú, elegido por el novio, tenía un postre muy especial: «la bomba de chocolate Gilda».

La boda no salió como Alí Khan había planeado. Hasta el último momento intentó que la ceremonia civil tuviera lugar en la intimidad del Château de l'Horizon, pero no lo consiguió. Tendrían que contraer matrimonio en el ayuntamiento cercano de Vallauris, a puerta abierta y con la presencia de reporteros y fotógrafos. El alcalde decretó que ese día fuera festivo para que sus paisanos pudieran acompañar a los novios en su recorrido y disfrutar de un acontecimiento que tuvo una enorme repercusión internacional para esa localidad. Tras la breve ceremonia los recién casados abandonaron el salón y, ya en el exterior, saludaron a los miles de personas que se agolpaban para verles. Después subieron a un Cadillac descapotable blanco que les condujo de regreso al Château de l'Horizon, donde tendría lugar el banquete nupcial. Al llegar a la mansión Rita advirtió que en la superficie de la piscina flotaban dos gigantescas letras entrelazadas hechas con claveles blancos: la «A» de Alí y la «M» de Margarita. En sus aguas se habían vertido más de cuatrocientos litros de su perfume favorito, de la marca Guerlain, cuyo aroma flotaba en el ambiente. En el jardín una orquesta en vivo tocaba románticas melodías en honor de la pareja. Treinta mil rosas decoraban el lugar y en las terrazas se habían instalado largas mesas llenas de los más deliciosos manjares. Algunas invitadas lucían espléndidos saris de seda y los hombres llamativos turbantes. Todo parecía sacado de un cuento de *Las mil y una noches*. El príncipe le había regalado a la actriz un Alfa Romeo y un anillo con un diamante rosa de doce quilates que lucía en su dedo. La pequeña Becky se paseaba de la mano de su institutriz entre la gente, maravillada por el espectáculo que desfilaba ante sus ojos.

Un nutrido grupo de periodistas y fotógrafos, algunos llegados de Hollywood y la India, captaron todos los detalles de lo que bautizaron como «el acontecimiento social del año». Un reportero escribió: «La joven Margarita Cansino, nacida en Brooklyn y precoz bailarina de flamenco en los casinos de Tijuana, se ha convertido como en un cuento de hadas en Su Alteza la princesa Alí Khan». Unos años más tarde, y también en la Costa Azul, otra rutilante actriz de la meca del cine, la bella Grace Kelly, se casaría con el príncipe Rainiero de Mónaco en una boda televisada que cautivaría al mundo. Pero por el momento la Hayworth fue coronada como «la princesa de Hollywood» aunque no tuviera un palacio ni un reino.

Comenzaba para Rita una nueva vida, que no iba a ser la que ella imaginaba. Al casarse con el príncipe estaba segura de que había encontrado a un hombre que le daría estabilidad. Tras la boda la actriz deseaba descansar y disfrutar de su embarazo, y apenas salía del Château de l'Horizon. Pensaba seriamente en abandonar su carrera para estar junto a su esposo y su hija. Dejó que su melena pelirroja recuperara su tono original; en casa vestía siempre con ropa cómoda y deportiva y casi nunca se maquillaba. Le gustaba tomar el desayuno en la habitación y pasaba el rato haciéndose la manicura, leyendo o escuchando discos. Era exactamente el tipo de vida que el príncipe detestaba. Él se había casado con la deslumbrante estrella de vestidos de lentejuelas Rita Hayworth y esperaba que se comportara como tal. Alí nunca le pidió que se retirara del cine; al contrario, estaba ansioso por que volviera a trabajar. «Lo único que deseaba era ponerse algo cómodo y estar en casa frente a la chimenea. ¿Excitante? Ella es muy hogareña», dijo Alí Khan.

A pesar de sus diferencias y de que Rita anhelaba de corazón huir de la vida pública, se esforzó por asumir su nuevo papel. Ahora tenía un título y una responsabilidad por su rango social. Debía aprender a comportarse como una princesa y su esposo contrató a un profesor para que le enseñara la etiqueta y protocolo real. Rita seguía siendo muy tímida, pero para que Alí se sintiera orgulloso de ella se tomó muy en serio su cometido. «En realidad resultaba irónico que Rita, que había abandonado Hollywood porque detestaba ser una estrella y solo quería ser una mujer amada de verdad, ahora se encontrara con un esposo que solo pretendía lucirla en fiestas y recepciones», declaró una amiga de la actriz. Pero a lo que nunca se adaptó fue a su vocación de playboy, a la que el príncipe no pensaba renunciar.

Aunque se sentía cansada por su embarazo acompañó a Alí a Francia y a Inglaterra, donde competían sus caballos de carreras. Tras sus compromisos deportivos la pareja viajó a Deauville, que con el fin de la guerra atraía a reyes, aristócratas y millonarios con ganas de divertirse en su famoso casino. Instalados en la villa Gorizia, una mansión de piedra de estilo Tudor de tres plantas con vistas al mar, Rita estaba feliz porque tenía a su lado a la pequeña Becky y también se les unirían los hijos del príncipe. Pero de nuevo se vio inmersa en la agitada y mundana vida social que tanto detestaba. «En Deauville, el príncipe estaba muy activo. Por las mañanas desaparecía para ir a ver sus caballos, y al mediodía aparecía sin avisar en la casa a comer

con una veintena de invitados, en ocasiones incluso con mujeres que todos sabíamos que habían sido sus amantes —contó
uno de sus amigos—. Rita lo pasaba muy mal; no hablaba bien
francés y no encajaba en aquel ambiente tan cosmopolita y
sofisticado donde la miraban por encima del hombro y se burlaban de su acento. Por la noche ella se acostaba pronto y entonces Alí se iba al casino y se divertía con otras mujeres.»

En octubre Alí y Rita se instalaron en Suiza, donde ocuparon una suite de cuatro habitaciones en un lujoso hotel de
Lausana. La fecha del alumbramiento se aproximaba y el príncipe se mostraba muy atento con ella. Todos los días la colma-
ba de regalos: chocolates, flores, perfumes... Por la tarde la actriz se envolvía en su abrigo de visón y se daban una vuelta por
la ciudad en su lujoso Cadillac. Alí pasaba mucho tiempo jugando con Becky, a la que llamaba «mi princesita» y por quien
sentía un especial cariño. El 28 de diciembre de 1949 Rita dio
a luz a una niña tras un parto de siete horas largo y complicado.
La llamaron Yasmin, «jatmín» en árabe, y la pequeña princesa
entró a formar parte de la legendaria dinastía Khan.

Tras el nacimiento de su hija, Rita pasó una de las mejores
temporadas de su vida junto al príncipe. Alí había alquilado un
chalet de montaña en Gstaad para que su esposa se recuperara.
«Fue el período más feliz de nuestro matrimonio —declaró
Rita—. Alí viajaba en ocasiones a París por negocios, pero
pasaba la mayor parte del tiempo con nosotros. Yo tenía a Becky conmigo y los hijos de Alí vinieron en vacaciones. Formá-
bamos una verdadera familia.» Pero a los tres meses Alí se
rompió una pierna mientras esquiaba y comenzó a aburrirse de
estar en casa todo el día. De repente decidió que ya era hora
de trasladarse al Château de l'Horizon, donde había más distracciones.

La felicidad que había vivido se esfumó de la noche a la mañana en cuanto llegaron a Cannes. Comenzaron las peleas, y Rita, cuando se enfadaba con él, bebía y se encerraba en su habitación, donde se pasaba las horas bailando sola al son de la música. Cuando reaparecía por la noche, solía permanecer callada durante toda la cena, sin dirigir ni una sola palabra a los invitados de Alí. La columnista Elsa Maxwell fue testigo de su extraño comportamiento: «Pensé más de una vez que estaba asustada, como si no supiera qué hacer. El brillo de sus ojos se había apagado. Por entonces bebía mucho y tenía ataques de furia que sorprendían a todos. Sin duda era muy infeliz a pesar de tenerlo todo». Al igual que le ocurriera con Orson, se mostraba muy agresiva cuando se enteraba de alguna de sus infidelidades. En una ocasión, harta de sus continuas ausencias, amenazó al príncipe con regresar a Estados Unidos. Alí trató de tranquilizarla, pero la acusó de beber «más de lo debido». Esta alusión aún enfureció más a la actriz, quien se puso a lanzarle libros y objetos que tenía a mano. La pelea no acabó aquí, tal como lo presenció un ayudante del príncipe: «Muy digna le pidió a uno de los sirvientes que le trajese un vaso de zumo y, cuando lo tuvo en la mano, se lo echó al príncipe por la cara. Su esposo no perdió la compostura en ningún momento y al final ella rompió a llorar mientras Alí la abrazaba con ternura». Su primer año de matrimonio transcurrió entre broncas y tiernas reconciliaciones.

Que el matrimonio de la célebre pareja atravesaba una profunda crisis era ya un secreto a voces entre la jet set europea que frecuentaba al príncipe, y la ruptura definitiva tardó poco en llegar. Alí Khan, en calidad de líder religioso, organizó un viaje a África para visitar a sus adeptos ismaelitas y animó a Rita a que le acompañara. Anunció a la prensa que tras cumplir con sus obligaciones emprendería un romántico safari con su esposa. Desde el primer momento a Rita la idea de aquel viaje no la entusiasmó. Tenía que separarse de sus hijas y adoptar el discreto papel de esposa del príncipe, un hombre al que sus seguidores consideraban una divinidad. Fue un viaje desdichado y muy estresante para ella. Una vez en El Cairo se vio arrastrada a una intensa actividad acompañando a su esposo a numerosos actos oficiales, fiestas y recepciones en su honor. La gente se dirigía a ella como «Su Alteza la princesa Alí Khan» y se sentía observada por millones de ojos.

En Nairobi, la siguiente etapa de su viaje, nada cambió. Durante el día apenas veía a su esposo, que en los ratos libres salía a cazar, y se sentía muy desgraciada en una tierra extraña. Fue entonces cuando decidió marcharse. Llevaba tres meses en África, estaba agotada y echaba de menos a las niñas. Al menos esa fue la excusa que le dio al príncipe, pero había otros motivos. Rita tenía planeado regresar a Cannes, recoger a sus hijas y volver a California. «Se le metió en la cabeza que Alí o yo le queríamos quitar a la pequeña Yasmin, es decir, secuestrarla», contó el Aga Khan. El 25 de marzo de 1951 la actriz embarcaba rumbo a Nueva York con sus dos hijas y su inseparable secretaria, la señorita Haran. Pensó que en Alí había encontrado al fin al hombre de su vida, pero ahora sus sueños se habían desvanecido. «Es un playboy. El príncipe no entiende el significado de la vida familiar. Solo piensa en apostar, en las carreras de caballos y en grandes cacerías», aseguró la actriz. Muy a su pesar, debía regresar a Hollywood y relanzar su carrera.

Al llegar al puerto de Nueva York numerosos periodistas la esperaban ansiosos en el muelle y si bien estaba cansada por el largo viaje, declaró con una sonrisa: «Me alegra volver. Gracias por la cálida bienvenida que he recibido. Estoy impaciente por que mis hijas conozcan América. Y lo primero que voy a hacer es comerme un perrito caliente». Había estado ausente tres años de Hollywood, pero el público no la había olvidado. Por el contrario, habían seguido por las revistas su romántica historia de amor con un príncipe y su boda de ensueño en la Costa Azul, y ansiaban conocer más detalles de su vida privada. Aunque siempre intentaba proteger a sus hijas del acoso de los reporteros, no pudo evitar que al día siguiente los periódicos publicaran las fotografías de Yasmin y Becky.

Cuando el productor Harry Cohn se enteró del regreso de su estrella se mostró muy satisfecho y dispuesto a negociar con ella. Tener a una verdadera princesa en la Columbia era una baza que no iba a desaprovechar. Pero en realidad Rita no tenía muchas ganas de reemprender su antigua vida de actriz, y más ahora que había dado a luz por segunda vez. Deseaba dedicarles más tiempo a sus hijas y creía que no había sido una buena madre. «Era complicado para ella educar a las niñas porque tenía que trabajar para sacarlas adelante; tenía que hacer de padre y de madre porque estaba sola, y luego estaban sus asuntos sentimentales, que la afectaban mucho porque nunca tuvo suerte en el amor. Siempre estaba buscando una buena institutriz para las niñas y que las vistiera con gusto. Se sentía muy orgullosa de ellas», dijo una de sus amigas. De las dos, tuvo una especial predilección por Yasmin, que era muy cariñosa y risueña.

Si Rita Hayworth regresó al cine fue únicamente porque necesitaba dinero. La gente pensaba que Alí poseía una gran fortuna y le habría hecho fabulosos regalos, pero la realidad era bien distinta. A pesar del ostentoso estilo de vida que llevaba, quien controlaba con mano férrea sus finanzas era su padre, el anciano Aga Khan. El príncipe no tuvo reparos en gastarse el dinero de la Hayworth, tal como reveló el coreógrafo Hermes Pan: «Rita me contó que al casarse con el príncipe tenía ahorrados cerca de trescientos mil dólares y cuando llegó a Los Ángeles no le quedaba casi nada. Alí Khan dilapidó su dinero y ella se vio obligada a vender las pocas joyas que aún conservaba».

Aunque hacía mucho tiempo que Rita no le veía futuro a su matrimonio con el príncipe, en el fondo esperaba que este fuera en su búsqueda y la convenciera para volver a su lado. Si Alí se lo hubiera pedido, habría regresado con él. «En el fondo de mi corazón y a pesar de todo lo sucedido deseaba una reconciliación. Era incapaz de entender que las cosas ya nunca serían como antes, sin duda fui muy ingenua», confesó la actriz. Pero a muchos kilómetros de allí, el príncipe no pensaba por el momento en reunirse con su esposa y aprovechó su ausencia para seguir con sus conquistas femeninas. Al regresar de África, y mientras se celebraba en Cannes el Festival de Cine, se publicaron unas fotografías en las que se le veía en actitud cariñosa con la actriz Joan Fontaine. Cuando Rita se enteró, se sintió humillada públicamente y sin pensarlo más acudió a su abogado para empezar los trámites de uno de los divorcios más mediáticos y largos de la historia de Hollywood.

Alí supo por la prensa que Rita había iniciado los trámites de separación. Aquel mismo día, el 29 de abril de 1951, desde el Château de l'Horizon donde dos años atrás habían celebrado su boda de cuento de hadas, el príncipe le escribió una larga carta que aún enfureció más a Rita. En ella le declaraba su gran amor y le proponía una «separación privada y amistosa», y en el caso de que más adelante quisiera casarse de nuevo le concedería el divorcio. También le decía que Yasmin debía ser educada en la religión musulmana y que correría con todos los gastos de su educación y mantenimiento. Alí finalizaba con estas palabras: «No me apetece que en mi corazón haya otra mujer que no seas tú. No puedes imaginar lo mal que me siento por haberte perdido. Mientras haya un rayo de esperanza, me aferraré a él con todas mis fuerzas. Te estaré esperando con los brazos abiertos».

Resultaba evidente que el príncipe deseaba a toda costa evitar un escándalo público que enojaría mucho a su padre el Aga Khan. Pero Rita ya había tomado una decisión: estaba dispuesta a seguir adelante con el divorcio y lucharía como una leona por los intereses económicos de Yasmin. Comenzaba una dura e interminable batalla legal que supuso para ella un terrible desgaste emocional.

Mientras tanto Rita se vio obligada a firmar un nuevo contrato con la Columbia, aunque en unas condiciones muy desfavorables para la estrella: «Tuve que aceptar todas las imposiciones de Harry Cohn, que seguía humillándome y más ahora que sabía que necesitaba dinero —lamentó la actriz—. No dejaba de repetirme que era yo la que había abandonado los estudios durante tres años y que no sabía cómo iba a recibirme el público. Una vez más estaba en sus manos». El productor quería que se pusiera cuanto antes ante las cámaras para aprovechar la tremenda publicidad que despertaba su regreso cinematográfico y su divorcio del príncipe Alí Khan. Su retorno a la gran pantalla fue en *La dama de Trinidad*, otra película de cine negro en la que coincidió con su amigo Glenn Ford. La Columbia deseaba repetir el éxito de *Gilda*, que les hizo ganar una fortuna. De nuevo la Hayworth convertida en una provocativa bailarina capaz de hacer perder la cabeza a un hombre. Tuvo que trabajar duro y ensayar a fondo los números de baile de ritmos latinos que debía interpretar. A sus compañeros les asombraba su disciplina y entrega. Como siempre, se mostraba amable y respetuosa con todos; nada hacía imaginar la difícil situación personal que atravesaba. «Es la única estrella de Hollywood que he conocido que se sabía los nombres de los técnicos que trabajan en los platós y cuando llegaba al set de rodaje saludaba a todos, desde los electricistas al ayudante de cámara; era algo asombroso que decía mucho en su favor», contó Glenn Ford.

En enero de 1953, tras largos meses de pleitos y desavenencias, la Hayworth consiguió el divorcio del príncipe. No quiso su dinero, pero exigió a su exmarido que depositara una importante suma en una cuenta bancaria a nombre de su hija Yasmin destinada a su educación. Tenía treinta y cuatro años y para ella significaba su tercer fracaso matrimonial. Su maquillador y amigo cercano Bob Shiffer comentó: «El príncipe le había roto el corazón y estaba muy perdida. No sabía qué hacer con su vida y volver a trabajar en Hollywood no la llenaba en absoluto».

EL DESCENSO A LOS INFIERNOS

La mujer que tuvo el mundo a sus pies ahora debía reinventarse para salir adelante. Los engaños del príncipe Alí, sus falsas promesas de reconciliación y la humillación de verle en brazos de otras actrices —por esa época salía con la hermosa Gene Tierney— le causaron un gran daño emocional. Pese a todo, no dejó de trabajar con la profesionalidad que la caracterizaba. Aún conservaba su legendaria belleza y encadenó una película tras otra interpretando papeles que explotaban su magnetismo erótico. Fue Salomé en una lujosa superproducción bíblica en tecnicolor en la que bailó una seductora danza de los siete velos. Después vino *La bella del Pacífico*, en la que daba vida a una mujer de turbio pasado que se convierte en oscuro objeto de deseo de los hombres. Películas mediocres ambientadas en escenarios exóticos que no estaban a la altura de su talento como actriz. En aquel año de 1953 el director Joseph Mankiewicz le ofreció el maravilloso papel de María Vargas en la película *La condesa descalza*, junto a Humphrey Bogart, y ella lo rechazó. No quiso interpretar a una bailarina gitana convertida en una rutilante estrella de cine que se casaba con un aristócrata porque le recordaba demasiado a su propia vida. Finalmente fue Ava Gardner, la diosa del amor de la Metro Goldwyn Mayer, quien hizo el papel de María Vargas logrando una de sus mejores actuaciones.

Rita estaba a punto de entrar en una espiral de destrucción de la que no podría salvarse. «Después de separarse del príncipe, empezó a deslizarse por una pendiente muy inclinada», dijo Orson Welles. Tras su regreso a Hollywood la actriz se sentía muy sola y vulnerable. Necesitaba más que nunca el afecto y la atención de un hombre y lo encontró en la persona menos recomendable, el argentino Dick Haymes. Contaba treinta y seis años, era un cantante melódico en declive de las orquestas de Benny Goodman y un actor de segunda fila tan despreciable y manipulador como lo fue su primer marido, Eddie Judson. Cuando Rita lo conoció Dick ya arrastraba la fama de ser un perdedor y haberse gastado todo lo que ganó con sus discos y actuaciones en salas de fiestas. Por entonces tenía serios problemas económicos, una exmujer y tres hijos que alimentar y una esposa legal de la que se había separado. En Hollywood le llamaban «el Infame». Lleno de deudas y sin trabajo estable, Rita fue su tabla de salvación.

«Rita sabía que todos intentaban aprovecharse de ella y que trataban de engañarla. Pero necesitaba siempre un hombre a su lado. Era muy enamoradiza y solo existía cuando se sentía amada, pero por desgracia atraía a los hombres equivocados», aseguró su amiga la actriz y bailarina Ann Miller. Y al igual que le ocurriera con su primer marido, la actriz cayó literalmente en las redes de Dick Haymes. Alto, moreno y campechano, su rostro recordaba vagamente al de Orson Welles. Comenzaron a salir juntos y se les veía en los locales nocturnos de moda conversando y bebiendo hasta altas horas de la noche. Ambos compartían varios fracasos matrimoniales y los dos se sentían engañados por sus parejas y desencantados de la vida conyugal. Lo que Rita ignoraba es que el trasnochado cantante de voz aterciopelada había sido demandado por una de sus exmujeres por no pasarle la pensión que le correspondía, y su esposa actual ya le había denunciado por malos tratos y por ser un alcohólico. Pese a que sus amigos más cercanos, y hasta el propio Harry Cohn, le advirtieron que era la peor persona que podía entrar en ese momento en su vida, cada vez pasaba más tiempo con él y se dejaban ver juntos en público.

El 24 de septiembre de 1953 Rita Hayworth y Dick Haymes se casaban en el Salón Dorado del casino del hotel Sands de Las Vegas rodeados de periodistas y fotógrafos. Cuatro años atrás la actriz daba el «sí, quiero» a un príncipe en un escenario muy distinto de la Costa Azul cargado de lujo y glamour. Ahora lo hacía en una boda sin encanto organizada por el novio para la prensa y su propio lucimiento. «Rita quería una boda sencilla y muy íntima, pero Dick lo organizó todo para atraer a los medios. Había cámaras de televisión y reporteros por todas partes. Ella, que odiaba que se inmiscuyeran en su vida, ahora tenía que ver cómo los periodistas iban a ser prácticamente los únicos invitados al banquete», comentó el relaciones públicas del Sands. En un día tan señalado solo estaban a su lado sus hijas —Yasmin, de tres años, y Becky de ocho—, que observaban a su madre con fascinación mientras cortaba sonriente la gran tarta nupcial.

Tras el enlace Dick se propuso relanzar su carrera como cantante. Sabía que el nombre de Rita Hayworth le podía ayudar a llenar las salas de fiestas donde actuara y firmó varios contratos para salir de gira. Aunque la actriz quería pasar más tiempo con sus hijas, su esposo la obligó a seguirle por todo el país alegando que «necesitaba su presencia en la sala para que sus actuaciones fueran rentables». Rita quería mucho a las niñas pero ahora, y al igual que hiciera su madre Volga, lo primero eran los intereses de su marido. Unos días después de la boda, dejaba a las pequeñas en Connecticut al cuidado de una niñera recién contratada y le acompañaba en su gira por Alabama, Indiana y Texas. Aunque las echaba mucho de menos, estaba enamorada de Dick y dispuesta a ayudarle en todo lo que le pidiera. Muy pronto la sombra de la violencia se cernió de nuevo sobre su matrimonio. Una noche cuando se encontraban tomando una copa en el bar de un hotel de Houston tras una de sus actuaciones, la actriz quiso subir a su habitación y Dick se negó. Rita insistió porque estaba cansada y él la golpeó. Aunque hubo varios testigos que presenciaron el incidente, el cantante trató de quitarle importancia alegando que era «una riña propia de recién casados». Para Rita, a quien su padre había pegado a menudo de niña, fue traumático. «Apenas podía creerlo porque unas veces me tenía en un altar y otras me trataba muy mal», confesó tiempo después la actriz.

Hasta la fecha el príncipe Alí Khan no se había pronunciado sobre la boda de su exmujer Rita, pero tras las noticias que publicaba la prensa comenzó a preocuparse seriamente por la seguridad y la educación de Yasmin. No solo añoraba a la pequeña —a quien su madre no había permitido que se reuniera con él en Europa porque aún seguía temerosa de que la secuestrara—, sino que el hecho de que el padrastro de su hija fuera un hombre con tan mala reputación le llenaba de intranquilidad. En aquel instante el príncipe decidió pedir su custodia. La noticia afectó mucho a Rita, que no estaba dispuesta a entregar a su hija al príncipe y comenzó otra batalla legal que le causó un tremendo desgaste emocional. «Para ella fue un período muy estresante; quería mucho a Yasmin y como no era capaz de hacer frente a los altibajos de la vida empezó a refugiarse en la bebida. Tanto Rita como Dick se refugiaban en el alcohol y las peleas y las broncas eran frecuentes. Los dos años que pasó con él dañaron mucho su imagen como actriz», declaró su agente William Morris.

A los problemas que Rita tenía con el príncipe Alí por la custodia de su hija se sumaba la tensa relación con su esposo. El regreso de Dick a los escenarios había sido un fracaso pese a la presencia de la actriz en sus conciertos, y ahora interfería en sus asuntos profesionales. La actriz parecía haber tocado fondo y se hallaba sometida a una gran presión por parte de su marido. «En aquel momento de su vida había puesto su futuro en manos de Dick Haymes; era él quien decidía todos sus pasos», comentó un amigo. La situación económica del matrimonio también era muy delicada. El cantante no tenía dinero, y Rita, tras finalizar el rodaje de *La bella del Pacífico*, había huido con él a Las Vegas para casarse dejando colgado a Harry Cohn, quien reclamaba su presencia para promocionar la película. Aún no había cobrado nada por su trabajo y la Columbia no estaba muy contenta con el comportamiento escandaloso de su estrella. Para agravarlo todo, su exmarido Orson Welles llevaba años sin pasarle la pensión alimentaria a su hija Becky y Rita le había demandado.

Mientras esperaba a que sus asuntos financieros se arreglaran Rita y su marido tomaron una extravagante decisión: llevar una vida sencilla y bohemia en Nevada. En el verano de 1954 alquilaron un modesto y apartado bungalow en las montañas de Crystal Bay, junto al lago Tahoe. Allí, en medio de la naturaleza, se instalaron con las niñas aislados del mundo y de los problemas que les acechaban. Rita pensaba dedicarse a pintar mientras Dick se encargaría de restaurar el viejo mobiliario. Los periódicos y las revistas estaban prohibidos y la radio se encendía solo para escuchar música. Incluso en su forma de vestir expresaban hasta qué punto deseaban dejar todo atrás: «Los dos se pasaban el día entero vestidos con un hábito largo y marrón, como los monjes, Rita estaba totalmente dominada por él», contó Bob Schiffer, que fue el único amigo que la visitó.

Pasados unos meses su esposo, consciente de que necesitaban dinero con urgencia, dio un paso inesperado. Decidió negociar él mismo con las dos personas que la actriz consideraba ahora «sus enemigos»: Harry Cohn y el príncipe Alí Khan. Una mañana hicieron las maletas, cogieron a las niñas y regresaron a Las Vegas. El magnate de la Columbia se encontraba pasando unos días de descanso en el hotel Sands, el mismo donde su estrella se había casado, y aceptó reunirse con ellos para hablar de negocios. Desde el primer instante fue Dick Haymes quien tomó la palabra y quien puso sobre la mesa las condiciones que exigía para que su esposa volviera a trabajar. Durante aquel encuentro la actriz se mostraba muy nerviosa y apenas habló. En resumen, y lo que le quedó claro al productor, es que si deseaba volver a contar con Rita Hayworth tendría que aceptar también a Dick, al que consideraba «un indeseable sin escrúpulos». Las negociaciones con la Columbia duraron todo el otoño, pero finalmente Rita firmó el que fue su último contrato con la productora que la había convertido en la estrella más aclamada de Hollywood. Ahora la actriz tenía treinta y seis años y sus días como sex symbol estaban contados. Harry Cohn lo sabía y quería que la actriz protagonizara dos películas antes de llegar a la frontera de los cuarenta. Por su parte, Dick Haymes declaró a la prensa que pronto fundarían una nueva productora para hacer películas con Rita Hayworth en Europa. Era más que evidente que el cantante pensaba vivir a costa del trabajo de su esposa y que, al igual que Eddie Judson, anhelaba todo el protagonismo.

A esas alturas de su vida Rita también deseaba arreglar su relación con el príncipe Alí y en septiembre anunciaron públicamente que finalmente «habían llegado a un acuerdo sobre la custodia y manutención de su hija». Hacía tres años y medio que Rita había huido del Château de l'Horizon con la pequeña, que pronto cumpliría cinco años. Su abuelo el Aga Khan no la había visto desde entonces. La actriz permitiría que sus hijas pasaran tres meses de vacaciones con el príncipe y a cambio este aceptaba ingresar una cantidad acordada en la cuenta de Yasmin. El primer viaje de la princesita a Europa fue en julio de 1955 y su madre tenía derecho a acompañarla. Ahora la niña iba a poder estar largas temporadas con su padre y reunirse con la familia de este en Europa gracias al acuerdo conseguido.

Cuando Rita regresó de nuevo a Los Ángeles para retomar su carrera, quedó claro que su esposo quería figurar y sacar provecho de la situación. En las ruedas de prensa que daba la actriz él también intervenía y hablaba de sus futuros proyectos artísticos. Incluso el día que Rita se reunió en la Columbia Pictures para discutir el guion de su próxima película, Dick Haymes fue el único que habló mientras ella le escuchaba en silencio. Su presencia no se limitó aquí porque también la acompañaba a las pruebas de vestuario, incluso a la peluquería de los estudios. Dick, que había sido considerado *persona non grata* en la productora, ahora tenía libre acceso a los estudios y a estar presente en los rodajes de las películas en las que actuara su esposa. Era una de las condiciones que había impuesto en el contrato para que Rita Hayworth volviera a trabajar para la Columbia. Pero a la actriz la presencia de su marido en el plató la ponía muy tensa y nerviosa. Ella, que siempre había trabajado con gran profesionalidad y hacía todo lo que los directores le pedían sin rechistar, ahora se mostraba irascible y exigente influenciada por su despótico marido. Ya todos sabían que los dos bebían demasiado y las peleas entre ellos eran habituales.

La nueva película en la que Rita iba a actuar era *José y sus hermanos*, otra mediocre superproducción bíblica en la línea de *Salomé* que en aquellos años resultaban muy taquilleras. Cuando Dick Haymes se enteró de que aún no tenían al actor para el papel protagonista masculino, le propuso a la productora que él podía hacerlo. Se ilusionó tanto con la idea que cuando supo que ya habían elegido a un joven actor se sintió traicionado y juró vengarse. Un día durante la pausa de la comida, el director le dijo a Rita que volviera hacia las ocho y media de la tarde para reanudar su trabajo. Pero a la hora acordada la actriz no se presentó. Dick se la había llevado a uno de los salones del hotel Beverly Hills, donde estuvieron bebiendo. A medianoche aún seguían en el bar y estaban muy borrachos. Entonces Dick llamó al director por teléfono y le dijo gritando: «O viene usted aquí inmediatamente o mañana estaremos en las Bahamas o en Jamaica».

La noticia del incidente se propagó por todo Hollywood. Rita Hayworth nunca había faltado a un rodaje y quedó en evidencia no solo que estaba en manos de un hombre alcohólico y enfermo, sino que ella también tenía serios problemas con la bebida. La reacción de Harry Cohn no se hizo esperar y la Columbia presentó una denuncia por incumplimiento de contrato contra su estrella por dejarles plantados en mitad de un rodaje. Pero aunque la actriz seguía obedeciendo a su esposo en todo, poco a poco fue tomando las riendas de su vida. El primer paso fue mudarse del bungalow donde aún vivían como eremitas en Nevada y que no era el mejor lugar para sus hijas. Alquiló una acogedora casa en la playa de Malibú donde residían algunos de sus viejos amigos. Empezaba a estar cansada de aquella vida errante y de la actitud de su esposo, cada vez más violento y paranoico. Desde que se había casado no había dejado de seguirle de un hotel a otro. Dick la había aislado del mundo para ejercer más poder sobre ella. Incluso le había prohibido viajar el 1 de julio con su hija Yasmin a Francia tal como le había prometido al príncipe. «Vivían como fugitivos. Rita se acostumbró a depender de él para todo y que él pensara por los dos. Estaba tocando fondo y así no podía seguir, sobre todo por sus hijas», dijo Ann Miller.

El 23 de agosto de 1955 Rita tomó una decisión que había pospuesto demasiado tiempo. Su esposo debutaba en el Cocoanut Grove, la sala de fiestas del hotel Ambassador de Los Ángeles, donde le habían contratado para cantar durante dos semanas. El sábado por la noche, tras la actuación, el matrimonio comenzó a discutir y a pelearse delante de todos. Entonces Dick le asestó un puñetazo que le dejó un ojo morado. Los

clientes que abarrotaban la sala se quedaron horrorizados ante
la escena. No era la primera vez que su marido le pegaba, pero
aquel golpe y la humillación que sufrió en público la despertó
«de la peor de mis pesadillas» y le hizo ver con claridad que lo
único que deseaba era alejarse lo más posible de él. Aquella
misma noche volvió a su casa de Malibú, donde había dejado
a Becky y Yasmin al cuidado de una niñera. El domingo por la
mañana se levantó temprano, hizo una vez más las maletas,
cogió a sus hijas y se subió a un coche. Acababa de abandonar
a Dick para siempre. Tres meses más tarde consiguió el divorcio en Reno alegando crueldad física y mental: «Mi marido
me llamaba "actriz de mierda", se peleaba conmigo y profería
insultos y groserías delante de mis hijas y los criados», declaró
la estrella ante el juez.

Unos días más tarde Rita Hayworth llegaba a Nueva York
y embarcaba en el *Queen Elizabeth* rumbo a Europa en compañía de Becky, Yasmin y una niñera. Para que nadie la descu-
briera utilizó un nombre supuesto y se dejó ver muy poco en
público. Por el voluminoso equipaje que llevaba —más de
veinte maletas—, estaba claro que pensaba pasar una larga temporada lejos de Hollywood. Por fin había hecho lo correcto y
aunque se mostraba inquieta porque no sabía cómo le recibiría
el príncipe por haberle impedido ver a su hija, a la que adoraba,
se sentía por primera vez libre de ataduras.

Cuando la limusina que había mandado Alí para recogerlas
las llevó hasta el hotel Le Bristol, donde iban a alojarse durante su estancia en París, la actriz no pudo evitar emocionarse. Al
entrar en la suite de seis habitaciones que había reservado para
ellas vio preciosos ramos de flores por todas partes. Tras los
últimos meses en los que había vivido en ambientes muy sórdidos y soportando los insultos y las agresiones físicas de Dick

Haymes, estar en esa ciudad que tanto amaba le parecía un sueño irreal. Más tarde, cuando Alí llegó al hotel, Yasmin se lanzó a sus brazos y enseguida se pusieron a jugar. El encuentro entre la actriz y su exmarido fue cordial y apacible, hasta el punto de que por la noche se fueron a cenar juntos a Maxim's. Al día siguiente viajaron hasta Neuilly, donde les esperaban el Aga Khan y su esposa la begum que habían viajado desde la Costa Azul con dos camiones de juguetes. Todos se propusieron dejar a un lado las viejas rivalidades y Rita se sintió muy arropada por su suegro, quien le agradeció de corazón el poder ver al fin a su nieta. Ya nunca más temió que fueran a secuestrarla y a partir de entonces la relación entre Rita y Alí Khan fue más cordial.

Rita no tenía ganas de regresar a Norteamérica y deseaba fijar su residencia en París, pero tenía varios asuntos judiciales pendientes. El juez había dado la razón a Columbia Pictures, que la denunció por abandonar su película en pleno rodaje, y ahora, una vez más, estaba en manos de Harry Cohn. Aún tenía por contrato que hacer dos películas más para la productora. Tuvo suerte porque le ofrecieron protagonizar *Fuego escondido*, que se filmaría en las Antillas y en los estudios de Londres. Por el momento no tendría necesidad de volver a Los Ángeles y en mayo de 1956 llegaba a la isla de Tobago para reunirse con el equipo y empezar a trabajar. Tras cuatro años de inactividad, no le resultó fácil ponerse de nuevo ante las cámaras. Aunque mantenía su esbelta figura y vestía con elegancia, el director pudo ver que los problemas con el alcohol y las preocupaciones le habían pasado factura. A sus treinta y siete años estaba envejecida y agotada. En su rostro, antaño «uno de los más hermosos de la época dorada de Hollywood», se le marcaban unas profundas arrugas alrededor de los ojos y la boca. Rita tuvo que enfrentarse a los crueles rumores y chismes que circularon durante todo el rodaje sobre su ajada belleza. Tampoco estaba en forma, y en los números de baile quedó patente que había perdido la gracia y la agilidad de otros tiempos. Un periodista escribió: «Su época ha pasado; Gilda es solo un recuerdo y nuevas divas le han quitado el trono». A ello la estrella respondió con ironía: «Elizabeth Taylor, Ava Gardner, Kim Novak y Marilyn Monroe. Es reconfortante saber que han necesitado a cuatro damas para reemplazarme».

Rita se quedó en Francia con sus hijas todo el otoño y en diciembre regresó a Hollywood para trabajar en la última película que la vinculaba a la Columbia tras dieciocho años de tensa relación. Harry Cohn le ofreció el papel de una rica mujer madura de pasado turbulento en la película *Pal Joey*, comedia musical con Frank Sinatra donde destacaba una actriz que era el nuevo capricho del productor: la joven y hermosa Kim Novak. Las comparaciones entre ambas fueron inevitables y aunque la prensa intentó enfrentarlas las dos actrices congeniaron muy bien. Por entonces se rumoreaba que la Hayworth comenzó a mezclar el alcohol con las drogas que su amigo Frank Sinatra le suministraba. «Beber es como un incendio. Se empieza por nada y acaba en mucho —confesó la actriz—. Nunca fui una alcohólica, a pesar de lo que se ha escrito, y mucho menos de la forma en que se ha dicho. Ni siquiera me gusta el whisky o el coñac. Pero más tarde le cogí el gusto a otras sustancias y acabé tocando fondo. ¡Qué pena!»

Durante el rodaje de *Pal Joey*, Rita conoció a un hombre que deseaba que la estrella volviera a brillar en la gran pantalla. James Hill era un productor de cine independiente que le presentó en una fiesta de Nochevieja su maquillador Bob Shiffer. Su buen amigo pensó que este excéntrico y apuesto soltero de cuarenta y un años podía ser un buen compañero para ella en esas horas bajas. La actriz, que a pesar de los desengaños seguía abierta al amor, acabó pronto en sus brazos. A Hill le atrajo «la expresión de tristeza y lejanía que había visto en los ojos de Rita y le había hecho sentir el deseo de rescatarla», pero al final la utilizó como los demás.

Al principio fue una relación idílica. La estrella se sentía amada por un hombre culto, seductor y elegante que solo tenía ojos para ella. Solían encerrarse en el apartamento que él poseía en Los Ángeles con champán Dom Pérignon suficiente para un mes. Jim la convenció para trabajar en una película, *Mesas separadas*, que él mismo iba a producir. Para Rita suponía un reto enorme porque compartiría cartel con estrellas de la talla de David Niven, Burt Lancaster y Deborah Kerr. Si bien en un principio se mostró muy insegura, el papel de una señora madura, amargada y solitaria estaba hecho a su medida. Su interpretación fue tan veraz que recibió críticas muy elogiosas alabando su gran talento como actriz. David Niven, que había sido uno de sus fugaces amantes, consiguió el Oscar al Mejor Actor.

Jim Hill, satisfecho por el éxito conseguido y dispuesto a relanzar la carrera de la estrella en declive, le propuso matrimonio. Rita tenía treinta y nueve años y el productor se convirtió en su quinto marido. El 2 de febrero de 1958 se casaron en una modesta ceremonia privada que se celebró en la casa que la actriz tenía alquilada en Roxbury Drive. El enlace estaba abocado al fracaso desde principio. A pesar del éxito de *Mesas separadas*, la actriz quería abandonar para siempre el cine y dedicarse a la pintura, una de sus pasiones. Pero James siempre la presionaba alegando que deseaba «lanzarla como actriz seria». Hizo otras películas con la productora de su esposo, pero únicamente porque necesitaba dinero. Su relación se fue deteriorando debido a que los dos bebían mucho, y de nuevo volvieron las peleas y las agresiones físicas. En aquella época Rita comenzó a tener un comportamiento extraño que desconcertaba a todos. Cuando tenían invitados en la casa que compraron juntos en Beverly Hills la violencia podía estallar en cualquier momento. Una noche que cenaba con ellos el coreógrafo Hermes Pan, fue testigo de que algo grave le sucedía a la actriz: «Había un candelabro encima de la mesa y Rita sin más lo lanzó a la cara de Hill. No le dio de puro milagro. Él simplemente le dijo que por favor no hiciera esas cosas y Rita guardó silencio como si nada hubiera pasado».

A los problemas con su esposo, la actriz tuvo que sumar una tragedia inesperada que la afectó mucho. En abril de 1960 su hija Yasmin de diez años debía viajar a Francia para pasar sus vacaciones con el príncipe, tal como se había acordado. Pero la niña no volvió a verle. La noche del 12 de mayo, Alí Khan sufrió un accidente de tráfico en su Lancia deportivo cuando se dirigía a cenar a un restaurante. Le acompañaba su última amante, la bella modelo Bettina. Ella y el chófer sufrieron heridas leves, pero unas horas más tarde el príncipe moría en un hospital de París a la edad de cuarenta y ocho años. Yasmin se quedaba huérfana de un padre cuyo amor acababa de recuperar y Rita perdía a un compañero con el que, pese a las desavenencias, sabía que podía contar.

Todo parecía indicar que los buenos tiempos de Rita Hayworth habían quedado atrás. Aún no había cumplido los cuarenta y su rostro delataba su tortuosa vida. Su belleza se iba marchitando y aunque aún podía resultar muy seductora, el cansancio dominaba su expresión. Los fracasos matrimoniales, el exceso de alcohol y el tabaco la envejecieron prematuramente. El maquillaje ya no podía ocultar sus marcadas ojeras, las arrugas en su frente y la flacidez de su piel. Su carrera iba cada vez más en declive y participó en varias películas con las que no consiguió el éxito de público que tanto necesitaba.

En 1961, tres años después de darle el «sí, quiero», Rita se divorció de James Hill. Su matrimonio se había vuelto insoportable, pero no solo debido a la bebida sino a los síntomas de una grave enfermedad de la que entonces poco se conocía. Su hija Yasmin recordó: «De pronto se ponía de mal humor y yo nunca sabía por qué. De pequeña tuve que aprender a convivir con su carácter. Yo siempre pensé que se debía al alcohol, pero luego supe que estaba enferma. Se tomaba dos copas y al cabo de un minuto se podía poner muy furiosa. Parecía que tuviera una doble personalidad y nos desconcertaba a todos». En aquella época comenzó a perder la memoria y a ocasionar problemas en los rodajes. «Fue una lástima porque Rita con la edad se convirtió en una muy buena actriz y nunca cometió el error de encarnar a personajes de menor edad. Podía haber hecho magníficas películas en su madurez», dijo un crítico de cine.

«Cuando se pasa de los cincuenta años, ya nada es como antes; tal vez es mejor, porque se sabe el terreno que pisas y de lo que eres capaz de hacer. Pero ya ha caído el telón y los aplausos no son tan largos, es entonces cuando te aferras al alcohol, las pastillas, los estimulantes... Es difícil de entender cuando se vive a años luz de ser un nombre sonoro, pero es la realidad, y la soledad es la más odiada de las compañías», confesó la actriz en una de las escasas entrevistas que concedió en televisión.

La ira de Dios junto a Robert Mitchum fue su última película y se rodó en Taxco, México. Rita aceptó interpretarla porque necesitaba dinero. Tenía cincuenta y cuatro años y para ella supuso un tremendo esfuerzo. Nadie del equipo sabía que estaba enferma y que le resultaba imposible recordar los diálogos. «Se había quedado sin memoria y me pidió que la ayudara —contó el director—. Íbamos a su camerino y le enseñaba a recitar un párrafo. Luego salía y se filmaba el fragmento. Volvíamos al camerino, y así una y otra vez. Tardamos tres horas en rodar una escena. Fue muy duro para ella, pero no tiró la toalla.» Durante el rodaje en México su comportamiento se volvió cada vez más extraño. Tenía miedo de todo, se negaba a tomar ascensores en los hoteles y le exigía a su chófer que no sobrepasara los quince kilómetros por hora cuando circulaban por la autopista. Podía hablar sin parar durante horas y a veces no decir nada.

Con el dinero que obtuvo de la película la actriz pudo recuperar su mansión en Beverly Hills, que se había visto obligada a alquilar por falta de liquidez, pero su deterioro iba en aumento y a sus amigos les preocupaba que viviera sola en una casa tan grande. Sus hijas ya no estaban con ella. Becky se encontraba en un internado en California y Yasmin residía en Suiza. La policía ya estaba harta de que la estrella llamara cada dos por tres diciendo que había intrusos merodeando por la vivienda. Muchas noches, soltaba a sus perros y decía que se habían escapado como pretexto para encontrar a alguien con quien hablar durante su búsqueda. Estaba tan desesperada y sola que dejaba que entrasen en la casa individuos a los que no conocía. «Todos los gorrones de la ciudad iban a verla los domingos. La casa se llenaba de gente que comía y bebía a su costa. Nos preocupaba su seguridad, porque era evidente que no era responsable de sus actos», dijo una vecina. Por fortuna, en aquellos últimos y duros años tuvo la suerte de contar con un vecino tan cariñoso y atento como Glenn Ford. El galán, que siempre había estado enamorado de ella y tenía una foto suya de *Gilda* en el salón de su casa, la visitaba con frecuencia. «Estaba muy sola y no tenía con quien hablar. Sus amigos la habían ido abandonando porque temían sus violentas reacciones y ella se había recluido en su propio mundo», reveló el actor.

Una noche llegó a amenazar con un gran cuchillo de carnicero a dos de sus mejores amigos. La actriz Ann Miller así lo recordaba: «Rita nos había invitado a Hermes Pan y a mí a cenar en su casa. Al abrir la puerta apareció ella empuñando un cuchillo y gritando: "Hoy no firmo autógrafos. ¿Quiénes sois vosotros? Marchaos de aquí". Nos asustamos muchísimo porque se puso a perseguirnos con el cuchillo en la mano y cuando nos metimos en el coche aún gritaba: "¿Cómo os atrevéis a invadir una propiedad privada? ¡Largo de aquí, largo!"». Al día siguiente Rita llamó por teléfono a su amiga y le preguntó por qué no habían ido a cenar. No recordaba nada de lo que había ocurrido.

A Orson Welles también le resultó extraño el comportamiento de Rita cuando coincidió con ella en un hotel de Los Ángeles. Hacía tiempo que no se veían y se acercó a saludarla. «Me quedé, helado cuando fui a darle un beso en la mejilla y ella me miró como a un extraño. No me había reconocido y me conmovió la expresión ausente de su mirada», comentó Welles que aún no sabía la gravedad de su enfermedad.

Sus problemas con el alcohol eran un secreto a voces entre sus amistades de Hollywood, pero en enero de 1976 el público descubrió hasta qué punto la estrella había tocado fondo. En un vuelo a Londres, y para calmar el pánico que tenía a volar, bebió más de la cuenta y abofeteó a una azafata. Al descender del avión la esperaba un grupo de fotógrafos, que se mostraron implacables con ella. A pesar de que su agente pidió que no le tomaran fotos porque no se encontraba bien e iba sin maquillar, los flashes la cegaron mientras descendía la escalerilla envuelta en su abrigo de visón. Cuando al día siguiente se publicaron las imágenes estaba prácticamente irreconocible. Era una mujer desaliñada, con la mirada ausente y muy asustada, que trataba de ocultar su rostro ante los reporteros. Aquellas fotos robadas que dieron la vuelta al mundo fueron la prueba palpable de su destrucción.

Al poco tiempo la actriz fue ingresada en un hospital psiquiátrico de Newport Beach para efectuarle unas pruebas y averiguar el origen de su dolencia. Hasta 1980 no se pudo confirmar que su grave deterioro mental no se debía solo al alcoholismo. A sus sesenta y dos años salió a la luz pública que la gran estrella Rita Hayworth padecía la enfermedad de Alzheimer. Preocupada por el alarmante estado en el que se encontraba su madre, quien ya no era capaz de cuidarse por sí misma, Yasmin acudió en su ayuda y asumió su tutela. «Estaba totalmente indefensa y todos los que la queríamos nos sentíamos culpables porque esta terrible enfermedad degenerativa había comenzado veinte años atrás. Sus bruscos cambios de humor, sus estallidos de violencia, las rabietas y la amnesia que se apoderaban de ella eran síntomas del alzhéimer y nadie lo supo advertir», lamentó su hija, y añadió: «Yo siempre pensé que se debía al alcohol, aunque la verdad es que nunca la vi beber hasta ese extremo. Fue muy duro descubrir la verdad».

Yasmin tenía treinta y dos años y para cuidar de ella renunció a su ambición de ser cantante. Alquiló en Nueva York un lujoso apartamento contiguo al suyo con vistas a Central Park. Allí vivió Rita sus últimos años rodeada de cariño y recluida en sus recuerdos. Ningún periodista volvió a molestarla ni consiguieron robarle una foto. «No llores, mi pequeña. Yo he disfrutado de la vida y contigo cerca no tengo miedo a nada», le susurró un día al oído a su hija antes de perder por completo la capacidad de comunicarse. Después pasó sus días recostada en un sillón junto a la ventana; rígida, callada y con la mirada fija en el horizonte igual que cuando era una niña y se sentaba en el porche de Chula Vista a la espera de que su padre se la llevara a Tijuana para actuar en los casinos. Solo cuando le ponían su música favorita movía hombros y pies y sonreía levemente. Una luminosa mañana de primavera la mujer más deseada del planeta se fue para siempre, serena y sin hacer ruido. Era el 14 de mayo de 1987. Tenía sesenta y ocho años y hacía tiempo que había olvidado quién era Gilda.

GRACE KELLY

Una princesa de película

Tuve que alejarme de lo que había sido Grace Kelly, y me resultó muy duro. Pero no podía ser dos personas a la vez, una actriz norteamericana y la esposa del príncipe de Mónaco. Entonces, durante un tiempo, perdí mi identidad.

GRACE KELLY

Había llegado al Olimpo de las estrellas de cine. Era la actriz más bella y estilosa de su época, las revistas se disputaban sus exclusivas y tenía una legión de admiradores. La suya había sido una carrera meteórica. Antes de cumplir los veintisiete años, había rodado once películas con grandes directores y había ganado un Oscar. Discreta, culta y trabajadora, era una rubia distinta a todas las demás. Grace carecía de vulgaridad, desconfiaba de los encantos de Hollywood y tenía un aire aristocrático. Parecía una rica heredera de Filadelfia y no se molestó en desmentirlo. Sin embargo, tras su aspecto de niña bien algo remilgada se ocultaba una rebelde con voluntad de hierro. Plantó cara a los poderosos estudios de cine rechazando los papeles de «rubia tonta y decorativa» que le ofrecían. Mantuvo apasionados romances con algunos de los galanes maduros más atractivos de su época, entre ellos Gary Cooper y William Holden. Solo el director Alfred Hitchcock la tomó en serio y descubrió que tras su gélida apariencia se escondía un volcán en erupción. Fue su adorada musa, y de la mano del maestro se transformó en un icono de estilo que inspiró a toda una generación de mujeres y aún hoy perdura en el tiempo.

Pero Grace sentía que le faltaba algo. No le bastaba ser musa ni diosa de la belleza; entonces conoció a un príncipe que necesitaba una princesa para su diminuto reino a orillas del mar. Se llamaba Rainiero III y ella creyó que los cuentos de hadas existían. A cambio de ser su esposa tuvo que abandonar su trono en la meca del cine para convertirse en Su Alteza Serenísima Gracia de Mónaco. Sin tener ni una gota de sangre azul en sus venas resultó una princesa impecable, encantadora y ejemplar. Formó una familia, se dedicó a las obras de caridad, fue mecenas de las artes y devolvió el esplendor al pequeño principado. Con el paso de los años ya no pudo disimular el hastío. La vida en el palacio de los Grimaldi le resultaba vacía y asfixiante. Grace falleció en plena madurez, cuando despertaba de su largo letargo y estaba a punto de regresar al cine, su única y gran pasión.

UNA EXTRAÑA EN LA FAMILIA

La actriz más glamurosa de Hollywood había sido una niña delgaducha, tímida y enfermiza. Siempre se sintió el patito feo del clan Kelly, y cuando se convirtió en un cisne que enamoró al príncipe de Mónaco su padre fue el primero en sorprenderse. Nunca imaginó que ella, tan distinta en gustos y carácter a sus otros hijos, llegaría tan lejos. Grace nació el 12 de noviembre de 1929 en Filadelfia, en el seno de una familia irlandesa, católica y demócrata que recordaba mucho a la del presidente John Fitzgerald Kennedy. Era la tercera de los cuatro hijos del matrimonio Kelly y llegó después de Peggy y de Jack Jr. (Kell), el único varón y el rey de la casa. Grace fue la pequeña hasta el nacimiento de su hermana Lizanne en junio de 1933. Nunca se acostumbró a ser la hija mediana y posteriormente recordaría: «Mi hermana mayor era la preferida de mi padre, quien también sentía pasión por mi hermano Kell. Luego nací yo y más tarde mi hermana menor, de la que tuve unos celos terribles porque acaparaba todas las atenciones y yo me sentía invisible».

Su infancia transcurrió durante los años más difíciles de la Gran Depresión que azotó al país. Mientras las empresas quebraban y los puestos de trabajo desaparecían, la familia Kelly vivía de manera holgada en una hermosa mansión de Henry Avenue. Su padre, Jack Kelly, un astuto y emprendedor hijo de inmigrantes irlandeses, supo mantener a flote su negocio a pesar de la grave crisis financiera y su fortuna apenas se resintió. Alto, varonil y de complexión atlética, levantaba pasiones entre las mujeres. La prensa lo apodaba «el rey del ladrillo» y él se vanagloriaba de ser un millonario hecho a sí mismo. Empezó a trabajar en el negocio familiar como aprendiz de albañil y con el tiempo llegó a ser el propietario de la empresa de construcción más grande de la costa Este y uno de los hombres más ricos de Filadelfia. Jack destacó como hábil hombre de negocios y también por sus triunfos deportivos. Fue en tres ocasiones campeón olímpico de remo, lo que le convirtió en un héroe local y se erigió una estatua en su honor. Además de una imponente figura, tenía una fuerte personalidad y se había ganado la fama de conseguir siempre lo que se proponía. Grace le admiraba, pero no era fácil ser la hija de un campeón. A lo largo de toda su vida la actriz intentaría llamar su atención y ganarse su cariño y su aprobación. Jack nunca la entendería ni le demostró su afecto, pero le inculcó una férrea disciplina y amor al trabajo que le serían muy útiles en su carrera como actriz.

Grace dio sus primeros pasos en la residencia familiar, construida por el patriarca en lo alto de una colina que dominaba el exclusivo barrio de East Falls. Era un elegante edificio de piedra y ladrillo visto de tres plantas, diecisiete habitaciones, grandes ventanales y chimeneas en los salones. Estaba rodeado de un jardín de árboles centenarios donde había columpios y una pista de tenis. Un largo camino empedrado llevaba hasta la puerta principal de estilo colonial. Los Kelly tenían una secretaria, varias doncellas y un chófer negro al que llamaban Fordie y que también trabajaba como jardinero. Los días que libraba la niñera, él era el responsable de acostar a los niños. Grace sentía un especial afecto por este hombre atento y bondadoso que fue para ella una especie de figura paterna. Jamás le olvidaría y a lo largo de su vida la actriz manifestaría su repulsa hacia toda forma de racismo.

Aunque Jack Kelly era un hombre carismático, rico y con buenos contactos políticos, nunca fue aceptado en la alta sociedad de Filadelfia. Para pertenecer a este selecto club resultaba preciso haber nacido en el seno de una de las antiguas familias de la ciudad, y no era su caso. Cuando más adelante Grace se convirtió en una estrella de Hollywood y destacaba por su clase y refinamiento, se extendió la leyenda de que procedía de una familia aristocrática de Filadelfia. Pero en realidad sus exquisitos modales los había aprendido en la escuela

Stevens y de las monjas del convento de Ravenhill. «Grace era una gran observadora y sabía imitar a la perfección el estilo de las jóvenes de buena familia de Filadelfia. No era extraño que la gente, al verla tan estilosa y con una elegancia innata, pensara que provenía de una familia de rancio abolengo, y sinceramente ella tampoco hizo mucho por desmentirlo», admitió su amiga de juventud Mary Naredo.

El padre de Grace pondría todo su empeño en triunfar en los negocios, el deporte y la política para olvidar la humillación de aquellos que los consideraban unos nuevos ricos. Así fundó su propia dinastía al casarse en 1924 con Margaret Majer, una bella y ambiciosa hija de inmigrantes alemanes. Al igual que él, era muy deportista y una excelente nadadora. Jack Kelly abandonó muy pronto los estudios, pero Margaret fue la primera mujer que dio clases de educación física en la Universidad de Pensilvania y también la primera entrenadora del equipo femenino de natación. Jack había encontrado en ella la horma de su zapato: una muchacha robusta, atlética y voluntariosa que, además, tenía antepasados entre la nobleza alemana. En las fotos que se conservan de ella el día de su boda se ve a una joven rubia, alta, fuerte y masculina.

Margaret era una mujer austera y de gustos frugales que trataría de inculcar en sus tres bonitas y rubias hijas. Todas llevaban el pelo corto, vestían de manera sencilla y nunca con colores llamativos. Los Kelly se comportaban como una familia modélica y pese a su gran fortuna nunca gastaban el dinero a la ligera. El principal interés de Margaret era conseguir fondos para su amada Facultad de Medicina para Mujeres de Pensilvania y obligaba a sus hijas a desfilar en galas benéficas o a vender flores a los vecinos para recaudar dinero. La religión jugaba un papel importante en sus vidas. Los domingos por la mañana

Fordie, el chófer, vestido con su impoluto uniforme, les llevaba en coche a la iglesia para asistir a misa. Cuando hacían su entrada, tan guapos, rubios y pulcros, acaparaban todas las miradas.

La matriarca del clan Kelly dirigía su casa con mano de hierro. Al igual que su esposo era una mujer severa y rígida que inspiraba en sus hijos más temor que cariño. Cuando los pequeños crecieron se referían a ella como «nuestra generala prusiana», algo que a ella no le ofendía, al contrario, pues estaba convencida de que la disciplina resultaba indispensable en la educación de un niño. En su madurez la actriz recordaba cómo su madre insistía en que sus hijas destacaran no solo en la competición deportiva, sino también en las labores del hogar, la costura y la jardinería. Entretanto su marido volcó todas sus ambiciones y energías en educar a su único hijo varón, al que desde niño inculcó el culto al cuerpo y al deporte. Kell acabó realizando el sueño de su padre y consiguió ganar una medalla de bronce en los Juegos Olímpicos de 1956, convirtiéndose en el nuevo héroe de la familia.

Grace era el polo opuesto de sus hermanos robustos y sociables. No le gustaba el deporte competitivo; siempre estaba tranquila, callada, y nunca encajó en aquel ambiente tan bullicioso. El señor Kelly se sentía desconcertado con la frágil y delicada «Gracie» y se mostraba muy duro con ella: «No entiendo a esa chica, somos una familia deportista, de muy buenos atletas, y ella a duras penas sabe andar». Era la única que tenía una constitución débil y enfermiza. Su hermano Kell recordaba que la obligaban a beber el jugo sangrante del asado familiar para fortalecerla. Su delicada salud la volvió aún más tímida y marginada de lo que ya era. Además, se sentía acomplejada por su físico y tenía que llevar gafas por su miopía. «Yo no era una niña fuerte como mis hermanos y mi familia solía decirme que había nacido resfriada porque siempre estaba sorbiéndome los mocos, tosiendo o luchando contra alguna dolencia respiratoria», confesó la actriz en una entrevista.

Para ser aceptada y contar con la aprobación de sus padres, Grace comenzó a tomar lecciones de danza y a jugar al tenis. Pero a pesar de sus esfuerzos tampoco consiguió destacar ni estar a la altura de los demás miembros del clan. La niña se refugió en su propio mundo y desarrolló una gran habilidad para entretenerse sola. Leía mucho, escribía melancólicos poemas, era muy soñadora e inventaba pequeñas obras de teatro para que las representaran sus muñecas, adjudicando a cada una de ellas un papel y una voz diferentes. Su padre, que menospreciaba a los intelectuales y artistas, fue incapaz de valorar su precoz sensibilidad. Toda su atención la acaparaba la mayor, Peggy, por quien nunca ocultó su debilidad.

La pequeña buscó en su madre el amor y la atención que su padre le negaba. Grace era la más parecida físicamente a ella y heredó su cabello rubio, ojos azul verdoso y rasgos nórdicos. Pero la relación entre ambas siempre fue tirante y conflictiva, incluso cuando se convirtió en princesa de Mónaco. «Nunca fue cariñosa con Grace pero, eso sí, le transmitió una fuerte disciplina y rectitud religiosa que calarían hondo en ella. Para Margaret lo importante era mantener siempre las apariencias pasara lo que pasase», contó su buena amiga la actriz Rita Gam. Para la señora Kelly los suyos debían parecer ante los ojos del mundo como una familia feliz, cariñosa, profundamente religiosa y de una moralidad intachable. Cuando a su marido Jack Kelly se le subió la fama a la cabeza debido a su reputación como «el hombre con el mejor físico de América» y comenzó a engañarla con otras mujeres, nunca se planteó la posibilidad del divorcio. Había que mantener la imagen por encima de todo. Grace aprendió las lecciones de su madre y toda su vida fue un ejemplo del triunfo de las apariencias sobre la realidad.

«Creció privada del amor y de la atención de sus padres, y marginada por sus hermanos, que se mostraban con ella implacables y duros. La hicieron muy desdichada y su infancia marcaría a fuego su personalidad, siempre en busca de afecto y reconocimiento», escribe su biógrafo James Spada. Poco antes de cumplir los seis años Grace fue enviada a la academia Ravenhill, de Filadelfia, a menos de un kilómetro de su casa. Era una residencia de estilo victoriano con hermosos techos artesonados y vidrieras de colores, donde un centenar de niñas asistían al jardín de infancia, aprendían el catecismo y otras tareas escolares. Aunque las hermanas de la Asunción eran severas con las pequeñas, pues enseñaban buenos modales y no toleraban la menor falta de educación, se mostraban cariñosas con ellas. Las monjas recalcaban, entre otras normas de decoro, que las niñas debían llevar guantes blancos cuando iban y volvían al colegio, una costumbre que Grace nunca abandonó.

Las maestras de Ravenhill la alentaron a ampliar sus lecturas, a dibujar, a hacer arreglos florales para la capilla y a continuar con el hábito de escribir sencillas poesías. En ese lugar que olía a cera e incienso, Grace encontró la ternura y el afecto que nunca tuvo en su hogar. Lejos del frío y asfixiante ambiente de la mansión familiar, por primera vez se sentía libre y dichosa. Allí las monjas descubrieron su talento precoz para el teatro cuando se subió a las tablas por primera vez para interpretar a la Virgen María en la representación anual de Navidad. Pero su padre opinaba que en el convento no se hacía suficiente deporte y que las monjas eran demasiado blandas con sus alumnas. Cuando terminó el octavo curso la cambiaron a la escuela Stevens, una institución para niñas bien de Filadelfia donde conti-

nuaría sus estudios. Para Grace fue muy triste abandonar a sus
queridas monjas y dejar atrás a sus amigas.

A punto de cumplir los catorce años se trasladó a su nueva
escuela, situada en el vecino barrio de Germantown. Fue una
etapa difícil porque aún se sentía muy acomplejada y poco
segura de sí misma. En plena adolescencia sufría porque se veía
gorda y tenía poco pecho. Una de sus compañeras de curso
reconocía que por entonces no era muy agraciada y que relle-
naba los sujetadores con algodón para lucir más formas. «Yo
seguía siendo muy tímida. Me sentía tan torpe, que deseaba
que me tragara la tierra... Era tan sosa, que me tenían que presentar varias veces a la misma persona para que se fijara en mí.
No causaba la menor impresión en la gente», admitió Grace en
su madurez. Nunca fue una alumna brillante y las ciencias y las
matemáticas la aburrían; aun así, consiguió superar los cuatro
cursos con buenas calificaciones.

En aquel tiempo Grace empezó a salir con chicos, aunque
al principio con poco éxito. «Cuando tenía entre catorce y
dieciséis años no era más que una patosa que no cesaba de
reírse, con una voz nasal. Siempre tuvo problemas con la nariz,
que le provocaba esa voz peculiar. Su afición a la comida le
hizo ganar peso, y además era miope y llevaba gafas. Era todo
menos una princesa de cuento...», recordó su indiscreta madre
a la prensa cuando se anunció su compromiso con el príncipe
Rainiero de Mónaco.

Aunque sentía lástima de su apocada y patosa hija, la descripción que hacía Margaret de ella en aquella época no resultaba muy realista. A punto de finalizar sus cuatro años en la
escuela Stevens, la joven era muy popular en el colegio y en el
anuario de 1947 bajo su foto se podía leer: «Es una de las bellezas de la clase. Divertida y con ganas de reír, no le cuesta

hacer amigos. Es una comedianta nata y se ha hecho famosa por su talento interpretativo». Poco a poco Grace había dejado atrás los problemas de salud y a los dieciséis años se había transformado en una guapa y refinada joven de metro sesenta y siete, cutis de porcelana y ojos azules que contaba con una nutrida corte de admiradores. Despertaba en los hombres un deseo de protección que su hermana Lizanne definía de manera elocuente: «Todos los que la conocieron después de cumplir los quince años deseaban cuidar de ella. Parecía necesitar ayuda, pero no era así. La gente pensaba: "Pobre chica, hay que ayudarla", pero Grace era perfectamente capaz de valerse por sí sola, aunque daba la impresión de desvalida».

En aquellos años «de angustia y rebeldía» lo que más la llenaba era actuar con pequeños grupos de teatro amateurs de Filadelfia, como los Old Academy Players de East Falls. Grace hizo su debut teatral a los doce años cuando actuó en esa compañía de su barrio, y la directora se quedó impresionada por su entrega y profesionalidad. «Recuerdo aquel día y la agradable sensación que experimenté la primera vez que pisé un escenario de verdad. Era maravilloso sentir la forma en que respondía el público», explicó la actriz cuando ya era una estrella de Hollywood. Fue entonces cuando decidió dedicarse en serio a la interpretación. Sus padres se sorprendieron al ver que su tímida y reservada hija se transformaba por completo sobre las tablas. Incapaz de emular a sus hermanos en sus hazañas deportivas, Grace descubrió que en el escenario podía ser quien ella quisiera y recibir toda la atención y el cariño del público. Ya entonces pensaba en el teatro como el camino que la llevaría a la fama y al éxito que sus padres y hermanos habían alcanzado en el deporte.

Si alguien de la familia Kelly creyó en el talento de Grace

y alentó sus ambiciones artísticas ese fue su tío George. Vivía a pocos metros de su casa en su apartamento de ambiente bohemio, donde se respiraba una atmósfera más relajada que en Henry Avenue. Apuesto y elegante, el hermano esnob del magnate de la construcción Jack Kelly era soltero y compartía su vida, y su corazón, con su discreto y leal mayordomo. Tanto Grace como George Kelly eran dos raras avis en la familia, una especie de proscritos que nunca encajaron en el clan. En aquella época tener un pariente homosexual resultaba algo vergonzoso y solo se toleraba este tipo de relaciones si se ocultaban. Grace nunca hizo caso de los chismorreos y los crueles comentarios que circulaban sobre su tío. Por el contrario, sentía auténtica fascinación por ese hombre sensible, culto y de finos modales que había sido actor en Broadway para convertirse después en uno de los dramaturgos de mayor fama de Estados Unidos. En 1926 ganó el prestigioso premio Pulitzer de teatro y varias de sus obras habían sido llevadas al cine con enorme éxito. «Para mí, era la persona más maravillosa del mundo. Podía pasarme horas enteras escuchándolo, y a menudo lo hacía. Me descubrió muchas cosas que de otra manera nunca hubiera conocido, como la literatura clásica, la poesía y las grandes obras de teatro —explicó la actriz—. Le gustaban las cosas hermosas y el lenguaje refinado, y todo eso lo compartió conmigo de un modo que nunca olvidaré. También era una de las pocas personas capaces de plantar cara a mi padre y de llevarle la contraria.»

El 5 de junio de 1947 la señorita Kelly finalizó sus estudios secundarios en la escuela Stevens y en el anuario de ese año sus compañeras de clase vaticinaron que estaba destinada «a convertirse en una estrella de la pantalla». Grace deseaba asistir a la prestigiosa Academia de Arte Dramático de Nueva York, pero no se atrevía a decírselo a sus padres. «Para Jack Kelly, la profesión de actriz era solo un pelín mejor que la de prostituta, y no le entraba en la cabeza que se fuera a vivir sola. Aunque Manhattan se encontraba a menos de una hora y media en tren de Filadelfia, no le parecía un lugar adecuado para una señorita de su clase social», comentó su amiga Judith Quine. Por su parte, Margaret se empeñaba en que prosiguiera sus estudios en alguna buena universidad de la costa Este. Pero viendo que Grace se mostraba inflexible y estaba tan ilusionada, finalmente su padre aceptó que se presentara a las pruebas de admisión convencido por los argumentos de su esposa: «Deja que se vaya —le suplicó Margaret—. Regresará dentro de un mes. Ya sabes que es muy tímida».

Ser la sobrina del famoso dramaturgo George Kelly le abrió las puertas de la academia, pero fue la brillante interpretación que hizo durante la audición lo que cautivó a su director. «Es una joven encantadora —afirmó Emil Diestel—. Tiene unas cualidades muy prometedoras. Creo que hará carrera en el teatro.» Haber sido aceptada en una de las más importantes escuelas de arte dramático del país suponía un rotundo éxito. Sin embargo, para su padre, que siempre dudó de sus dotes artísticas, no supuso un gran logro. Quien sí valoró su triunfo fue su hermano Kell, que conocía bien a Grace y admiraba su talento y perseverancia. Años más tarde, cuando le preguntaron cómo había logrado su hermana prosperar de forma tan asombrosa, respondió: «Consiguió escaparse de casa en el momento oportuno y los demás no fuimos capaces de hacerlo».

Contra todo pronóstico, Grace Kelly había cumplido su sueño de estudiar teatro en Nueva York y alejarse del férreo control de su madre. Solo quedaba un asunto por resolver. El señor Kelly había aceptado a regañadientes que se independizara, pero con la condición de que se alojara en una residencia decente y segura. «Me vi a salvo de la perdición porque en Nueva York había un sitio que mis padres pensaban que me defendería y protegería como si yo fuera la mismísima Constitución. Se trataba de un hotel solo para mujeres, y para que mi padre consintiera que me presentara a las pruebas de acceso a la academia tuve que acceder a alojarme en el hotel Barbizon, no en un apartamento como era mi deseo», contó Grace con su habitual sentido del humor.

A punto de cumplir los dieciocho años, Grace había dado un gran cambio aunque sus padres no lo notaran. Por una parte, parecía una chica recatada, sensata y refinada que no había perdido su timidez; por otra, poseía una fuerte rebeldía, sed de aventuras y ganas de vivir intensamente su sexualidad. Había recibido una educación católica muy severa y ahora que al fin había logrado liberarse de las ataduras familiares estaba dispuesta a vivir su vida. Unos días antes de partir a Nueva York tuvo su primera relación sexual con un hombre unos cuantos años mayor que ella y casado. «Sucedió inesperadamente. Fui a casa de una amiga para recogerla, pero ya había salido. Estaba lloviendo a cántaros, y su marido me dijo que mi amiga no regresaría hasta la noche. Estuve un rato charlando con él, y de pronto, sin saber muy bien por qué, estábamos en la cama haciendo el amor», confesó la actriz a su profesor Don Richardson, que fue su amante mientras estudiaba teatro en Nueva York. En los años siguientes Grace sintió una obsesiva atracción por hombres que le doblaban la edad, varoniles y dominantes, que le recordaban a su padre. Relaciones en general imprudentes, porque la mayoría estaban casados y le ocasionaban un sentimiento de culpabilidad del que no podría desprenderse. «En mi adolescencia siempre me estaba enamorando de hombres mayores que me daban mucho más de lo que yo les daba a cambio.»

La señorita Kelly se instaló en el hotel Barbizon a finales de agosto de 1947. Se trataba de una institución de intachable reputación que solo podían permitirse las hijas de familias ricas. Situado en el corazón de Manhattan, admitían a jóvenes que podían presentar tres cartas de referencia que garantizasen su respetabilidad, y había una larga lista de espera. Era una especie de enorme internado de lujo con más de seiscientas habitaciones que contaba con gimnasio, piscina, biblioteca, estudio de música, cocina y un gran salón común. En el hotel las normas internas y de indumentaria eran estrictas. Estaba prohibido el consumo de alcohol y los hombres únicamente podían visitar a las chicas en el vestíbulo. Todos los días a las siete de la mañana se inspeccionaban los dormitorios para cerciorarse de que las estudiantes hubiesen pasado la noche solas. A pesar de estas restricciones, no era una cárcel y las jóvenes entraban y salían cuando querían. En el pasado en sus habitaciones rosas y verdes se habían hospedado numerosas aspirantes a actriz, entre ellas Lauren Bacall, Gene Tierney y Liza Minnelli.

El director del Barbizon explicó que Grace parecía muy reservada y que solía sentarse sola a leer o a hacer labores de punto en el salón. A sus compañeras les llamaba la atención su aspecto tan formal y su manera de vestir, que recordaba a la de una maestra de escuela. «Era terriblemente convencional. Siempre usaba trajes de chaqueta de tweed y sombreros con una especie de velo, y tenía cantidad de zapatos deportivos —dijo su amiga Alice Godfrey—. Solía vestir una rebeca o un suéter, un pañuelo o un fular al cuello y una falda sencilla, y siempre sus gafas con la montura de concha... nada glamuroso.» También llevaba guantes blancos, un símbolo de distinción femenina en

los años treinta que se convirtió en una de sus señas de identidad cuando ya era una consagrada estrella de Hollywood. En
realidad Grace mantenía el decoro para no llamar la atención y
poder infringir las normas del centro cuando le venía en gana.

A las pocas semanas de su llegada al Barbizon comenzó a
salir con un compañero de la academia de teatro, Herbie Miller. Era un joven aspirante a actor, divertido y guapo, por el
que se sintió muy atraída. «Éramos dos adolescentes con ganas
de pasarlo bien —recordó—; nuestra relación fue muy carnal,
ardiente e intensa. Subíamos a la planta trece del hotel donde
había una sala de esparcimiento y nos escondíamos tras las
cortinas para besarnos.» Si les hubieran pillado, Grace podía
haber sido expulsada del hotel, pero debido a su respetable
apariencia nadie sospechaba de ella. Sus compañeras de cuarto
también descubrieron que podía ser muy rebelde y provocativa. En las habitaciones estaba prohibida la música y el baile,
pero ella organizaba a escondidas fiestas donde fumaba, bailaba y hacía divertidas imitaciones. «Podía ser muy extrovertida;
a veces la veías bailar frenéticamente por los pasillos con una
diminuta ropa interior y cada vez que se oía el ascensor corría
a esconderse en su cuarto», evocaba otra de sus compañeras.

Aunque le gustaba divertirse y coquetear con los chicos,
Grace se tomaba muy en serio sus clases. La academia de arte
dramático a la que asistía dos o tres días a la semana se encontraba en la planta superior del Carnegie Hall, en la esquina de la
Séptima Avenida con la calle Cincuenta y siete. Era un laberinto
de viejos estudios que olían a humedad, con suelos de madera y
altas ventanas de arco, tuberías a la vista y ruidosas escaleras.
Conservaba intacto su ambiente decadente y bohemio, y entre
sus antiguos alumnos figuraban estrellas de la talla de Lauren
Bacall, Spencer Tracy, Katharine Hepburn y Kirk Douglas.

Desde el primer día Grace se esforzó en mejorar su voz, que era su punto débil y lo que más criticaban en sus actuaciones. Su novio de entonces, Herbie Miller, trabajó estrechamente con ella para ayudarla a perfeccionar su dicción. «Tenía el acento de Filadelfia más nasal que puedas imaginar. Nos quedábamos levantados hasta después de medianoche haciendo ejercicios vocales. Finalmente... Grace exageró tanto al corregir su acento que terminó pareciendo británica», comentó. Más adelante los directores con los que trabajó, entre ellos Alfred Hitchcock, encontraron muy atractivo y original su acento, que encajaba perfectamente en los papeles de dama sofisticada y de la alta sociedad que solía representar. Pero en casa de los Kelly en Filadelfia tuvo que soportar las burlas y risas de sus hermanas. Cuando Peggy y Lizanne oyeron «la nueva voz de Grace» por primera vez, se mofaron de ella sin piedad.

La matrícula de la academia costaba mil dólares, una cantidad muy elevada para la época. La joven se esforzó en buscar un trabajo para no depender económicamente de sus padres. Algunas de las chicas que residían en el hotel Barbizon eran modelos y le garantizaron que podía ganar un buen dinero haciendo anuncios para revistas y televisión. Siempre había sido muy fotogénica y no le costó mucho encontrar trabajo. Con su aspecto saludable, cabello rubio, brillantes ojos azules, un cutis de alabastro y encantadora sonrisa, encarnaba la imagen de la perfecta chica americana. Muy pronto fue contratada por una importante agencia publicitaria y se la podía ver promocionando en revistas y periódicos todo tipo de productos, desde dentífricos y jabones hasta aspiradoras. Comenzó cobrando siete dólares y medio a la hora y en poco tiempo ganaba más de cuatrocientos a la semana. Pero no era una profesión que le gustara y se sentía cohibida cuando tenía que posar en ropa interior y coquetear con hombres en las convenciones mientras distribuía cigarrillos. Grace fue una de las modelos mejor pagadas de Nueva York entre los años 1947 y 1949, y sus ingresos le permitieron costearse los gastos de sus estudios y ahorrar todos los meses.

Su cara se hizo muy popular para el público neoyorquino y se la podía ver en enormes carteles publicitarios que colgaban en las fachadas de los rascacielos anunciando cremas faciales o lápices de labios. También realizó spots de televisión, pero la propia Grace llegó a reconocer años después que no servía para ello: «En las fotos salía bien, pero en los anuncios estaba fatal, esa es la verdad. Me gustaría pensar que no resultaba creíble porque no creía en el producto que anunciaba, pero lo cierto es que era muy torpe a la hora de pronunciar las frases y mis movimientos muy rígidos».

Su repentino éxito como modelo desató las envidias y los celos entre sus compañeros. Algunos la consideraban arrogante y altiva, y existía bastante resentimiento contra ella. Un estudiante que iba a su misma clase, Craig Shepard, dijo: «Nunca pensé que Grace supiera actuar. No era una actriz imaginativa, creativa. Solo poseía técnica. Conocía su oficio, pero en cuanto a garra y talento innato, nada de nada. Pero en su favor operaban otras cosas que eran obviamente más importantes. Tenía buenos enchufes. Era sobrina de George Kelly y provenía de una familia rica. Era perseverante y tenaz, sin duda, y hermosa, pero lamento no poder decir nada mejor de ella». Grace aún podía mostrarse en público muy tímida y las personas que no la conocían bien lo interpretaban como un síntoma de soberbia. Es cierto que el apellido Kelly le había abierto muchas puertas, pero nadie podía negarle que había trabajado duro para independizarse y que lo había conseguido todo por sí misma.

En octubre de 1948, a punto de cumplir los diecinueve años, Grace empezó su segundo curso en la academia. Fue entonces cuando comenzó el romance con su profesor, Don Richardson, once años mayor que ella. Era un actor y exitoso director de teatro judío y neoyorquino que había sido alumno de la academia y ya poseía en su haber algunas producciones de renombre. No hacía mucho que había dirigido a Burt Lancaster en su debut en Broadway y tenía por delante una brillante carrera. Cuando Don la conoció se sintió muy atraído por ella. «No resultaba demasiado bonita —admitió el actor—. Tenía un aspecto frágil, unos diecinueve años, era rubia, delgada, llevaba un pañuelo en la cabeza, iba muy bien vestida, con un abrigo de pelo de camello. Me sorprendí al darme cuenta de que aunque no la conocía, sentí que necesitaba que alguien la protegiera porque parecía muy solitaria.» Don Richardson era el nombre artístico de Melvin Schwartz, un hombre atractivo y pasional, moreno, de profundos ojos negros y aire agitado que sedujo por completo a la joven Grace. Lo que comenzó siendo una aventura se prolongó en una sólida relación que duró más de dos años.

A Don Richardson le encantó poder cuidar de Grace y darle todo su amor en aquella etapa de su vida, en la que se sentía llena de dudas y bastante vulnerable. Él también atravesaba por un momento delicado, ya que su mujer le acababa de abandonar por otro hombre y estaba tramitando el divorcio: «Cuando nos conocimos ambos éramos almas perdidas, personas destrozadas necesitadas de afecto». Los dos sabían que su relación tenía que permanecer en secreto. Cuando asistía a sus clases, ella se comportaba con naturalidad fingiendo no conocerle y continuaba viéndose con su compañero de clase Herbie Miller, que todos pensaban que aún era su novio. Muchos fines de semana Grace los pasaba en el pequeño apartamento de soltero que su amante había decorado con cuatro muebles viejos y resultaba muy poco romántico. Durante los meses siguientes Don la llevó a fiestas a casas de actores profesionales del teatro y la televisión que eran amigos suyos. Grace combinaba las clases de arte dramático con su trabajo de modelo y, a veces, se las arreglaba para escaparse a su nido de amor. «Siempre le calentaba sopa de vegetales Campbell. Se la comía, nos metíamos en la cama y hacíamos el amor. Después, se levantaba de un salto, se vestía e iba a trabajar de modelo. Decía que hacer el amor hacía que sus ojos resplandecieran», recordaba él.

Al cabo de poco tiempo Richardson descubrió que estaba enamorado, y Grace compartía los mismos sentimientos. Le parecía el hombre perfecto, bastante mayor que ella, culto, sofisticado y un brillante director de teatro dispuesto a sacar lo mejor de ella como actriz y ayudarla en su carrera. Sin embargo, aunque la ilusionaba mucho la idea de triunfar sobre las tablas, él tenía serias dudas sobre sus dotes dramáticas: «Ya entonces estaba convencido de que Grace llegaría a ser una importante estrella de cine. No era una gran actriz y su voz carecía de potencia, lo que suponía un problema para el teatro... No creo que hubiese podido convertirse en una gran artista del escenario, pero sabía que con su magnífica fotogenia daría un resultado maravilloso en la pantalla», explicó más adelante.

A medida que la relación se volvía más seria, la actriz decidió presentar a Don Richardson a su familia, y en abril de 1949 viajaron un fin de semana a Filadelfia. El recibimiento que le ofrecieron no pudo ser más frío y desagradable. Desde siempre el señor Kelly había controlado la vida sentimental de sus hijas, y aunque Grace viviera lejos de casa seguía comportándose del mismo modo. Su esposa ya le había puesto en antecedentes sobre el hombre que había robado el corazón de su pequeña Gracie y estaba dispuesto a cortar por lo sano esta relación. Nunca permitiría que saliera con un hombre judío, de vida bohemia y artista de profesión. Durante la cena el novio tuvo que soportar las bromas de mal gusto de su hermano Kell y unos amigos de este a los que también habían invitado para ponerle a prueba. «Empezaron a meterse con los judíos —recordó Don—. A imitarlos, a contar chistes de judíos. Yo estaba horrorizado, no podía creer lo que estaba ocurriendo.» Lejos de defenderle ante los ataques familiares, Grace se sentó en un rincón del comedor, alejada de ellos. «Parecían modelos de anuncio, eran muy atractivos. Su padre era un hombre brillante y con el físico de un adonis. Todos daban esta impresión. Y a Grace se la veía ajena a su mundo. Ella era la verdadera modelo y artista, y sin embargo, la única persona que no lo parecía. Se había sumergido en aquella personalidad frágil, callada y asustadiza, como la chica a la que conocí sentada en las escaleras de la academia», añadió.

La estancia de Richardson en la casa de Henry Avenue terminó de manera tan inesperada como abrupta. Aprovechando que la pareja de enamorados fue a hacer una visita al tío George, la señora Kelly subió a la habitación de su invitado y registró su equipaje. Lo que descubrió la dejó perpleja y enfurecida. «Lo había sacado todo —rememoraba Don Richardson—. Ni siquiera intentó ocultar lo que había hecho. Allí estaba mi maletín abierto y, fuera del sobre, una carta relacionada con mi divorcio. Además, había una caja de preservativos que compré por si Grace y yo teníamos la oportunidad de hacer el amor. Ella era muy despreocupada entonces y era yo quien debía encargarme de ese asunto.» Margaret se acababa de enterar de que su hija se acostaba con un hombre casado y que a sus diecinueve años ya no era virgen. Sin disimular su disgusto, le pidió que hiciera el equipaje y se marchara cuanto antes de su casa. Nadie se despidió de él y Grace se encerró en su cuarto furiosa y llorando sin parar. «Espero estar embarazada», le dijo desafiante a su amiga Maree Frisby, a quien le contó lo ocurrido. Cuando la actriz abandonó la casa aquel turbulento fin de semana, su madre le susurró al oído: «Cariño, puedes conseguirlo sola, no necesitas a nadie», dando a entender que estaba con él por puro interés.

Los Kelly prohibieron a Grace que volviera a ver a su novio. Él regresó a Manhattan solo y con la sensación de haber vivido una horrible pesadilla. Unos días después, cuando la joven se graduó en la academia, la sacaron del hotel Barbizon y la enviaron a la residencia de verano que la familia tenía en Ocean City. Dejó de asistir a clase y tampoco pudo interpretar las obras en las que había estado trabajando durante dos años en la academia. Se sentía indignada y abatida por la reacción de sus padres y el trato humillante que le dispensaron a su novio. «Grace estaba enamorada de Richardson y aquel fin de semana fatídico la alteró muchísimo. Mis padres no comprendieron a ese hombre ni entendían su forma de vida. Era tan distinto de los chicos con los que había salido Grace, tan diferente de los amigos deportistas de mi hermano... De repente, había llegado un hombre sofisticado de Nueva York. No les gustó nada. La diferencia de edad también era un problema, aunque mi padre era nueve años mayor que mi madre», evocó Lizanne.

En otoño sus padres le permitieron que regresara a Nueva York bajo la firme promesa de que no vería más a su profesor. Pero Grace ya no era la joven dócil y manipulable de antaño. Hasta la fecha siempre había acatado sus órdenes, pero era tal su enfado que por primera vez decidió rebelarse. El mismo día que llegó a la ciudad se dirigió directamente al apartamento de su novio y se quedó a pasar el fin de semana con él. Reanudaron su relación con la misma pasión que antes, pero Grace aunque había madurado y se sentía más segura, no estaba tranquila. «Nos veíamos con la misma frecuencia que antes y nos amábamos apasionadamente, pero la sombra alargada de Jack Kelly siempre se imponía entre nosotros. Grace tenía un miedo horroroso a la reacción de su padre si este descubría que le había mentido», dijo él.

Un día Richardson se encontró a un inesperado visitante ante la puerta de su apartamento. Era el señor Jack Kelly en persona, y le invitó a pasar convencido de que había venido a disculparse por lo ocurrido el fin de semana en Filadelfia. Pero nada más lejos de la realidad. El padre de Grace estaba dispuesto a todo para que cortara con su hija. Llegó a sobornarle ofreciéndole un «precioso Jaguar del color que quisiera» a cambio de que se olvidara de ella. Ante su negativa, Jack se marchó hecho una furia. La cosa no quedó ahí y en los días siguientes comenzó a recibir llamadas telefónicas amenazándole con «romperle los huesos» si no se apartaba de la chica. La actriz nunca llegó a enterarse de este desagradable incidente porque su novio no quiso disgustarla aún más.

La realidad era que a los padres de Grace cada vez les resultaba más difícil controlar a su hija, ya mayor de edad y que no dependía económicamente de ellos. La joven podía ganarse bien la vida trabajando como modelo y en aquellos momentos su carrera como actriz comenzó a despegar. El señor Kelly aceptó que alquilara un apartamento en Manhattan House, un imponente edificio de ladrillo gris cercano a la Tercera Avenida. Como le gustaba tener compañía, la joven invitó a Sally Parrish, una amiga del hotel Barbizon, a que lo compartiera con ella.

Aunque era pequeño y lo había decorado su madre con muebles rústicos y viejos que la familia ya no usaba, para ella representaba un oasis de libertad. Grace recordó este período de su
vida como uno de los más dichosos desde su llegada a Nueva
York. Casi nunca estaban solas porque constantemente aparecían amigos por su apartamento para hablar de proyectos,
escuchar música, bailar y tomar una copa. «La mayor parte de
nosotros no vivía en sitios agradables —comentó un amigo
de aquellos años— y la casa de Grace era un lugar estupendo,
por lo que allí se reunía mucha gente. Todos éramos jóvenes y
estábamos seguros de que triunfaríamos en el mundo del espectáculo. Siempre había ambiente de fiesta. Recuerdo a Grace bailando flamenco para imitar a Ava Gardner en *La condesa
descalza*. Todo aquello formaba parte de la excitación de ser
joven y libre en Nueva York.»

Grace y Don Richardson siguieron su relación durante dos
años, pero con el tiempo acabaron por distanciarse. Se veían con
menos frecuencia y cuando estaban juntos la pasión ya no era
la misma. Pronto su compañero fue descubriendo una faceta
en ella que desconocía. «Grace cambió, se volvió fría como el
acero. Lo que en realidad puso punto final a nuestro romance
fue que empezó a salir con hombres que yo consideraba indignos de ella. Comenzó a lucirse por ahí con el maître del hotel
Waldorf, por ejemplo, porque estaba relacionado con mucha
gente de la alta sociedad y conocía a muchos famosos. Se convirtió en su amante», confesó él ya en su vejez.

Hubo también otro incidente que fue el detonante de la
ruptura definitiva entre la pareja: «Una noche Grace salió con
el príncipe Alí Khan, era cuando ya comenzaba a ser famosa
por sus primeras películas. Y un día me llamó para invitarme a
cenar a su apartamento, y durante aquella velada me mostró un

precioso brazalete de oro con varias esmeraldas —recordó Don—. Lamentablemente lo reconocí. Conocía a dos chicas que tenían uno igual. Cuando el príncipe, que era un playboy, salía con una chica le regalaba una pitillera con una esmeralda. Y si se acostaba con ella, le obsequiaba un brazalete. Me quedé destrozado. Me vestí y le dije que me marchaba. No quería verla más». Hacía tiempo que sabía que su relación con Grace no tenía futuro, pero le dolió comprobar cómo había cambiado la joven tímida e insegura que había conocido cuando era su alumna. A pesar de lo ocurrido los dos siguieron siendo amigos y escribiéndose hasta el final de sus días.

Grace debutó en los escenarios de Broadway el 16 de noviembre de 1949, cuatro días después de cumplir los veinte años. El actor Raymond Massey la eligió entre los alumnos que se habían graduado aquel año en la academia para actuar en su compañía con la obra *El padre*, de Strindberg. Pese a que la producción no tuvo el éxito esperado, su interpretación fue muy convincente. Cuando acabó su contrato se quedó sin trabajo, pero por poco tiempo. «Me presenté para tantos papeles que he perdido la cuenta. La gente se quedaba perpleja con mi tipo, pero todos estaban de acuerdo en una cosa: yo era "demasiado" todo. Demasiado alta, demasiado delgada, tenía las piernas demasiado largas...» Sin embargo, un buen día su suerte cambió. Tras las buenas críticas de su estreno en Broadway recibió un montón de ofertas de trabajo para hacer teatro en televisión. Fue una oportunidad magnífica para Grace que en los dos años siguientes interpretó más de sesenta papeles dramáticos de todo tipo en obras televisadas. El éxito que consiguió como actriz en la pequeña pantalla le proporcionó la oportunidad de dar el salto y triunfar pronto en el cine.

Devaneos amorosos

A Jack Kelly no le gustaba ver a su hija actuando en televisión y pensaba que si seguía empeñada en ser actriz lo mejor era que interviniera en respetables obras clásicas de teatro. «El padre de Grace había oído cosas terribles acerca de que en Hollywood las chicas tenían que acostarse con todo el mundo para que les dieran un buen papel. Y, en cambio, en teatro eso no ocurría. Bueno, tal vez sí, pero solo en los espectáculos de variedades», reconoció una amiga de la familia. Aunque Grace soñaba con regresar a los escenarios de Broadway, otro proyecto se cruzó en su camino. Edith Van Cleve era una conocida agente teatral que había representado a Marlon Brando y andaba buscando un nuevo talento. Vio a la joven actriz por primera vez actuando en la obra *El padre*, y tras la función se ofreció a ser su representante. Fue una buena decisión porque Edith, que provenía de una familia acomodada y también había sido actriz, encajaba muy bien con la personalidad de la señorita Kelly.

Aunque el gran amor de Grace era el teatro, su agente comenzó a moverse entre bambalinas para conseguirle un trabajo de protagonista en Hollywood, donde se ganaba dinero de verdad. Sus gestiones dieron su fruto y en aquel verano de 1951 recibió un telegrama que decía: «Preséntese el 28 de agosto para coprotagonizar una película con Gary Cooper. Título provisional: *Solo ante el peligro*». La oferta resultaba de lo más atractiva para cualquier aspirante a actor. Tanto el productor Stanley Kramer como el director de la película Fred Zinnemann habían triunfado en Hollywood con películas de gran éxito. Les pareció que Grace, por su delicado aspecto, era ideal para encarnar en ese western a la joven y recatada esposa del sheriff

—interpretado por Cooper—, un hombre mucho mayor que ella. Como se trataba de una película de bajo presupuesto no podían contratar a una estrella de renombre, y este detalle inclinó la balanza a su favor.

Grace no tenía apenas experiencia en el cine y trabajar como protagonista junto a una leyenda como Gary Cooper la intimidaba. «Me dijo que no sabía si estaba preparada —evocaba su amigo Mark Miller— y que tenía miedo. Grace no era de las que se asustan por cualquier cosa, pero no debemos olvidar que estaba empezando. Yo le respondí: "Tienes un buen director. Haz siempre lo que él te indique. Sabes que eres muy fotogénica e intuitiva. Lo harás de maravilla".» A principios de julio la actriz voló a Los Ángeles para reunirse con el equipo de la película y realizar las pruebas de vestuario. Grace ignoraba que el productor aún tenía serias dudas en su elección porque era «demasiado joven, demasiado inexperta y demasiado nerviosa». Con Gary Cooper se llevaba veintiocho años y les preocupaba no solo que fuera una principiante sino la reacción del público ante esta diferencia de edad. Por el contrario, Zinnemann, al conocerla, se convenció de que su timidez y la tensión que tenía debido a su inexperiencia eran ideales para su papel, ya que solo debía hacer de sí misma. Pese a que el rodaje duró apenas un mes y no tuvo ocasión de poder hablar mucho con ella, el director vislumbró el futuro que le aguardaba: «En algunas tomas era sorprendentemente mediocre, pero en ciertos planos y con una luz determinada, resultaba mágica. Parecía una estrella».

Su hermana Lizanne comentó años después recordando aquella etapa que si Grace estaba tan angustiada era también porque «siempre había estado enamorada de Gary Cooper, como todas las chicas de su edad. Le resultaba muy atractivo y sentía un respeto reverencial por su talento». El veterano actor se encontraba en el ocaso de su carrera, pero para ella aún mantenía intacto su poder de seducción. Encarnaba su tipo ideal, un hombre maduro, apuesto y elegante que se mostró desde el principio encantador con ella y dispuesto a ayudarla. «Me pareció bonita y distinta; pensé que algún día llegaría a ser alguien. Se la veía educada, de buena familia. Sin duda era refrescante y muy natural en comparación con los objetos sexuales que estábamos hartos de ver», opinó la estrella hollywoodiense. A sus cincuenta años Cooper atravesaba un delicado momento personal. Separado de su esposa, acababa de poner punto final a una tempestuosa aventura sentimental con la hermosa y joven actriz Patricia Neal. El inicio del rodaje tuvo que aplazarse debido a diversos contratiempos, entre ellos, los problemas de salud del actor, que sufrió una úlcera de estómago y padecía fuertes dolores de espalda.

Durante la filmación circularon rumores de que Gary Cooper y Grace mantenían una aventura fuera del plató. Aunque en aquel septiembre de 1951 el actor tenía demasiados problemas como para complicarse sentimentalmente con su bella pareja de reparto, al parecer no pudo resistirse a sus encantos. Su novia Patricia Neal le aseguró a la biógrafa Wendy Leigh: «¡Por supuesto que tuvieron un romance, pero lo llevaron muy en secreto!». Cuando la señora Kelly se enteró por la prensa del corazón del supuesto idilio que su hija mantenía con el famoso actor, empezó a preocuparse. Sabía que Grace era muy enamoradiza y mandó a su hermana como carabina durante todo el rodaje en los estudios de Los Ángeles y en el norte de California. Cada mañana Lizanne la llevaba en coche al estudio, a veces pasaba el día allí y por la noche se encerraban en la habitación y repasaba con Grace el guion. Cuando un día

Cooper invitó a dar una vuelta a su compañera de rodaje en su precioso Jaguar plateado, la hermana sentada en el asiento trasero no los dejó solos ni un momento.

El director Zinnemann, preguntado tiempo después sobre si vio alguna señal de que los dos actores mantuvieran una aventura durante el rodaje, comentó: «Grace era rara. Estaba alejada de todo el mundo. Era muy reservada y le aseguro que en veintiocho días de rodaje no tuvieron mucho tiempo para intimar. Eso sí, adoraba a Cooper, y se notaba que se sentía muy atraída por él». Cuando el equipo se trasladó a las montañas de Sonoma para filmar algunos exteriores, la señora Kelly se presentó en el lugar para hacer de «dama de compañía» de su hija. Esta situación tan humillante para Grace se repitió a lo largo de toda su carrera. En cuanto llegaban a Filadelfia rumores de que la actriz coqueteaba con alguno de sus compañeros de reparto, aparecían su madre o Lizanne para cuidar de ella. No era para menos porque la refinada actriz ya tenía sobrada fama de «devoradora de hombres». Según contaba la actriz Zsa Zsa Gabor en sus memorias: «En aquella época Grace Kelly tenía más amantes en un mes de los que yo podría tener en toda mi vida».

Solo ante el peligro fue un éxito de crítica y taquilla, y Gary Cooper ganó un Oscar que relanzó su carrera. Pero Grace se quedó muy insatisfecha. «La película me encantó desde el principio hasta el fin, excepto cuando yo aparecía en pantalla. Sencillamente no estaba a la altura de los demás. Fueron muy amables conmigo y me dijeron que había hecho un buen trabajo, pero yo sabía que no era cierto. Abandoné Hollywood tan pronto como pude, prometiendo que no volvería hasta que fuese una mejor actriz», le confesó al escritor Donald Spoto. Más de veinte años después, cuando ya era princesa de Mónaco, aún seguía mortificada por la poca credibilidad de su primer papel importante en el cine. Su hijo el príncipe Alberto recordaba en 2007: «Cuando vi *Solo ante el peligro* con ella en casa, me di cuenta de lo incómoda que se sentía viéndola otra vez. Odiaba su interpretación. No lo había superado».

En otoño de 1951 regresó a Nueva York dispuesta a retomar las clases de interpretación y se puso en manos de Sanford Meisner, uno de los grandes maestros del drama norteamericano. Durante un año asistió a sus clases y estas la ayudaron a mejorar su dicción, que aún resultaba algo afectada, y a dar mayor credibilidad a los personajes que interpretaba. «Trabajad a partir de vuestros instintos. Una buena actuación sale del corazón»; estas palabras de su profesor se le quedaron grabadas para siempre. Grace siguió sus consejos dejándose llevar por sus propios sentimientos y aprendiendo como una alumna disciplinada. «Había sido una estrella de la televisión, tuvo éxito en Hollywood, pero dijo que no volvería hasta que hubiera estudiado y aprendido a actuar correctamente, y eso ocurrió después de haber pasado dos años en la más reputada escuela de arte dramático. Su actitud era impresionante», dijo con admiración el ayudante de Meisner.

Grace llevaba pocos meses en Nueva York cuando recibió una oferta que no pudo rechazar. El gran director John Ford estaba realizando el casting para *Mogambo*, una película de aventuras de gran presupuesto ambientada en África. Contaba con un reparto de lujo encabezado por Clark Gable y Ava Gardner, una de las estrellas más taquilleras del momento, pero le faltaba la actriz para el segundo papel femenino. A Ford no le había convencido la actuación de Grace en *Solo ante el peligro*; sin embargo, tras verla en una prueba de cámara, le comentó a un ejecutivo de la Metro: «Se equivocaron al elegirla para ese papel... pero esta damisela tiene educación, calidad y mucha clase. Quiero hacerle una prueba... pero en color. Me juego lo que sea que nos dejará pasmados». Grace no defraudó al director y consiguió el papel de una puritana joven inglesa, esposa de un ingeniero, que se ve enredada en un triángulo amoroso con un rudo cazador blanco.

Con apenas veintidós años Grace Kelly entraba por la puerta grande en Hollywood y comenzaba una carrera vertiginosa. Su nombre figuró en grandes letras en una superproducción junto a dos leyendas de la pantalla. Los exteriores se rodaron en escenarios naturales y aún salvajes del África Oriental y luego en los estudios de Londres. A cambio de este fabuloso regalo para cualquier actriz, se vio obligada a firmar un contrato de siete años con la poderosa Metro Goldwyn Mayer. Aunque Louis B. Mayer ya no estaba al frente del mítico estudio —le había sustituido Dore Schary—, todavía contaba en su nómina con un impresionante elenco de estrellas como Elizabeth Taylor, Katharine Hepburn, Fred Astaire, Judy Garland o Mickey Rooney.

George Kelly, el tío de Grace, había trabajado como guionista en Hollywood en los años treinta y advirtió a su sobrina que los «contratos de los estudios eran una dorada esclavitud y la muerte de la independencia artística». La actriz no olvidó sus palabras, y ahora que se interesaban por ella no estaba dispuesta a convertirse en propiedad de la Metro ni iba a permitir que controlaran su carrera y su vida privada. Lucille Ryman Carroll era jefa de contratación de los estudios en otoño de 1952 cuando Grace entró en su despacho para firmar el documento. A esta veterana cazatalentos de la compañía le impresionaron la personalidad y la inteligencia de la actriz, que era muy diferente de la mayoría de las atractivas jóvenes que pasaban por su oficina dispuestas a todo por un papel. Vestida de manera discreta con un elegante traje chaqueta y las manos enfundadas en sus inseparables guantes blancos, Grace se sentó seria y muy erguida en una silla frente a su mesa y, mirándola fijamente a los ojos, le preguntó: «¿Qué significa exactamente un contrato?». La señora Carroll le explicó lo que suponía estar vinculada a un gran estudio y le dejó claro que a menos que firmara siete años con la Metro no podría actuar en la película. Tras leer detenidamente el documento Grace vaciló y puso sus condiciones. Quería seguir viviendo en Nueva York, no rodar más de tres películas al año y tener la libertad para actuar en obras de teatro cuando quisiera. Para su sorpresa accedieron a sus demandas, pero le pagarían bastante menos que a otras actrices. «Bien pensado, la ofendí al ofrecerle solo setecientos cincuenta dólares a la semana cuando ella sabía que la mayoría de los actores empezaban cobrando mil quinientos dólares. Pero no tenía muchas ofertas, y el dinero no parecía importarle demasiado. Tenía otras prioridades», confesó la directora. Tras estampar su firma llamó por teléfono a su madre y le dijo eufórica: «¡Voy a hacer una película en África con el mismísimo Clark Gable!».

El «Rey de Hollywood» no era el caballero cordial y sensible que había conquistado al público en *Lo que el viento se llevó*, estrenada catorce años antes. Ahora arrastraba una fama de mujeriego, bebedor y actor difícil. Las revistas del corazón habían seguido su azarosa vida sentimental desde que en 1942 perdiera en un accidente aéreo a su esposa, la actriz Carole Lombard. Destrozado por su muerte, Clark Gable cayó en la bebida y sufría crisis de alcoholismo, durante las cuales podía llegar a ser muy violento. Acababa de separarse de su cuarta esposa, una acaudalada aristócrata inglesa, y a la madre de Grace le preocupaba que su hija viajara a África con un hombre tan «decadente e inestable». Después de haberse enamorado como una chiquilla de Gary Cooper, temía que cayera rendida a los encantos de otro astro del cine con fama de rompecorazones. Pero en esta ocasión ni ella ni su hermana Lizanne estaban dispuestas a viajar a Kenia para controlarla.

En *Mogambo* el director John Ford recurrió a la estilista Helen Rose, jefa del departamento de vestuario de la Metro Goldwyn Mayer, para que confeccionara los modelos que la rubia actriz luciría en la sabana africana. Ella fue la encargada de diseñar su «look selvático», que fue muy comentado en las revistas de moda, y contribuyó a su ascenso al estrellato: camisas de algodón blancas y rosa pálido, faldas midi, salacot, saharianas y un vestido malva que destacaba su cintura de avispa. Grace se quedó encantada con el resultado y años más tarde le confió a Helen Rose el diseño del vestido de novia que lució en su boda de cuento de hadas con el príncipe Rainiero en Mónaco.

A principios de noviembre de 1952 Grace Kelly llegaba al hotel New Stanley de Nairobi, en Kenia, para comenzar el rodaje de *Mogambo*. La primera noche, durante una cena con el equipo, conoció a Clark Gable y al actor británico Donald Sinden, quien iba a interpretar el papel de su esposo. «Nuestro camarero era kikuyu —recordaba Sinden—, y Grace nos dejó boquiabiertos a Clark y a mí al pedir la comida de los tres en suajili.» Tras conocer el lugar exacto en África donde iban a rodar la película, la actriz no solo leyó para documentarse un buen número de libros sobre la región sino que se dedicó a aprender algunas palabras del dialecto local que le permitieron hacerse entender con los nativos.

Aunque eran muchos en Hollywood los que apostaron que Clark Gable y la impetuosa Ava Gardner tendrían una aventura fuera de las cámaras, no fue así. La estrella atravesaba una grave crisis con su esposo Frank Sinatra y no estaba dispuesta a complicarse más la vida. Fue ella quien enseguida se dio cuenta de que su compañera Grace Kelly estaba literalmente colada por Gable: «En cuanto a romances durante el rodaje de la película, era evidente que Clark se mostraba interesado por Grace y ella por él. En aquella época ambos estaban solteros y sin compromiso, y todas las mujeres se enamoraban de Clark». Pero Ava también reconocía con humor que el actor había perdido parte del encanto viril que lo había catapultado a la fama. Gable tenía entonces cincuenta y un años —veintiocho más que Grace—, llevaba dentadura postiza y era algo torpe en sus reacciones. Ava solía bromear al respecto diciendo: «Es el tipo de hombre que si tú le preguntas: "¿Qué hay, Clark, cómo estás?", él se queda pensando la respuesta». Sin embargo, seguía muy en forma y mantenía intacto su imponente físico.

Desde el inicio del rodaje, Grace Kelly no se separaba de su admirado galán que en la película interpretaba a un rudo aventurero y cazador. Los miembros del equipo se referían a ella como «la chica que está con Gable». Tras haberse liberado del control de su madre, la joven se sentía a sus anchas para dar rienda suelta a sus fantasías sentimentales y no ocultaba la fuerte atracción sexual que sentía por su compañero. Leyendo a Hemingway, seducida por el exotismo y la belleza de la sabana africana, rodeada de animales salvajes y junto a un apuesto cazador blanco, Grace estaba viviendo sus propias *Memorias de África*. Los días que la pareja no rodaba, ella se levantaba temprano, le preparaba un café bien cargado y le acompañaba a sus safaris de caza mayor. Algunas noches cenaba con él en su tienda a la luz de las velas y se quedaban charlando hasta bien entrada la madrugada. En una carta que le escribió a una antigua amiga suya del hotel Barbizon le confesó, entre otras intimidades, que se había bañado desnuda con Clark en el lago Victoria.

Pese a que corrieron muchos rumores sobre el tipo de relación que existía entre ellos, según el escritor Gore Vidal, que entonces escribía guiones para la Metro, «el Rey» no correspondió a las atenciones de su rendida admiradora: «A Gable le gustaban las mujeres de mundo, preferiblemente mayores, y en aquel tiempo era más dado a la botella que al sexo. Gable se quejó al productor, diciéndole: "No sé qué hacer con esta chica. Me mira embelesada y quiere cenar a la luz de la luna en mi tienda". Sam le respondió que ese era su problema. Gable al final la invitó una noche a cenar a solas en su tienda, y acabó por emborracharla, lo que no requería mucho esfuerzo en el caso de Grace. Ella pasó mala noche y vomitó. Ese fue el broche de oro del romance. Gable salvó el tipo y a ella le quedó claro el mensaje». A diferencia de Ava Gardner, que tenía un gran aguante con la bebida, a Grace el alcohol no le sentaba nada bien.

Cuando los rumores del supuesto idilio entre Grace Kelly y el astro de Hollywood llegaron a Inglaterra, un columnista de un periódico londinense envió un telegrama a Gable que decía: INGLATERRA. RUMORES ROMANCE CON GRACE KELLY. POR FAVOR CABLEGRAFÍA CONFIRMACIÓN O DESMENTIDO. El actor lo leyó y exclamó con humor: «Es el mayor cumplido que me han hecho en la vida. Tengo edad suficiente para ser su padre». Lo que sí hubo entre Grace y Clark Gable fue una tierna amistad basada en una mutua admiración. Ambos se comportaban en público de forma tan relajada como un viejo matrimonio, sentándose juntos entre toma y toma para repasar el guion y gastándose bromas infantiles. La joven, en sus ratos libres, comenzó a tejerle unos calcetines como regalo de Navidad. Ella admiraba la intrepidez del veterano actor, y a él le impresionaba la suya. En una ocasión, cuando se encontraba rodando unas escenas junto al océano Índico, le dijeron que Grace estaba leyendo en la playa. Gable fue a buscarla y la encontró sola sentada en una roca, llorando sin parar con un libro abierto en el regazo. Le preguntó qué le pasaba y ella le respondió: «Es el lugar más hermoso del mundo. Estaba leyendo *Las nieves del Kilimanjaro*, de Hemingway, y al levantar la vista he visto un león paseándose por la orilla». El actor se quedó atónito porque, lejos de asustarse, se había quedado tan tranquila extasiada por la belleza del momento.

Rodar en escenarios salvajes del continente africano fue una experiencia inolvidable para Grace, que demostró tener el espíritu aventurero de los Kelly. En una de las cartas que mandó a su familia en Filadelfia, decía: «África me ha cautivado y estoy descubriendo toda su exuberancia y grandeza». Y, sin embargo, fueron muchos los contratiempos y peligros a los que el equipo tuvo que enfrentarse durante los largos y penosos meses de rodaje. Aunque un buen número de cocineros y sirvientes se ocupaban de atender a las estrellas en sus lujosas tiendas de campaña, sufrieron todo tipo de penalidades. Solo podían comer los alimentos que llegaban desde Londres o que inspeccionaban los médicos. A pesar del sofocante calor y la humedad, los baños estaban limitados y la seguridad era una de las grandes preocupaciones del director. Grace sorteó con paciencia y buen humor el clima insalubre, las picaduras de insectos y los inesperados ataques de las fieras. En una ocasión el jeep en el que viajaba ella junto a Ava y Clark fue embestido con fuerza por un rinoceronte. Durante el rodaje tres miembros del equipo murieron al volcarse sus jeeps en medio de la jungla y otros muchos resultaron heridos o cayeron enfermos a causa de las frecuentes infecciones tropicales. Grace controló a conciencia todo cuanto bebía y comía, y solo cogió un buen resfriado. Cuando la estancia del equipo llegó a su fin, la actriz y sus compañeros estaban agotados y se mostraban felices de regresar a casa. «Ava y yo nos hemos hecho muy amigas —escribió Grace desde Kenia a su amiga Prudy—. ¡Hemos pasado muy malos tragos! Frank [Sinatra] se fue el viernes, de modo que puede que las cosas sean más fáciles en adelante. Hemos estado todos muy tensos. El viejo [John Ford] está impaciente por marcharse de África, y todo el mundo está muy nervioso y a la que salta. Creo que la película va a ser muy buena, pero en estos momentos a nadie le importa lo más mínimo.»

Cuando a Grace le preguntaban cómo había sido la experiencia de trabajar a las órdenes de John Ford, no ocultaba su decepción. Era un director de enorme talento pero podía comportarse como un déspota arrogante, especialmente con las mujeres. Nunca ensayaba, y si un actor le hacía alguna pregunta sobre un diálogo, le respondía con insultos o arrancaba furioso las páginas del guion. Grace padeció en más de una ocasión su ira y mal carácter: «Estaba muy preocupada con mi papel —admitió en una ocasión—; sabía lo mucho que había en juego después de *Solo ante el peligro* y deseaba con toda el alma hacerlo bien, en especial porque a Ford le había gustado mi prueba de cámara y al parecer había visto en mí algo que nadie más había conseguido apreciar. El caso es que un día, durante el rodaje, me gritó: "Kelly, ¿qué demonios está haciendo ahí?". Yo le respondí: "En el guion dice que Linda ha de caminar hasta aquí, darse la vuelta y...". Él me interrumpió gritando enfurecido: "¡Muy bien, Kelly, pero estamos rodando una película, no un guion!"». Ava Gardner describió a John

Ford como «el hombre más malo del mundo, un verdadero canalla», y pese a que su relación también fue muy tirante, le respetaba.

Grace y Ava Gardner trabaron en África una amistad que duró toda la vida. Aunque eran muy distintas, la arrolladora personalidad de la estrella atrajo a la rubia actriz desde el primer instante. Admiraba su franqueza, su abierta sexualidad y sentido del humor. El 12 de noviembre, Grace cumplió veintitrés años y el equipo descorchó una botella de champán para brindar por ella. Y la víspera de Nochebuena volvieron a celebrar una fiesta con ocasión del cumpleaños de Ava, que sopló treinta velas y estuvo acompañada por Sinatra. «Después de aquello, no importaba en qué parte del mundo me encontrara, siempre recibía un regalo de cumpleaños de Grace. Nunca se olvidaba, y me enviaba una nota de felicitación de su puño y letra... no mandaba a una secretaria que la escribiera. Era una gran señora y muy divertida.» Ava Gardner asistió a su boda con el príncipe Rainiero y fue de las pocas actrices de Hollywood con las que mantuvo contacto siendo princesa de Mónaco.

A principios de 1953, el equipo de producción de *Mogambo* se trasladó a Inglaterra para rodar las últimas escenas en los estudios de Londres. Ava decidió que a ella le apetecía hacer antes una escala en Roma y convenció a Grace Kelly y al director de fotografía, Robert Surtees, para que se unieran a ella. Las dos actrices se alojaron en el hotel Excelsior y disfrutaron durante unos días de las noches romanas. Tenían ganas de divertirse tras el duro rodaje en la selva africana. Ava quería visitar «todos los burdeles de Roma» y Surtees, que conocía bien la ciudad, se ofreció a hacerles de guía. Grace se lo pasó en grande; recorrieron varios burdeles donde charlaron con las chicas, vieron algunas habitaciones decoradas con motivos eróticos y espejos en los techos y las invitaron a unas copas. Al final de la visita guiada, en uno de los clubes de alterne más afamados, la recatada Grace quiso emular a su desinhibida amiga. Al irse, invitó a un chico que se mostró muy atraído por ella y le hizo subir al asiento trasero del taxi para besuquearse mientras regresaban al hotel para pasar la noche. Ava nunca olvidó aquella noche loca cuando la señorita Kelly por un instante perdió del todo la compostura.

Nada más regresar a la civilización, Clark Gable se distanció de Grace sin que ella entendiera el motivo. Ambos se instalaron en dos suites del hotel Savoy con vistas al Támesis, mientras una nube de reporteros hacía guardia frente a la puerta. Los rumores de que las dos estrellas vivían un apasionado romance —divulgados por la propia Metro para dar más publicidad a la película— habían atraído a los fotógrafos dispuestos a captar alguna imagen comprometedora de la pareja. El actor intentó que no se les viera juntos y se negó a salir a cenar con ella. Grace se sintió muy herida y perpleja por semejante cambio de actitud. Su amiga Ava Gardner ya se lo había advertido: «Es maravilloso, pero se siente en la obligación de enamorarse de cualquier actriz nueva en cada película. Y al acabar siempre vuelve con su mujer. Siempre».

En realidad, Gable, después de cuatro matrimonios y de vivir infinidad de aventuras sentimentales durante los rodajes sabía muy bien cuándo había que poner punto final a una relación. Aún se encontraba en trámites de su divorcio y no quería escándalos. Pero Grace, que seguía locamente enamorada de él, no era capaz de romper tan fácilmente y se comportaba como si todavía estuvieran bajo el embrujo de África. Las cartas que le enviaba a su amiga Prudy reflejan su tristeza y desconcierto: «Clark y yo no nos hablamos —escribió a su confidente—. Me siento muy deprimida y estoy impaciente por volver a casa». Por su parte, Gable se tomaba con bastante humor la situación y le dijo a la columnista Louella Parsons: «No tendrían que haberle permitido a la señorita Kelly ir tan lejos sin una dama de compañía».

El «romance» de Grace con el ídolo por el que suspiraban millones de mujeres también llegó a oídos de Margaret Kelly, quien enseguida viajó a Londres para reunirse con su hija. En esta ocasión la matriarca de los Kelly se quedó más tranquila porque vio claro que el enamoramiento de la actriz era pasajero y que el astro solo deseaba desaparecer de su vida. Aun así, permaneció tres largas semanas en la ciudad haciéndole compañía y siendo su paño de lágrimas. Pese a que detestaba que su madre se inmiscuyera en su vida sentimental, en esta ocasión agradeció su presencia porque se sentía muy desdichada. «Grace estaba destrozada —recordaba un ayudante del rodaje—. Gable se negaba a ponerse al teléfono cuando le llamaba y a responder a sus mensajes. Lamentaba que al regresar a Londres de pronto volviese a ser la gran estrella de cine, y ella no era nadie para él.»

El actor siempre sintió un cariño especial por Grace y más tarde solían asistir juntos a las galas que se celebraban en Hollywood, donde resultaba evidente su buena relación. Cuando la actriz acabó de rodar en Londres, Clark Gable la acompañó muy caballeroso al aeropuerto y la despidió con su seductora sonrisa. Era un gesto para acallar los rumores frente a la prensa que les seguía acosando. Pero la actriz no pudo disimular y mientras subía la escalerilla del avión rompió a llorar desconsoladamente. Tardó un tiempo en reconciliarse con él y superar su decepción por la manera en que se había olvidado de ella. Más adelante, recordando aquel momento, confesó: «Me gustaba mucho Clark Gable... Quizá, si no hubiese habido tanta diferencia de edad, todo habría sido distinto».

En octubre de 1953 se estrenó *Mogambo* y la película convirtió a Grace Kelly en toda una celebridad. Su bello y saludable rostro aparecía en las portadas de revistas como *Look*, que la coronó «la mejor actriz del año», y la prensa sensacionalista daba detallada cuenta de sus «aventuras sentimentales» en los rodajes. El gran éxito de la película de John Ford fue un magnífico trampolín para su carrera. Sin embargo, los críticos no se mostraron muy impresionados por su interpretación, que calificaron de «correcta». Es cierto que había mejorado como actriz gracias a las clases de arte dramático, pero todavía no estaba a la altura de sus compañeros de reparto. Aun así, fue nominada por primera vez a un Oscar y ganó el Globo de Oro a la Mejor Actriz Secundaria. Como de costumbre, no se mostró satisfecha con su actuación: «La verdad es que no estuve muy bien en *Mogambo*, porque seguía siendo una novata en el mundo del cine y tenía mucho que aprender». Pese a ser tan dura consigo misma, supo representar con gran realismo el papel de una mujer apasionada bajo una fachada fría y distante. Una cualidad que muy pronto atrajo la atención de uno de los directores más famosos del momento.

Tras el estreno de *Mogambo*, la actriz volvió a encontrarse sin trabajo. Aunque ya era una reconocida estrella de Hollywood y la película había sido un éxito de taquilla, no tenía ninguna oferta a la vista para actuar en cine o teatro. En la Metro Goldwyn Mayer no sabían muy bien qué hacer con ella y no mostraban ningún interés en promocionarla. En aquel tiempo se dedicaban a producir películas de época que tenían gran aceptación entre el público, pero en ninguna de ellas había un papel adecuado para Grace. Ante esta situación los ejecutivos del estudio hicieron correr la voz de que estaban dispuestos a cederla a otros estudios. Fue en ese momento de incertidumbre cuando su carrera dio un giro inesperado.

En otoño de 1953, Alfred Hitchcock no había visto aún *Mogambo*, pero conocía a Grace Kelly por su actuación en *Solo ante el peligro*. Pese a que en esta película le había parecido «algo insípida», le cautivó el estilo y la personalidad de la joven actriz estadounidense, a la que calificó de «una dama de la cabeza a los pies». Pero sobre todo le atrajo que tras su decorosa y refinada fachada ocultaba un indudable potencial erótico. Era «el fuego y el hielo», una combinación que el director ya había explotado en sus películas con sus anteriores actrices. La joven encajaba a la perfección en el modelo de mujer rubia, sofisticada y fría que a él tanto le obsesionaba. En aquel año tenía previsto rodar *Crimen perfecto*, y estaba buscando a la protagonista femenina.

El primer encuentro entre Grace Kelly y Alfred Hitchcock en Los Ángeles fue bastante decepcionante. Estaba tan nerviosa y cohibida ante la idea de conocer al genio del cine, que apenas despegó los labios. «Sentí como si mi cerebro se hubiera paralizado», dijo más tarde. Su nerviosismo era comprensible teniendo en cuenta que Hitchcock era una leyenda, el único director, junto con Cecil B. DeMille, cuyo nombre aparecía en letras más grandes que el de los protagonistas. A sus cincuenta y cuatro años, y ya instalado en Hollywood, había dirigido películas de gran éxito, entre ellas las protagonizadas por su musa, la actriz sueca Ingrid Bergman. Grace, que aún tenía mucho que aprender, sentía un enorme respeto por este director británico tan brillante como excéntrico.

El único comentario que hizo Hitchcock después de la entrevista con ella fue: «Tendré que hacer algo con su voz», que todavía resultaba algo afectada y débil. Pero Grace le conquistó desde el primer instante y le ofreció el papel de una esposa rica e infiel cuyo marido intenta asesinarla. Era la única actriz femenina del reparto, y puesto que la película la producía la Warner Bros, el director tuvo que pagar a la Metro para que le prestaran a la señorita Kelly. Grace le salió muy barata y el rodaje apenas duró seis semanas. Casi toda la película se filmó con el mismo decorado, que reproducía un claustrofóbico apartamento londinense. Su nombre figuró por primera vez junto al del protagonista masculino Ray Milland. Además consiguió un importante aumento de sueldo. No estaba nada mal para una actriz de veintitrés años que solo había hecho dos papeles escasamente relevantes en el cine.

Cuando comenzó el rodaje de *Crimen perfecto* en agosto de 1953, Hitchcock hizo todo lo posible para que su nueva musa se sintiera cómoda y a gusto en el plató. Grace, acostumbrada a que los directores apenas le prestaran atención, se mostró muy halagada al ver el cuidado que este le dedicaba. La amabilidad con la que el maestro del suspense trataba a la actriz también sorprendió al equipo de filmación. Hitchcock tenía fama de ser un director difícil que se valía de su autoridad para maltratar a sus actrices si consideraba que lo habían traicionado. Así lo hizo con Vera Miles al quedar embarazada durante un rodaje, o con Doris Day, que a su parecer no se entregó a su papel como él exigía. Pero con Grace todo fue distinto. «Trabajar con Hitchcock fue una experiencia extraordinaria y muy enriquecedora. Como actriz aprendí muchísimo sobre lo que significa hacer cine. Él me dio una gran seguridad en mí misma», explicó. Grace se hizo buena amiga del director y de su esposa Alma, brillante guionista y montadora de cine, y con frecuencia iba a cenar o a tomar una copa a su mansión de Bel Air.

GRACE
KELLY
1929-1982

© Philippe Halsman/Magnum Photos/Contacto

Desde muy joven Grace Kelly destacó por su porte elegante. Su melena rubia ondulada, sus delicadas facciones y ojos azules junto a su estilo innato le facilitaron la entrada en el mundo de la publicidad. Comenzó a ganarse la vida como modelo y, ya convertida en una estrella, siguió posando para los mejores fotógrafos. En esta imagen tenía veinticinco años y fue la portada de la revista *Life* en 1954.

A los veintidós años Grace entró por la puerta grande en Hollywood. El director John Ford la escogió para participar en *Mogambo*, una película de aventuras rodada en escenarios natura-les de África. Coincidió con dos grandes estrellas del cine, Ava Gardner —que acabó siendo su amiga— y el apuesto galán Clark Gable, del que se enamoró locamente durante el rodaje.

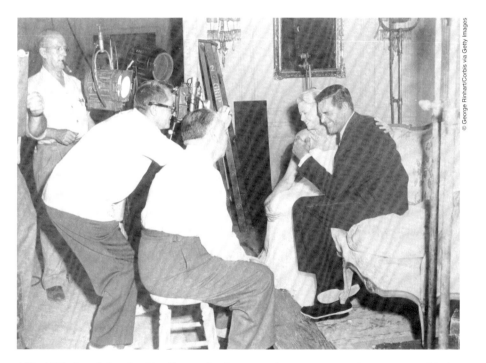

Alfred Hitchcock le ofreció a Grace el primer papel como protagonista en una película, *Crimen perfecto*, y desde ese instante se convirtió en su adorada musa. Arriba, durante el rodaje de *La ventana indiscreta* con James Stewart y abajo, en *Atrapa a un ladrón*, junto al galán de moda Cary Grant, que fue uno de sus buenos amigos.

En todas sus películas Grace Kelly lucía un magnífico vestuario que resaltaba su elegancia y su estilizada figura. La famosa diseñadora Edith Head fue la encargada de elaborar los modelos que lució en *La ventana indiscreta*, entre ellos este vestido de falda de gasa y tul con corpiño negro con escote de pico. La actriz se convirtió en un icono de moda y glamour.

Con tan solo veinticinco años, Grace Kelly ganó un Oscar a la Mejor Actriz por su interpretación en *La angustia de vivir* del director George Seaton. Ese mismo año Marlon Brando consiguió la anhelada estatuilla por su papel en *La ley del silencio* y posaron juntos para los fotógrafos en esta simpática imagen.

La boda de Grace Kelly y el príncipe Rainiero fue «el enlace del siglo». La famosa actriz abandonó Hollywood para convertirse en Su Alteza Serenísima Gracia de Mónaco, pero su vida en palacio no fue como esperaba. Sola, sin hablar bien francés, obligada a respetar un rígido y anticuado protocolo en la corte y siempre rodeada de extraños, sus primeros años en el palacio de los Grimaldi fueron una dura prueba para ella.

Veinte años después de su romántica y mediática boda, Grace se mostraba satisfecha por haber formado una familia. Sus tres hijos, Carolina, Alberto y Estefanía, llenaron el vacío que sentía y se volcó de lleno en su educación. En esta imagen de 1976, la familia real de Mónaco posa al completo.

La trágica muerte de Grace Kelly en un accidente de tráfico, cuando contaba cincuenta y dos años, conmocionó al mundo. Está enterrada en el panteón de la familia Grimaldi, en la misma catedral donde se casó con Rainiero. En su tumba nunca faltan flores ni velas encendidas en su recuerdo.

Alfred Hitchcock le había ofrecido el primer papel protagonista en una película y se esforzó por no defraudarle. Grace recordaba lo complicado y agotador que le fue rodar la famosa escena de *Crimen perfecto* en la que el asesino contratado por su marido intenta estrangularla y ella le da muerte con unas tijeras. «Tardamos toda una semana en rodar esa secuencia, resultó muy muy difícil, tanto para Anthony Dawson (el asesino) como para mí. Tony me enrollaba el pañuelo alrededor del cuello y teníamos que hacer que pareciera que me estaba estrangulando de verdad. Tras cuatro días trabajando solo en esa escena desde las siete de la mañana hasta las siete de la tarde, regresaba al hotel llena de magulladuras.» La escena sigue siendo una de las más violentas rodadas por Hitchcock, y Grace tuvo la oportunidad de demostrar su talento dramático y profesionalidad.

El director, que rechazaba cualquier intromisión por parte de los actores a los que consideraba «simple ganado», sin embargo prestaba una especial atención a todas las sugerencias de la joven actriz. En una ocasión Grace tuvo una buena discusión con el maquillador, que se empeñaba en ponerle demasiado carmín en algunas escenas que a su parecer no lo requerían. Cuando protestó le dijeron que al magnate de la productora, el señor Jack Warner, le gustaba que sus actrices llevaran mucho carmín en sus películas. «Recuerdo que quise hablar con el dueño de la productora, pero me dijeron que se encontraba de vacaciones en el sur de Francia. Entonces les respondí: "Pues bien, díganle al señor Warner que no pienso ponerme tanto carmín en los labios, y si se enfada, coméntenle que he montado una escena y que me he negado en redondo"», reveló en una entrevista. Cuando el departamento de maquillaje informó al señor Hitchcock del incidente, este se lo tomó con buen humor. Le gustó descubrir que la señorita Kelly, tras su delicada y frágil apariencia, tenía un fuerte carácter y opiniones propias que defendía con uñas y dientes.

A medida que avanzaba el rodaje era más evidente la fascinación que Hitchcock sentía por ella y que no se molestaba en disimular. Comenzaron a circular rumores sobre la relación que el director mantenía con la protagonista. Su ayudante de dirección, Herbert Coleman, comentó: «Claro que se enamoró de ella, pero ¿quién no? De todas maneras no pasó nada, el romance no fue más allá de su fantasía. Hitchcock se enamoraba con frecuencia de sus actrices protagonistas». Pero el maestro sabía que Grace nunca le correspondería y se consoló haciendo el papel de Pigmalión. El cineasta se sentía muy orgulloso de modelar a su gusto a las actrices para que encajaran en su ideal de mujer, y ella no iba a ser la excepción. Uno de sus guionistas llegó a comentar acerca de su obsesión por la señorita Kelly: «La habría contratado para sus próximas diez películas. Yo diría que todas las actrices a las que posteriormente dio un papel fueron intentos, por su parte, de recuperar la imagen y la presencia de todo lo que él reverenciaba en Grace».

Grace Kelly iba a llenar el vacío que había dejado en Hitchcock su adorada Ingrid Bergman, a la que dirigió en tres películas. Cuando la conoció en 1944 tenía veintiocho años, estaba felizmente casada y era madre de una niña de cinco años. Una actriz modélica a la que el público tenía en un pedestal y que contaba con el aprecio de sus colegas y la admiración de la prensa. Hitchcock se enamoró apasionadamente de la estrella durante el rodaje de *Recuerda* y alimentó la esperanza de que ella le correspondiera. En los años cuarenta, tras el estreno de *Casablanca*, la actriz sueca reinó como la rubia fría y enigmática de Hollywood. Pero en 1949 estalló el escándalo cuando

comenzó un romance con el director Roberto Rossellini. Al
quedarse embarazada de este, la actriz se fugó con él a Europa,
abandonando a su hija y a su esposo. A Hitchcock, que tenía
grandes planes para ella, le sentó muy mal que le dejara por
otro director. «Sigo de luto por las películas que habría podido
hacer con Ingrid Bergman y que no hice», declaró años después.

Cuando Hitchcock contrató a Grace para *Crimen perfecto*
llevaba cinco años buscando a una actriz que pudiera sustituir
a su musa. Tras visionar las primeras tomas, comentó eufórico
que era la mejor actriz principal con la que había trabajado
después de la Bergman. Además, el parecido físico entre ambas
actrices resultaba notable. Grace, con su rubia melena corta
ondulada y finos modales, asemejaba una joven de la alta sociedad y encajaba a la perfección en el papel que debía interpretar.
Hitchcock la consideraba un diamante por pulir y estaba dispuesto a sacar lo mejor de ella. «Yo no descubrí a Grace —aseguró el director—, pero sí la salvé de un destino mucho peor
que la muerte. Evité que la encasillaran de por vida en papeles
de mujer fría.»

Al director nunca le habían atraído las actrices como Marilyn Monroe, que en la pantalla exhibían su sexualidad descaradamente. Por el contrario, le resultaba más excitante una escena de amor interpretada por una mujer de aspecto casto y
refinado. Años más tarde reconoció en una entrevista: «La su-
tileza de la sexualidad de Grace, su elegante sensualidad, me
resultaba de lo más atractiva. Aunque parezca raro, creo que
Grace transmitía mucha más carga sexual que cualquiera de las
"diosas del erotismo" de la pantalla. La diferencia estribaba en
que, con ella, esa carga sexual había que encontrarla, descubrir-
la». En Grace halló a la mujer de sus sueños, y en todas las pe-

lículas que rodaron juntos supo resaltar en ella esa ambigüedad de belleza y seducción, de castidad y pasión. Desde que la conoció estuvo impaciente por dirigir a «la princesa de las nieves», como la apodaba en privado.

Hitchcock nunca se insinuó a Grace ni la acosó sexualmente como sí hizo con otras actrices que no se plegaron a sus deseos. Es cierto que no disimulaba la atracción que sentía y que pasaba demasiado tiempo a solas con ella, pero nunca dejó de comportarse como un buen mentor dispuesto a ayudar a su aplicada pupila. Ni siquiera cuando ya avanzado el rodaje se enteró de que Grace había comenzado un romance con el actor Ray Milland, el protagonista masculino de la película, cambió de actitud. Por el contrario, lejos de mostrarse celoso, la ambigua conducta de su musa le resultaba de lo más intrigante. Grace, tan discreta, seria y profesional en el plató, cuando acababa el rodaje se comportaba de una manera que sobrepasaba las fantasías de Hitchcock. «Esa Gracie era tremenda, se acostaba con todos», dijo el director años más tarde al guionista Bryan Mawr recordando el éxito que tenía entre sus compañeros y su abierta sexualidad.

Lizanne, la hermana de Grace, fue testigo directo de las pasiones que esta despertaba entre sus colegas masculinos del equipo. «Todos los hombres se enamoraron de Grace en *Crimen perfecto*. La seguían por todas partes, desde los actores hasta los guionistas. Estaban locos por ella», recordó. Como en anteriores ocasiones, la pequeña de los Kelly había acudido al rodaje en Los Ángeles para hacer de carabina, pero esta vez se sintió abrumada. Lizanne compartió habitación con su hermana en el Château Marmont, un ruinoso hotel que se alzaba en Sunset Boulevard como un decadente castillo gótico. Todos los días Grace recibía ramos de flores de sus admiradores y cartas anónimas donde le declaraban su amor. «Nuestra habitación parecía una funeraria —aseguró Lizanne—. No teníamos suficientes jarrones... Cada día le enviaban un ramo; era algo increíble.»

Pero entre todos sus admiradores, uno ocupaba un lugar especial en su corazón. Ray Milland, la estrella de la película, era un caballero británico, elegante y seductor, que le doblaba la edad y tenía fama de conquistador. Grace le había visto en la película *Días sin huella*, donde daba vida a un escritor alcohólico, y le había impresionado mucho su actuación. Un papel por el que recibió un Oscar que relanzó su inestable carrera. Milland estaba casado con la exactriz Muriel Weber, tenía un hijo y una niña adoptada. Pero a mitad de rodaje resultaba más que evidente la atracción que existía entre ambos. Después de trabajar solían ir juntos a cenar o a tomarse una copa. La hermana de Grace fue testigo de esta relación sentimental y de cómo los dos se habían enamorado de verdad. Al poco tiempo Lizanne renunció a vigilar a su hermana y se convirtió en confidente del actor: «Volví de Hollywood en el mismo avión que él y charlamos largamente durante el trayecto. Me confesó que estaba muy enamorado de ella».

Aunque a Grace no le importaba que todo el mundo supiera su romance con Milland, comenzaron a correr rumores de que era «una devorahombres» y que estaba dispuesta a destruir un sólido matrimonio de veinte años. No había tenido en cuenta que su aventura se había convertido en la comidilla de Hollywood y que la esposa del apuesto galán contaba con buenos amigos en la profesión. La popular revista *Confidential*, especializada en airear los trapos sucios de las estrellas, cuando se enteró del idilio entre la pareja no dudó en escribir: «En cuanto Milland vio a Gracie, cayó fulminado. Toda la ciudad empezó a rumorear que el elegante Milland, que tiene esposa e hijos, estaba loco por ella». El actor abandonó a su familia y alquiló un apartamento, donde Grace le visitaba a menudo y podían disfrutar de una mayor intimidad.

El escándalo llegó a oídos de los padres de la actriz en Filadelfia, y su disgusto fue mayúsculo. Tras sus devaneos amorosos con Gary Cooper y Clark Gable, el señor Kelly había pedido a Scoop Conlan, un viejo amigo y relaciones públicas que vivía en Hollywood, que «echara una mano a Grace». Cuando se enteraron por el artículo publicado en *Confidential* de la relación que mantenía su hija con Ray Milland, un actor casado y padre de familia, saltaron de nuevo las alarmas. El propio Jack Kelly le confesó a un periodista local: «No me gustan los escándalos. Me gustaría ver casada a Grace. Esa gente de Hollywood cree que el matrimonio es como un baile de sillas». Una vez más, la señora Kelly voló a Los Ángeles para hacer entrar en razón a su hija y que cambiara su «inadecuado comportamiento». Lizanne recordaba que su madre y Scoop Conlan se sentaron a hablar con ella y que se mostró dispuesta a escucharles. En Hollywood las habladurías sobre la pareja eran feroces y la Metro Goldwyn Mayer temía que esta publicidad negativa pudiese perjudicar la prometedora trayectoria de su joven estrella. El señor Conlan le advirtió que estaba en juego su carrera y su reputación.

Muy alterada por la reacción que había provocado en Hollywood su conducta y presionada por su familia, accedió a romper con Ray Milland. Aunque el actor en un primer momento parecía dispuesto a divorciarse de su esposa, esta no se lo puso nada fácil. Muriel le amenazó con no dejarle ver a sus hijos y quedarse todas las propiedades que estaban a su nombre si seguía liado con «esa jovencita». Finalmente, Milland lo pensó dos veces y regresó a casa pidiéndole perdón de rodillas a su mujer por el daño que le había hecho. Con el tiempo Grace reconoció que este romance había sido un grave error y que se había sentido utilizada por el actor. «Estaba convencida de que el matrimonio de Ray Milland se había acabado —confesó Grace a su amiga la periodista Gwen Robyns años más tarde—. Al menos, eso fue lo que me dijo él. No sabía que había tenido numerosas aventuras, y que yo solo era una más.»

HA NACIDO UNA ESTRELLA

Al finalizar el rodaje de *Crimen perfecto*, Grace regresó enseguida a su apartamento de Nueva York. No quería pasar ni un día en Hollywood, un mundo de apariencias y excesos donde se sentía una completa extraña. Años más tarde llegó a decir: «Lo odiaba sin saberlo. Conocí allí a muchas personas con las que me encantaba trabajar y de las que aprendí mucho. Pero también encontré mucho miedo en Hollywood: miedo de triunfar y luego dejar de tener éxito. He dicho a menudo que era un lugar despiadado, lleno de gente angustiada. Allí, la tristeza era como una espesa bruma que lo cubría todo».

A punto de cumplir veinticuatro años, tenía por delante una prometedora carrera. Había hecho películas con algunas de las más grandes estrellas, se había puesto a las órdenes de directores legendarios y el público llenaba las salas de cine para verla. Por aquella época la prestigiosa revista *Life* empezó a preparar un reportaje especial sobre «la actriz descubrimiento» de Hitchcock y su rostro apareció en la portada bajo el título de «El año de Grace».

Vivía un dulce momento, pero su familia seguía sin valorar

sus logros. Su amiga Judy Kanter recordaba que tras el estreno y las buenas críticas de *Crimen perfecto*, un fin de semana que pasaron en la mansión de los Kelly en Filadelfia le sorprendió la fría reacción de sus padres por todo lo que la joven actriz estaba consiguiendo. Cuando le comentó a Jack Kelly si se sentía emocionado ante las tentadoras ofertas de trabajo que recibía su hija, su rostro se puso serio y respondió: «No comprendo por qué iba a querer ser actriz. Nunca lo he entendido... Le permití que se marchara a Nueva York cuando me lo pidió porque, la verdad, no se me ocurría qué otra cosa podría hacer. Ni siquiera ir a la universidad. En fin, me alegro de que se esté ganando la vida». Su padre seguía mostrándose distante con ella. Era incapaz de reconocer sus éxitos, algo que a Grace le dolía en lo más profundo de su corazón.

La estancia de Grace en Nueva York iba a resultar muy breve. A finales de septiembre, su agente la llamó para decirle que Hitchcock quería que fuera la protagonista de su siguiente película, *La ventana indiscreta*, junto a otra famosa estrella, James Stewart. Al mismo tiempo recibió el maravilloso guion de *La ley del silencio*, pues le ofrecían encarnar a la novia de un jovencísimo Marlon Brando en la película que Elia Kazan iba a dirigir en Nueva York. Grace conocía sus limitaciones y no solía aceptar papeles comprometidos. «A diferencia de Elizabeth Taylor, que trabajó en obras de Tennessee Williams y Shakespeare, la señorita Kelly prefería encarnar a mujeres que se parecieran a ella», cuenta su biógrafo Robert Lacey. Por este motivo decidió finalmente ponerse de nuevo a las órdenes de Hitchcock. Iban a ser solo dos meses de rodaje, trabajaría con un director en quien confiaba y tendría que interpretar a una exmodelo adinerada que pertenecía a la alta sociedad de Manhattan. Una joven sofisticada, rica e independiente como las que frecuentaban el hotel Barbizon. El personaje se llamaba Lisa Fremont, pero en el fondo no era otra que ella misma. La película pasó a la historia como una de las obras maestras de Hitchcock y su actuación fue muy aplaudida por la crítica.

Grace Kelly llegó a Los Ángeles el 21 de noviembre y alquiló un apartamento de dos habitaciones en un modesto barrio de Hollywood. Como no le gustaba vivir sola, le propuso a su antigua compañera Rita Gam que compartiera el piso con ella. Las dos actrices se habían conocido en Nueva York cuando ambas trabajaban como modelos y actuaban en televisión. El diminuto apartamento era una vivienda sin pretensiones en un feo y bullicioso edificio que la rubia actriz decoró a su gusto. El fotógrafo Cecil Beaton no podía creer que una intérprete de su fama pudiera vivir en un lugar tan gris y sórdido: «Lo único que recordaba que estaban en Hollywood —dijo— era la piscina en forma de riñón, agrietada y con demasiado cloro». Grace había aprendido bien las enseñanzas de su madre y, aunque ganaba una buena suma de dinero, llevaba una vida de lo más austera. Nunca se dejó atrapar por el deslumbrante estilo de vida hollywoodiense, donde los actores despilfarraban el dinero y se hipotecaban para comprar una suntuosa mansión en Bel Air con un Rolls-Royce aparcado en la puerta. Rita Gam se convirtió en una de sus mejores amigas y fue una de sus damas de honor el día de su boda en Mónaco.

Grace apenas tuvo tiempo para disfrutar de unos días de descanso porque enseguida debió acudir a las pruebas de vestuario de su nueva película. Para su sorpresa, Hitchcock ya había elegido los cinco conjuntos que iba a lucir en *La ventana indiscreta*. Estaba obsesionado por la imagen que debía ofrecer la actriz en el filme y quería controlar hasta el más mínimo detalle. No se terminaba ningún vestido que no hubiera recibido su aprobación. «Todo tenía una razón de ser —recordaba Edith Head, la diseñadora de vestuario—, tanto los colores como el estilo. Estaba muy seguro de lo que deseaba. En una escena quería a Grace vestida de verde pálido; en otra, con un traje de gasa blanca; en una tercera, de oro. Era como si estuviera creando un sueño en el plató. Hitch quería que Grace apareciera como una figura de porcelana de Dresde. Como algo intocable.»

Durante el rodaje de la película la actriz trabó amistad con la señora Head. Esta mujer de formidable talento era la modista más famosa de Hollywood y tenía en su haber ocho Oscar como mejor diseñadora en filmes inolvidables como *Sabrina* o *Eva al desnudo*. Había vestido a las más grandes estrellas de la época dorada, dentro y fuera de la pantalla. En *La ventana indiscreta*, Grace interpretaba a una editora de moda, joven y refinada. La actriz, rubia, alta y de porte majestuoso, era la modelo ideal para lucir con estilo la ropa que Hitchcock había elegido para ella. La personalidad de Grace conquistó a Edith desde el primer instante y diseñó para ella unos modelos que la convirtieron en un icono de elegancia y glamour. El sublime vestido de falda de gasa y tul con corpiño negro con escote de pico que luce en la primera escena de la película y el traje de chaqueta verde pálido con blusa anudada al cuello que dejaba a la vista los brazos y la espalda fueron reproducidos en las mejores revistas de moda.

Edith Head, que llegó a conocer bien a Grace y fue, junto a Helen Rose, una de sus diseñadoras de cabecera, declaró: «Trabajar con ella resultaba muy agradable porque tenía muy buena educación y podíamos hablar de cualquier cosa: arte, música, literatura... Era una mujer culta, disfrutaba visitando museos y le encantaba la música clásica. Fuera de la pantalla nunca fue la actriz mejor vestida de Hollywood, pero siempre cuidaba su aspecto. Solía usar guantes blancos y medias muy finas. Hoy día la gente diría que parecía estirada, pero no lo era. Grace tenía unos modales fríos y reservados que intimidaban a quienes no la conocían. Lo cierto es que era muy tímida. Además, puesto que era muy guapa, los hombres siempre estaban intentando conquistarla y para ella resultaba una situación muy incómoda».

En *La ventana indiscreta* de nuevo Grace tuvo como pareja a un galán que le doblaba la edad. Tras trabajar con algunos de los mitos del cine como Clark Gable o Gary Cooper, ahora era James Stewart quien compartía cartel con ella dando vida a su novio, un fotógrafo confinado a una silla de ruedas tras haber sufrido un accidente. Como al actor le preocupaba parecer mucho mayor que Grace, encargó una serie de nuevos tupés y llamó a un experto en maquillaje para que disimulara en la medida de lo posible que era veintiún años mayor que su pareja. Fue un excelente compañero y solía reírse cuando alguien comentaba que la señorita Kelly era fría como un témpano: «Si hubieras rodado una escena de amor con ella sabrías que no tiene nada de fría». En esta ocasión no hubo romance entre los protagonistas. El actor estaba felizmente casado y entre ellos se forjó una estrecha amistad que duró toda la vida. Stewart se quedó muy sorprendido por la ilusión y profesionalidad que ella mostraba: «Era una persona auténtica, bondadosa, graciosa y muy atenta. Apareció como salida de la nada y, después de cinco películas, era muy solicitada en toda la ciudad. Y asimiló este fenómeno de forma natural y elegante, sin pavonearse como otras estrellas. Creo que este hecho contribuyó a convertirla en un éxito no solo entre el público, sino también entre sus colegas de Hollywood».

El 13 de enero de 1954 el rodaje llegó a su fin y Hitchcock dijo a Grace que no tardarían en volver a trabajar juntos. No le preguntó qué planes tenía ella, pero deseaba que actuara en todas las películas que rodara en el futuro. Gracias a este filme Grace entró en el Olimpo del cine. El público la adoraba y su nombre aparecía en todas las listas de las mujeres más famosas de Estados Unidos y las mejor vestidas. Sin embargo, ella no se sentía del todo feliz. Añoraba tener una pareja estable y formar una familia: «De repente me di cuenta de que me habían convertido en tía y madrina más de una vez —confesó— y de que no dejaba de recibir invitaciones a bodas. Durante esa época fui la única soltera que conocía. Ese año iba a cumplir los veinticinco y a medida que pasaban los meses e iba acabando películas, me sentía cada vez más confusa. No tenía tiempo para mí, y un día, cuando alguien de una revista me preguntó: "¿Quién es la verdadera Grace Kelly?", contesté: "La verdadera Grace Kelly todavía no existe. Vuelva dentro de diez años y se lo diré. Por el momento sigo intentando averiguarlo"».

A pesar del éxito de sus películas, la Metro Goldwyn Mayer le seguía ofreciendo papeles mediocres que no estaban a su altura. Grace no encajaba en el ambiente de Hollywood; era muy reservada con su vida privada y no le gustaba asistir a las extravagantes fiestas que se organizaban en las mansiones de Beverly Hills, donde abundaban las drogas y el alcohol. Su relación con la prensa tampoco era buena. A diferencia de otras actrices que hacían lo que fuera para satisfacer a los periodistas, no se prodigaba en entrevistas y solo hacía declaraciones cuando los estudios la obligaban. Grace no permitía que el departamento de publicidad de la Metro revelara según qué detalles sobre ella y se negaba a responder cualquier pregunta que considerase demasiado íntima. En una ocasión alguien preguntó a la explosiva Marilyn Monroe qué se ponía para dormir y ella contestó: «Chanel Número 5». Cuando le plantearon a ella la misma cuestión, respondió ofendida: «Creo que no es incumbencia de nadie lo que me ponga para irme a la cama. La gente debe guardarse algo para sí, de lo contrario su vida se convierte en papel cuché». La mayoría de los periodistas la tachaban de ser «una esnob y engreída actriz» y consideraban una tarea imposible sonsacarle alguna anécdota personal.

Después de *La ventana indiscreta*, Grace fue cedida de nuevo a la Paramount para actuar en una película bélica, *Los puentes de Toko-Ri*, basada en una novela de gran éxito. A la actriz no le atraía mucho este proyecto porque tenía un papel secundario y aparecía apenas quince minutos en la pantalla. En esta ocasión el protagonista masculino era el famoso actor hollywoodiense William Holden. Si finalmente aceptó fue porque se trataba de una obra prestigiosa y por la fama de los productores George Seaton y William Perlberg, quienes habían formado un exitoso tándem con grandes películas en su haber.

Aunque apenas coincidió con Holden en algunas escenas, desde el primer instante la atracción fue mutua y entre ellos surgió una ardiente pasión. El actor, de treinta y cinco años, era el protagonista más joven con quien había actuado en Hollywood, y también el más descaradamente seductor. Holden estaba casado con la actriz Brenda Marshall y tenía dos hijos, pero sus devaneos amorosos con jóvenes actrices eran la comidilla de todo Hollywood. Cuando conoció a Grace en enero, acababa de poner punto final a una breve aventura con la encantadora actriz Audrey Hepburn, que había sido su pareja en la película *Sabrina*.

Desde el inicio del rodaje Holden decidió lanzarse a la conquista de su bella compañera de reparto y sus esfuerzos pronto se vieron recompensados. A Grace la cautivó su atractivo físico, su sentido del humor y trato cortés. «Era duro, cínico y un ser atormentado que siempre había tenido problemas con el alcohol pero podía resultar encantador con las mujeres y todas se enamoraban locamente de él», dijo del actor uno de los guionistas de la película. Como en anteriores ocasiones, Grace se tomó tan en serio la relación que quiso que sus padres conocieran al hombre que ocupaba su corazón. Los recuerdos que William Holden conservaba de su visita a los Kelly en Filadelfia no eran nada agradables. «Frío y hostil», así describía el famoso actor el recibimiento que le dispensaron en la mansión de Henry Avenue. Al parecer Jack Kelly se pasó toda la noche interrogándole con muy poco tacto sobre sus conquistas amorosas. El actor, enfadado al verse tratado como un adolescente, mandó al señor Kelly literalmente al infierno y casi llegan a las manos. «He estado enamorada desde los catorce años —confesó Grace a su amiga Judy Kanter— y mis padres nunca han aceptado a ninguno de los hombres que he amado.»

Al principio Grace y Holden lograron mantener en secreto su relación, pero fue por poco tiempo. La revista *Confidential* volvió a destapar su aventura describiendo con detalle las citas amorosas de la pareja en el apartamento de la actriz. De nuevo su vida privada ocupaba las páginas de un medio sensacionalista de difusión nacional. En un extenso reportaje titulado «El romance de Hollywood», entre otras cosas se decía: «Grace atrae como un imán a los hombres maduros... tiene el aspecto de una dama... y se comporta como tal. En el Hollywood de los chulos y las fulanas, una dama es una rareza. Eso hace de Grace Kelly la mujer más peligrosa del cine contemporáneo». Este reportaje causó un gran daño a su reputación porque la presentaba como una «devorahombres». Cuando Jack Kelly leyó el artículo fue tal su enfado que en compañía de su hijo Kell se presentó hecho una furia en las oficinas de la revista amenazando e insultando al director y a su equipo. Al enterarse de lo ocurrido, Grace sufrió una crisis nerviosa y cambió completamente de actitud durante el rodaje. «Estaba deshecha, no salía apenas de su camerino y muy rara vez se quedaba con nosotros entre una toma y otra —recordó una de sus colegas de reparto—. Ni siquiera iba al comedor a almorzar con el resto de los compañeros, comía sola en su camerino.»

Esta nueva humillación pública de su padre la afectó hasta tal punto que tuvo que buscar ayuda profesional y se puso en manos de un psiquiatra. En una entrevista concedida por la estrella en 1979 se mostró sorprendentemente sincera y se defendió de la acusación de ser una «destructora de hogares»: «En tanto que soltera, me consideraban un peligro. Otras mujeres veían en mí a una rival, lo que me dolía en lo más hondo. Lo peor fue cuando la columnista de cotilleos Hedda Hopper empezó a perseguirme con todo su rencor. Puso en mi contra a todos los productores, directores y actores. Bing Crosby me contó que Hedda me había descrito como una ninfómana. Pero la persecución no duró mucho porque yo tenía un buen círculo de amistades».

Grace siguió viendo a Holden en secreto, pero su relación apenas duró las tres semanas que rodaron juntos. Al final fue él quien decidió romper. «Me marché de su vida a pesar de que la quería muchísimo», declaró el actor. Al igual que otros de sus pretendientes llegó a la conclusión de que no tenía sentido enfrentarse al señor Kelly, y ante el escándalo que causó la publicación del reportaje decidió batirse en retirada. Entre sus planes no estaba divorciarse de su esposa que, además, le permitía sus frecuentes aventuras extraconyugales. William Hol-

den nunca pudo superar su afición a la bebida y acabó sus días
enfermo y alcoholizado. Pero cuando trabajó con Grace era
uno de los grandes intérpretes del momento y al poco tiempo
ganó un Oscar. Años más tarde confesó a unos amigos que la
había amado como a ninguna otra y que «era una mujer afec-
tuosa, jovial y muy seria pero que en el fondo poseía una vida
emocional un tanto inmadura».

Su papel en *Los puentes de Toko-Ri* fue tan insignificante
que ningún crítico le prestó atención. Para Grace Kelly esta
película no tuvo relevancia en su carrera, pero el público llenó
las salas de los cines para verla por primera vez en traje de baño.
A pesar de su decepción, la buena relación que mantuvo con
los productores le iba a proporcionar uno de los mejores papeles de toda su trayectoria. Perlberg y Seaton habían conseguido
los derechos de la obra teatral *La angustia de vivir*, que había
cosechado un gran éxito en Broadway, y querían llevarla a la
gran pantalla. El problema era que esta vez la Metro no estaba
dispuesta a ceder de nuevo a su rubia actriz. Tras su papel en
La ventana indiscreta se había despertado un enorme interés por
Grace Kelly y los más influyentes cineastas de Hollywood deseaban trabajar con ella. Cuando Perlberg solicitó que volvieran a prestarles a Grace, la respuesta fue negativa. «Tenemos
grandes planes para la señorita Kelly», le respondió uno de sus
ejecutivos. Los productores no se rindieron; sabían que si ella
leía el guion lucharía por conseguir un papel que ambiciona-
ban muchas actrices de Hollywood. Y así fue. Grace comprendió que era justo lo que necesitaba para demostrar su talento
dramático. «Yo tenía que actuar como fuera en *La angustia de
vivir* —dijo más tarde— porque ese sí que era un buen papel
para mí.»

A Grace le enfureció saber que la Metro trataba de impedir que rodara esta película y por primera vez se mostró dispuesta a abandonar para siempre Hollywood. «Indiqué a mis agentes que hicieran llegar mi dirección de Nueva York a todos los altos ejecutivos de la compañía a fin de que supieran adónde debían enviar sus felicitaciones de Navidad. Tardaron un poco en comprender lo que pretendía decirles, y no era un farol por mi parte. Estaba decidida a regresar definitivamente a Nueva York si no me dejaban interpretar el papel de Georgie en *La angustia de vivir*. Y me sentía más que dispuesta a contar a la prensa los motivos de mi marcha», recordó. En aquella época que una joven actriz con una trayectoria profesional tan corta plantara cara a un gran estudio poniendo en peligro su futuro profesional resultaba algo inaudito. Finalmente todo se resolvió con dinero y, a cambio, la Metro no tuvo mejor idea que darle un papel rechazado por Ava Gardner en una mediocre película de aventuras ambientada en la jungla colombiana.

El papel al que Grace iba a enfrentarse en *La angustia de vivir* suponía un gran desafío, totalmente distinto a lo que había interpretado hasta la fecha. Fue eso lo que más la atrajo: «En todas mis películas siempre había llevado ropa elegante, vestidos de alta costura o camisones preciosos; siempre había escenarios espectaculares o exóticos, de modo que aquello iba a ser una experiencia totalmente nueva y me apliqué con ahínco para dar lo mejor de mí misma». En esta ocasión la diseñadora Edith Head debía transformar a la sofisticada y rubia actriz en una desdichada mujer que llevaba diez años casada con un borracho y se había abandonado por completo. La estilista consiguió camuflar su belleza natural y elegancia con un vestuario sencillo y austero en tonos apagados y muy poco maquillaje. El toque final para su total metamorfosis lo dio la propia Grace al pedir que le dejaran llevar sus gafas para la miopía de gruesa montura.

El protagonista masculino era el popular actor y cantante Bing Crosby. Sus contratos incluían que él debía dar su aprobación a la actriz principal. Cuando se enteró de que Grace Kelly era la persona que habían elegido tuvo sus dudas porque no se la imaginaba en un papel tan dramático. «Él había oído rumores —dijo Louella Parsons— de que era muy coqueta y siempre dispuesta a cautivar el corazón de todos los hombres con los que trabajaba.» Durante los ensayos el ambiente resultó muy tenso, y Crosby se mostraba huraño y muy nervioso con todos. En la película debía interpretar a un cantante y bailarín alcohólico que había tocado fondo. Un personaje demasiado parecido a él que le obligó a enfrentarse a sus propios demonios del pasado. El actor había alcanzado la cima del éxito en la década de los cuarenta y comenzó a tener problemas con la bebida que se agravaron tras la muerte de su esposa en 1952. Aunque al principio no veía a Grace en un papel dramático, al cabo de unos días de trabajar con ella cambió de actitud: «Nunca permitáis que vuelva a abrir esta bocaza —dijo al equipo—. ¡Esta chica sabe actuar de verdad!».

Fuera de la pantalla Bing Crosby comenzó a cortejarla discretamente. A sus cincuenta años, viudo y en un momento en que intentaba rehacer su vida, se sintió muy atraído por la fuerza y la ternura que encontró en Grace. Buscaba una nueva esposa y le pareció que ella, bella, elegante y católica como él, encarnaba la persona ideal. Pero la señorita Kelly en esta ocasión no sucumbió a los encantos de su compañero y lo rechazó educadamente. En contra de lo que algunas revistas publicaron, no hubo ninguna aventura entre la pareja. Es cierto que el actor se enamoró de ella y que incluso llegó a proponerle matrimonio, tal como recordaba su hermana Lizanne: «Grace me llamó una noche para decirme: "Bing me ha pedido que me case con él". Pero mi hermana no estaba en absoluto enamorada de él. Lo admiraba y respetaba, pero no lo quería». Años más tarde a Grace no le importaba hablar abiertamente con sus amigos más íntimos acerca de sus romances en Hollywood, pero este actor no estaba en su lista de amantes. «A Grace le irritaba mucho que pensaran que se había acostado con Bing Crosby o incluso que lo hubiera considerado un serio pretendiente porque no era cierto. Es posible que él mismo corriera la voz. Seguramente le hubiera gustado que fuera cierto», comentó una amiga suya.

Al finalizar la última escena de *La angustia de vivir*, la actriz voló a Sudamérica para rodar durante diez días en la selva colombiana una película de la Metro condenada desde el principio al fracaso. En *Fuego verde* se encontró con el protagonista masculino más atractivo con los que había trabajado. Stewart Granger, de cuarenta y un años, uno noventa de estatura y británico, era el héroe por excelencia de las películas de aventuras de capa y espada de la época. Sin embargo a Grace no la impresionó lo más mínimo y le pareció un actor muy engreído. Fueron tres semanas de rodaje duras y agotadoras que no olvidaría: «Trabajábamos en el interior de la selva, en una aldea muy pobre, con viviendas lamentables y gente que vivía en la miseria. Se hizo interminable, con todo aquel polvo y calor, y por si fuera poco parte del equipo naufragó. ¡Fue terrible!».

Los recuerdos de su compañero Stewart Granger eran otros y en sus memorias reconoció que «era muy agradable besar a Grace» y que se sintió muy atraído por «su perfecto trasero». «Nuestra última escena transcurría bajo una lluvia torrencial

—escribió— y, en el momento del beso final, los dos estábamos empapados, con lo cual se le marcaban sus maravillosas nalgas. Yo, para salvar su pudor se las tapé con mis manos. Estaba tan contenta de terminar la película, que ni siquiera protestó, pero si observas atentamente la escena, verás que Grace se sobresalta en el instante en que la agarran por detrás dos manos ávidas.» Grace se prometió a sí misma que jamás volvería a participar en un proyecto tan comercial y absurdo.

Mientras Grace trataba de poner buena cara en medio del sofocante calor y las tormentas tropicales, a muchos kilómetros de allí Hitchcock ya tenía en mente su próxima película, *Atrapa a un ladrón*, y quería a la rubia actriz como protagonista. Cuando Grace se enteró de que era una película ambientada en el sur de Francia y que tendría como compañero al encantador Cary Grant, olvidó por completo todos los problemas. «Para mí era el papel ideal después del dramatismo de *La angustia de vivir* y de las penurias de *Fuego verde* —recordaba Grace en 1976—. Además, ¿cómo iba a rechazar la oportunidad de hacer otra película con Hitchcock? Me halagó que me reclamara. Era una comedia, pero también una película romántica... y bastante audaz para la época, pero siempre con el toque sofisticado de Hitchcock. Mi personaje, Francie, está deseando convertirse en una ladrona, tiene ganas de vivir toda clase de aventuras y piensa que será emocionante unirse a un hombre a quien cree un delincuente. Estaba deseando saltar por los tejados con él.»

Cuando Grace Kelly llegó a París en la primavera de 1954 se hallaba al límite de sus fuerzas. «Terminé el rodaje de *Fuego verde* a las once en punto de la mañana —recordaba la actriz—, fui a la sala de doblaje a la una de la tarde y cinco horas después tomaba un avión rumbo a Francia.» Había hecho cinco pe-

lículas en tan solo ocho meses, y Hitchcock la esperaba en
Cannes para empezar la siguiente. Aunque había pasado por
momentos difíciles durante el largo invierno, ahora tenía un
pretendiente que ocupaba su atención. La actriz estaba dispuesta a pasárselo bien y a darle una oportunidad. Su nuevo
amor se llamaba Oleg Cassini y se habían conocido en Nueva
York el año anterior poco después del estreno de *Mogambo*. Era
un apuesto diseñador de moda que acababa de divorciarse de
su segunda esposa, la actriz Gene Tierney. Dieciséis años mayor que Grace, era hijo de una condesa y nieto del embajador
del zar en Estados Unidos. Con fama de playboy, en su larga
lista de conquistas se encontraban millonarias norteamericanas,
actrices de Hollywood y hermosas modelos. Delgado, moreno
y con un cuidado bigote, su porte principesco y modales refinados dejaban sin aliento a las mujeres. Aún no había alcanzado la fama que adquirió al convertirse en el estilista oficial de
Jackie Kennedy, pero ya era un modisto de éxito muy bien
considerado en la alta sociedad de Manhattan.

Oleg Cassini se enamoró de ella cuando la vio en *Mogambo* y le comentó a un amigo que sería su próxima conquista. El
destino quiso que unos días más tarde, al entrar en uno de sus
restaurantes predilectos en Manhattan, divisara a Grace Kelly
que estaba cenando con el actor francés Jean-Pierre Aumont,
con quien había tenido una aventura en el pasado cuando trabajaron juntos en una obra de teatro para la televisión. Cassini
recordaba así su primer encuentro con la actriz: «La vi a lo lejos
solo de perfil. Vi la absoluta perfección de su nariz, el cuello
largo y elegante, el sedoso cabello rubio. Llevaba un conjunto
de terciopelo negro muy recatado con una falda larga y un
cuello blanco a lo Peter Pan. Al cabo de un rato, cuando se
levantó, me di cuenta de que tenía una bonita figura: alta, alre-

dedor de un metro setenta, hombros anchos, sutiles curvas y largas piernas... una joven muy aristocrática, no de esas con las que uno sale solo una vez». El diseñador conocía a Aumont y antes de abandonar el restaurante se acercó a su mesa a saludarle. Cuando le presentó a Grace la colmó de cumplidos y se confesó un rendido admirador de su belleza y estilo.

Desde aquella noche en que Oleg Cassini estrechó la mano a Grace se propuso seducirla y conquistarla. En los días siguientes la actriz se vio inundada de flores que llegaban a su apartamento neoyorquino enviadas por un admirador anónimo. Los magníficos ramos de rosas rojas iban acompañados de una enigmática tarjeta firmada por «el Simpático Florista». Finalmente el diseñador la llamó y le descubrió su identidad al tiempo que la invitaba a almorzar. Grace aceptó reticente porque conocía la reputación del diseñador y llegó acompañada de su hermana Peggy. El primer encuentro no fue como Oleg imaginaba. La actriz se hallaba entregada a su trabajo por completo y le confesó que en ese momento de su vida estaba muy enamorada de Ray Milland. Aun así, Cassini no tiró la toalla y durante varios meses le envió largas cartas de amor y ramos de flores, y la telefoneaba casi todas las noches. Al tiempo que Grace tonteaba con Bing Crosby y vivía un apasionado romance con William Holden en Hollywood, el modisto seguía cortejándola en la distancia. La víspera de su viaje a París, ella le mandó una postal con una breve frase: «Los que me aman me siguen».

La relación entre Oleg y Grace había sido hasta el momento platónica, pero tras la ruptura con William Holden y las tensiones familiares que provocaron sus escándalos sentimentales empezó a ver a su enamorado pretendiente con otros ojos. Era un hombre encantador y divertido que parecía loco

por ella, y lo mejor de todo es que no estaba casado. El diseñador siguió a Grace a Francia y se presentó en el hotel Carlton
de Cannes. En la romántica atmósfera de la Costa Azul, el
modisto se hallaba en su elemento y su elegancia y *savoir faire*
pronto la conquistaron. La actriz disponía de otro día libre
antes de comenzar el rodaje con Hitchcock y Oleg la invitó a
almorzar un picnic de pato frío y una botella de Montrachet
del 49 en una romántica cala del Mediterráneo. En la playa,
bajo el cálido sol de junio, Cassini le abrió su corazón y ella se
dejó llevar por la magia del momento. La pareja regresó al hotel y pasaron la noche juntos en su suite. El diseñador recordaba
en sus memorias aquel instante de manera un tanto novelesca:
«Desprendía un aroma a gardenias, a la vez exótico y puro.
Había en ella algo translúcido, como una perla; todo en ella era
transparente, suave y delicado: su piel, su aroma, su cabello. Yo
me sentía embelesado, consciente solo de la trascendencia de
ese momento, de lo perfecta que era en la intensa química
emocional y física que habíamos encontrado en la Riviera...».
Fue así como un flirteo que había comenzado como un juego
por ambas partes se iba a convertir en la relación más larga y
profunda de todas cuantas había vivido hasta la fecha Grace
Kelly.

El rodaje de *Atrapa a un ladrón* fue uno de los períodos de
trabajo más felices de su vida. A Grace le encantaba la Costa
Azul y por primera vez podía dejarse ver en público con su
compañero en la película. Cary Grant estaba casado y se había
traído a su mujer, la actriz y escritora Betsy Drake. A sus cincuenta años, bronceado y en buena forma, era uno de los actores más taquilleros de aquellos días y en el papel de un antiguo
ladrón de joyas desbordaba todo su poder de seducción. Desde
el primer instante Grace se entendió a la perfección con él y

entre ambos nació una amistad y complicidad que se mantuvo a lo largo de toda la vida. En cuanto a su talento como actriz, Grant declaró en una ocasión: «Grace actuaba como nadaba Johnny Weissmüller o bailaba Fred Astaire. Hacía que todo pareciera sencillo y natural. Había gente que decía que Grace se limitaba a hacer de sí misma. Pues bien, eso es lo más difícil de conseguir cuando se es actor».

Cary Grant también recordó lo mal que Grace manejaba el coche deportivo que debía conducir en alguna de las escenas más famosas de la película. El guion exigía que ella llevara al actor en un elegante Sunbeam azul zafiro descapotable a toda velocidad por la estrecha carretera llena de curvas de la Grande Corniche. En un momento dado, Grace se arrimó tanto al borde del precipicio que, como ella misma contó en una entrevista, hizo que su galán «se pusiese pálido a pesar del bronceado». Al parecer la actriz conducía de manera tan errática porque en esa escena no podía llevar gafas y apenas veía a dos metros de distancia.

Durante el rodaje hubo un ambiente de gran camaradería; incluso Hitchcock se encontraba de excelente humor. Grace, Oleg Cassini, Cary Grant y Betsy, y el director y su esposa Alma cenaban juntos casi todas las noches en alguno de los pequeños restaurantes que salpicaban la costa. Grace se enamoró del sur de Francia, de sus pintorescos pueblos, sus calas de aguas cristalinas y los frondosos bosques de cipreses junto al mar. Varias escenas de la película fueron rodadas en el principado de Mónaco y sus alrededores. Un día, cuando Grace y varios miembros del equipo paseaban por la ladera de una colina, la actriz se quedó contemplando a lo lejos un pequeño y misterioso jardín privado rodeado de antiguas fortificaciones. Le preguntó al guionista del filme de quién era aquel hermoso oasis y este le respondió: «Del príncipe Grimaldi. He oído decir que es un tipo bastante soso».

En ninguna película Grace Kelly lució un vestuario tan exquisito. «Puro glamour bajo el sol del Mediterráneo», titulaba el *New York Post* su reseña de *Atrapa a un ladrón*. Una vez más, la talentosa Edith Head se encargó de diseñar los elegantes y atrevidos trajes de la actriz, convertida en una rica norteamericana que viaja a la Costa Azul y se encapricha de un antiguo ladrón de joyas. En los maravillosos escenarios naturales de Niza, en Cannes y en las colinas que dominan el Mediterráneo, se paseó con unos modelos que la coronaron, junto a Audrey Hepburn, como «icono de elegancia y buen gusto». El traje largo de color blanco y escote palabra de honor diseñado para resaltar el fabuloso collar de diamantes que luce en una de las escenas o el vaporoso vestido de noche de gasa en color azul con cuerpo drapeado, que dejaba al descubierto parte de sus hombros como una diosa griega, fueron algunas de las mejores creaciones en la carrera de esta célebre modista de Hollywood. Entusiasmado con sus brillantes propuestas, Hitchcock ideó una escena en un baile de disfraces solo para que su musa pudiese mostrarse más sofisticada que nunca con un espectacular vestido dorado en tejido lamé y falda decorada con mariposas, y peinado a lo María Antonieta.

Grace había pasado tres meses rodando en la Costa Azul con uno de los actores más atractivos de Hollywood y viviendo un romántico idilio fuera de la pantalla con el diseñador Oleg Cassini. Una noche, hacia el final del rodaje, la pareja decidió ir a cenar a solas a un restaurante en el puerto de Cannes. Todo el equipo de la película debía regresar a Hollywood al cabo de unos días para filmar en el estudio algunas escenas de interiores. Grace se mostró inquieta ante la inminente separación, y en un momento de la velada, mirando fijamente a los ojos a su pretendiente, le preguntó: «Bueno, aquí estamos, señor Cassini. Me has estado siguiendo por todo el mundo. ¿No tienes nada que decir?». Cassini, que no tenía prisa en volver a contraer matrimonio, le respondió con una encantadora sonrisa que haría lo que ella deseara. Y fue entonces cuando para su sorpresa Grace le susurró dulcemente: «Quiero compartir mi vida contigo. Quiero ser tu esposa». Ante tan inesperada propuesta, Oleg aceptó y pidió una botella de champán para brindar. Luego se marcharon al casino a bailar y a jugar a la ruleta. «Fue una noche absolutamente mágica —recordaba él—. Yo me sentía orgulloso y enamorado, y estaba totalmente embelesado.»

Pero tras la euforia inicial, Cassini se inquietó al ver cómo a medida que discurría la velada Grace, en apariencia tan liberal, independiente y segura de sí misma, comenzaba a hablar de los preparativos de la boda: el vestido de novia, la iglesia y el lugar más adecuado para el banquete. Muy emocionada, le dijo a Oleg que aquella misma noche iba a escribir a su casa para darles la noticia. La pareja de enamorados compartió su secreto con los Grant y los Hitchcock, y todos se alegraron por la feliz unión. Pero llegado el momento de regresar a casa la actriz pensó que era mejor viajar por separado. Ella tomó el barco con el resto del equipo y Oleg voló directamente a Nueva York desde París. Era importante guardar las apariencias si querían ganarse la aprobación de sus padres, fue la excusa que Grace le dio a su prometido.

Cuando Oleg llegó a Nueva York se encontró con la sorpresa de que su novia se había convertido en una celebridad y su rostro aparecía en todas las revistas. El estreno de *La ventana indiscreta* había sido un auténtico éxito en los cines de Estados

Unidos y a sus veinticuatro años Grace Kelly era la nueva diosa de Hollywood. Las cronistas de sociedad, Louella Parsons y Hedda Hopper, estaban al tanto de la relación amorosa que la actriz mantenía con Cassini y en sus respectivas columnas predecían que habría boda. Pero en esta ocasión se cebaron sin piedad con el diseñador y playboy, a quien consideraban un oscuro personaje indigno de una deslumbrante estrella como ella. «¿Por qué, de entre todos los hombres atractivos disponibles —se preguntaba Hedda Hopper—, había escogido la "etérea señorita Kelly" al "diabólico" Cassini?»

El reencuentro de la pareja en Nueva York resultó menos romántico de lo esperado. Grace iba siempre acompañada de sus dos hermanas, y su agente de prensa tampoco se separaba de ella. Cassini invitó a comer a la señora Kelly y a su hija para poder hablar tranquilamente sobre sus sentimientos. La reunión no pudo ir peor porque Margaret, sin apenas dejarle hablar, intentó disuadir al diseñador de sus planes de boda: «No consideramos que pueda ser usted un buen marido —afirmó fríamente durante el almuerzo—. Entiendo perfectamente que mi hija Grace se haya sentido atraída por usted. Es un hombre encantador y cultivado, pero creemos que es el deber de Grace hacia su familia y su parroquia pensarlo bien». Los Kelly conocían el historial sentimental del diseñador y no estaban dispuestos a que su hija se casara con un «playboy que además era judío». Oleg se defendió del ataque aduciendo que era cierto que se había divorciado, pero que mantenía una buena relación con Gene Tierney y sus hijos. También le dijo a la señora Kelly que había ganado el suficiente dinero como para que no se le pudiera acusar de ser un cazafortunas y que no se avergonzaba en absoluto de resultar atractivo a las mujeres. Margaret, que no esperaba semejante respuesta, valoró su franqueza y le propuso que se dieran seis meses para reflexionar antes de dar un paso tan importante. Mientras tanto le invitó a pasar un fin de semana a su residencia de verano de Ocean City, en New Jersey, para que conociera al resto de la familia.

Al igual que les ocurriera a sus otros pretendientes, Oleg Cassini sintió la hostilidad de Jack Kelly tan pronto como puso el pie en su residencia junto a la playa. El dormitorio que le asignaron era una diminuta y oscura habitación a un paso del vestíbulo, donde no tenía ninguna privacidad. Pero lo más humillante fue el modo en que el padre y el hermano de Grace le hicieron el más absoluto vacío, ignorando totalmente su presencia en la casa. «El fin de semana que pasé en Ocean City fue el peor de mi vida —admitió Cassini—. Nadie me dirigía la palabra, excepto las hermanas de Grace. Fue horrible. Lo pasé muy mal porque me humillaban a todas horas. El padre de Grace se negaba en redondo a hablar conmigo.» Cassini no sabía que antes que él todos los amantes de Grace, entre ellos Don Richardson, Ray Milland y William Holden, habían sufrido el mismo desaire.

Oleg abandonó la casa profundamente decepcionado. Sabía que los Kelly jamás le aceptarían y Grace era demasiado sumisa para luchar por su amor. Como en anteriores situaciones, la actriz no se atrevió a enfrentarse a su padre ni salió en defensa de su prometido; pero algo había cambiado. El trato que la familia dispensó a Cassini la enfureció más que nunca porque seguían tratándola como a una colegiala. Estaba a punto a cumplir los veinticinco años, era una estrella de cine famosa nominada para un Oscar, había sido portada de revistas como *Life* y *Times,* y aún tenía que obedecer a sus padres. Aunque Oleg había perdido toda esperanza, a medida que pasaban las semanas descubrió que Grace tenía más carácter de lo que pensaba. Pese al rechazo de la familia mantuvieron su compromiso y en público se comportaban como una pareja enamorada. Un día Cassini recibió una llamada de Grace. «No me importa lo que piensen mis padres —le dijo muy decidida—. Te echo de menos. Casémonos de todos modos.» Por primera vez estaba dispuesta a desobedecer a su familia, a fugarse con Oleg y contraer matrimonio en una boda secreta.

A mediados de agosto de 1954 finalizó el rodaje de *Atrapa a un ladrón* y decidió darse un merecido descanso. Grace se encontraba agotada y atravesaba una crisis. Las seis películas que había rodado durante ese año habían supuesto para ella un gran esfuerzo, tanto físico como emocional. Sus amigos más íntimos notaron en ella un gran cambio. La «amable señorita Kelly» se volvió caprichosa, irritable y voluble. Tenía arranques repentinos de llanto, apenas comía y aunque se hallaba en el mejor momento de su carrera le confesó a una amiga que se estaba planteando abandonar su profesión. Hollywood era para ella una fuente constante de tensión y disgustos. No quería vivir en Los Ángeles ni verse sometida a la presión de los titulares ni al acoso de los periodistas. «En esa época Grace deseaba llevar una vida normal, ser una mujer casada y feliz, pero sabía que no lo conseguiría si seguía dando vueltas por el mundo haciendo películas», comentó Judith Quine.

Regresar de nuevo a su querido Manhattan la ayudó a levantar el ánimo. Pasó el otoño en Nueva York, donde veía con frecuencia a Oleg Cassini, y viajaba sola a Filadelfia a interpretar el papel de hija sumisa aunque en aquellos meses estaba considerando fugarse con su prometido o quedarse embarazada. Seguía unida a su familia pero empezó a mostrar una gran independencia y madurez. El primer paso fue tener su propia casa y alquiló un maravilloso apartamento de cuatrocientos metros cuadrados que ocupaba toda la séptima planta de uno de los rascacielos más altos de la Quinta Avenida. Era un piso lujoso y elegante de techos altos decorados con molduras originales de 1925. Tenía once habitaciones con unas magníficas vistas de Central Park y el West Side, y un ascensor privado que se abría al vestíbulo. El alquiler era uno de los más altos de la ciudad y lo decoró sin reparar en gastos. La actriz contrató a George Stacey, interiorista de moda en Manhattan, para que la ayudara a amueblarlo y eligió el estilo antiguo francés que tanto apreciaba. Alfombras de seda, elegantes muebles Luis XV, cortinajes de suave terciopelo y las paredes pintadas en azul pálido y blanco roto daban a su nuevo hogar el toque de refinamiento que reflejaba su gusto personal. Encargó que le llevaran ramos de flores frescas dos veces por semana y reanudó su vida social. Empezó a ofrecer cócteles y cenas para sus amigos y contrató a una secretaria a jornada completa que se instaló en una de las suites. Durante unos meses ejerció de perfecta anfitriona en su «palacio flotante», como algunos bautizaron a su nueva y suntuosa vivienda.

Grace no estaba dispuesta a respetar la absurda moratoria impuesta por sus padres, y en Nueva York y en Los Ángeles a menudo se la veía cenando con Oleg Cassini en restaurantes de moda y bailando en los clubes hasta altas horas de la madrugada. A sus más allegados les había dicho que se casarían y aunque continuaban aplazando la fecha de la boda, sus amigos no dudaban que esta se celebraría tarde o temprano. Pero cuando a finales de año ambos se enfrentaron a la realidad, les faltó el valor. Su huida habría provocado un escándalo en Hollywood que hubiera dañado la carrera de la actriz y empañado aún más la reputación de donjuán de Cassini. Su relación poco a poco se fue enfriando, en buena parte por los celos del modisto, que no soportaba que Grace cenara de vez en cuando con Bing Crosby o que se viera con Frank Sinatra para hablar de algún proyecto cinematográfico. «En el fondo Oleg creía que su prometida era tan frívola y promiscua como él, y esta suposición errónea le provocaba unos furibundos ataques de celos que posteriormente reconoció que carecían de todo fundamento», escribió Donald Spoto. Más adelante su hermana Lizanne comentó sobre su ruptura con el modisto: «Si de verdad hubiera querido casarse con él, creo que nadie habría conseguido disuadirla. En aquella época Grace ya se había independizado y, aunque le seguía importando la opinión de nuestros padres, ya no estaba dispuesta a acatar sus órdenes. Pero en realidad creo que ninguno de los dos lo deseaba en el fondo y el tiempo les dio la razón».

Tras romper con su prometido Grace vivió una breve y discreta relación sentimental con David Niven, que por entonces estaba casado con la hermosa modelo sueca Hjördis Tersmeden pero era infeliz en su matrimonio. El actor, uno de los seductores más famosos de Hollywood, siempre sintió una gran atracción por la señorita Kelly. Años más tarde, cuando Niven y su esposa asistieron a una fiesta en el palacio de Mónaco siendo ya Grace princesa, tuvo lugar una anécdota que hizo correr ríos de tinta. Rainiero, que conocía la fama del actor, le preguntó cuál de todas las mujeres que había conquistado había sido la mejor. Él, sin dudarlo, respondió: «Grace». Aunque intentó arreglarlo y dijo que se trataba de otra persona, el príncipe se sintió muy ofendido y nunca más le invitó a palacio. Pero Grace Kelly y David Niven mantuvieron en secreto su estrecha amistad.

Justo antes de la Navidad de 1954, la película *La angustia de*

vivir se estrenó en Nueva York y la interpretación de Grace
Kelly fue muy aclamada por todos los críticos. Sin embargo, en
la Metro Goldwyn Mayer seguían ofreciéndole papeles que
ella no consideraba adecuados. «No quiero engalanar una película solo por mi cara bonita —declaró a la prensa con firmeza—. Si alguien pretende utilizarme como mero objeto deco-
rativo, tendré que hacer algo al respecto.» Grace rechazó los
dos guiones que le ofrecieron y los ejecutivos de los estudios,
furiosos por su comportamiento, suspendieron su contrato.
Para la mayoría de los actores dejar de cobrar un sueldo y no
poder rodar ninguna otra película suponía un desastre. Pero
Grace, que gozaba de una buena posición económica, no estaba dispuesta a someterse a sus exigencias. Lejos de cambiar de
actitud, comentó a los periodistas con ironía: «Me temo que
por el momento tendré que dejar de decorar mi nuevo apartamento».

Muy pronto los de la Metro descubrieron que habían cometido un gran error al despedirla. El 12 de febrero se supo que
la actriz había sido nominada para un Oscar por su papel en *La
angustia de vivir* y la ceremonia de entrega iba a tener lugar al
cabo de unas semanas. Los estudios no tardaron en reaccionar
y su presidente Dore Schary anunció que anulaban el despido.
«Respetamos a Grace —declaró el magnate a la prensa— y
queremos hacer todo lo posible por ella en ese importante momento de su vida en que ha sido nominada para un Oscar.» La
actriz había ganado la batalla a una de las más poderosas productoras de Hollywood y había demostrado una voluntad de
hierro.

Cuando la noche del 30 de marzo de 1955 Grace descendió de la limusina para asistir a la ceremonia de entrega de los
premios no pensaba que ganaría. Debía competir con Judy

Garland, que era una de las favoritas, y con Audrey Hepburn, a quien el público adoraba. La rubia actriz hizo su entrada en el Pantages Theatre luciendo un sugerente vestido largo y ceñido de satén verde, con una capa a juego y zapatos azul pálido. Unos guantes blancos hasta los codos completaban su atuendo. Grace iba acompañada de Edith Head, la modista de la Paramount que había diseñado su atuendo para tan importante ocasión. Fue uno de sus antiguos amantes, William Holden, el encargado de abrir el sobre que contenía el nombre de la ganadora a Mejor Actriz 1954. El atractivo actor no pudo ocultar su alegría al leer: «Grace Kelly». Ella misma se quedó paralizada y debido a su nerviosismo apenas pudo decir unas palabras de agradecimiento antes de romper a llorar.

Tras la ceremonia, y ya de madrugada, la actriz regresó a su suite del hotel de Bel Air. En un día tan especial estaba sola y en la única compañía de su Oscar. Más tarde recordó que dejó la estatuilla de metal sobre su tocador y se echó en la cama, donde permaneció un buen rato contemplándola: «Aquí estábamos los dos. Oscar y yo. Fue terrible. Nunca me había sentido tan sola y triste en mi vida». Muy lejos de allí los Kelly vieron en directo toda la ceremonia, que fue televisada a nivel nacional. Pero ni siquiera este logro extraordinario hizo que su padre reconociera sus méritos. Ante un periodista expresó su asombro por el triunfo de su hija y comentó de manera poco galante: «No puedo creerlo. Sencillamente no puedo creer que Grace ganara. De mis cuatro hijos, jamás pensé que sería ella quien me mantuviera en la vejez».

En aquellos ajetreados días la actriz se tomó un descanso e invitó a su hermana Peggy a pasar con ella unas tranquilas vacaciones en Jamaica. Allí se reunieron con Howell Conant, a quien la revista *Collier's* le había encargado hacer un reportaje de la aclamada estrella de cine entre bastidores. En la playa privada de la casa que las hermanas Kelly habían alquilado en la costa, este joven y prometedor fotógrafo neoyorquino retrató a Grace Kelly como nunca antes nadie se había atrevido. El primer plano de su cabeza surgiendo de las verdes aguas del Caribe con el cabello mojado hacia atrás y los hombros desnudos causó sensación. Howell quiso presentar a la diosa hollywoodiense como una mujer de carne y hueso, sin maquillaje ni poses forzadas. La fotografía que *Collier's* publicó en aquel verano en su portada enfureció aún más a los ejecutivos de la Metro. Los estudios ejercían un estricto control sobre la imagen de sus estrellas y tenían sus fotos oficiales, generalmente retocadas, que publicaban los medios. «Con su actitud desafiante Grace, dejándose fotografiar al natural y desinhibida, como era ella en realidad, les estaba diciendo a sus jefes "ya veis; no soy una rubia tonta, puedo tomar mis propias decisiones y no soy una marioneta de nadie"», comentó un periodista. Entre Grace y Conant surgió una profunda amistad, y hasta la muerte de la actriz en 1982 él fue su fotógrafo favorito.

A los veinticinco años, Grace Kelly, la chica bien de Filadelfia por la que muy pocos apostaron, estaba en la cúspide de su carrera. Ninguna otra estrella de Hollywood de su generación había conseguido un éxito tan fulgurante. Recibía más cartas de admiradores que la sex symbol de entonces, Marilyn Monroe; las revistas y los periódicos se disputaban sus reportajes y el público hacía largas colas para sus películas. Vivía un auténtico cuento de hadas, aunque el amor se le seguía resistiendo. «Mi hija lo tenía todo —declaró la señora Kelly—, pero buscaba a su príncipe azul, y llegó cuando menos se lo esperaba.»

La princesa de América

Cuando su amigo Rupert Allan la llamó desde Los Ángeles para invitarla al Festival de Cine de Cannes, donde iban a proyectar *La angustia de vivir* antes de su estreno en París, la actriz ignoraba el giro que iba a dar su vida. En un principio declinó amablemente su ofrecimiento porque quería tener tiempo para ella, disfrutar de su apartamento y de la compañía de su hermana Peggy, quien atravesaba una crisis en su matrimonio. Al cabo de unos días Allan, conocido relaciones públicas de Hollywood que colaboraba en la organización del festival desde sus inicios, volvió a llamarla para pedirle que lo reconsiderase, pero Grace le insistió en que deseaba desconectar unos meses del mundo del cine. Dio la casualidad de que en aquellos días su antiguo amante Jean-Pierre Aumont pasaba unos días en Nueva York y la invitó a cenar. Grace disfrutó de la velada y lo encontró aún más atractivo. Casi veinte años mayor que ella y viudo de la actriz María Montez, era un hombre sofisticado, culto, atento y siempre rodeado de bellas mujeres. Durante la tranquila cena el actor le comentó que tenía que viajar a Cannes y le propuso que pasaran juntos unos días en la Costa Azul. A la mañana siguiente Rupert Allan telefoneó a Grace de nuevo, y mientras trataba de convencerla diciendo que el festival la alojaría en una maravillosa suite en el hotel Carlton y que tendría una limusina con chófer a su disposición, ella le interrumpió y le dijo que asistiría encantada al festival.

El 30 de abril de 1955 Grace cogía un avión a París dispuesta a disfrutar de la cálida primavera en la Costa Azul en compañía de Aumont, a quien consideraba un viejo amigo. Mientras ponía rumbo a Francia, la actriz no sabía que la revista francesa *Paris Match* estaba organizando un encuentro con el príncipe Rainiero de Mónaco en su palacio. La idea había partido de Pierre Galante, editor de la publicación, que pensó que un reportaje fotográfico de la rutilante estrella de Hollywood junto al príncipe podría atraer a más lectores. Sin duda el titular «Príncipe Azul conoce a Reina del Cine» les haría vender muchas revistas. Pero reunir a ambos no iba a ser tarea fácil. La agenda de Grace Kelly durante su estancia en Cannes había sido planificada hasta el último minuto, mientras que el príncipe se encontraba esos días ausente de Mónaco.

Dio la casualidad de que Galante y su esposa, la famosa actriz Olivia de Havilland, cogieron el mismo tren que la señorita Kelly en París con destino a Cannes. Las dos estrellas de cine no se conocían, pero durante el trayecto pudieron conversar relajadamente y Grace le preguntó cómo era el festival, qué se esperaba de ella y qué lugares le aconsejaba visitar. Fue entonces cuando Pierre Galante le sugirió que hiciera una escapada a Mónaco, un lugar precioso. Le explicó que era un país diminuto que tenía la mitad de extensión que Central Park, que se hablaba francés y que el príncipe de Mónaco, descendiente de una de las más antiguas familias nobles de Europa, era «un soltero muy codiciado, joven y apuesto». Grace se mostró interesada en la visita, pero ignoraba si sus compromisos se lo iban a permitir.

Una vez en Cannes, la actriz dejó su equipaje en su suite del Carlton y concedió sus primeras entrevistas. Cuando se supo que Rainiero recibiría encantado a miss Kelly a las cuatro de la tarde del día siguiente, Galante le comunicó que su programa de actividades incluía un encuentro con el jefe de Estado del principado en su palacio y que posarían juntos para unas cuantas fotos. Grace, a quien le apetecía más descansar en su suite, respondió algo desconcertada: «No entiendo por qué es tan importante que conozca al príncipe, pero si a todos os parece tan buena idea, no tengo inconveniente». Poco después la actriz lamentó su decisión. Estaba abrumada por la cantidad de admiradores y periodistas que se congregaban a su alrededor a cada paso que daba. Le preocupaba que al día siguiente a las cinco y media de la tarde tuviera que hacer de anfitriona en una recepción oficial que ofrecía la delegación estadounidense a los personajes relevantes del festival. No dispondría de tiempo suficiente para arreglarse como era debido y llegar a la hora prevista a palacio.

Grace se despertó tarde y preocupada la mañana de su encuentro con Rainiero. Tras un desayuno frugal en su suite, se fue a hablar con Pierre Galante y le dijo que tendría que cancelar la cita porque le resultaba imposible atender a todos sus compromisos. El periodista, muy alarmado, le respondió que una reunión con una persona tan importante no se anulaba así como así, pero que intentaría cambiar la hora. Finalmente la secretaria del príncipe confirmó que Su Alteza Serenísima haría todo lo posible por llegar a las tres a palacio para adaptarse a la agenda de la señorita Kelly. Ya más relajada comenzó a arreglarse, se lavó el pelo y cuando enchufó su secador se dio cuenta de que no había electricidad en todo el hotel debido a una huelga, según le explicaron. Eso significaba que la camarera no podría planchar el elegante traje que había elegido la noche anterior para su visita al palacio y que tampoco podría hacerse el peinado que deseaba. El único vestido que no estaba arrugado era un modelo de noche en tafetán negro brillante, estampado con grandes flores rosas y verdes. Era demasiado llamativo y totalmente inapropiado para la ocasión. Grace pensó que el reportaje fotográfico para *Paris Match* solo se vería en Francia y decidió salir del paso improvisando sobre la marcha. Se recogió el pelo húmedo con un sencillo moño en rodete y a falta de sombrero se colocó una diadema de flores artificiales.

Los obstáculos que Grace tuvo que sortear aquella soleada tarde del 6 de mayo hasta llegar al palacio de Mónaco pusieron a prueba su serenidad y profesionalidad. Cuando la actriz y Pierre Galante partieron de Cannes en una limusina a toda velocidad para llegar a tiempo a su cita con el príncipe, el coche que les seguía con los fotógrafos de *Paris Match* los embistió por detrás. No hubo heridos, solo algunos desperfectos en los vehículos, pero Grace era un manojo de nervios. Ya en la residencia de los Grimaldi se les informó de que el príncipe se iba a demorar unos minutos porque aún estaba atendiendo a sus invitados en su villa de Beaulieu. Un secretario se ofreció a mostrarles las dependencias, y mientras Grace recorría el gran salón rojo decorado con arañas de cristal de Venecia, las lúgubres estancias privadas y los museos, se fue impacientando cada vez más. «Me parece que es muy poco cortés por su parte tenernos aquí esperando de esta manera —se quejó la actriz—. No puedo llegar tarde a la recepción. Será mejor que nos marchemos.» Galante la tranquilizó y consiguió que la actriz se relajara tomando un té en la terraza con magníficas vistas al mar.

Casi una hora más tarde, la señorita Kelly pudo al fin estrechar la mano del príncipe Rainiero III de Mónaco, quien se deshizo en disculpas por la larga espera:

—¿Le gustaría visitar el palacio? —preguntó.

—Acabamos de hacerlo —contestó Grace.

Rainiero le propuso dar un paseo por los jardines y los fotógrafos los siguieron a corta distancia. En el camino se detuvo en su zoo privado y le mostró a Grace las jaulas que albergaban dos leones, varios chimpancés y un tigre asiático. El príncipe pasó las manos entre las rejas y acarició a una de las fieras con gran seguridad. «De pequeño quería ser domador», le confesó a la actriz, que se sorprendió con sus palabras. Media hora más tarde se despidieron educadamente y ella regresó a toda prisa a su hotel en Cannes. Más adelante recordó que el príncipe le pareció más joven de lo que imaginaba y más apuesto, y que le había llamado la atención que hablase un inglés tan perfecto y sin acento. La revista *Paris Match* ya había conseguido unas imágenes que darían la vuelta al mundo. Aquel día tan caótico y lleno de imprevistos acabó con una romántica cena en compañía de su antiguo amante Jean-Pierre Aumont. Cuando este le preguntó su opinión sobre el príncipe, ella respondió: «Encantador. Me parece encantador», y se quedó un instante pensativa y en silencio.

En los días siguientes Grace y Aumont no intentaron ocultar su relación amorosa. Asistieron juntos a los bailes y a las fiestas que se organizaron coincidiendo con el festival de cine. De nuevo surgió entre ellos la pasión y reiniciaron un romance que no pasó desapercibido para los paparazzi que les seguían día y noche. A raíz de las fotografías que se publicaron de ambos bailando en actitud muy cariñosa, comenzaron a circular rumores de que se casarían en breve. «La prensa ignoraba que nos conocíamos de tiempo atrás. Pensaron que era un flechazo —dijo el actor—. Estaban convencidos de que Grace se había arrojado a mis brazos así de repente.» Al finalizar sus compromisos en el festival, la pareja decidió prolongar su estancia en la Costa Azul, pero el acoso de los paparazzi se hizo tan insoportable que se marcharon a París. Grace disfrutó de unos días tranquilos y a salvo de la prensa en la acogedora casa de campo que el actor tenía a las afueras de la ciudad. Aunque Aumont, impulsivo y apasionado, le confesó a un amigo periodista que «le gustaría pasar el resto de su vida con Grace y que estaba locamente enamorado de ella», la rubia actriz no compartía los mismos sentimientos. Había sido maravilloso estar juntos en la Riviera francesa, pero nunca pensó seriamente en el matrimonio. La relación acabó «con gran afecto y respeto por ambas partes», según explicó la actriz.

En su mansión de Filadelfia los padres de Grace vieron las fotografías en las que su hija posaba sonriente junto a Rainiero de Mónaco en sus jardines. Pero lo que ignoraban es que la joven había causado una grata impresión al príncipe. Desde el primer instante en que la vio en palacio le sorprendió que fuera distinta a las demás actrices que conocía. No imaginaba que una estrella de Hollywood pudiera ser tan refinada y culta. La encontró muy bella, pero le llamó más la atención «su extraordinaria dignidad y su sobria elegancia». Al despedirse Rainiero lamentó que el encuentro hubiera sido tan breve, y algo cohibido le dijo a Grace que tenía pensado viajar a Estados Unidos en un futuro próximo y que abrigaba la esperanza de volver a verla.

A su regreso a Nueva York la actriz, siempre correcta, envió unas líneas de agradecimiento al príncipe Rainiero III de Mónaco por el trato recibido. Él enseguida le respondió con otra nota formal dándole las gracias por haber interrumpido su ajetreado programa de actividades para reunirse con él. Así comenzó una fluida correspondencia que los dos mantuvieron en secreto. En sus cartas, al principio muy formales, lentamente se fueron sincerando, lo que les permitió conocerse mejor y comprobar que tenían bastante en común. Los dos eran figuras públicas que no se sentían cómodas en su papel de «celebridades» y habían tenido una infancia solitaria privada del cariño y la atención de sus padres. Rainiero III era hijo del conde francés Pierre de Polignac y la princesa Charlotte de Mónaco, un matrimonio de conveniencia condenado al fracaso. Cuando Rainiero contaba siete años su madre se fugó con un médico italiano y los abandonó a él y a su hermana mayor, la princesa Antoinette. Los niños crecieron sin el amor de sus padres y en manos de sucesivas niñeras.

En aquel verano de 1955 Grace había hecho balance de su vida. Era una famosa estrella de Hollywood con un Oscar en sus manos que había relanzado su carrera, y no le faltaban pretendientes. Pero ella quería algo más. Ya tenía dos sobrinas de su hermana Peggy y Lizanne estaba a punto de contraer matrimonio. Todas sus amigas ya eran jóvenes madres y sentía que «estaba envejeciendo rápidamente». La boda de su hermana pequeña hizo que reflexionara sobre su futuro. «Pensaba que le faltaba algo y deseaba de corazón casarse y ser madre; le encantaban los niños», dijo Lizanne. A sus veinticinco años Grace Kelly tenía más ganas que nunca de formar una familia y pretendía dar un nuevo rumbo a su vida. Aunque por el momento no podía seguir eludiendo sus compromisos profesionales con la Metro. Afortunadamente cuando llegó a su apartamento neoyorquino se encontró con un guion que le interesó.

La película *El cisne* que los estudios le ofrecían protagonizar parecía estar hecha a su medida. Ambientada en un imaginario reino europeo hacia 1910, Grace interpretaba a una joven y encantadora princesa que es cortejada por un monarca que desea esposarla y se ve obligada a elegir entre el amor y el deber para con su país. El rodaje comenzaría en otoño a las órdenes del director Charles Vidor y la Metro anunció que por primera vez en su carrera su nombre encabezaría los títulos de crédito y que no repararían en gastos para que fuera una producción lo más lujosa posible. Helen Rose, de nuevo su diseñadora de vestuario, empleó las mejores y más caras telas que encontró para confeccionar los diferentes trajes de estilo imperio que luciría. Para un vestido de baile de gala, las modistas pasaron semanas enteras bordando a mano centenares de camelias, cosidas pétalo a pétalo sobre la tela de gasa. «Nunca vi ninguna estrella tan emocionada como Grace el día en que se lo probó. Se contempló en el espejo y acarició las camelias bordadas mientras decía: "Es sencillamente maravilloso, Helen"», recordaba la estilista.

A Grace también le impresionó la fabulosa residencia donde se filmaron los exteriores de la película. La casa Biltmore era la mansión de mayor tamaño de Estados Unidos y una réplica exacta de un castillo francés del Loira. Un capricho de doscientas cincuenta habitaciones rodeado de treinta hectáreas de parques y exuberantes jardines construido por George Vanderbilt cerca de Asheville, en Carolina del Norte. Grace Kelly, vestida de princesa con su elegancia natural y porte majestuoso, parecía estar en su ambiente mientras recorría los espléndidos aposentos. Pese a que disfrutó del rodaje y de la buena química con sus compañeros de reparto, los actores Alec Guinness y Louis Jourdan, no estaba muy concentrada en su trabajo. A menudo se la veía ausente y callada. Sus pensamientos se encontraban muy lejos de allí, en un palacio donde habitaba un príncipe de carne y hueso que había empezado a cortejarla a través de sus cartas. La realidad y la ficción se mezclaban de manera asombrosa en su propia vida sin que nadie del equipo lo intuyera.

Más adelante Rainiero confesó que el mismo día que conoció a Grace se sinceró con Francis Tucker, su asesor espiritual, que se sentía muy preocupado porque el príncipe siguiera soltero a sus treinta y dos años. El reverendo Tucker era originario de Filadelfia y conocía desde hacía años a Jack Kelly, el padre de la actriz. Al enterarse de que la joven había visitado el palacio, le preguntó a Rainiero qué impresión le había causado, a lo que él respondió: «La he conocido al fin. Es ella». Tucker no cabía en sí de alegría al ver al príncipe interesado por la señorita Kelly y le envió a la actriz una discreta misiva en la que le decía: «Deseo agradecer que haya mostrado al príncipe cómo es una joven católica norteamericana, y también la profunda impresión que le ha causado». Aquellas líneas emocionaron a la joven, que contestó a su carta en un tono igualmente sobrio pero dando a entender que compartía su «interés» por Rainiero.

Durante el rodaje de *El cisne* las cartas y las llamadas telefónicas entre la pareja se habían vuelto más íntimas, y finalmente Rainiero le comunicó que tenía previsto viajar a Estados Unidos a finales de noviembre. Iba a ingresar en un hospital de Baltimore para someterse a un chequeo médico rutinario y le preguntó si podía visitarla en su residencia de Henry Avenue en Filadelfia. En aquel instante Grace ya imaginaba que el príncipe estaba dispuesto a pedir su mano, pero siguió manteniendo su relación en el más absoluto secreto, incluso con sus amistades íntimas. Quería evitar a toda costa que la prensa se enterara y Rainiero se viera involucrado en un escándalo.

En aquel año de 1955 Rainiero buscaba una esposa para asegurar la sucesión dinástica. Llevaba seis años reinando y era el soberano más deseado y joven de Europa. Cuando llegó al trono tras la muerte de su abuelo Luis II, se decía de él que era un príncipe sin carisma, blandengue y solterón que ocupaba uno de los tronos más antiguos de Europa. Se trataba del último miembro de la dinastía de los Grimaldi que durante siete siglos había gobernado Mónaco, un Estado de apenas dos kilómetros cuadrados y veinte mil habitantes. En contra de su imagen superficial de amante de los coches deportivos y veleros de lujo, era un hombre emprendedor e inteligente con buena cabeza para los negocios que deseaba modernizar el pequeño principado y mejorar su mala fama. El casino de Montecarlo desde siglos atrás atraía a la alta aristocracia y la realeza europeas, así como a una serie de personajes ricos y de dudosa reputación que utilizaban sus bancos para blanquear dinero. El armador griego Aristóteles Onassis controlaba la Société des Bains de Mer, propietaria del legendario casino, los hoteles de lujo y el puerto deportivo. Pero tras la guerra Mónaco había perdido su antiguo glamour y a su adinerada clientela.

Onassis, que había invertido mucho dinero en Mónaco, estaba decidido a recuperar su esplendoroso pasado. A espaldas de Rainiero, se fraguó un plan para buscarle una novia norteamericana que conquistara el corazón del solitario príncipe. La elegida debía ser una estrella famosa de Hollywood, cuya presencia aumentaría el atractivo turístico del país. Onassis encargó a un amigo en Los Ángeles que preparara una lista de candidatas con las cualidades requeridas. Una de ellas era la explosiva Marilyn Monroe, pero, entre otros, tenía el inconveniente de su fe protestante. Cuando a la rubia actriz le preguntaron qué le parecería casarse con un príncipe de Mónaco, respondió con su habitual desparpajo: «¿Es rico? ¿Es guapo? Dame dos días a solas con él y deseará casarse conmigo». Mientras Marilyn bromeaba con la idea de contraer matrimonio con un príncipe, Rainiero tenía muy claro que la elegida debía aportar, además de glamour, respetabilidad a su principado, que se encontraba al borde de la bancarrota. Buscaba una princesa de Hollywood y Grace Kelly encarnaba a la perfección este ideal.

Era una joven de belleza clásica, recatada y elegante, y que en Europa gozaba de buena reputación.

Cuando Grace leyó en la revista *Collier's* una extensa entrevista que le hicieron al príncipe poco antes de su llegada a Nueva York, la descripción que hacía de su mujer ideal encajaba a la perfección con las cualidades que Rainiero admiraba en ella: «Debía ser bonita, natural y caritativa, nada ostentosa ni consentida. Tenía que ser inteligente pero no una intelectual, y sería conveniente que fuese entre cinco y diez años más joven. También tendría que saber cocinar y llevar la casa personalmente. Si no fuera un ama de casa competente, la servidumbre a su cargo no la respetaría». Pero lo que más la conmovió fue otro de sus comentarios acerca de su soltería: «Yo no puedo comportarme como un soltero común y corriente. Carezco de vida privada. Cada vez que me ven con una joven, corren rumores sobre una aventura amorosa. Precisamente, hace muy poco, conocí a vuestra encantadora actriz Grace Kelly, una muchacha deliciosa, y al día siguiente leí en la prensa que me iba a casar con ella. Ese tipo de cosas perturba tanto a la interesada como a mí. Quizá esta sea mi mayor dificultad: conocer a una mujer el tiempo suficiente y lo bastante íntimamente para saber si somos realmente almas gemelas...». Mientras hacía estas confesiones el príncipe estaba seguro de que ya había encontrado a esa «alma gemela». Ahora solo esperaba que ella sintiera lo mismo por él y aceptara su propuesta de matrimonio.

El rodaje de *El cisne* finalizó el 23 de diciembre de 1955 en los estudios de Hollywood y Grace voló de inmediato a Nueva York para pasar el día de Navidad con su familia en Filadelfia. Aunque se la pudo ver con algunos amigos, fue muy discreta y siguió guardando su secreto. Ni siquiera a Rita Gam le contó que dos días después el príncipe Rainiero de Mónaco iba a visitarla y a conocer a sus padres. A medida que se acercaba el día del encuentro, la actriz se sentía tan nerviosa y preocupada por lo que podría suceder que estuvo a punto de anular su visita. Durante largos meses se había carteado con un hombre al que solo había visto una vez y apenas un rato, pero que ya sentía como si fuera un antiguo amigo. Ahora había llegado la hora de la verdad y temía defraudarle, no estar a la altura de lo que él esperaba. «En un momento dado estuve a punto de no ir a casa por Navidad, a pesar de que el príncipe había venido a visitarnos. En realidad, decidí no ir... —admitió Grace años más tarde—. Después... no recuerdo cómo sucedió, pero fui a comprar el billete de avión».

Rainiero había llegado unos días antes a Nueva York en compañía del padre Tucker y de su médico personal. Tras hacerse el chequeo médico, se había reunido con unos amigos en Baltimore, y los periodistas, al enterarse de su presencia, le preguntaron con insistencia si el motivo de su viaje era «buscar una esposa norteamericana». Rainiero se limitaba a sonreír y a responder que andaban desencaminados. A última hora del día de Navidad el príncipe de Mónaco y sus dos acompañantes llegaron a la residencia de los Kelly. El padre de Grace le saludó efusivamente, y con la franqueza que le caracterizaba le dijo: «La realeza no significa nada para nosotros. Espero que no vaya comportándose por ahí como hacen algunos príncipes, porque en este caso se quedará sin una chica estupenda». La velada fue muy cordial y a Margaret le cautivó el encanto y la sencillez del príncipe, que no apartaba la mirada de su hija. La actriz se esforzaba por parecer natural, pero solo se relajó cuando pudo quedarse a solas con él mientras jugaban una partida de cartas. Por entonces Jack Kelly ya había sido informado por el padre Tucker acerca de las verdaderas intenciones de Rainiero y su deseo de pedirle la mano de su hija. Esta vez se mostró favorable y declaró con firmeza que «la pareja contaba con su bendición siempre que ese fuese el deseo de su hija».

Unos días después de pasar juntos la Navidad, el príncipe Rainiero acompañó a Grace a Manhattan, donde ella tomaba lecciones de canto para preparar el papel en su siguiente película. La Metro había anunciado que la estrella trabajaría con Bing Crosby y Frank Sinatra en la comedia musical *Alta sociedad*, un remake de *Historias de Filadelfia* en el que interpretaba a una mimada heredera a punto de casarse por segunda vez. Justo ahora que los estudios la tomaban en serio y le proponían buenas películas, estaba a punto de abandonar Hollywood para siempre. En Nueva York, disfrutaron por primera vez de unos días de intimidad, y fue entonces cuando el príncipe le pidió matrimonio y ella aceptó. La víspera de Nochevieja, la actriz organizó una fiesta en su apartamento de la Quinta Avenida para presentar a su novio. Allí acudieron, entre otros, el presidente de la Metro, Dore Schary, el escritor Gore Vidal, sus íntimas amigas Judy Kanter y Rita Gam, y los actores Cary Grant, Bing Crosby, Gloria Swanson, James Stewart y David Niven. Aunque era más bajito y menos apuesto que el refinado Oleg Cassini, todos se quedaron encantados con la cercanía y simpatía del príncipe, que pidió que lo llamaran Rainiero a secas. Pero a medida que transcurría la velada, el novio se fue poniendo más tenso y salió a flote su carácter arrogante. No le hizo ninguna gracia el comentario de Dore Schary, que al conocer la extensión de Mónaco exclamó: «¡Vaya!, eso es la mitad del jardín de la Metro Goldwyn Mayer». El padre Tucker que le acompañaba, consiguió calmar los ánimos y la fiesta acabó de madrugada sin incidentes. Unos días después Gore Vidal se encontró de nuevo con Grace y le dijo: «Querida, acabas de ganar un Oscar, eres una estrella de la Metro, ¿por qué demonios te vas a casar con el gerente de un casino?». Ella le respondió: «Sé muy bien lo que hago».

El 10 de enero la pareja anunció oficialmente su compromiso en un baile de gala en el hotel Waldorf Astoria de Nueva York. Rainiero vestía de frac y llevaba encima todas sus condecoraciones; a su lado, Grace estaba deslumbrante con un vestido blanco de Dior —su modisto preferido para las grandes ocasiones— sin tirantes, de cintura muy ceñida y a juego con sus guantes largos. Acudieron a la cena la flor y nata de la alta sociedad neoyorquina: herederos de las casas reales europeas residentes en Nueva York, magnates, políticos y estrellas como Gary Cooper. El enorme salón de baile fue decorado con pesados cortinajes rojos y flores blancas, los colores nacionales de Mónaco. Grace, más bella que nunca, bailó con su príncipe, posaron juntos y se besaron cuando creyeron que los fotógrafos no los veían. Entre los más de mil invitados estaban la cronista de sociedad, y «celestina de lujo», Elsa Maxwell y el escritor Truman Capote, quien no quiso perderse el acontecimiento social del año. A la Maxwell no se le pasó por alto el magnífico anillo de compromiso que lucía la novia, pero Rainiero le decepcionó: «Parecía más una rana que un príncipe de cuento». Al acabar la velada en el Waldorf, los enamorados pusieron rumbo al Harwyn Club, un local muy frecuentado por Grace y donde solía celebrar sus cumpleaños. Allí siguieron bailando muy acaramelados hasta el amanecer.

A pesar de las muestras de afecto que se profesaban en público, muchos pensaron que esta boda tan precipitada no era más que un montaje, una unión por interés. Grace conseguía una corona y Rainiero asegurar la sucesión con una rutilante estrella que gracias a su enlace pondría en el mapa mundial a su diminuto país. Lo que la mayoría ignoraba es que la pareja se había estado carteando largos meses y cuando se volvieron a ver por segunda vez era evidente la atracción que sentían. También hubo quien pensó —entre ellos algunos de sus antiguos amantes como Don Richardson y Oleg Cassini— que la actriz se casaba con un príncipe para contentar a su padre y que cometía un grave error del que pronto se arrepentiría. Su propia hermana Lizanne, en una entrevista años más tarde, comentó: «No creo que Grace estuviese enamorada. En realidad, no tuvo tiempo de enamorarse porque apenas se habían visto dos veces. Había estado más enamorada de otros que de Rainiero. Pero entre ambos existía una gran química, y se notaba. Al margen de eso, ignoro por qué decidió casarse tan rápidamente».

Grace siempre defendió que el suyo fue un matrimonio por amor. «Actué más instintivamente que nunca —confesó—. Yo me sentía insatisfecha con mi vida y él con la suya, y coincidimos en una época en la que ambos estábamos preparados para el matrimonio. Llega un momento en la vida que hay que elegir, y además los dos congeniamos desde el primer instante y poco a poco surgió el amor.» Hacía mucho que había pensado abandonar Hollywood, deseaba tener un hogar y formar una familia, pero siendo una estrella de cine sabía que no podría conseguirlo. También le preocupaba el paso del tiempo y que cada vez le costara más encontrar buenos papeles como los que hasta ahora le habían ofrecido. «Yo no quería obsesionarme con la juventud perdida. Con veintiséis años tenía que presentarme en el departamento de maquillaje a las siete de la mañana. Rita Hayworth, que contaba treinta y siete, me dijo que tenía que estar lista a las seis, y tengo entendido que Bette Davis y Joan Crawford debían presentarse a las cinco. ¿Qué me esperaba si continuaba más tiempo en esta profesión?», le confesó a Donald Spoto. Además, estaba harta de que sus padres se inmiscuyeran tanto en su vida y quería poner tierra de por medio. El príncipe le dio la oportunidad de cambiar radicalmente de vida y hacer realidad sus sueños. La leyenda dice que la felicitación de Marilyn Monroe a la actriz por su compromiso fue: «Me alegro mucho de que hayas encontrado el modo de salir de este negocio».

Cuando Grace telefoneó a su madre para comunicarle la noticia, esta se mostró entusiasmada. «Imagínese, yo soy hija de un albañil y mi hija va a casarse con un verdadero príncipe», le dijo más tarde a un periodista. Pero aún quedaban algunos asuntos por resolver antes de poder anunciar el compromiso oficialmente. Grace Kelly tendría que someterse a una prueba de fertilidad si deseaba contraer matrimonio con el príncipe. Aunque a él le resultaba un asunto muy desagradable, la supervivencia de Mónaco dependía de que su esposa pudiera darle hijos. El monarca tenía muy clara esta prioridad, y en el pasado se había enfrentado al mismo dilema. Rainiero había estado enamorado de la actriz francesa Gisèle Pascal, con quien mantuvo un romance que duró seis años. Ella vivía en la villa del príncipe en Beaulieu, donde pasaban juntos casi todo el tiempo. Nunca ocultaron su amor a los ojos de los monegascos, que la apodaban su «princesa sin corona», y todos suponían que se casaría con ella. Pero en 1953 el monarca rompió bruscamente su relación cuando los médicos le informaron de que Gisèle no podría tener hijos. Para Rainiero tener descendencia era un asunto de Estado. Según un tratado de 1918, si moría sin heredero, el país volvería a quedar bajo el control de Francia y sería el fin de la dinastía Grimaldi. El padre Tucker fue el encargado de plantear a Grace tan delicado asunto y la actriz consintió.

Grace pasó la prueba y los médicos confirmaron que ella y el príncipe podrían tener hijos. Pero aún quedaba otro tema espinoso que preocupaba a la actriz. En la familia Grimaldi persistía la antigua tradición aristocrática de la dote. El padre de la novia debía pagar por el favor de que su hija fuera admitida en una familia noble. Jack Kelly se negó rotundamente y le dijo en tono indignado a Tucker que «su hija constituía una dote suficiente para cualquier pretendiente, aunque se tratara de un maldito príncipe que gobernaba un país del cual nadie sabía nada». Grace temió que su padre lo echara todo a perder y que la boda no se celebrara. Estaba enfurecido y se mostraba inflexible con los abogados del príncipe. Las negociaciones duraron varios días, pero finalmente el señor Kelly se calmó y pagó la cifra acordada de dos millones de dólares. Era una cantidad muy elevada incluso para un hombre acaudalado como él, pero se trataba de una buena inversión. Desde siempre su mayor ambición había sido el ser aceptado por la alta sociedad de Filadelfia, pero llevaban años marginados de tan selecto círculo. Esta unión les aportaba un inestimable prestigio social y los emparentaba con la verdadera aristocracia.

El anuncio oficial de la boda se hizo el jueves 5 de enero de 1956, primero en Mónaco y después en la mansión de los Kelly en Filadelfia. El padre de la novia fue el encargado de dar la feliz noticia a los numerosos periodistas y fotógrafos que se agolparon a las puertas de la residencia. Grace y Rainiero concedieron una improvisada rueda de prensa en el salón de la casa, donde posaron sonrientes cogidos de la mano. Cuando un reportero le preguntó a la estrella qué pasaría con su carrera cinematográfica, ella respondió sin pensarlo: «Todavía tengo un contrato con la Metro Goldwyn Mayer y me quedan dos

películas por hacer. Naturalmente pienso seguir con mi trabajo. Nunca dejaré la interpretación». Rainiero rectificó las palabras de su prometida y en tono tranquilo pero firme añadió:
«Creo que lo mejor sería que no siguiera en el cine. Yo he de
vivir en Mónaco y ella tendrá que residir conmigo en palacio.
No funcionaría. Ya tendrá bastante que hacer como princesa,
aunque no intervendrá en la administración del principado».
Por primera vez el príncipe opinaba públicamente sobre el
tema y Grace declinó hacer más comentarios.

La noticia del compromiso de un príncipe y una estrella
de cine era una bomba informativa y al día siguiente ocupaba
la portada de todos los periódicos de Estados Unidos. La revista *Time* describió el compromiso como «el de una rubia de
Filadelfia con el dueño de un parque de atracciones». Fue entonces cuando Grace empezó a temer que algún periodista
hurgara en su pasado y desvelara aspectos de su vida sentimental, algo que con seguridad desagradaría a Rainiero. Sin embargo, fue su madre quien la puso en evidencia. Margaret Kelly
concedió una serie de entrevistas donde aireaba recuerdos de
la infancia de Grace y de sus aventuras amorosas. Se publicaron
en los periódicos más importantes del país bajo el título de «Mi
hija Grace Kelly: su vida y romances», por la señora de Jack B.
Kelly. Las entrevistas aparecieron por entregas y desvelaban
aspectos inéditos de la futura princesa de Mónaco. Estos relatos
presentaban a la actriz como «una chica frágil y voluble» que a
pesar de haber vivido una adolescencia difícil, a los quince
años ya había tenido varias proposiciones de matrimonio.
Margaret explicaba con todo lujo de detalles las relaciones de
Grace con su larga lista de novios formales y famosos amantes,
entre ellos, William Holden, Clark Gable, Ray Milland, Oleg
Cassini y Jean-Pierre Aumont.

Cuando Grace se enteró, se sintió profundamente dolida y traicionada por su madre. Ella, que siempre había intentado evitar los escándalos y que invadieran su privacidad, ahora veía impotente cómo el público leía con avidez los detalles más íntimos de su vida. De nada sirvió que la señora Kelly se disculpara alegando que con las prisas se habían tergiversado sus palabras y que el dinero que cobraría por la serie iba destinado a obras de caridad. La actriz estaba furiosa y nunca se lo perdonó, pero no pudo evitar soltar una carcajada cuando su madre propagó la noticia de que iba a «casarse con el príncipe de Marruecos». Peggy y Lizanne se apresuraron a corregirla: «Madre, es Mónaco, no Marruecos». Pero la señora Kelly, que no situaba dónde se encontraba el pequeño principado, insistió haciendo comentarios como «¡No me imagino a mi Gracie a lomos de un camello por el desierto de Marruecos!». Las hijas, para evitar un nuevo escándalo en la prensa, se reunieron con ella y, mostrándole un atlas, le impartieron una breve clase de geografía y el equívoco quedó aclarado.

Antes de que finalizara el mes de enero Grace regresó a Los Ángeles, donde la esperaba un intenso trabajo. Pronto comenzaba el rodaje de *Alta sociedad* y debía realizar las pruebas de maquillaje y vestuario. Pero además su compromiso con el príncipe implicaba que debía tomar clases intensivas de francés, reunirse con los representantes consulares de Mónaco para aprender el protocolo de palacio y ultimar con Rainiero los preparativos de la boda, prevista para la segunda mitad del mes de abril. El monarca alquiló una apartada mansión en Bel Air y permaneció al lado de su prometida mientras rodaba *Alta sociedad*. Durante seis semanas pasaron todas las veladas juntos y Grace cocinaba deliciosos platos de pasta para él. En aquellos días les visitó el padre de Rainiero, el príncipe Pierre, que deseaba conocer a su futura nuera. Después confesó que se sentía «absolutamente encantado con ella».

La nueva posición de Grace como futura princesa de Mónaco no alteró en nada la relación con sus compañeros de trabajo y se comportó con total normalidad. Pero al tercer día de rodaje Grace no pudo disimular más. Rainiero le había regalado un anillo de compromiso con un espectacular diamante de diez quilates que lucía en su dedo y que provocó la admiración de sus colegas. La actriz le preguntó al director si podía llevarlo como anillo de pedida de su personaje en una de las escenas en *Alta sociedad*. Era una joya de Cartier tan magnífica que el cineasta aceptó encantado y hasta le dedicó un primer plano que fue muy comentado el día del estreno.

Durante su estancia en Los Ángeles, el príncipe visitó las oficinas de la Metro Goldwyn Mayer en Culver City, donde su presidente Dore Schary organizó un almuerzo en su honor. Rainiero llegó del brazo de su prometida Grace Kelly y de su padre el príncipe Pierre, quien tenía un especial interés en conocer por dentro los legendarios estudios de cine. La actriz se mostró durante todo el encuentro muy callada y tensa. Aún tenía un contrato con ellos y sabía que no iba a resultar nada fácil romperlo. Si se negaba a rodar más películas podrían demandarla y arrastraría al príncipe a una batalla legal que sin duda haría las delicias de la prensa sensacionalista. Por el momento prefirió ser muy cauta, y cuando a la salida de los estudios los periodistas le preguntaron al respecto, ella se mostró evasiva: «Ahora mismo estoy más interesada en el matrimonio y demasiado excitada con los preparativos de mi boda como para pensar en cualquier otra cosa».

Pero en contra de lo que imaginaba, la Metro no le iba a plantear problemas a la «princesa de América», como la prensa la había bautizado. Por el contrario, entendieron que la oleada de artículos y reportajes que se habían publicado desde el anuncio en enero de su compromiso la habían convertido en una celebridad mundial y su romance mantenía en vilo a millones de estadounidenses. El país parecía hechizado con la historia del príncipe solitario y encantador y la bella actriz que renunciaba a una prometedora carrera en el cine por amor. Las revistas de moda analizaban con lupa todos sus looks y los periódicos presentaban a Grace Kelly como una moderna Cenicienta: la chica rica de Filadelfia que es rechazada por la alta sociedad por carecer de pedigrí, pero que acaba siendo cortejada por un príncipe que la convierte en su esposa.

Más adelante, cuando la fecha de la boda se aproximaba, la Metro propuso a Rainiero y a Grace que a cambio de que su estrella no rodara la siguiente película ellos obtendrían en exclusiva los derechos para filmar el enlace. Los beneficios del reportaje «La boda del siglo» se repartirían entre la productora y la Cruz Roja de Mónaco por expreso deseo de la pareja. Además, el señor Schary anunció a bombo y platillo que los estudios le regalarían el vestido de novia y sería su estilista preferida, Helen Rose, la encargada de su diseño. Como contribución a su ajuar también obsequiaron a la futura princesa con todo el vestuario que había lucido en la que fue su última película, *Alta sociedad*.

La actriz tuvo que quedarse aún unas semanas en Hollywood para atender algunos compromisos relacionados con la promoción del filme y a finales de marzo voló a Nueva York para asistir a la boda de su amiga Rita Gam. El príncipe Rainiero había regresado a Mónaco para ocuparse en palacio de todos los preparativos previos a la ceremonia civil y al enlace que tendría lugar en la catedral. Durante el tiempo que estuvieron separados envió una nota a Grace casi todos los días. En una de ellas escribió: «Cariño, esto es para decirte de una manera muy inexacta cuánto te quiero, te echo de menos y te necesito junto a mí. Que tengas un buen viaje, mi amor. Descansa, relájate y piensa en mí, que ardo de deseo por ti. Te quiero mucho, Rainiero».

Grace apenas disponía de unas semanas para organizar su ajuar, despedirse de sus amistades, atender a las innumerables peticiones de la prensa y supervisar los vestidos de sus damas de honor. Además, debía hacer las maletas y elegir el vestuario para la nueva vida que la esperaba en Europa. Sin pérdida de tiempo, contrató a la asesora de imagen Eleanor Lambert para que la ayudase a comprar los vestidos más elegantes de los mejores modistos de Nueva York. Se gastó veinticinco mil dólares y adquirió tres abrigos de piel, uno de ellos de leopardo, seis vestidos de cóctel, cuatro sencillos, dos de baile, dos túnicas de noche, dos chaquetas y veinte sombreros, además de incontables suéteres y pantalones. Para engañar a los periodistas, que hubieran dado cualquier cosa por tener la primicia, el vestido de boda fue cuidadosamente embalado para su transporte en una caja metalizada que parecía un ataúd. Dentro se distribuyeron motas de algodón impregnadas de perfume ocultas entre la ropa para que cuando lo abriera «recibiera el aroma de mil flores». La futura princesa de Mónaco necesitó cincuenta y seis maletas —incluidas una veintena de sombrereras— y cuatro baúles para llevar su lujoso guardarropa.

El 4 de abril de 1956 Grace Kelly embarcaba en el transatlántico *Constitution* rumbo a Mónaco. Viajaban con ella setenta y dos personas, entre parientes y amigos, además de un nutrido grupo de periodistas y fotógrafos. Desde la cubierta del barco, la actriz saludaba a los cientos de personas que se habían reunido en el muelle para despedirla. «El día que zarpamos de Nueva York —explicó más adelante—, nuestro barco estaba rodeado por la niebla. Y así me sentía yo: como si navegara rumbo a lo desconocido. Contemplé la niebla y me pregunté qué iba a ser de mí, cómo sería mi nueva vida. No conocía a la familia de Rainiero, salvo a su padre, y no tenía la menor idea de cómo me recibirían los demás parientes y la corte. ¿Qué mundo me esperaba al otro lado de aquella niebla?»

Su Alteza Serenísima

Los ocho días que duró la travesía desde Nueva York hasta Mónaco fueron apenas el aperitivo de la pesadilla que Grace iba a vivir en cuanto pisara tierra firme. El acoso de los periodistas que viajaban con ella era constante y al final se tuvieron que acordonar unas áreas especiales en el barco para preservar la intimidad de la actriz. Solo entonces pudo disfrutar de las fiestas y bailes que se organizaban cada noche y de la compañía de sus familiares y amigos. A menudo se la veía sola y pensativa paseando por la cubierta a Oliver, el perro caniche negro que Cary Grant le había regalado durante el rodaje de *Atrapa a un ladrón*. A medida que el viaje llegaba a su fin, se sentía más inquieta y temerosa. Estaba a punto de entrar en un mundo completamente distinto a todo cuanto había conocido. Un país cuyo idioma aún no dominaba, y una corte antigua que se regía por un anticuado protocolo. Grace iba a asumir sus responsabilidades con la mayor profesionalidad y afrontaba esta nueva etapa muy ilusionada. Pero en aquel instante no imaginaba todos los obstáculos a los que debería enfrentarse. La estrella de Hollywood pronto descubrió que la vida real de una princesa no era como en las románticas películas que ella había protagonizado.

Cuando el 12 de abril el *Constitution* hizo su entrada en el puerto de Mónaco comenzó el espectáculo. Grace, vestida con un discreto traje chaqueta azul marino, guantes blancos y un gran sombrero de organdí blanco redondo que ocultaba parte de su rostro, saludó a los miles de personas que se agolpaban a lo largo de la bahía para darle la bienvenida. Sonaron salvas de honor y los barcos de recreo tocaron al unísono las sirenas. Rainiero salió a su encuentro en su yate el *Deo Juvante II*, regalo de bodas de Aristóteles Onassis, y recibió a su amada al pie de la escalerilla. La pareja no se había visto desde hacía casi un mes y se mostraban nerviosos y algo aturdidos por el gentío y los flashes que les rodeaban. Juntos se dirigieron al puerto de Mónaco, donde una multitud aplaudía y vitoreaba a la futura princesa mientras un hidroavión lanzaba al mar miles de claveles rojos y blancos, cortesía del armador griego.

Faltaban siete días para la boda y los novios tenían por delante un intenso programa de recepciones y fiestas. A su llegada a palacio asistieron a un almuerzo que sirvió para presentar los Kelly a los Grimaldi. Grace conoció a su futura suegra, la princesa Charlotte, conocida como «Mamou», que se mostró fría y distante. A diferencia de a su exmarido, el príncipe Pierre, la actriz hollywoodiense le parecía «una advenediza» que no estaba a la altura de su hijo. Grace aún ignoraba que sus nuevos parientes políticos tenían tan malas relaciones entre sí, que ninguno de ellos se dirigía la palabra. La casa de los Grimaldi era un nido de intrigas y traiciones que no se molestaban en disimular. Estas venganzas y luchas de poder entre ellos a lo largo de la historia les habían granjeado el rechazo de las casas reales europeas, que los consideraban indignos y ostentosos.

Tras la comida Grace y sus padres se instalaron en las estancias del palacio que Rainiero había acondicionado para ellos, mientras que las damas de honor y los invitados a la boda se alojaban en el lujoso Hôtel de Paris en Montecarlo.

Grace había soñado con una boda emotiva y solemne, pero no imaginaba la enorme expectación que había despertado su enlace en todo el mundo. En dos días el pequeño principado fue literalmente invadido por mil seiscientos reporteros y fotógrafos acreditados (más de los que cubrieron la Segunda Guerra Mundial) dispuestos a todo por conseguir una exclusiva. Con el tiempo la princesa confesó: «Fue todo tan caótico y frenético que no tenía tiempo ni de pensar. Las cosas sencillamente iban ocurriendo, y uno reaccionaba al momento. Era como una pesadilla. Recuerdo que durante aquellos primeros días me sentía como si fuera una simple visitante, una invitada a mi propia boda; solo que, a diferencia de los invitados, no podía marcharme a casa cuando el barullo y la confusión se hacían insoportables».

La boda atrajo a millares de turistas y las tiendas hicieron su agosto vendiendo souvenirs a precios astronómicos. Rainiero protestó diciendo que no deseaba que se comercializara con su boda, pero ya era demasiado tarde. El enlace atrajo también a rateros y ladrones dispuestos a conseguir un buen botín a costa del bullicio y el desorden que reinaban en Mónaco. La noticia de que unos ladrones de joyas internacionales habían robado valiosas joyas a algunos invitados —incluida la madre de la novia— en las habitaciones del Hôtel de Paris enfureció aún más al príncipe. Pero este suceso hizo las delicias de la prensa, ya que recordaba el guion de *Atrapa a un ladrón*, la película que Grace Kelly había rodado en esos mismos escenarios el año anterior. Para la actriz estos desagradables incidentes solo sirvieron para aumentar su angustia y cansancio. No podía dormir y le preocupaba ver a su futuro esposo bajo tanta presión. Durante los ensayos de la ceremonia tenía tales ojeras que necesitó usar gafas oscuras para ocultarlas ante las cámaras de los fotógrafos.

Primero fue la boda civil que se celebró en la mañana del 18 de abril en la Sala del Trono del palacio de Mónaco abarrotada de parientes, periodistas y dignatarios de veinticuatro países. Fue una ceremonia larga y tediosa en la que el juez leyó la lista interminable de títulos de la nobleza —hasta ciento cuarenta y dos— que la actriz ostentaría a partir de ahora por su matrimonio real. Después tuvo lugar una formidable recepción en el patio de palacio, donde tres mil monegascos fueron invitados a pastel y champán mientras los recién casados recibían sus felicitaciones. Se trató del primer encuentro entre la princesa Gracia de Mónaco, como ahora se llamaba, y sus súbditos que al fin pudieron contemplar de cerca a la famosa estrella de cine. Por la noche se celebró una gala en la Ópera de Montecarlo que contó con la actuación de Margot Fonteyn. Grace estaba esplendorosa con un vestido de organdí blanco, engarzado con perlas, zafiros y lentejuelas, y en la cabeza una diadema de diamantes. Desde aquella mañana era ya Su Alteza Serenísima, y por la elegancia y porte regio que exhibió en el palco de honor del teatro saludando a sus súbditos nadie dudó que hubiera nacido para ser princesa.

Al día siguiente el príncipe Rainiero III y Grace Kelly se casaron en la catedral de San Nicolás de Mónaco. Tras unos días de lluvia persistente amaneció un día despejado y radiante. El altar estaba adornado con mil lilas de color blanco, lirios y hortensias, e iluminado por multitud de cirios. La ceremonia fue televisada en directo a más de treinta millones de telespectadores de nueve países. El mundo entero iba a ser testigo de la boda más mediática hasta la fecha; un enlace histórico que reunió a estrellas y magnates de Hollywood con oscuros hombres de negocios y soberanos llegados de Oriente Próximo. Entre los rostros más conocidos estaban Aristóteles Onassis, Alfred Hitchcock, Gloria Swanson, Ava Gardner, David Niven y su buen amigo Cary Grant. De la realeza solo el exrey Faruk de Egipto y el anciano Aga Khan hicieron acto de presencia. Los miembros de todas las casas reales europeas declinaron su asistencia. Para ellos la unión de un príncipe reinante con una plebeya suponía un atentado a las tradiciones. Rainiero encajó muy mal este desaire, que llegó a calificar de «boicot», y a Grace le entristeció profundamente.

A las diez y media de la mañana la deslumbrante novia entró del brazo de su padre y su vestido acaparó todas las miradas. Su diseñadora Helen Rose deseaba resaltar la sobriedad y elegancia de la princesa, pero además debía ser digno de un espectáculo de la Metro Goldwyn Mayer. Sencillo en apariencia, fue el traje más caro de la historia de los estudios. En su confección trabajaron más de una treintena de artesanos, entre modistas y bordadoras, que emplearon casi dos meses en un vestido de boda que causaría sensación y sería muy imitado. «Era un modelo muy elaborado en el que se utilizaron veinte metros de seda, veintitrés metros de tafetán, noventa de tul y se complementaba con un delicado encaje de Bruselas de color rosa pálido de un siglo de antigüedad comprado en un museo», recordaba la diseñadora. El velo iba adornado con mil perlas diminutas cosidas a mano y tenía forma circular para que los invitados y los espectadores que siguieran la retransmisión del enlace pudieran ver el rostro de la princesa desde lejos. Las damas de honor, entre las que se encontraban su hermana Peggy y su amiga Rita Gam, lucían vestidos de organdí en seda de color amarillo.

La ceremonia fue sencilla y emotiva, aunque perdió parte de su encanto por la presencia de decenas de reporteros que se agolpaban en la basílica y hablaban en voz alta. Además, la Metro filmó la boda como si se tratase de una gran superproducción histórica cuidando hasta el más mínimo detalle. Acostumbrada desde niña a controlar sus emociones, Grace mantuvo la compostura, aunque el gesto grave de su rostro reflejaba la frustración y la impotencia que sentía. No sonrió ni una sola vez, ni se distrajo con el ruido producido por los técnicos de televisión al ajustar los micrófonos que estaban ocultos entre los ramos de flores del altar o en los arcos del techo. Más tarde el príncipe Rainiero comentaría: «Había cámaras y micrófonos por todas partes. Fue una falta de dignidad e intimidad».

Todos coincidieron en que la novia estaba muy bella pese a que en los primeros planos se le notaba la tensión acumulada. El agotador ritmo de los últimos días comenzaba a pasarle factura. Había perdido cuatro kilos y medio durante la semana posterior a su llegada a Mónaco. Su delgadez llamó la atención y un periodista dijo que parecía «una princesa de porcelana a punto de romperse». Finalizada la ceremonia la pareja se mostró más relajada y recorrieron sonrientes las calles en un elegante Rolls-Royce descapotable de color negro y crema, regalo de boda de los monegascos. En su camino se detuvieron en la pequeña capilla de Santa Devota, patrona del principado de Mónaco, donde rezaron y Grace depositó en el altar su sencillo ramo de novia, un bouquet de lirios de los valles. En los jardines de palacio se celebró una recepción para los seiscientos invitados. Se ofreció un magnífico bufet frío compuesto de caviar, salmón ahumado, langostinos, fiambres variados, medallones de langosta, ensaladas variadas, huevos en gelatina, pollo asado, quesos... todo ello servido en mesas enormes. El pastel de boda tenía seis pisos y lo cortaron juntos con la espada del príncipe entre aplausos y flashes.

A primera hora de la tarde, Grace y Rainiero se esfumaron discretamente para cambiarse de ropa y comenzar su viaje de luna de miel. Apenas habían tenido un momento de intimidad y deseaban alejarse de todo aquel bullicio. La princesa se despidió en privado de su familia y amigos y partió con Rainiero en un crucero por el Mediterráneo a bordo de su yate el *Deo Juvante II*. Tras fondear unos días en las pequeñas calas de la Riviera francesa, llegaron a las islas Baleares y el hotel Formentor de Mallorca fue el refugio elegido por la pareja para su luna de miel. Los príncipes pasaron dos semanas en la isla, donde se organizaron cenas de gala y bailes en su honor. Se les vio asistir a una corrida de toros, pasearon por la ciudad de Palma y realizaron alguna excusión a pie por el interior. El viaje prosiguió por la isla de Córcega, donde pudieron al fin estar solos y disfrutar de una total privacidad. Sin paparazzi que les persiguieran ni compromisos oficiales, los recién casados exploraron sus playas y calas desiertas de aguas cristalinas. Grace no era buena navegante y el yate no resultaba muy cómodo cuando el mar estaba agitado. Pasó mucho tiempo mareada, pero no solo por culpa de la embarcación. De vuelta a Mónaco a finales de mayo, los médicos confirmaron sus sospechas. La princesa estaba embarazada y la noticia llenó de júbilo a los monegascos.

Tan pronto como regresaron al principado, Rainiero se sumergió en su trabajo y Grace pasaba largas horas sin apenas hacer nada ni hablar con nadie. El joven matrimonio vivía en los aposentos del príncipe, junto al patio, en el primer piso del palacio. Aquellas habitaciones, como las definió un amigo, «eran oscuras, húmedas y tristes como un museo», lo que no ayudaba a elevar el ánimo de la actriz. Añoraba muchísimo a su familia y a sus amigos que se encontraban a miles de kilómetros de distancia. La gente que la rodeaba hablaba una lengua extranjera que ella aún no dominaba. No tardó en sentirse sola y deprimida. Lloraba con frecuencia y recordar su boda aún la entristecía más. «Durante todo un año no quise leer los recortes de prensa de ese día porque todo fue una pesadilla —confesó la actriz—. Desde luego, hubo unos pocos momentos de intimidad, pero tanto para el príncipe como para mí supuso un mal trago. Los dos hubiéramos deseado casarnos en la pequeña capilla de palacio, donde solo caben veinte personas.»

Grace aún tenía por delante un largo y difícil período de adaptación. Cuando llegó al palacio de los Grimaldi, de repente descubrió lo que significaba pertenecer a la realeza. El estricto protocolo de la corte monegasca la asfixiaba. Estaba siempre rodeada de un ejército de criados, mayordomos y guardaespaldas que la seguían a todas partes. No entendía las extrañas y anticuadas costumbres que regían la vida en palacio y que la afectaban en su vida cotidiana. Según exigía su condición, nunca debía aparecer en público sin su esposo o sin su dama de compañía; siempre debía llevar sombrero en los actos públicos, incluso en los que se celebraban en palacio. Tampoco podía recibir visitas masculinas en sus aposentos —lo que incluía a su peluquero— y todas las mujeres en su presencia debían llevar el cabello cubierto, hacerle una reverencia y dirigirse a ella como «Su Alteza Serenísima». «Me parecía ridículo que una mujer tuviera que comprarse un sombrero solo porque venía a comer aquí. Así pues, fue la primera costumbre que aboli ¡y menuda se armó! ¡La gente estaba indignada!»

Desde el primer momento Grace tuvo que lidiar con los antiguos funcionarios y chambelanes, que le daban la espalda. «Aquí no hacemos las cosas de este modo» era la respuesta que recibía cada vez que hacía alguna sugerencia o intentaba cambiar alguna vieja costumbre. Tampoco sus nuevos parientes hicieron lo más mínimo para ayudarla en esta etapa. La madre y la hermana de Rainiero se distanciaron de ella desde su llegada a palacio, lo que aumentó su soledad y frustración. «Grace me contó una vez la tristeza que sintió en esos primeros meses. Se quedaba sentada, con los terribles vómitos matinales y el mistral perturbándole la respiración en aquel viejo y lúgubre palacio, deseando perder el control y aportar un poco de luz a aquellas habitaciones polvorientas, pero sabiendo al mismo tiempo que, a sus espaldas, todos se burlaban de sus ideas americanas y de su horrible francés», recordaba su amiga la periodista Gwen Robyns.

Los seis meses que se cartearon y las Navidades que pasaron juntos en Filadelfia no fueron suficientes para que Grace conociera a fondo el verdadero carácter del príncipe. Rainiero podía ser irónico y divertido, pero también muy temperamental, y tenía un genio terrible. En un instante pasaba de ser una persona afable y dulce a sufrir un arranque imprevisible. Aunque ella creía que eran muy parecidos, con el tiempo descubrió que sus gustos y caracteres eran de lo más opuestos. Debido a su traumática infancia, Rainiero se mostraba muy introvertido y le costaba expresar sus sentimientos. Además, como monarca absoluto, estaba acostumbrado a que todo el mundo cumpliera sus órdenes y las cosas se hicieran a su manera. Su hermana Lizanne comentó al respecto: «Grace necesitó un gran reajuste para vivir junto a su esposo. Ella era un poco niña mimada, y Rainiero lo era mucho, y quería hacer siempre su voluntad. Tuvieron sus diferencias porque los dos eran tercos y obstinados. Rainiero tenía un temperamento latino y era capaz de gritar como un loco. Mi hermana, cosa asombrosa, nunca perdía los papeles y permanecía tranquila. Con el tiempo aprendió a manejarle muy bien...».

Grace dedicaba buena parte de su tiempo a responder su correspondencia y a esperar a que su esposo volviese de trabajar en su despacho, situado un piso más arriba de sus aposentos. Varios años después de la boda, le confesó a un periodista: «El mayor cambio de mi vida no fue el palacio, sino adaptarme al matrimonio. Yo había vivido sola en Nueva York y en California, era muy independiente y toda mi vida se centraba en el trabajo. Tenía que acudir puntualmente a los estudios y organizar mi existencia en torno a los rodajes. Mi carrera era el punto central de todo lo que hacía. Y ahora, toda mi vida giraba alrededor de mi marido». La actriz se consolaba hablando largas horas por teléfono con su familia en Filadelfia y escribía cartas a sus amigas animándolas a que la visitaran porque se encontraba muy sola. «Durante los primeros meses fue muy infeliz y se debió de sentir muy sola e insegura. No tenía a su lado a nadie de confianza que la apoyara o hiciera compañía. Tenía todo el tiempo del mundo para preguntarse qué había hecho con su vida», dijo Gwen Robyns. Aunque le hubiera gustado hacer nuevas amistades en Mónaco, no resultaba fácil porque su posición le impedía relacionarse con la gente ajena al palacio. Es cierto que los monegascos la recibieron con grandes muestras de alegría y la trataban con cortesía, pero los sectores más conservadores de la corte y la mayoría de los servidores de Rainiero la despreciaban y se sentían heridos por su presencia. Para ellos era una intrusa, una actriz de cine norteamericana que había usurpado el título de princesa de Mónaco.

Pese a que tomaba clases de francés y se esforzaba por aprender este idioma, se le resistía. Durante las audiencias y en las galas solía permanecer callada porque no deseaba ponerse en evidencia, y la gente lo interpretaba como signo de altivez y frialdad. «Cuando volvimos de la luna de miel, tuvo que enfrentarse a una situación complicada —recordaba Rainiero—, pero la afrontó de un modo admirable. Aparte de la dificultad de convertir el palacio en un hogar, el mayor problema era caer bien, ser aceptada y respetada por los monegascos. Además, estaba la barrera del idioma, y le resultaba duro estar separada de su familia y sus amistades. Durante mucho tiempo sintió una gran añoranza y yo quizá me mostré demasiado impaciente por que se adaptara y se sintiera a gusto. A menudo no comprendía su forma de ver las cosas.»

Preocupado por el estado anímico de su esposa, el príncipe le sugirió que se ocupara de la renovación del palacio de los Grimaldi. También conocido como «La Roca», no tenía la suntuosidad ni el lujo de otros palacios europeos como los de los Romanov o los Habsburgo. Estaba situado en lo alto de un promontorio, dominando el puerto y el Mediterráneo, y todavía conservaba su aspecto original de fortaleza inexpugnable. La mayoría de las doscientas veinte habitaciones del edificio se encontraban muy deterioradas y envejecidas. Hacía siglos que algunas zonas no se utilizaban. Los suelos de madera estaban desgastados, los tapices que colgaban de las paredes raídos y las telarañas campaban a sus anchas por los frescos de los techos. La restauración y modernización completa del palacio llevó varios años, pero Grace centró sus energías en remodelar y decorar a su gusto las seis habitaciones privadas del ala sur donde vivían ella y Rainiero. Ilusionada con el proyecto, llamó a su amigo el interiorista George Stacey para que la ayudara. La actriz decidió desmantelar su apartamento neoyorquino de la Quinta Avenida y llevar sus muebles de estilo francés y objetos personales más queridos a Mónaco, segura de que así se sentiría como en casa. En unos meses transformó «un frío mausoleo en un acogedor y elegante hogar», tal como reconoció el padre Tucker.

Los preparativos para el nacimiento de su hijo y la decoración de sus apartamentos privados la mantuvieron muy ocupada y poco a poco fue recobrando el ánimo. El embarazo de Grace no había sido sencillo porque durante varios meses sufrió náuseas y se vio afectada por una serie de catarros y dolores de garganta. Como tenía mucho apetito, comía a cualquier hora del día y engordó más de doce kilos. Aunque le confesó a su amiga Rita Gam que «todavía no me he acostumbrado a ser esposa y mucho menos madre», Grace, como siempre, se preparó a conciencia. Después de leer los libros y manuales más novedosos sobre el embarazo, el parto y la crianza del bebé, decidió que lo alimentaría a pecho. Cuando en una entrevista comentó que ella creía en los beneficios de la lactancia materna y que su parto sería lo más natural posible, sin anestesia, fue duramente criticada.

En un principio se había pensado que la princesa diera a luz en una pequeña clínica de la ciudad, pero temiendo el acoso de los centenares de periodistas y fotógrafos que habían llegado a Mónaco para cubrir la noticia, la pareja optó por que el nacimiento fuera en la intimidad del palacio. Una biblioteca de las dependencias privadas se transformó en sala de parto y se colocaron cortinajes de seda verde, una superstición irlandesa que aseguraba al recién nacido «una existencia pura, feliz y próspera». En la mañana del 23 de enero de 1957 Grace daba a luz a una niña saludable y de buen peso. Cuando los médicos le pusieron el bebé en su regazo, la actriz rompió a llorar. En el exterior del palacio un cañón anunció la nueva a los monegascos con veintiuna salvas, y en el puerto comenzó un concierto de sirenas encabezado por el lujoso yate de Onassis, el *Christina*. A la niña le pusieron el nombre de Carolina Luisa Margarita y se declaró día de fiesta nacional. En Filadelfia, un reportero le preguntó al señor Kelly cómo se sentía y él replicó: «Oh, tonterías. Esperaba que fuera un niño». La respuesta del padre de Grace era compartida por muchos monegascos.

Apenas cinco meses después de haber nacido Carolina, la princesa estaba de nuevo embarazada. A Rainiero le gustaban mucho los niños y quería formar cuanto antes una gran familia. El 14 de marzo de 1958, sus deseos se hicieron realidad y en esta ocasión al ser un varón el cañón disparó ciento una salvas. Visiblemente emocionado, el príncipe anunció que su hijo y heredero sería bautizado con el nombre de Alberto Alejandro Luis Pedro. Su madrina en el bautismo fue Su Majestad la reina de España Victoria Eugenia de Battenberg, esposa de Alfonso XIII. En menos de dos años desde su boda, una actriz de Hollywood había garantizado la sucesión de los Grimaldi y la supervivencia del diminuto principado de Mónaco.

Tanto Grace como Rainiero se tomaron muy en serio la educación de sus hijos: «No pienso permitir que la vida pública, ni ninguna otra cosa, obstaculice mis deberes de madre —comentó en una entrevista—. En Norteamérica, los hijos de la gente pudiente suelen ser criados por nodrizas. Los míos no recibirán este trato». La actriz deseaba darles todo el afecto y la atención que ella no había tenido de sus padres. No quería que sus hijos fueran «unos extraños relegados al otro extremo del palacio». En público y en privado se mostraban atentos y cariñosos con ellos. Era frecuente ver a la princesa Grace sentada sobre la alfombra del salón o en la hierba del jardín jugando con Carolina y Alberto. Los niños siempre que podían comían y cenaban con sus padres, y la princesa les leía cuentos en la cama antes de dormir. Rainiero los ayudaba en las tareas escolares y se involucró mucho en su educación, especialmente en la de Alberto, el heredero al trono de Mónaco. Con el tiempo la actriz reconoció que había sido más severa que su esposo con sus hijos. No deseaba que crecieran como niños ricos y consentidos y les imponía unas normas que para algunos eran excesivas. Desde muy pequeños acompañaban a sus padres en las visitas oficiales y debían cumplir con el protocolo aunque les resultara cansado y aburrido. «Los extraños quizá piensen que soy excesivamente dura con mis hijos, pero yo les doy tanto amor como disciplina, y creo que eso es bueno», le confesó Grace a una amiga.

Poco después de la boda, Grace y Rainiero compraron Roc Agel, una finca en el campo para poder disfrutar de una parcela de intimidad. Siempre fue su refugio predilecto, un lugar aislado cerca de La Turbie en las colinas que dominan Mónaco. En esta villa campestre de tres dormitorios, vigas de madera y gruesos muros de piedra que Grace decoró a su gusto, podían llevar una vida en familia totalmente diferente a la de palacio. «Roc Agel —dijo ella— es el lugar donde cerramos la puerta al mundo.» Allí raras veces tenían servicio y eran contados los invitados que recibían. Grace cocinaba, cuidaba del huerto, hacía punto y se relajaba confeccionando arreglos florales con hojas secas. Roc Agel fue para ella su verdadero hogar. Allí podía hacer sus hamburguesas favoritas a la barbacoa y vestir camisas viejas y vaqueros. Rainiero también se encontraba a sus anchas en medio de la campiña y se dedicaba a cuidar la pequeña granja de animales domésticos, a montar a caballo y a la restauración de coches antiguos, su pasatiempo favorito.

Grace tardó varios años en sentirse a gusto entre los monegascos. Al principio apenas aparecía en público salvo en los actos oficiales, y se mostraba muy tensa y nerviosa. Las revistas la llamaban «la princesa invisible» y criticaban que no tuviera un mayor protagonismo. Entre las razones de su comportamiento estaba su dificultad con el idioma y su falta de familiaridad con el protocolo. Temía no estar a altura de su rango, cometer en público algún error de etiqueta y dejar en mal lugar a su esposo. En el exterior, en cambio, la prensa destacaba que la estrella de cine se había integrado perfectamente en los ambientes de la realeza, «como si por sus venas corriera sangre azul».

A comienzos de los años sesenta la princesa Gracia de Mónaco era una de las mujeres más admiradas e imitadas del mundo. Pocas esposas de jefes de Estado —con la excepción de Jackie Kennedy— resultaban tan atractivas, sofisticadas, modernas y encantadoras como ella. Su figura y elegante estilo dieron un nuevo impulso al principado, que se encontraba en sus horas más bajas. Fue un imán para la jet set internacional y gracias a ella creció el turismo de lujo y convirtió Mónaco en un importante centro cultural. El Ballet de Montecarlo, el Festival Internacional de Circo, el Baile de la Rosa o la Gala de la Cruz Roja dieron prestigio a este diminuto país. También llegaron grandes fortunas e inversionistas atraídos por las ventajas fiscales impulsadas por Rainiero. Tal como vaticinó Onassis, la boda entre la princesa de Hollywood y Rainiero ayudó a mejorar su economía y su imagen. «Fue un golpe de genialidad, la mejor publicidad que Mónaco había tenido nunca; hizo que todo el mundo se fijara en este pequeño principado y quisiera conocer los escenarios de este increíble cuento de hadas», aseguró la escritora Wendy Leigh.

Con el tiempo la princesa Gracia de Mónaco fue asumiendo nuevas responsabilidades que la ayudaron a superar su timidez y acercarse a los monegascos. Más adelante la actriz habló con franqueza acerca de sus primeros años en el principado: «Hasta que nacieron mis hijos, solo vivía a través de mi marido. Luego, mis actividades de beneficencia me ayudaron mucho y, poco a poco, volví a encontrarme a mí misma». Grace solía visitar las residencias de ancianos y los orfanatos de Mónaco, así como el hospital inaugurado en 1958 que lleva su nombre, y se tomó gran interés en mejorar y modernizar sus instalaciones. Como presidenta de la Cruz Roja de Mónaco, impulsó guarderías para los hijos de madres trabajadoras y un centro para niños huérfanos. Pero su mayor contribución fue el conseguir fondos para esta institución. La princesa organizó el gran baile anual de la Cruz Roja, que llegó a convertirse en todo un acontecimiento social. En los años siguientes Grace recurrió a sus antiguas amistades para llevar a Mónaco a importantes actores de Hollywood y miembros de la realeza. David Niven, Cary Grant, Frank Sinatra, Ava Gardner, Elizabeth Taylor y Richard Burton, entre otras muchas estrellas del cine, acudieron a su llamada. Esta gala fue siempre su evento favorito porque le daba la oportunidad de reunir a sus antiguos amigos de Hollywood, lucir sus vestidos y peinados más extravagantes y recaudar fondos para una causa con la que se había comprometido de todo corazón.

Aunque Grace parecía ser más feliz, cuando sus hijos comenzaron a ir a la escuela se pasaba gran parte del día en cama. La muerte de su padre en junio de 1960 le había afectado mucho. Hasta los setenta años Jack Kelly gozó de una robusta salud, pero no pudo superar el cáncer de estómago que padecía. «Se quedó totalmente hundida por la pérdida repentina de su padre. Había hecho todo lo posible por agradarle y por que estuviera orgulloso de ella, pero no lo había conseguido y esta frustración le causaba un gran dolor», recordó su secretaria y amiga Phyllis Blum. Las obras de caridad y los actos sociales no llenaban el enorme vacío que sentía. Estaba muy sola y cuando le embargaba la nostalgia escribía a sus amistades de Hollywood para que la visitaran. En 1961 Gary Grant se encontraba en Londres rodando una película y aceptó la invitación de Grace para pasar unas semanas con ella en el principado. El actor llegó con su esposa Betsy Drake, lo que no impidió que Rainiero se mostrara frío y descortés con él. Siempre estuvo celoso del seductor galán hollywoodiense que, además, era un buen amigo de su esposa. El príncipe no podía quitarse de la cabeza los apasionados besos de Grant y su mujer en *Atrapa a un ladrón*. Era la única película de Grace Kelly que prohibió que se exhibiera en Mónaco.

Desde el día que anunció su compromiso con Rainiero, la princesa no había dejado de preguntarse si algún día volvería al cine. Su representante seguía enviándole guiones que rechazaba porque pensaba que aún no era el momento. Se tomó a broma que le ofrecieran un millón de dólares por interpretar a la Virgen María en una superproducción bíblica. «Imposible —respondió—. En todo caso, María Magdalena.» Sin embargo Grace nunca pensó en retirarse definitivamente y al contraer matrimonio con el príncipe pidió a la Metro Goldwyn Mayer un año de excedencia. Pero a principios de marzo de 1962 recibió una llamada que lo cambió todo. Su buen amigo Alfred Hitchcock le proponía protagonizar la película *Marnie, la ladrona*, convencido de que este papel supondría para ella el regreso triunfal a la gran pantalla. Grace debía interpretar a una hermosa joven, frígida y neurótica, que se dedica a robar compulsivamente. Se trataba de un papel complejo y lleno de desafíos para una actriz, pero al leer el guion le pareció que quizá no fuera apropiado para su actual condición. Ya no era la señorita Kelly sino la princesa de Mónaco, y no sabía cómo reaccionaría su esposo ni los monegascos.

Pero fue Rainiero quien, sorprendentemente, la animó desde el primer momento a que hiciera la película. Sabía lo mucho que añoraba Grace su profesión y creyó que le sentaría bien volver a trabajar con Hitchcock, a quien ella adoraba. El director iba a rodar la película durante el verano de 1962 en Estados Unidos y la familia al completo podría acompañarla y pasar juntos unas divertidas vacaciones. El 18 de marzo de 1962 un comunicado del palacio de Mónaco anunciaba que «Su Alteza Serenísima la princesa Gracia de Mónaco rodará una película a las órdenes del señor Alfred Hitchcock, iniciándose la filmación en agosto». Anticipándose a las reacciones que suscitaría esta decisión, en el mismo comunicado se informaba de que «el príncipe Rainiero estaría presente en todo el rodaje y que la princesa regresaría a Mónaco en noviembre». Pero ni los príncipes ni Hitchcock podían imaginar el escándalo que desataría la noticia. En aquel tiempo Mónaco atravesaba un grave conflicto político con Francia. El presidente francés Charles de Gaulle quería que el principado pagara los mismos impuestos que los franceses y se originó una tirantez entre ambos Estados. A los monegascos les parecía una irresponsabilidad que en medio de esta crisis con Francia la princesa «abandonara» a su esposo cuando este más necesitaba de su apoyo.

En apenas unos días la idea de que la princesa actuase en una película durante sus vacaciones de familia estaba a punto de convertirse en un incidente internacional que podía tener graves consecuencias para Mónaco. El inminente retorno de la diosa de Hollywood despertó una enorme curiosidad y la sospecha de que a Grace la vida de palacio no le resultaba gratificante era bastante acertada. Se decía que tras seis años de matrimonio, y tras haber cumplido con sus deberes reales, deseaba recuperar su vida de actriz. «Ella creía que podía seguir siendo Grace Kelly, así como la señora de Grimaldi y la princesa Gracia al mismo tiempo. Mónaco, muy conservadora y católica, jamás aceptaría que su princesa se besara con un hombre frente al mundo», comentó la actriz Rita Gam.

Aunque es cierto que a los monegascos no les gustó la idea de que su bella princesa regresara al cine, fue decisión de Grace no hacer la película. Su biógrafo y amigo Donald Spoto afirma que poco después de aceptar la oferta de Hitchcock la princesa se enteró de que estaba embarazada, y a mediados de junio sufrió un aborto. El 9 de julio escribió a su amiga Prudy Wise: «Hace dos semanas tuve la desgracia de perder a la criatura. Estaba solo de tres meses. Ha sido una experiencia terrible que me ha dejado mal mental y físicamente». Era su segundo aborto tras el nacimiento de su hijo Alberto y para ella fue un golpe muy duro. A la pérdida del bebé se sumó el dolor por la reacción de sus súbditos. Supo entonces que nunca podría regresar al cine; sus años dorados en Hollywood jamás volverían. En esos difíciles momentos Rainiero se mostró más cariñoso y atento con ella que nunca. El príncipe admitió más adelante que tardaron bastante en sentir un auténtico amor entre los dos, y que en realidad surgió con el nacimiento de sus hijos y las adversidades a las que tuvieron que hacer frente juntos. En una entrevista realizada en 1974, Grace reconoció: «En nuestro matrimonio, el catolicismo fue un fuerte lazo entre nosotros, y una ayuda en los malos momentos... porque nuestras afinidades no eran muchas».

Tras estos tristes acontecimientos, la princesa pasó varios días encerrada en sus aposentos sin querer ver a nadie. Luego le escribió una carta de disculpa a Hitchcock: «Para mí ha sido desgarrador tener que renunciar a este filme. Tenía tantas ganas de hacerlo, y sobre todo de volver a trabajar contigo. Cuando nos veamos, me gustaría explicarte las verdaderas razones. Ha sido lamentable que haya tenido que ocurrir así, y lo siento profundamente». Una semana más tarde el director le respondió: «Querida Grace. Sí, ha sido triste, claro... Pero después de todo, solo era una película».

Dos años y medio después de aquel duro desengaño, Grace fue madre de nuevo. El 1 de febrero de 1965 dio a luz a su tercer hijo. La princesa Estefanía María Elizabeth, como fue bautizada, era siete años menor que su hermano Alberto y se convirtió en «el bebé de la familia» y la más mimada de sus hermanos. La actriz estaba encantada con su pequeña, pero durante aquellos años no faltaron los disgustos. El padre de Rainiero, por quien Grace sentía una gran estima, falleció repentinamente. Más adelante, durante una visita de los príncipes a la Exposición Internacional de Montreal, la actriz cayó enferma y tuvo que ingresar en el hospital. Estaba embarazada de nuevo, pero el niño que esperaba llevaba muerto unos días. A sus treinta y ocho años, y tras ser sometida a una operación de urgencia, los médicos dijeron que la princesa ya no podría tener más hijos. «En todo el tiempo que la conocí —recordó su amigo Rupert Allan, que estuvo a su lado en la clínica— nunca la vi tan decaída y destrozada.»

El 12 de noviembre de 1969, Grace cumplió cuarenta años y este hecho la dejó muy abatida. Aún era una mujer muy bella que mantenía su esbelta figura y elegancia, pero tal como confesó a un periodista de la revista *Look*: «Para una mujer los cuarenta son una tortura, el fin». Estefanía ya iba al jardín de infancia y su vida, una vez más, cayó en la rutina. En aquella época su descontento iba en aumento y se sentía frustrada por no haber podido demostrar todo su talento como actriz. Sufría largos y profundos períodos de melancolía en los que no quería ver a nadie y se aislaba en su propio mundo. Sus apariciones en la pantalla se limitaron a ejercer de narradora en algunos documentales sobre Mónaco y el palacio de los Grimaldi, y a leer pasajes de la Biblia para la televisión británica.

En los años setenta en la vida de la princesa había más sombras que luces. Los amigos cercanos a Grace y Rainiero sabían que la pareja se había distanciado. «No hay la menor duda —comentó su biógrafa Gwen Robyns, que conocía bien a la actriz—. Hacían ver que estaban juntos, pero no era verdad.» La gente murmuraba que el príncipe tenía algunas amantes y que cuando viajaba a París se veía con ellas. Fuera cierto o no, con el paso del tiempo apenas compartían intereses y cada uno tomó su propio camino. A Grace le gustaban el ballet, la ópera, el teatro, la poesía y la horticultura. Encontró un gran placer en componer cuadros con flores silvestres secas que ella misma recogía en sus paseos por las colinas de Mónaco. Entretanto Rainiero vivía inmerso en sus asuntos financieros y en llevar las riendas del principado. En su escaso tiempo libre navegaba con los amigos, asistía a las carreras de coches y cuidaba de los animales salvajes de su zoológico privado.

Su marido ya no era el encantador y atento príncipe que la había cautivado paseando por los jardines del palacio de los Grimaldi. Era «el patrón» de Mónaco, un gobernante calculador, con mano de hierro, que llegó a amasar una enorme fortuna. Todos los asuntos monegascos pasaban por sus manos. Era un trabajo tedioso y agotador que le envejeció prematuramente. Aún no había cumplido los sesenta años pero había engordado, tenía el cabello blanco y un aire triste y cansado. «Sabes, mi matrimonio me ha desilusionado profundamente. En realidad yo no le intereso, no le importo en absoluto. Vive para su trabajo», le confesó Grace a Gwen Robyns. El principado ya no era el rincón idílico de la Costa Azul que había enamorado a la actriz cuando rodaba *Atrapa a un ladrón*. La fiebre del hormigón impulsada por el monarca para transformar su pequeño Estado en una ciudad moderna lo había convertido en un lugar lleno de rascacielos y un paraíso fiscal donde se blanqueaba dinero. Grace sabía que el encanto y el glamour de Mónaco constituían una mera fachada. Aunque no estaba de acuerdo con este boom urbanístico ni con los oscuros negocios que allí se llevaban a cabo, nunca se pronunció sobre estos asuntos.

Hacía más de quince años que Grace había asumido el papel de esposa discreta y sumisa, y el de madre perfecta y entregada. Se había sacrificado, una y otra vez, por su esposo y sus hijos. Lo más importante para ella había sido conseguir «una vida de familia armoniosa», pero para sus hijos crecer a la sombra de unos padres tan mediáticos resultaría a la larga una carga muy pesada. Carolina, Estefanía y Alberto acapararon la atención de la prensa desde su nacimiento, pero fue en su adolescencia cuando el constante acoso de los paparazzi hizo difícil sus vidas. No podían hacer nada sin ser perseguidos por fotógrafos de medio mundo. Además, las hijas de Grace no solo eran princesas; también habían heredado la belleza y el encanto de su madre y resultaban muy fotogénicas. Las había educado inculcándoles una férrea disciplina y recta moralidad. Se esforzó en que cumpliesen el protocolo y asumieran las responsabilidades de su rango, pero pronto comenzaron a rebelarse. Durante los siguientes años los devaneos amorosos y escándalos de sus dos hijas adolescentes le causaron grandes quebraderos de cabeza. «Creo que a Grace su hija Carolina le recordaba mucho a ella. Era una joven tremendamente bella, inteligente, moderna y con ganas de divertirse —comentó una amiga de la familia—. Cuando cumplió los dieciocho años y le dijo a su madre que quería irse a estudiar a París, estaba huyendo del asfixiante ambiente del palacio y de una madre demasiado controladora. Grace había hecho lo mismo cuando decidió irse a vivir a Nueva York para ser actriz, pero la rebeldía de Carolina le sentó como una bofetada.» Las fotografías de la princesa Carolina haciendo topless en la playa, bailando, fumando y besándose con sus acompañantes en las discotecas de moda la mortificaron durante mucho tiempo. Sentía que con su indecoroso comportamiento estaba humillando a la familia y manchando su reputación de madre perfecta a los ojos del mundo. La joven también heredó la habilidad de Grace para escoger a unos novios que disgustaban a sus padres.

A punto de cumplir los veinte años Carolina se enamoró perdidamente de Philippe Junot, diecisiete años mayor que ella. La misma diferencia de edad que Grace tenía con el modisto Oleg Cassini en la época de su noviazgo. Junot era un atractivo y divertido hombre de negocios, miembro de la jet set internacional con fama de playboy. No encarnaba el esposo ideal que Grace deseaba para su hija mayor, pero cuando Carolina aceptó su propuesta de matrimonio amenazó a su madre que si no dejaba que se casara con Philippe, se fugaría con él. Aunque ni Grace ni Rainiero aprobaban esta unión, organizaron una boda por todo lo alto en palacio a la que asistieron más de cuatrocientos invitados, entre ellos los mejores amigos de la actriz en Hollywood. Pero el matrimonio pronto hizo aguas y al cabo de dos años Carolina reconoció a su madre que su vida era un infierno y ella la instó a divorciarse. Por primera vez la princesa dejó a un lado sus creencias religiosas porque no aguantaba ver sufrir a su hija y quería cerrar cuanto antes ese capítulo.

Tras el divorcio de Carolina se apoderó de Grace una gran angustia. En una carta a Rita Gam le decía: «Necesito recobrar mi propia identidad o me volveré loca». La actriz solo anhelaba alejarse el mayor tiempo posible de Mónaco, pero sus sentimientos de frustración, aburrimiento y soledad la acompañaban donde fuese. En París mantenía su apartamento familiar de la elegante Avenue Foch, donde había vivido con Carolina para vigilarla mientras la joven proseguía sus estudios. Allí pasaba largas temporadas y conseguía levantar el ánimo. Se reunía con sus viejos amigos, organizaba cenas y tertulias en casa y participaba de la vibrante vida cultural de la ciudad. En la primavera de 1976, Grace aceptó la proposición de su representante para ser la primera mujer en ocupar un puesto en el consejo de administración de la Twentieh Century Fox. Cuatro veces al año viajaba por cuenta de los estudios a Nueva York y Hollywood, donde se alojaba en hoteles de lujo y asistía a las reuniones de los miembros de la junta. En una ocasión aprovechó su estancia en Los Ángeles para visitar a su antiguo amante Don Richardson, quien vivía con su esposa en una casa de las colinas. La actriz y el que fuera su profesor de arte dramático hacía un cuarto de siglo que no se veían, pero se habían mantenido en contacto por carta. Grace sentía un especial afecto por él y desde que se convirtió en princesa solía pedirle consejo y comentarle sus preocupaciones. «Fue muy

emocionante —recordaba Richardson—. Todavía poseía una
cualidad mágica, la dulzura del rostro, los maravillosos ojos...
Pero tenía también un aire trágico. Era deprimente ver cómo
se había abandonado. Bebió unas copas de más y se le había
corrido el maquillaje; había engordado y las costuras del vestido parecían a punto de estallar. Tuve la impresión de que tenía
serios problemas con el alcohol.»

Eran muchos los amigos de Grace que durante los últimos
años de su vida estaban preocupados por su afición a la bebida.
En las fotografías de prensa de aquella época se la ve mucho
más gruesa, con la cara hinchada y ligeras ojeras. Era como si su
belleza legendaria comenzara a marchitarse y coincidió con la
llegada de la menopausia. A los cuarenta y siete años la princesa solía referirse en las entrevistas a la «crueldad de la edad».
Para una mujer como ella perder la belleza suponía una tragedia. «La menopausia y sus crueles fauces me están destrozando.
No sé qué hacer para no aumentar de peso. La ropa no me
entra y creo que se me está agriando el carácter, y no me gusta», le confesó la princesa a su amiga Judy Quine. Aunque intentó ponerse a dieta ningún régimen le funcionó porque a
Grace le encantaba la comida. Disfrutaba tanto del caviar como
de la pasta, las hamburguesas o el pollo frito. Su afición al
champán y a un cóctel antes de cenar tampoco la ayudaba a
mantener la línea. En los actos oficiales a los que tenía que
acudir en Mónaco trataba de poner como siempre buena cara,
pero su mirada ausente, sus gestos mecánicos y su hierática
sonrisa delataban su hastío y desgaste personal. Estaba harta de
que todo el mundo esperase que fuera perfecta y empezó a
relajarse y a vivir su propia vida. No le faltaron proyectos para
satisfacer sus ansias artísticas: inauguró una exposición en París
de sus cuadros de flores secas que fue un rotundo éxito y diseñó

una línea de ropa de cama con dibujos florales suyos. Además, publicó un libro con la colección de sus cuadros y emprendió una larga gira por Estados Unidos para promocionarlo. También en aquella época comenzó a dar recitales de poesía por las principales ciudades de Europa. Fue su manera de regresar a los escenarios y sentir de nuevo el calor del público. Los ramos de rosas y los aplausos la hacían sentirse una diva de la ópera y la trasladaban a sus años dorados en Hollywood.

Pero los recitales de poesía no llenaban el vacío que Grace sentía por haber tenido que renunciar a su carrera de actriz. En aquellos años difíciles tuvo la oportunidad de volver al cine, aunque no como actriz sino como narradora. Robert Dornhelm, un entusiasta director rumano de treinta años, había conseguido que la princesa pusiera su voz a un documental que había rodado sobre una de las mejores escuelas de ballet del mundo en Rusia. De ahí nació una inesperada amistad y complicidad que dio mucho de que hablar. Dornhelm residía en París y era frecuente verle en su compañía. Apasionado, rebelde y con gran talento, fue un estímulo intelectual y creador para la princesa. Pasaban muchas horas juntos, visitando museos, recorriendo las calles de la ciudad, manteniendo profundas conversaciones y viajando por Europa y Estados Unidos para promocionar el documental. Se decía entonces que eran amantes, pero no era verdad. «A Grace le encantaba coquetear con él. Robert la mimaba y le daba lo que Rainiero le negaba en una época muy delicada para ella. Fue una magnífica compañía y dudo que hubiera algo más entre ellos porque a la princesa los paparazzi le pisaban los talones y de ser cierto la noticia hubiera sido un escándalo», afirmaba una amiga que frecuentó a la pareja.

Fue entonces cuando Grace pudo cumplir su anhelado

sueño de volver a la gran pantalla. Le propuso a Dornhelm hacer una película ambientada en el concurso floral anual que se celebraba en Mónaco y que ella produciría e interpretaría. Por primera vez en casi veinticinco años la actriz se puso ante las cámaras para hacer de sí misma en una comedia de enredo titulada *Rearranged* que no estaba a su altura. «No quedó mal, teniendo en cuenta que el presupuesto era muy bajo y que se rodó en una semana. Fue muy divertido», comentó después Grace. La película nunca se estrenó porque la princesa falleció cuando aún quedaban unas escenas por rodar. El negativo original de *Rearranged* permanece bajo llave en las cámaras de palacio, seguramente para siempre.

En la primavera de 1982, Grace viajó a Hong Kong con su marido por invitación de un importante naviero chino que deseaba celebrar con los príncipes la nueva singladura del transatlántico *Constitution*, el mismo en el que había viajado la actriz en 1956 desde Nueva York para «la boda del siglo». El buque había sido reformado para realizar cruceros de lujo y a Grace le emocionó volver a pasear por su cubierta y visitar el camarote que habían ocupado ella y su familia. Aunque las revistas del corazón hablaban con frecuencia de la crisis que atravesaba el matrimonio Grimaldi, los príncipes se mostraron en todo momento alegres; se gastaban bromas y parecían «felices y compenetrados». Daba la impresión de que tras unos años de desavenencias e incomprensión se habían reconciliado. Muy ilusionados, organizaron en verano un maravilloso crucero por el Polo Norte con sus dos hijos mayores. Fue durante la travesía cuando la actriz se quejó de que llevaba unas semanas sufriendo intensas jaquecas. Grace tenía entonces problemas con su hija Estefanía que le causaban una gran agitación. Las dos discutían violentamente muy a menudo y no les acompañó en el viaje.

Mientras Carolina, tras su divorcio de Junot, parecía que había madurado y se comportaba de manera más discreta, ahora era la pequeña de la familia quien le quitaba el sueño. Ya había cumplido diecisiete años y se mostraba aún más díscola y rebelde que su hermana. Estefanía se había enamorado de Paul Belmondo, dos años mayor que ella e hijo del famoso actor francés. Pese al disgusto de sus padres, se había ido de vacaciones con él al Caribe. A su regreso la joven debía comenzar sus estudios en una prestigiosa escuela de diseño de moda en París en la que se había matriculado. Pero unos días antes Estefanía anunció que ya no le interesaba el mundo de la moda y que se iba a vivir con su novio. Quería aprender, como él, a pilotar coches de carreras. Grace pensó que su testaruda hija había llegado demasiado lejos y se opuso rotundamente.

La soleada mañana del 13 de septiembre de 1982, Grace y su hija Estefanía abandonaban su casa de campo en Roc Agel tras pasar un fin de semana en familia. A la princesa no le gustaba conducir, pero en esta ocasión prescindió de los servicios de su chófer y partieron en dirección al palacio de los Grimaldi. Quería hablar con la joven a solas, intentar que entrara en razón y convencerla para que continuara sus estudios en París. Sentada al volante de su Rover, la princesa dejó atrás el bonito pueblo medieval de La Turbie y recorrió lentamente la tortuosa carretera que serpenteaba entre el mar y las montañas. En la película *Atrapa a un ladrón* hacía esa misma ruta en un Sunbeam azul zafiro descapotable y a su lado Cary Grant palidecía por su exceso de velocidad cuando bordeaba el precipicio. Faltaban dos kilómetros para llegar a Mónaco y al coger una curva cerrada en lugar de frenar aceleró de pronto y se precipitó al vacío. El auto voló por los aires, cayó a unos cincuenta metros más abajo y dio varias vueltas de campana. Ni la princesa ni su hija llevaban puesto el cinturón de seguridad. Estefanía, levemente herida, se arrastró fuera del vehículo en el momento en que llegaban unos vecinos de la zona. «¡Ayuden a mi madre! —gritó desesperada—. Mi madre está dentro. ¡Sáquenla!» El estado de Grace era muy grave. Sufría un traumatismo craneal y se encontraba inconsciente. Ambas fueron trasladadas al hospital, donde la actriz fue operada de urgencia, pero su estado empeoró y entró en coma. Según los médicos, había sufrido un derrame cerebral mientras conducía, lo que le hizo salirse de la carretera y perder el control del volante.

Su Alteza Serenísima la princesa Gracia de Mónaco falleció en la noche del 14 de septiembre rodeada de sus seres queridos. Tenía cincuenta y dos años y la noticia de su muerte conmocionó al mundo y destrozó a su familia. Está enterrada en el panteón de la familia Grimaldi, junto al altar mayor en la catedral de Mónaco donde celebró su boda de cuento de hadas. Casi cuatro décadas después, los turistas y curiosos siguen desfilando cada año ante su lápida; algunos rezan, encienden velas y depositan ramos de flores. La mujer que yace allí enterrada tuvo que renegar de Grace Kelly para convertirse en una sumisa y melancólica princesa extranjera en un decadente decorado de opereta. Fue el papel más ingrato y difícil de toda su carrera.

ELIZABETH TAYLOR

La última reina de Hollywood

> Todo me ha sido otorgado: el físico, la fama, el amor... Pero he pagado esa suerte con un sinfín de tragedias: la muerte de un esposo y la pérdida de tantos amigos; las terribles y dolorosas enfermedades que he padecido, las adicciones y los matrimonios rotos.
>
> ELIZABETH TAYLOR

Ninguna estrella de Hollywood tuvo unos ojos como los suyos, de un azul tan intenso que parecían violetas. Fue buena actriz, pero era demasiado guapa para que el público apreciara su talento. La suya había sido una carrera meteórica desde que se convirtiera, empujada por su madre, en la niña prodigio más admirada de su época. Debutó a los nueve años en el cine, a los doce ya era una estrella infantil que contaba con miles de fans y, antes de cumplir los treinta, se coronó como la actriz mejor pagada de Hollywood. Cuando consiguió librarse de las ataduras de la Metro Goldwyn Mayer se hizo valer en un mundo donde a las actrices las ninguneaban. Pedir un millón de dólares por interpretar a Cleopatra fue su particular venganza contra la tiranía de los estudios. «Me explotaron desde pequeña

—confesó en una ocasión—, crecí aislada del mundo y cuando al fin acabó mi contrato con la Metro solo quise vivir.» Y lo hizo con tal pasión e intensidad que su vida fue más tormentosa que la de cualquiera de los personajes que interpretó en la gran pantalla. Todo en ella tenía el exceso y el dramatismo de las rutilantes divas hollywoodienses. Se casó hasta en ocho ocasiones y tuvo las agallas de reconocer «que no le gustaba dormir sola». Con Richard Burton pasó dos veces por el altar y protagonizaron el romance más escandaloso de la historia del cine. El apuesto galés de voz seductora fue el amor de su vida, también su relación más dañina. Ni contigo ni sin ti, parecía ser su lema, y entre medias un matrimonio plagado de broncas e insultos que acababan siempre en ardientes reconciliaciones y fabulosos regalos. Las joyas eran la debilidad de la actriz, los juguetes que no tuvo en su infancia robada. Burton lo sabía y se gastó una fortuna en magníficas alhajas que nadie lucía como ella.

Liz, diminutivo que ella detestaba, vivió en el gran escenario del mundo sin ocultar sus pasiones y flaquezas. Arrastró siempre una mala salud de hierro, sufrió un sinfín de operaciones y estuvo al borde de la muerte. Cuando parecía que había tocado fondo se reinventó como empresaria de éxito y utilizó su fama para ayudar a los enfermos de sida. Pese a sus múltiples escándalos, el público que la vio caer y levantarse una y otra vez, nunca la abandonó. No hubo en el panteón de diosas una tan popular y querida como ella. Elizabeth Taylor interpretó durante casi ocho décadas su mejor papel: el de sí misma. Fue una estrella dentro y fuera de la pantalla.

La princesita

La vida de Elizabeth estuvo marcada por el dramatismo desde el mismo día en que nació. Fue en su casa de Hampstead, Londres, en la madrugada del 27 de febrero de 1932. Cuando la enfermera le entregó la niña a su madre, Sara Taylor, esta se alarmó al ver su extraño aspecto. La pequeña sufría un desorden glandular, y tenía el rostro y parte del cuerpo cubierto de pelo negro. Aunque los médicos le aseguraron que desaparecería con el tiempo, esta anomalía la atormentó durante toda la infancia de su hija. Estaba desconsolada porque su bebé «parecía una monita», y más después de haber dado a luz, dos años atrás, a su hijo Howard, un hermoso niño rubio de rostro angelical y ojos azules. Sara era una antigua actriz fracasada que tuvo que abandonar su carrera al casarse con Francis Taylor, un apuesto tratante de arte. Los dos eran estadounidenses y residían en Inglaterra desde 1929, cuando él se puso al frente de una exitosa galería en Londres propiedad de un tío suyo, el multimillonario Howard Young.

Aunque formaban una atractiva pareja, Sara y Francis no podían más distintos. Ella era morena, delgada y menuda, pero tras su frágil apariencia se escondía una mujer muy ambiciosa y de carácter fuerte. Hablaba con un potente tono de voz que contrastaba con su lenguaje meloso. A su esposo le llamaba «papaíto», a su hija «mi angelito» y al mayor, Howard, «mi pastelito». Francis era un hombre discreto e introvertido, de maneras elegantes, y parecía un caballero británico. Ambos se peleaban con frecuencia debido a la afición de este a la bebida. Cuando tomaba más de la cuenta, Francis se volvía muy agresivo y lo pagaba con sus hijos. Ya en su madurez, Elizabeth recordaba haber sufrido malos tratos de su progenitor: «Mi padre bebía a menudo y se comportaba en casa de un modo muy abusivo. Se diría que encontraba placer en pegarme». Aparte de su alcoholismo, las disputas entre la pareja también se debían a las inclinaciones sexuales de Francis. Según el biógrafo David Heymann, el matrimonio de los Taylor era pura fachada: les unía un gran cariño, pero él era homosexual y mantenía relaciones con otros hombres.

Elizabeth vivió una despreocupada infancia en la mansión de Heathwood —«La casa ideal»— que el matrimonio poseía en el acomodado barrio de Hampstead. La pequeña dio sus primeros pasos en esta hermosa residencia de estilo georgiano y ladrillo rojo situada sobre una colina, rodeada de un exuberante jardín de flores y frente a un bosque. Un lugar tranquilo para criar a unos hijos porque era como vivir en una casa de campo en pleno Londres. Al cumplir los cinco años le regalaron un poni llamado Betty que aprendió a montar a pelo. A esa edad la pequeña se había transformado en una belleza, con una cara de porcelana y un llamativo color de ojos: «Eran de un tono azul-violeta enmarcados en las pestañas más espesas, oscuras y largas que jamás había visto. El pelo negro, con unos rizos que le caían sobre los ojos, hacía que pareciera mayor de lo que era. Incluso de niña, Elizabeth tenía un rostro de adulta y, de hecho, sus rasgos apenas cambiaron con los años», comentó Ernest Lowy, un marchante amigo de la familia.

A Sara le encantaba codearse con la alta sociedad británica, y estaba tan ansiosa de ser aceptada en tan exclusivo club que incluso adoptó un acento británico para parecer más culta y refinada. Orgullosa de la belleza y la gracia de su pequeña, la llevaba con ella a todas partes siempre primorosamente vestida. Le gustaba lucirla en público y ver las reacciones de la gente ante su hermosura. En una ocasión en que los Taylor fueron invitados a las elegantes carreras de caballos de Ascot, madre e hija lucieron unos vestidos idénticos de encaje azul creación de Mainbocher, el célebre diseñador estadounidense, y fueron objeto de todas las miradas.

Cuando Elizabeth contaba solo cuatro años la apuntó a la renombrada escuela de danza Vacani porque la niña había oído que las dos princesas reales —Isabel y Margarita— eran alumnas de ese centro. Más adelante, Sara, que era muy fantasiosa y propensa a inventarse historias, contaba a los periodistas que su hija había aprendido ballet clásico en Vacani y se había codeado con la familia real. En realidad la pequeña aprendió algunos pasos elementales, pero enseguida quedó en evidencia que no tenía ni el físico ni el talento adecuados. Un día la directora de la academia le explicó claramente a la señora Taylor que su preciosa hijita «no tenía aptitudes para ese arte y que estaban malgastando tiempo y dinero».

Un año más tarde Elizabeth ingresó en Byron House, un jardín de infancia y escuela primaria mixto cercano a su casa donde también asistía su hermano Howard. Todas las mañanas el chófer llevaba a los niños en el elegante Buick de la familia y los recogía por la tarde. A ella no le gustaba ese colegio elitista y muy estricto. Odiaba llevar uniforme y las clases la aburrían, salvo cuando daban ciencias naturales, su materia preferida. Desde niña adoraba a los animales y en su casa tenía perros, gatos, conejos, hámsteres, ratones y gallinas. Esta vida tranquila en Inglaterra muy pronto iba a dar un vuelco. En 1939 las alarmas antiaéreas anunciaron el comienzo de la guerra. La embajada estadounidense en Londres recomendó a sus ciudadanos que residían en Inglaterra que hicieran las maletas y regresaran a casa. Francis, alarmado por la complicada situación política, decidió cerrar su establecimiento y abandonar el país en el primer barco que zarpase. Mandó embalar todos los cuadros para llevarlos a Estados Unidos, donde su tío Howard Young acaba- ba de inaugurar otra galería de arte en Beverly Hills y le había ofrecido el cargo de gerente.

El 3 de abril de 1939, el matrimonio Taylor, sus dos hijos pequeños y la institutriz embarcaron en el transatlántico *Manhattan*. El viaje duró ocho días y durante la travesía la futura estrella recordaba una anécdota que tuvo gran influencia en su futuro. Una tarde proyectaron a bordo la película *La princesita*, protagonizada por la niña prodigio del momento Shirley Temple. Elizabeth, con siete años ya cumplidos, se quedó como hipnotizada y sin poder apartar los ojos de la pantalla. Cuando finalizó la proyección le dijo muy seria a su madre: «Mami, yo también quiero ser actriz como Shirley Temple». Al oír estas palabras, Sara creyó tocar el cielo. Su pequeña había decidido seguir sus pasos y ella centraría todos sus esfuerzos en hacer realidad sus deseos.

Los Taylor dejaron atrás una Europa que se encaminaba a la Segunda Guerra Mundial y se instalaron en la soleada California. En diciembre Francis inauguró su galería de arte en un gran local situado en la planta baja del hotel Beverly Hills. Sus primeros clientes fueron grandes estrellas de Hollywood y coleccionistas como James Mason, Fred Astaire o Greta Garbo. Otra de sus clientas fue Hedda Hopper, la «reina» de los cotilleos, que en una de sus columnas mencionó la nueva galería y se refirió a la señora Taylor como «una actriz retirada y madre de una hermosa niña llamada Elizabeth, de ocho años». La periodista añadió que David O. Selznick, productor de *Lo que el viento se llevó*, aún no había repartido todos los papeles femeninos de la película y que la chiquilla le parecía ideal para encarnar el papel de Bonnie Blue, la hija de Escarlata O'Hara. Al leer el comentario, Francis se negó en rotundo a que su hija se dedicara al cine. La venta de obras de arte era un lucrativo negocio y ganaba suficiente dinero para vivir holgadamente.

Cuando Elizabeth cumplió diez años, la familia se mudó a una casa de estilo español con las paredes de estuco rosa y tejas rojas muy cerca de la galería de su padre. Los niños fueron matriculados en la Hawthorne School, donde la pequeña demostró poco interés por el estudio. Pese a las objeciones de su esposo, Sara seguía preparándola para llevarla a algún casting. La apuntó a clases de baile, le hacía entonar escalas mientras ella la acompañaba al piano, le enseñó buenos modales y le hizo ensayar reverencias que hacían las delicias de las visitas. Francis se mostraba preocupado por la intensa actividad que llevaba su hija y desaprobaba que Sara la obligara a hacer el ridículo cantando en audiciones. Elizabeth no sabía cantar, aunque su madre no dejaba de pregonar que «la niña poseía una voz muy dulce sin haber recibido clases de canto».

Finalmente, gracias a las gestiones de Sara, su hija consiguió una entrevista en los estudios de la Universal. La belleza de Elizabeth había cautivado a numerosas personas en Hollywood, pero no convenció a Dan Kelly, el director de reparto. Tras conocerla, comentó: «Esta niña no tiene nada. Sus ojos son de vieja; no tiene el rostro de una niña». No obstante, decidieron darle una oportunidad y el 18 de septiembre de 1941 la señora Taylor firmó un contrato de seis meses con un sueldo de cien dólares a la semana. La primera aparición de Elizabeth Taylor en la gran pantalla fue con nueve años en la comedia familiar *There's One Born Every Minute*, en la que interpretó un pequeño papel que no le permitió ningún lucimiento. Ni los críticos ni el público acogieron con entusiasmo su debut. No sabía actuar ni bailar claqué como la niña prodigio de rizos dorados Shirley Temple, ni cantar como la encantadora Judy Garland. La Universal no le renovó el contrato, lo que para la pequeña supuso un verdadero trauma. Lloraba sin cesar, y durante varios días se negó a comer y a salir a jugar al jardín. Con el tiempo el mítico estudio —y ante el éxito que posteriormente obtuvo Elizabeth Taylor— reconoció que aquella decisión fue «uno de los mayores errores en la historia de la industria cinematográfica».

Sara Taylor se sentía desolada por su hija, pero también porque en junio de 1942 la situación económica de la familia no era tan boyante como un año atrás. Los efectos de la guerra habían llegado a Estados Unidos, donde empezaron los racionamientos y los cupones. La crisis se agravó y había poco dinero para invertir en obras de arte. Francis empezó a preocuparse por el porvenir, y de repente no le pareció tan mal que su hija se dedicara al cine y trajera dinero a casa.

Tras haber sido despedida por la Universal, la suerte de Elizabeth estaba a punto de cambiar. En la Metro Goldwyn Mayer buscaban a una niña adorable con acento británico para acompañar a la perra Lassie en sus aventuras. La película era *La cadena invisible*, y el protagonista masculino Roddy McDowall, un actor inglés de catorce años que se convirtió en uno de sus mejores amigos y confidentes. El productor Samuel Marx conocía al señor Taylor y telefoneó a la galería de arte para saber si podría interesarle a su hija hacer una prueba para ese papel. Francis llamó enseguida a su esposa, y unas horas más tarde Sara y su niña se dirigieron en coche a toda velocidad a los estudios de la Metro en Culver City. Para la ocasión, su madre la había vestido con un precioso traje de terciopelo azul ribeteado de armiño y un coqueto sombrero a juego. En cuanto apareció por el despacho, el productor supo que era perfecta para

ELIZABETH TAYLOR
1932-2011

Elizabeth desde muy niña adoraba a los animales. En una de sus primeras películas, *La cadena invisible*, actuaba junto a la famosa perra Lassie. Pero fue en *Fuego de juventud*, protagonizada por Mickey Rooney, donde conquistó al público estadounidense con su papel de Velvet. Con solo doce años se convirtió en una de las estrellas infantiles más admiradas.

Elizabeth Taylor se casó hasta en ocho ocasiones y su primer marido (arriba) fue Conrad Hilton, heredero del imperio hotelero y un joven mujeriego y adicto a las drogas. Se divorciaron a los ocho meses de su boda. En 1952 (abajo) la actriz contrajo de nuevo matrimonio, esta vez con el actor británico Michael Wilding, veinte años mayor que ella y con quien tuvo dos hijos.

La Taylor siempre será recordada por su seductor papel de Maggie en el filme *La gata sobre el tejado de zinc* junto a Paul Newman. Durante el rodaje la actriz perdió a su tercer marido, Mike Todd, en un terrible accidente de aviación. Pese a su bajo estado de ánimo sacó fuerzas para finalizar la película que le valió una nominación al Oscar.

En 1957 Elizabeth Taylor había contraído matrimonio con el carismático productor Mike Todd. Con él tuvo una hija, Liza (en la foto). Las peleas entre la pareja eran habituales ya que ambos tenían un carácter explosivo. Aun así, para Elizabeth fue el gran amor de su vida —junto a Richard Burton—, pero su matrimonio se vio truncado con su inesperada muerte.

Elizabeth y Montgomery Clift se conocieron en el rodaje de *Un lugar en el sol* y desde enton-ces se hicieron buenos amigos. Su complicidad es evidente en esta fotografía que fue tomada en uno de los descansos del rodaje. Él era una persona sensible y un espíritu atormentado que encontró en Elizabeth —a quien llamaba Bessie Mae— a un alma gemela.

Elizabeth Taylor cobró un millón de dólares por interpretar a Cleopatra. Fue una superproducción llena de contratiempos donde la realidad superó a la ficción. Durante el rodaje en Roma, la actriz comenzó un apasionado romance con el actor Richard Burton, que encarnaba a Marco Antonio. Los dos estaban aún casados y su relación causó un gran escándalo.

Elizabeth Taylor y Richard Burton se casaron en 1964. Para él era su segundo enlace y para ella, el quinto. Su matrimonio duró diez años y estuvo plagado de peleas y broncas que acababan siempre en ardientes reconciliaciones y fabulosos regalos. Tras su divorcio, en 1975, volvieron a casarse en Botsuana, Sudáfrica, pero esta vez apenas aguantaron cinco meses.

En 1966 Elizabeth protagonizó junto a Burton la película *¿Quién teme a Virginia Woolf?* No le importó tener que engordar ocho kilos, vestir desaliñada y envejecer diez años. Fue su papel más difícil y por él recibió su segundo Oscar. En la ceremonia posó con la estatuilla luciendo su fabuloso collar de esmeraldas y diamantes de Bulgari. Elizabeth fue una auténtica diva hasta su muerte, ocurrida en 2011.

el papel de Priscilla, la hija de un duque que acaba liberando a Lassie. «Llamé a Fred Wilcox, director de la película, e interpretamos un par de escenas utilizando una bayeta como perro —comentó Marx—. Elizabeth improvisó muy bien y estaba tan espléndida que no nos molestamos en hacerle la prueba cinematográfica. La acompañé a la oficina del personal y preparamos el contrato.» En octubre de 1942 Elizabeth firmó su segundo contrato por cien dólares semanales. Lassie, el perro con más talento de la Metro, cobraba el doble que ella.

A partir de entonces, Sara volcó sus esfuerzos y atenciones en conseguir que la niña llegara a ser una gran actriz. Todas las mañanas la acompañaba a los estudios y asistía con ella a las clases de interpretación, de baile y de canto, a las sesiones de maquillaje y pruebas de vestuario. Durante el rodaje de la película, permanecía en el plató y a espaldas del director le hacía indicaciones con las manos: «Si juntaba un dedo con los labios, significaba que debía hablar más suavemente; si crispaba el puño, quería que demostrara más emoción, y si apoyaba un dedo en la frente, era que debía arrugar el ceño. A todos nos sorprendía el control que su madre tenía sobre ella, y cómo la niña se mostraba muy dócil y la obedecía en todo», recordaba el productor. *La cadena invisible* funcionó muy bien en taquilla, y la Metro, satisfecha por su trabajo, le ofreció un contrato de siete años. En el mismo se designaba a su madre «como su tutora y dama de compañía legal», pagándole cien dólares semanales por sus servicios que se descontaban del salario de la pequeña.

Para Sara Taylor suponía un sueño formar parte de la gran familia de la Metro, el estudio más importante de Hollywood y el que contaba en su nómina con las más famosas estrellas, entre ellas Judy Garland, Mickey Rooney, Katharine Hepburn y Lana Turner. Madre e hija fueron invitadas a recorrer las instalaciones de los estudios en Culver City, que era una ciudad en sí misma, donde además de las oficinas y platós había una escuela, un patio de juegos, un hospital, una barbería y un comedor. A Louis B. Mayer, el poderoso dueño de este universo de fantasía, le encantaban los pequeños actores que le hacían ganar millones de dólares. Cada semana los cines se llenaban para ver películas cómicas, musicales y patrióticas protagonizadas por sus estrellas infantiles. Tras la entrada de Estados Unidos en la guerra, el público quería entretenimiento y olvidar el incierto porvenir que se avecinaba.

El departamento de publicidad de la Metro, encargado de crear la imagen de sus estrellas y esconder sus escándalos, puso toda su maquinaria en marcha para dar a conocer a la recién llegada. Para contentar a su madre, Elizabeth colaboraba de manera entusiasta con los publicistas. Posaba para los fotógrafos y nunca se quejaba, aunque las sesiones fueran largas y agotadoras para una niña de su corta edad. Por su parte, la señora Taylor disfrutaba inventándose un aristocrático pasado de su hija en Inglaterra. Solía hablar de las fiestas a las que acudían en el palacio de Buckingham, de sus fines de semana en las elegantes fincas de la campiña británica y de su mansión en Hampstead, donde contaban con un séquito de niñeras, chóferes y cocineros. Estas historias apasionaron a las poderosas columnistas Hedda Hopper y Louella Parsons, quienes pronto se refirieron a ella como «la preciosa y distinguida inglesita Elizabeth Taylor».

Pese a las grandes esperanzas depositadas por Sara en su hija, las dos siguientes películas que rodó para la Metro fueron un fracaso. Elizabeth tenía once años cuando fue cedida a la Twentieth Century Fox para actuar junto a Orson Welles y Joan Fontaine en *Alma rebelde*, basada en la novela *Jane Eyre* de Charlotte Brontë, donde encarnaba a Helen, la dulce amiga de la protagonista, que moría de neumonía. Su papel fue tan breve que su nombre no apareció en el reparto de la película. Pero su suerte estaba a punto de cambiar. En aquellos días Sara se enteró de que la Metro planeaba rodar *Fuego de juventud*, inspirada en una novela de gran éxito y decidió ir a ver al director, Clarence Brown, para convencerle de que su hija sería perfecta para el papel de Velvet Brown, la jovencita inglesa que adiestra a un caballo y se hace pasar por jockey para ganar la carrera. Elizabeth había leído el libro y le había entusiasmado; además, desde los cinco años sabía montar a pelo a caballo y adoraba a los animales. Clarence la informó de que en el caso de que la película llegara a rodarse, sería el prestigioso productor de la Metro, Pandro S. Berman, quien tendría la última palabra. La señora Taylor no se dio por vencida y acudió a una entrevista con él acompañada de su hija. «Lo que más me impresionó de Elizabeth fue su absoluto convencimiento de que la película se rodaría y que esta la conduciría al estrellato. Hasta la fecha solo había desempeñado papeles insignificantes, pero estaba segura, y no se equivocaba, de que *Fuego de juventud* la catapultaría a la fama», recordaba Berman.

El principal inconveniente que Elizabeth tenía para interpretar a Velvet era su corta estatura y que a sus once años no estaba lo suficientemente desarrollada para poder hacer de una adolescente. Sin embargo, el papel parecía hecho a su medida y resultaba tan fotogénica que el director le dijo que esperaría tres meses y le harían una prueba. Elizabeth, con ayuda de su madre, comenzó un estricto programa de ejercicios para fortalecer los músculos y se esforzó en realzar sus incipientes pechos con ayuda de cremas y masajes. Por su cuenta, y para mejorar su estilo, se apuntó a clases de equitación en el rancho de unos amigos de su padre. Sara la llegó a convencer hasta tal punto de que ella era en realidad Velvet, que la niña se hacía llamar así y transformó su dormitorio en una exposición hípica de bridas, sillas y esculturas de caballos. Noventa días más tarde, la señora Taylor y su hija se presentaron en el despacho de Berman y el productor se quedó gratamente sorprendido al ver su transformación. Había adelgazado y parecía más esbelta gracias al ejercicio. Vestía un ceñido jersey rojo que marcaba unos senos más prominentes y una falda corta escocesa que dejaba a la vista sus robustas piernas. Teniendo en cuenta que su compañero en la película iba a ser el actor Mickey Rooney, que apenas superaba el metro y medio de estatura, consideraron que daba la talla.

El rodaje duró siete meses y Elizabeth supo lo agotador que era trabajar en una película. Todas las mañanas, antes de ir a la escuela, iba al hipódromo y allí montaba durante una hora a King Charles, el asustadizo caballo que actuaría con ella. En los saltos difíciles la doblaba un jinete profesional, pero en el resto de las escenas era la propia Elizabeth quien cabalgaba. La joven se encariñó tanto con su caballo que al acabar el rodaje le pidió al productor si podía quedárselo. Louis B. Mayer accedió a su capricho y añadió otro obsequio de parte del estudio: una gratificación de quince mil dólares. La actriz siempre consideró que su interpretación en *Fuego de juventud* fue uno de sus mejores trabajos en el cine. «En esta película —declaró en una ocasión— me interpretaba a mí misma. No se trataba de encarnar a un personaje porque yo era Velvet Brown.»

Mickey Rooney, que cumplió veintitrés años durante el rodaje, se convirtió en su amigo y mentor, aunque recordaba que los publicistas de la Metro inventaron algunas historias que le molestaron. «Se dijo que Elizabeth se había caído del caballo mientras cabalgaba en una escena y que ese grave accidente fue el origen de los problemas que más adelante tuvo en la columna vertebral, pero era mentira. Todas las escenas peligrosas las rodaba un doble y fue él quien se cayó un día del caballo y resultó herido», declaró Rooney.

La película la hizo mundialmente famosa y fue un éxito de taquilla. Los críticos por primera vez alabaron su trabajo. «Elizabeth Taylor es una jovencísima actriz tan natural y excelente como nunca se verá otra», escribió el *New York Post*. A sus doce años, y en un tiempo récord, había entrado por la puerta grande en el reino dorado de las estrellas infantiles de la Metro. Aprovechando este inesperado éxito, Sara Taylor firmó un nuevo contrato con el estudio consiguiendo un importante aumento de sueldo para su hija. Ahora ganaría treinta mil dólares anuales y su madre se llevaría un buen porcentaje por hacer de dama de compañía. Este gran paso iba a cambiar definitivamente su vida. Comenzó a asistir a las grandes fiestas y recepciones que daban personajes como el magnate de la prensa Randolph Hearst y a la fiesta de Navidad que cada año organizaba Louis B. Mayer en su mansión de la playa en Santa Mónica. En la cafetería del estudio solía sentarse a una mesa rodeada de los más famosos actores infantiles, como Mickey Rooney, Judy Garland y Jane Powell. Su belleza natural y clásica llamaba la atención y especialmente el color de sus ojos. Su madre no dejaba de halagarla delante de todos, lo que a ella le molestaba. «Me aburre que la gente me diga siempre lo guapa que soy», solía decir.

Pese a que sus padres habían comentado su deseo de regresar a Inglaterra tras la guerra, con el impulso que tomó la carrera de su hija desestimaron la idea. Gracias a los ingresos de Elizabeth la familia Taylor podía vivir cómodamente en Los Ángeles. Hacia 1946 la niña era prácticamente quien los sustentaba. «Sentía lástima por mi sobrina —confesó su tío John

Taylor—, no solo porque su carrera era motivo de discusión entre sus padres, sino porque le exigía un gran sacrificio personal. Llevaba una vida totalmente anormal para una niña de su edad. La habían invitado junto a otras personalidades de Hollywood a visitar al presidente Truman y a su esposa en la Casa Blanca, pero no asistió a un partido de béisbol hasta 1986 ni acudió a un autocine o a un baile de instituto, y la educación que recibió en la Metro dejaba mucho que desear.»

Tras rodar *Fuego de juventud*, comenzó a ir a la famosa Little Red Schoolhouse, la escuela de la Metro fundada en 1945 y que ocupaba un pequeño bungalow de madera roja con dos habitaciones dentro del recinto del estudio. Elizabeth creció aislada del mundo exterior y marcada por una férrea disciplina. Por las mañanas asistía a clase y por las tardes rodaba películas en los platós, o viceversa. En las noches debía aprenderse los guiones y ensayaba con la ayuda de Sara. Apenas tenía tiempo para jugar y el contacto con otros niños de su edad era muy limitado. Elizabeth siempre lamentó haber perdido parte de su infancia y no haber recibido una educación más completa. Su madre seguía ejerciendo un gran control sobre ella y le consentía todos los caprichos. «Tenía una enorme presión y no era más que una niña. Siempre observada por todos, controlada por su madre, por el estudio y obligada a comportarse siempre de manera ejemplar», recordó la actriz Jane Powell.

Pero en ocasiones también Elizabeth sabía rebelarse y sacar su genio a flote. Un día Louis B. Mayer, en uno de sus ataques de ira, le perdió el respeto a su madre, y la pequeña, que estaba presente, le gritó: «¡Váyanse al cuerno usted y su estudio!». No quiso pedir perdón y pese a su comportamiento no recibió ninguna represalia. Más adelante la actriz comentó: «Aquel día me di cuenta de lo valiosa que era para la Metro y del dinero que ganaban con mis películas, porque a cualquier otra actriz la hubiera despedido en el acto».

Después de *Fuego de juventud*, le ofrecieron el papel protagonista en otra historia de animales, *El coraje de Lassie*, que no estuvo a la altura del personaje de Velvet que había enamorado al público. En aquella época Sara la animó a que hiciera anuncios de publicidad de jabones y chocolatinas, por los que cobró unos buenos honorarios. Pero el acuerdo comercial más ventajoso fue el cuento infantil que escribió Elizabeth en honor a su ardilla amaestrada titulado *Nibbles y yo*, que incluía una serie de «ilustraciones de la autora». Fue un éxito de ventas, y el departamento de publicidad de la Metro llenó las páginas de las revistas con fotografías de la joven actriz rodeada de sus mascotas domésticas: un perro de caza, un cocker spaniel, un gato negro, su caballo y nueve ardillas.

Al cumplir los quince años Elizabeth se había convertido en una hermosa y exuberante jovencita, pero muy a su pesar ningún chico la invitaba a salir. Cuando coincidía en el plató con alguna de las seductoras «diosas» de la Metro como Ava Gardner o Lana Turner, se quedaba embelesada mirándolas. Le fascinaba especialmente la salvaje belleza felina de Ava —a la que siempre consideró la actriz más hermosa de la época—, que a sus veinticuatro años ya tenía dos divorcios a sus espaldas y arrastraba una fama de mujer fatal. Cuando entraba en un plató acaparaba todas las miradas masculinas. Elizabeth deseaba producir el mismo efecto en los hombres y empezó a pintarse las uñas de las manos y los pies con esmalte rojo y a maquillarse. Vestía provocativas blusas que dejaban al aire sus hombros y marcaban un pronunciado escote. Se había desarrollado mucho y poseía un prominente busto que ella se encargaba de destacar caminando muy erguida. Su único defecto —y el que a ella más la acomplejaba— eran sus piernas cortas y gruesas. También le hubiera gustado ser más alta, pero debía conformarse con su metro cincuenta y siete.

A Louis B. Mayer no le agradaba la forma en que se vestía su joven estrella y mandó una nota al jefe de publicidad del estudio, Howard Strickling —encargado de velar por la imagen «casta» de sus artistas—, que decía así: «He visto unas fotos de Elizabeth en *Photoplay* donde parece una golfa. ¿No puedes hacer algo para impedir que en el futuro aparezca vestida de ese modo?». Tampoco le convencía su nombre y se barajó cambiárselo por el de Virginia, algo a lo que su padre Francis Taylor se negó. La propia Elizabeth también mostró su fuerte carácter cuando en el departamento de maquillaje y peluquería pretendieron cambiarle el tono oscuro de su cabello, eliminar la peca que lucía en la mejilla derecha —que sería una de sus atractivas señas de identidad— y afinar sus cejas como estaba de moda entonces. «O me aceptan como soy, o mejor se olvidan de mí», llegó a decir a los jefes del estudio.

La incipiente rebeldía de Elizabeth escondía también su angustia por los problemas que atravesaba el matrimonio de sus padres. En 1947, durante el rodaje de la película *Vivir con papá*, la señora Taylor se enamoró del renombrado director húngaro Michael Curtiz, conocido por haber dirigido *Casablanca* y descubierto a Doris Day. Aunque el romance concluyó cuando finalizó la filmación, Elizabeth lo pasó muy mal porque, como todo el equipo, estaba al tanto de su aventura. Mientras rodaba se la veía muy nerviosa, y visitaba con frecuencia al médico del estudio aquejada de migrañas. Por su parte, Francis había iniciado una discreta relación amorosa con Gilbert Adrian, uno de los grandes diseñadores de vestuario de la época dorada de Hollywood, con quien mantendría una estrecha y duradera amistad. En otoño el señor Taylor se marchó con su hijo a la residencia de tu tío Howard Young en Wisconsin y Elizabeth se quedó en Hollywood con su madre. Un día que su hija enfermó, Sara le llamó muy angustiada diciéndole que le necesitaba a su lado. Francis regresó a casa y acordaron darse una segunda oportunidad. Hedda Hopper enseguida publicó en su columna: «Los padres de Elizabeth Taylor reconciliados».

Al cumplir los dieciséis años, la Metro consideró que su actriz revelación había sido una buena apuesta. En cinco años había rodado ocho películas y había superado con creces el estatus de actriz de reparto. A diferencia de Shirley Temple, el público había aceptado de buen grado su paso de estrella infantil a candorosa jovencita. Louis B. Mayer le aumentó el sueldo a mil dólares a la semana y se propuso buscarle papeles en los que pudiera lucirse. Durante el rodaje de *Julia se porta mal*, una edulcorada comedia romántica, Elizabeth se enamoró de su compañero de reparto, Peter Lawford. El apuesto y mujeriego actor inglés se mantuvo alejado de ella porque sabía que era una de las adquisiciones más valiosas del estudio y no quería problemas. A mitad de rodaje, el equipo le organizó a la señorita Taylor una fiesta sorpresa de cumpleaños. La Metro le regaló todo el vestuario de la película y un flamante Ford descapotable color crema, aunque aún no tenía el permiso de conducir. Pero aquel día, tal como confesó, habría preferido que su regalo hubiera sido una cita con un chico. Los publicistas de la Metro se apresuraron a buscarle un novio, Glenn Davis, un famoso jugador de fútbol americano de veintitrés años y oficial graduado en West Point.

En aquel verano de 1948, Elizabeth comenzó el rodaje de *Mujercitas*, en el que le ofrecieron otro papel que parecía hecho a su medida: la bonita pero consentida Amy March. Compartía cartel con Janet Leigh y Margaret O'Brien, y coincidía con Peter Lawford, que se había convertido en el galán de moda hollywoodiense. Pero fue Elizabeth —que se tiñó el pelo de rubio y lucía largos tirabuzones— quien consiguió los mayores elogios. Durante el rodaje continuaba saliendo con Glenn Davis y se dejaba fotografiar en público del brazo de su atractivo y escultural acompañante. En los escasos ratos de ocio que tenía la actriz jugaban a cartas, organizaban barbacoas, iban al cine y sus citas eran de lo más castas y formales. Pero Elizabeth se tomó muy en serio la relación, tanto que llegó a informar a la prensa de que estaban comprometidos. Cuando Davis tuvo que partir para luchar en Corea, ella se quedó desconsolada y le prometió que le esperaría hasta su regreso.

Entre los muchos admiradores que tenía Elizabeth se encontraba Howard Hughes, que a sus cuarenta y tres años seguía arrastrando una merecida fama de excéntrico y compulsivo mujeriego. El multimillonario comenzó a cortejarla con la misma insistencia con la que había perseguido a estrellas como Lana Turner, Ava Gardner o Ginger Rogers. Tras comprar unos valiosos cuadros en la galería de Francis Taylor, invitó a toda la familia a pasar un fin de semana en uno de sus hoteles en Reno. Elizabeth no soportaba a ese hombre «sucio, desaliñado y que solo hablaba de dinero». Desde el primer instante Hughes le ofreció al sorprendido señor Taylor una dote de un millón de dólares y comprar a su hija su propio estudio de cine si aceptaba casarse con él. Un día que la actriz se encontraba tomando el sol en biquini junto a la piscina del hotel, el magnate se acercó por detrás llevando un maletín en la mano repleto de joyas de diamantes, rubíes y esmeraldas. Lo abrió y dejó caer el contenido sobre su ombligo desnudo. La joven, harta de sus excentricidades, le pidió a su padre que hablara seriamente con él y que le dijera que iba a casarse con Glenn Davis. Hughes renovó su oferta millonaria, pero Francis le aseguró que su hija «no estaba en venta».

En octubre de 1948, Elizabeth, su madre y una profesora privada de la escuela de la Metro partieron hacia Inglaterra para rodar la película *Traición*. Era su primer papel adulto y encarnaba a la esposa de uno de los galanes de moda en Hollywood. «Ser besada en la pantalla por Robert Taylor significa que nunca volverán a considerarme como una adolescente», comentó en una entrevista. El atractivo actor, de treinta y siete años y casado con la actriz Barbara Stanwyck, se quedó admirado del cambio que había dado la dulce niña protagonista de *Fuego de juventud*. Elizabeth se había transformado a sus ojos en una «chica de lo más sexy y apetecible». Durante los cinco meses que duró el rodaje en Londres, Sara no les dejó a solas ni un instante, e incluso cuando ensayaban el guion en el plató ella se sentaba detrás de su hija. En la famosa escena en la que tenía que besar apasionadamente a Robert Taylor, la actriz confesó que cerró los ojos «y pensó que era Glenn Davis para superar su timidez». Aún seguía muy enamorada de él y todas las noches le escribía una carta.

Elizabeth celebró su diecisiete cumpleaños con una gran fiesta que organizó Howard Young, el tío de Francis Taylor, en una de sus mansiones no lejos de Miami Beach. Entre el más de un centenar de invitados, la joven se fijó en un hombre alto y deportista que le resultó muy atractivo. Se llamaba William «Bill» Pawley Jr. y pertenecía a una familia rica e influyente de Florida. Moreno y con unos magnéticos ojos azules, tenía once años más que ella y rebosaba virilidad. Elizabeth coqueteó con él durante toda la noche, pero no llegaron a hablar.

Cuando Sara Taylor descubrió que era el hijo de un empresario millonario, pensó que sería un magnífico partido para su
hija. Una semana después de su cumpleaños Glenn Davis, al
que le habían concedido un permiso, aterrizó en el aeropuerto
de Miami y la actriz recibió a su héroe con un apasionado beso
en los labios delante de los reporteros. Durante su ausencia hablaban a menudo por teléfono y se habían comprometido.
Ahora que había regresado, Davis estaba dispuesto a pedirle
matrimonio, pero pronto se enteró de que Elizabeth había estado saliendo con «el ricachón Bill Pawley» durante su estancia
en Florida y rompió con ella.

La señora Taylor se alegró de que Glenn Davis desapareciera de la vida de su hija y esta pudiera concentrarse en su nuevo prometido, que parecía muy enamorado. Al cabo de unos
días Bill se presentó en su casa de Beverly Hills y le regaló un
precioso anillo de diamantes. El 5 de junio de 1949, Sara anunció oficialmente el noviazgo de la actriz. Pero a finales de verano, la relación se rompió misteriosamente. Circularon distintas
versiones sobre los motivos de la abrupta ruptura. Según Sara,
el prometido de su hija insistía en que esta abandonara el cine
para dedicarse por entero a ser un ama de casa y ella se había
negado. También se decía que fueron los padres de él quienes
le presionaron para que rompiera con Elizabeth porque no deseaban que su hijo se casara con una actriz de Hollywood. Bill
nunca habló de lo sucedido, pero algunos amigos de la pareja
aseguraron que fue él quien anuló el compromiso debido a los
celos que sentía del jugador Glenn Davis, de quien Elizabeth
seguía enamorada. La actriz se mostró en público muy dolida
con su exnovio, tanto que no se molestó en devolverle el anillo
de pedida que le había regalado, valorado en dieciséis mil dólares. Su conocida afición a las joyas había comenzado.

En la vida real

A sus diecisiete años Elizabeth Taylor cobraba dos mil dólares a la semana y era la niña consentida de la Metro, pero la actriz se quejaba a todo el mundo de que el estudio no la tomaba en serio. El director George Stevens iba a cambiar su suerte al ofrecerle protagonizar para la Paramount la película *Un lugar en el sol*, junto al actor del momento Montgomery Clift. Esta vez hizo el magnífico papel de Angela Vickers, una joven de la alta sociedad, mimada y caprichosa que siente atracción por un joven advenedizo y sin futuro. Era la oportunidad que esperaba, pero actuar junto a Clift (Monty) le quitaba el sueño: «Confieso que estaba aterrada —recordó— porque, en primer lugar, Monty era un actor formado en el Actor's Studio de Nueva York y yo no era más que una joven actriz de Hollywood, una especie de muñeca que se limitaba a lucir bonitos vestidos y que prácticamente solo había actuado con caballos y perros…». Sin embargo, los dos tuvieron una excelente química y en sus brazos Liz mostró como nunca antes en la pantalla su apabullante sensualidad. Monty tenía veintinueve años y un temperamento atormentado que ella supo aplacar mostrándose muy maternal y cariñosa. El actor —que la llamaba Bessie Mae— le dio la seguridad que necesitaba y la ayudó a preparar a fondo su papel. Se les veía a todas horas juntos ensayando las escenas y pronto surgió entre ellos una íntima amistad. Estaban tan compenetrados que Elizabeth creyó haberse enamorado del actor y le escribía apasionadas cartas de amor. En una le llegó a pedir que se casara con ella y le confesó la atracción que sentía por él. Pero Monty era homosexual y no correspondió a la romántica propuesta de su joven amiga. El rodaje de *Un lugar en el sol* marcó el inicio de la legendaria amistad entre los dos actores. Años después, cuando la tragedia golpeó la vida de Monty, ella estuvo a su lado, protegiéndole y ayudándole en sus horas más bajas.

Si la estrecha relación con Monty la ayudó a crecer como actriz, trabajar a las órdenes de George Stevens fue una pesadilla. La película se rodó en octubre en el lago Tahoe, en Nevada, y Elizabeth se trasladó hasta allí acompañada de su profesora de la Metro —daba clases con ella tres horas diarias— y su inseparable madre. En una de las escenas, la actriz debía meterse en traje de baño en las heladas aguas del lago y Sara protestó alegando que su hija tenía dolores menstruales. Stevens, que tenía fama de director severo y temible, ignoró sus lamentos y exigió que rodara la escena. La obligó a repetir la toma varias veces a pesar del frío y la nieve que caía. Cuando finalizó la jornada Sara se llevó a su hija al hotel y durante tres días no le permitió reanudar el rodaje. A partir de ese incidente, Elizabeth se negó a trabajar cuando tenía la regla e hizo que constara esta condición en su contrato. Acostumbrada a que los directores la adularan, Stevens la trató con especial dureza llegando a humillarla frente al equipo. En ocasiones no podía más, y rompía a llorar o salía corriendo del plató. «La señorita Taylor ha vivido en una torre de marfil protegida por su madre y por el estudio. Ha sido una niña adorada a quien se le consienten todos los caprichos desde que cumplió los ocho años. Lo que la mayoría ignora es que en el fondo Elizabeth posee un espíritu rebelde e indomable», comentó Stevens en una entrevista a la revista *Life*.

Este espíritu indómito estaba a punto de salir a flote. Pronto iba a cumplir los dieciocho años y Elizabeth ya no soportaba más el implacable control de su madre y del estudio, ni al tiránico señor Louis B. Mayer, a quien detestaba profundamente. Le habían privado de una infancia normal y ahora en su adolescencia tampoco tenía intimidad. «Me vigilaban tanto que no podía ni ir sola al baño. Todos me decían lo que tenía que hacer. Deseaba escapar —le confesó a una amiga—, y solo tenía dos opciones: ir a la universidad o casarme. Elegí lo último. Era demasiado joven y una romántica empedernida.» La actriz empezó a salir con Nicky Hilton, heredero del imperio de hoteles de lujo. Lo conoció durante el rodaje de *Un lugar en el sol*, en la fiesta de despedida de soltera de su amiga la actriz Jane Powell, en el club Mocambo. A Elizabeth le pareció un príncipe azul: rico, atractivo, moreno, alto y atlético. A él, la joven estrella le causó una magnífica impresión y le dijo a su padre que «había conocido a la mujer más maravillosa del mundo».

El problema era que el apuesto «príncipe» a sus veintitrés años arrastraba una fama de insaciable playboy y graves adicciones. Nicky era alcohólico y toxicómano, además de un jugador compulsivo que se gastaba el dinero en las mesas de juego. A Sara la idea de convertirse en la suegra del millonario Conrad Hilton la tenía tan extasiada que se negaba a escuchar los rumores sobre su violento temperamento, sus borracheras y sus conquistas femeninas. Por su parte Elizabeth, que estaba muy enamorada de él, tampoco le encontraba el más mínimo defecto hasta que una noche fueron a cenar al restaurante Chasen's y descubrió su afición a la bebida y el cambio que experimentaba bajo los efectos del alcohol. Nicky no dejó de tomar una copa tras otra, y en un instante el joven tímido y cortés se volvió agresivo y malhablado.

Cuando unas semanas más tarde Nicky invitó a su novia y a sus padres a cenar a la lujosa mansión del señor Hilton en Bel Air, todos se quedaron impresionados. La residencia contaba con sesenta y cuatro habitaciones, enormes salones ricamente decorados con antigüedades y chimeneas de mármol. Un séquito de mayordomos y doncellas uniformadas entraban y salían de los dieciséis dormitorios de las suites principales. La casa estaba rodeada de un gran terreno con jardines, rosaledas, pistas de tenis y una piscina climatizada iluminada para bañarse de noche. A Conrad Hilton la bella actriz le cautivó al instante, y a los postres el anciano levantó su copa y propuso un brindis en su honor. Que su hijo se casara con una estrella tan famosa y admirada añadiría un toque de glamour a su imperio hotelero.

A instancias de la Metro, la pareja anunció su compromiso el 20 de febrero de 1950 mientras Elizabeth rodaba la divertida comedia *El padre de la novia* a las órdenes de Vincente Minnelli. Liz hacía de la hija casadera de un sufrido patriarca al que interpretaba Spencer Tracy. Aquella misma tarde la actriz se presentó en el plató luciendo unos magníficos pendientes de brillantes y esmeraldas y un anillo a juego. Era su regalo de pedida y el primero de los fabulosos obsequios que recibió en los siguientes días, entre ellos, un paquete de cien acciones de la cadena Hilton, obsequio de su futuro suegro. «Cuando se comprometieron, nadie era más feliz que Sara Taylor —recordaba Helen Rose, la diseñadora de vestuario de la Metro—. Francis, su padre, no estaba tan seguro. Elizabeth era todavía una adolescente muy ingenua y Nicky había sido educado por un padre rico e indulgente y era muy consentido.» El señor Taylor intentó convencer a su hija para que esperara a terminar la escuela secundaria y conocerle mejor, pero ella se negó insistiendo en que deseaba casarse con él. Elizabeth llamó a Montgomery Clift para darle la noticia y preguntarle si asistiría a su boda, a lo que él le respondió: «Lo siento, Bessie Mae, pero Nicky no es mi tipo». La actriz dejó de hablarle durante varias semanas, pero sus palabras aumentaron sus dudas. «Supongo que era demasiado joven para saber lo que era el amor. Yo creía estar enamorada, pero los cuatro meses de noviazgo no fueron suficientes para saberlo con seguridad», confesó Liz más adelante.

La boda de la adolescente más bella de América y el rico heredero fue la más suntuosa jamás celebrada en Hollywood. El estudio de la Metro lo organizó todo —hasta la lista de invitados— con un detalle propio de una de sus famosas superproducciones. La fecha fue fijada para que coincidiera con el estreno de *El padre de la novia*, lo que proporcionó a la película una enorme publicidad y aumentó los beneficios de taquilla. Los publicistas pusieron su maquinaria en marcha para convertir el enlace en «la boda del siglo». Para empezar, anunciaron que el regalo de boda de la Metro sería un traje de novia de ensueño diseñado por la famosa Helen Rose —e inspirado en el que lucía en la película— y valorado en más de tres mil quinientos dólares. Quince costureras se emplearon durante dos meses en un delicado vestido de raso blanco nacarado, bordado con perlas diminutas y cuentas de color crema, con una cola de quince metros de gasa de raso. El tocado consistía en una diadema en el mismo tono que sostenía un velo de tul de seda de nueve metros. Helen Rose también se encargó de diseñar los vestidos de organdí en color amarillo de las siete damas del cortejo y del conjunto de gasa en tono bronce de la madre de la novia. Elizabeth se sentía abrumada ante la cantidad de regalos que una semana antes del enlace llegaron a su casa. Con los juegos de cristalerías y cuberterías de plata que recibieron bien podían haber surtido a un hotel. Para Liz —como siempre la llamaba su hermano— los objetos más apreciados fueron un abrigo de visón que le regaló su padre, una estola de visón blanco, obsequio de su madre, y un impresionante anillo de brillantes y platino, que le compró su hermano Howard.

En la tarde del sábado 6 de mayo, miles de curiosos y enloquecidos fans de la estrella se agolparon en los alrededores de la iglesia del Buen Pastor en Beverly Hills para ver a la novia. La Metro envió a sus propios guardias de seguridad para colaborar con la policía local y evitar un altercado. Cuando Elizabeth salió de la limusina que la transportaba, la multitud comenzó a aplaudir y a gritar su nombre. Estaba radiante y se la veía feliz, aunque apenas una hora antes las lágrimas empañaran sus preciosos ojos. Su antiguo novio Bill Pawley se había presentado inesperadamente en su casa para hablar con ella y echarle en cara sus promesas de amor eterno, y de paso, advertirla de que estaba a punto de cometer un gran error al casarse con un hombre «tan violento, mujeriego e inestable». Elizabeth rompió a llorar y Bill desapareció tan misteriosamente como había llegado. Mientras entraba en la iglesia sosteniendo un gran ramo de orquídeas blancas y mostrando la mejor de sus sonrisas a los fotógrafos, intentó olvidar el desagradable incidente con su exnovio, que aún seguía perdidamente enamorado de ella.

Tras la breve y emotiva ceremonia en la iglesia, Conrad Hilton ofreció una espléndida recepción en el elegante Country Club de Bel Air para seiscientos invitados. Los recién casados saludaron de pie y durante más de seis horas a los asistentes que se acercaron para besar a la novia y desearles felicidad eterna. Después, rodeados de una nube de fotógrafos, cortaron el enorme pastel de cinco pisos y brindaron con champán Dom Pérignon. «Soy tan feliz... —decía Liz a todos—. Soy tan feliz...» La boda había reunido a ejecutivos del estudio —incluido a Louis B. Mayer, que durante la ceremonia no pudo evitar soltar unas lágrimas de emoción—, directores de la cadena Hilton llegados de todos los rincones del mundo y las más grandes estrellas de Hollywood como Mickey Rooney, Ginger Rogers, Lana Turner, Fred Astaire, Spencer Tracy, Clark Gable y su buen amigo Roddy McDowall, entre otros.

Al finalizar la velada Elizabeth cambió su traje de novia por un conjunto de Edith Head —la célebre diseñadora de vestuario de la Paramount—, un traje de seda azul con zapatos y bolso a juego, una blusa blanca bordada y guantes de hilo. Tras abrazar a sus padres y a su hermano, Liz y su flamante marido desaparecieron en el descapotable Mercedes-Benz plateado de Nicky. La noche de bodas la pasaron en el Country Club de Carmel, en una lujosa villa privada de tres habitaciones con vistas al Pacífico. Era el momento que Elizabeth tanto había soñado, pero aquella noche sufrió la primera de sus grandes decepciones. Vestida con un sugestivo camisón de raso blanco, esperó impaciente en la cama de su suite a que su marido regresara del bar donde había pasado toda la tarde. Pero Nicky no apareció; se quedó dormido en la barra hasta bien entrada la madrugada, completamente borracho. No fue hasta la tercera noche cuando consumaron su matrimonio y Elizabeth, angustiada por la situación, se pasaba las horas llamando por teléfono a su madre pidiéndole consejo.

Tal como temía el señor Taylor, las desavenencias entre la pareja afloraron en los primeros días de su matrimonio. «Ambos eran dos jóvenes caprichosos malcriados que disponían de demasiado tiempo libre y tenían escasos intereses o aficiones en común —cuenta su biógrafo David Heymann—. Elizabeth se dedicaba a ojear revistas de cine, mientras que Nicky era poco aficionado a la lectura. Una tarde la actriz le acompañó al bar y bebió demasiado. Mientras ella pasaba el resto de la noche encerrada en el cuarto de baño, vomitando como una descosida, su marido se quedó ligándose a otras mujeres a las que pidió su número de teléfono para volver a verlas.»

El señor Conrad Hilton les había regalado un maravilloso crucero a Europa en el lujoso *Queen Mary*, que partió de Nueva York el 23 de mayo de 1950. La presencia de la actriz en el barco causó un enorme revuelo; la gente se acercaba a pedirle autógrafos sin respetar ni un instante su privacidad. Nicky, abrumado por la atención pública que despertaba su esposa, se volvió grosero e irascible. No llevaba bien su fama y se pasaba buena parte del tiempo bebiendo y charlando con otros pasajeros mientras Elizabeth le esperaba en el camarote. Ante la reacción de su marido, la actriz le confesó a Melissa Wesson, una conocida de la familia que viajaba en el barco: «Nicky parece que ha perdido los nervios. No soporta que atienda a mis fans y que firme autógrafos. No lo entiendo porque él sabía que yo era una estrella famosa cuando nos casamos. Sabía que yo era Elizabeth Taylor. ¿Por qué reacciona así ahora?». La joven seguía muy enamorada de él, pero cuando le abrazaba o se mostraba cariñosa, él la rechazaba bruscamente. La señora Wesson recordaba que muchas noches la actriz se quedaba a dormir en su camarote: «Llegaba llorando desconsolada porque él se negaba a acostarse con ella. Ella le amaba y quería hacer el amor con su esposo, pero Nicky era cruel y le decía que era una pelma y que le dejara en paz. Lo pasó muy mal. Para ella aquel viaje fue una pesadilla, nada que ver con la romántica luna de miel que imaginaba».

Entre los pasajeros estaban los duques de Windsor, con quienes la actriz pasó la segunda noche en el crucero mientras su marido se distraía jugando en el casino, donde llegó a perder más de cien mil dólares. Ese día Nicky regresó al camarote muy borracho y colérico. Sin mediar palabra se acercó a Elizabeth y le propinó un puñetazo en el vientre tan fuerte que la derribó al suelo. La actriz no le contó a nadie lo ocurrido, pero más adelante confesó: «Durante aquel tiempo, salvo en un par de ocasiones, Nicky logró dominar sus impulsos violentos. Cuando descubrí que tenía ese problema, era demasiado tarde para remediarlo. Estábamos ya casados y me daba vergüenza reconocer que había cometido semejante error». El resto de la travesía Liz intentó mantener en público las apariencias, pero Wallis Simpson enseguida comprendió que la pareja tenía problemas porque «la actriz pasaba la mayor parte del tiempo sola y tenía un aire triste».

El primer lugar que visitaron fue París, donde se alojaron en el lujoso hotel George V y asistieron a varias fiestas, incluyendo una ofrecida por los duques de Windsor en su mansión del Bois de Boulogne. Todos querían conocer a la «famosa pareja», y Elsa Maxwell, la temida columnista de chismes de Hollywood, les invitó otra noche a una cena en el restaurante Maxim's, donde compartieron mesa con Maurice Chevalier, Orson Welles, el marajá de Kapurtala y varios miembros de la alta aristocracia europea. Los marqueses de la Falaise, que frecuentaron al joven matrimonio durante su estancia, comentaron: «Nicky apenas prestó atención a su esposa, como si ella no le importara. Los periódicos franceses publicaron varios artículos idealizando su unión, porque ellos daban la impresión de estar enamorados. Todo parecía como un matrimonio de conveniencia; la belleza y popularidad de ella a cambio de la inmensa fortuna de los Hilton. Elizabeth era una joven muy amable y encantadora, pero de escasa personalidad. De no ser por su belleza, no habría encandilado a nadie. Años más tarde nos encontramos con ella en una fiesta organizada por los Rothschilds. La notamos cambiada, con más temperamento. Se había convertido en uno de esos monstruos sagrados estadounidenses, tipo Bette Davis, Jackie Onassis y Katharine Hepburn».

Después de catorce semanas la luna de miel llegó a su fin, y Elizabeth comenzó a angustiarse. «Le aterraba tanto tener que contarle a su madre que su matrimonio no funcionaba que antes prefería enfermar —recordaba una amiga—. Sabía que Sara la responsabilizaría de la ruptura.» A medida que se acercaban a Nueva York, estaba tan nerviosa que se desmayó en su camarote poco antes de desembarcar. La actriz decidió quedarse unos días en el apartamento de una amiga en Manhattan para reflexionar y Nicky regresó solo a California. A su madre no le dio ninguna explicación, pero Sara, que intuía lo que pasaba, le sugirió a su hija que «madurara y que aunque Nicky era un tanto malcriado con el tiempo se convertiría en el marido ideal».

A pesar de los problemas, Elizabeth decidió regresar a California al cabo de unas semanas para intentar salvar su relación. Una vez en Los Ángeles la pareja se instaló en el hotel Bel Air, donde ocuparon una suite de cinco habitaciones a la espera de construir su propia casa. Para acallar los rumores sobre una posible crisis en su matrimonio, insistió en que Nicky la acompañara a ver a Louella Parsons y asegurara a esta que entre ellos todo iba bien. En septiembre Liz reanudó su trabajo protagonizando *El padre es abuelo*, la secuela de la exitosa comedia *El padre de la novia*. Ahora Spencer Tracy hacía de abuelo y Elizabeth de futura madre. Si en la ficción estaba embarazada y daba a luz a un precioso niño, durante el rodaje la actriz descubrió que se encontraba de verdad encinta. «El embarazo era reciente —recordaba Marjorie Dillon, su doble y confidente— y un día se desmayó en el plató. El tío de Nicky era ginecólogo y se presentó enseguida para atenderla, pero ya había abortado. Estaba en la cama y quería que su marido se quedara a su lado, pero él se fue de pesca. Aquella noche lloró sin parar y me contó las cosas horribles que habían ocurrido durante su viaje de novios.» La actriz reconoció que no deseaba tener hijos con un hombre tan inestable y que su matrimonio había tocado fondo. Más adelante la Taylor dio otra versión de lo sucedido llegando a confesar que «había perdido el bebé que esperaba debido a un fuerte golpe que le propinó Nick en el estómago».

El 6 de diciembre de 1950, justo ocho meses después de su romántica boda, Elizabeth y Nicky se separaron oficialmente. La actriz se negó a hablar con sus padres y estos se enteraron de la ruptura por la prensa. Estaba destrozada, y para empeorar las cosas la Metro Goldwyn Mayer le exigió la devolución de su maravilloso vestido de novia y también los de sus damas del cortejo. Tanta angustia y presión le pasaron factura y tuvo que ser internada en el hospital Cedars of Lebanon, donde pasó una semana recuperándose de una crisis nerviosa. Unos días más tarde, pálida, temblorosa y visiblemente abatida, compareció ante el juez para obtener su divorcio. En apenas veinte minutos expuso los malos tratos y las humillaciones sufridas a manos de Nicky Hilton durante su breve matrimonio. Declaró entre sollozos que la experiencia había sido «una pesadilla», y se refirió a las adicciones de su marido como la causa de sus desgracias. Elizabeth renunció a la pensión alimentaria, pero exigió a los Hilton que le asignaran una propiedad privada, además de todos los regalos de la boda y las acciones de los hoteles Hilton, obsequio de su suegro. Tras el divorcio Nicky dijo a la prensa: «Jamás he conocido a una mujer más hermosa que ella, pero era insoportable».

Por primera vez Elizabeth estaba dispuesta a independizarse de sus padres y tomar las riendas de su vida. Como primer paso, alquiló un apartamento en Wilshire Boulevard donde se instaló con su amiga Peggy Rutledge, a la que contrató de secretaria. Informó a la Metro de que si Sara Taylor ponía un pie en el plató donde ella estaba rodando, se iría para no volver jamás. El estudio obedeció a su rentable estrella, pero siguió manteniendo discretamente en nómina a la señora Taylor a cambio de que renunciara a sus deberes de dama de compañía de su hija. «Cuando se produjo la ruptura con su madre, Liz no volvió a dirigirle la palabra en mucho tiempo —comentó Marjorie Dillon—. Estaba harta de que fuera tan posesiva y controladora. En el estudio yo era ahora responsable de ella, pero Sara me telefoneaba hasta cinco veces al día para recordarme que Elizabeth comiera bien, que se cepillara el cabello y se quitara el maquillaje antes de acostarse y para saber si salía con algún chico.»

En febrero de 1951, Elizabeth viajó a Nueva York para ver a su amigo Montgomery Clift y se alojó en la casa que este acababa de comprar en Manhattan. La actriz le seguía adorando, y mientras estuvo casada con Nicky le escribía cartas y le telefoneaba con frecuencia. Pasaron mucho tiempo juntos; compartían confidencias, iban de compras y frecuentaban los pubs donde Monty se veía con sus amigos gais. Eran locales que a Liz le resultaban muy sórdidos y cutres para sus refinados gustos, pero a él le encantaba ponerla a prueba. A la pandilla del actor les sorprendió el lenguaje tan vulgar y soez que Liz utilizaba y los chistes subidos de tono que solía contar. Seguramente fue lo único que aprendió de Nicky Hilton, que tenía fama de ser muy malhablado. En aquellos días, y bajo la influencia de Monty, la actriz empezó a aficionarse al alcohol, y cuando bebía más de la cuenta le pedía que se casara con ella.

Él también la adoraba, y solía decirle «nunca querré a otra mujer como a ti, Bessie Mae». Más adelante Liz confesó en una entrevista que mantuvieron una breve pero apasionada relación sexual y que ambos eran almas gemelas: «Algunos de los hombres que me han interesado de verdad —añadió— no sentían atracción por las mujeres. Yo amaba a Monty y él a mí, pero no pudo ser».

A mediados de junio, Elizabeth viajó a Londres para rodar la película *Ivanhoe*, de nuevo con el apuesto Robert Taylor. Ella interpretaba a Rebecca, la joven judía, aunque protestó porque quería ser la princesa lady Rowena, papel asignado a Joan Fontaine. No le apetecía regresar a Inglaterra, y mucho menos trabajar en una epopeya medieval en la que lo único que debía hacer era «salir bellísima». Pero esta vez la acompañaba su secretaria Peggy Rutledge en lugar de su controladora madre y estaba dispuesta a pasárselo bien. En Londres se reencontró con el actor británico Michael Wilding, al que había conocido tres años atrás en los estudios londinenses de la Metro cuando rodaba *Traición*. Por entonces Michael, veinte años mayor que ella, hacía tiempo que se había separado de su primera esposa y salía con la actriz Marlene Dietrich. El actor, un ídolo del público británico, invitó a Elizabeth y a su secretaria a cenar en su primera noche en la ciudad. Tras ese encuentro salieron muchas veces juntos y reanudaron su amistad. Después de su amarga relación con Nicky Hilton, la compañía de un hombre maduro, caballeroso y discreto le resultó un bálsamo. Durante el rodaje de *Ivanhoe*, la romántica Liz parecía tener la cabeza en otro lugar. Seis semanas más tarde ya no ocultaba sus sentimientos y le confesó a Peggy que estaba locamente enamorada de Michael. El actor aún no se había divorciado de su esposa, aunque vivían separados, y seguía viéndose con Marlene Dietrich, su adorada diva.

Elizabeth, acostumbrada a conseguir lo que se proponía, tuvo claro que aquel hombre encantador sería su marido y le brindaría la estabilidad y protección que necesitaba. Pero Michael, aunque no disimulaba la atracción que sentía por ella y aprovechaba cualquier oportunidad para visitarla en el plató, se resistía debido a la diferencia de edad. Podía pasar fácilmente por su padre, pese a que a sus treinta y nueve años tenía un espíritu alegre y su buena planta le hacía parecer más joven. El actor se encontraba en un serio dilema porque estaba muy unido a la Dietrich, pero Elizabeth le había conquistado por completo. Años más tarde, él mismo confesaba: «La verdadera tragedia de Liz es que no existe un hombre en el mundo que no consiga con tan solo chasquear los dedos». Ella le persuadió que a su edad podía darle hijos y formar una familia, algo que Marlene, a sus cuarenta y nueve años, no conseguiría. Convencida de que Michael acabaría aceptando, se compró un anillo con un gran zafiro rodeado de diamantes que lucía en su mano izquierda y a todo el mundo le contaba que estaba comprometida con el actor inglés.

Al finalizar el rodaje, Elizabeth se quedó con Wilding en Londres durante tres semanas. Paseaban por la ciudad, salían a cenar y frecuentaban los locales nocturnos de moda, donde se les veía muy acaramelados. «Finalmente le propuse que se casara conmigo —reconoció ella—. Tenía todo lo que admiraba en un hombre y lo consideraba extraordinario. Le conocí siendo una cría, pero ahora era distinto; sabía que le amaba de verdad y él me correspondía.» Mientras esperaba que se legalizara su divorcio, el actor seguía resistiéndose a su propuesta matrimonial convencido de que para Liz lo suyo había sido solo una «aventura pasajera». El 6 de octubre la actriz debía regresar a Nueva York y Michael la acompañó al aeropuerto. Al despedirse de él, le susurró al oído: «Adiós, don indeciso. Olvidemos que nos hemos conocido». Pero Wilding ya no ocultaba sus sentimientos hacia ella: «Elizabeth es cariñosa y amable. La gente olvida que ha pasado un año muy difícil. Quiere casarse con alguien que la ame y la proteja y, por alguna suerte caída del cielo, parece que ese voy a ser yo», le confesó a un periodista tras su marcha.

Regresó a Nueva York a tiempo para disfrutar de las buenas críticas de *Un lugar en el sol*, la película que le unió para siempre a su «alma gemela» Montgomery Clift. De nuevo los dos jóvenes pasaron unos días juntos y Liz le mostró orgullosa su anillo de pedida y le confesó lo muy enamorada que estaba. En Londres, el actor inglés también pensaba en ella y sus amigos más íntimos no dudaban de que tardaría muy poco en reunirse con la actriz. Sin embargo a Wilding le preocupaba su carrera. Sabía que la popularidad de ella le ayudaría a darse a conocer en Hollywood, pero temía que su humor inglés no terminara de cuajar entre el público estadounidense. Aun así, tras conseguir el divorcio viajó a California dispuesto a emprender una nueva vida. En Los Ángeles se alojó con su buen amigo y compatriota Stewart Granger y su esposa Jean Simmons. En cuanto Liz se enteró de su llegada, le siguió presionando para que se casara con ella. El actor le contó a su joven enamorada que además de la diferencia de edad había otros problemas, entre ellos que en Hollywood él no tenía trabajo ni podría mantenerla. Elizabeth, que nunca se daba por vencida, se fue a ver a Benny Thau, director de casting de la Metro, y le planteó la cuestión. Le dijo claramente que deseaba casarse con Michael Wilding y vivir en Hollywood y que «a no ser que el estudio le ofreciera a él un buen contrato cinematográfico, ella abandonaría la Metro, renunciaría a su carrera y se iría a vivir con su esposo al extranjero». Thau se tomó muy serio sus palabras y enseguida comenzó las negociaciones con el actor.

Durante un tiempo Elizabeth y Michael vivieron «en pecado» en la casa de Stewart Granger, para disgusto de Sara Taylor, que intentó ocultar a sus amistades esta situación. Quien sí se enteró fue Marlene Dietrich, quien se refería a la señorita Taylor como «esa puta inglesa» y achacaba el poder que ejercía sobre Michael a «las inmensas tetas que tiene». La Dietrich se convirtió en uno de los numerosos detractores de Liz. «En aquella época se creó muchos enemigos porque buscaba publicidad en todo momento, siempre tenía que ser el centro de atención. Decía que detestaba Hollywood, pero era un producto típico del estudio de la Metro. Era caprichosa y egocéntrica y una vez consiguió tener a Michael se portó muy mal con él», comentó Granger.

Sara Taylor aún no se había recuperado de la ruptura de su hija con Nicky Hilton ni de los rumores que le llegaban sobre sus conquistas cuando esta le presentó a su nuevo prometido. Wilding era un hombre atento y educado, pero no la convenció. Le parecía demasiado mayor para ella y a sus ojos tenía un escaso atractivo. El actor se estaba quedando calvo y usaba tupé; eso, unido a su carácter flemático y a su precaria situación económica, la obligó a inventarle un aristocrático pasado. La señora Taylor invitó a tomar el té a su casa a Louella Parsons y a Hedda Hopper para anunciarles que su hija estaba decidida a casarse con un famoso actor inglés «que descendía del obispo de Canterbury que había coronado a la reina Victoria». Por su parte, Elizabeth confesó a las dos columnistas que Wilding era muy tranquilo y hogareño y que ella solo «quería estar con él, ser su esposa y tener un hijo enseguida».

Michael Wilding se dejó llevar por los acontecimientos y

después de que la actriz le persiguiera descaradamente, le pidiera matrimonio, se comprara el anillo de compromiso y le consiguiera un contrato en la Metro, aceptó casarse con ella. Estaba enamorado de Liz, pero le hubiera gustado esperar más tiempo tras su divorcio. Sin embargo, Elizabeth solo tenía en mente convertirse cuanto antes en su esposa. Así, le encargó a Helen Rose que le diseñara su segundo vestido de boda, esta vez un discreto traje gris, con el cuello y los puños de organdí. Mientras él regresó a Londres para arreglar sus asuntos y fijar la fecha de la boda. Dado que los dos eran ciudadanos británicos habían decidido casarse en su tierra natal en contra de los deseos de la señora Taylor que hubiera preferido una boda por todo lo alto en Los Ángeles para quedar bien con sus amistades y los ejecutivos de la Metro.

El 21 de febrero Elizabeth y Michael se dieron el sí quiero en el registro civil de Caxton Hall, en Westminster. La ceremonia apenas duró quince minutos y en nada recordó a su anterior boda de ensueño con Nicky. La novia no quiso invitar a sus padres, y su hermano Howard se encontraba luchando en la guerra en Corea. En esta ocasión la actriz solo estuvo acompañada del jefe de la Metro en Inglaterra y del director de cine Herbert Wilcox y su esposa la actriz Anna Neagle, amigos íntimos del novio. Pero a Liz no le faltó el calor de su público. La noticia de su enlace atrajo a una nube de fotógrafos y a más de cinco mil admiradores, que la aclamaron a su llegada con vítores y aplausos. Dos policías tuvieron que llevarla en volandas hasta la limusina que les conduciría al hotel Claridge's, donde celebraron la recepción. Cuando en Hollywood informaron a Sara Taylor de que su hija había contraído matrimonio en Londres, declaró a los periodistas con su habitual diplomacia: «Me parece muy bien. Creo que es maravilloso que Liz se haya casado con alguien mayor que ella. Un hombre mayor es más considerado, atento y comprensivo, y hará muy feliz a mi hija». A su lado, Francis Taylor no quiso hacer comentarios.

Después de pasar su luna de miel en un refugio de montaña en los Alpes suizos, donde Liz celebró su vigésimo cumpleaños, regresaron a Londres y vivieron en el pequeño apartamento del actor en Mayfair. Michael debía comenzar el rodaje de una nueva película antes de instalarse en Hollywood y su esposa pasó unas semanas muy entretenida descansando y escribiendo cartas a sus amigos y parientes. Un mes más tarde hicieron las maletas y los Wilding aterrizaron en Los Ángeles, donde habían decidido establecer su residencia. En aquellos días el contrato que la actriz tenía con la Metro tocaba a su fin y el estudio quería evitar que «el rostro más hermoso de Hollywood» les abandonara. Louis B. Mayer ya no estaba al mando del imperio de la Metro y fue reemplazado por Dore Schary, quien deseaba a toda costa retener a su lucrativa estrella. El agente de Liz, el conocido abogado de las estrellas Jules Goldstone, le recomendó que dejara los estudios y que creara su propia productora, de esta forma podría escoger los papeles y ganar más dinero. Pero Liz ansiaba la seguridad que le daba el estudio, y sobre todo no quería renunciar al maravilloso vestuario de la Metro. «Estaba tan enamorada de los magníficos vestidos, abrigos de piel, estolas y complementos que lucía en sus películas que cuando no conseguía cobrar lo que pretendía, solicitaba quedarse con el vestuario que había usado en su último filme y con eso se contentaba», recordaba Goldstone. El estudio se mostró generoso con ella y le ofreció cinco mil dólares semanales, y a su esposo un contrato de tres años con un sueldo de tres mil dólares a la semana. Asimismo, y como muestra de buena voluntad hacia la pareja, el señor Schary les concedió un préstamo de cincuenta mil dólares para comprar su nueva casa. Este detalle fue un alivio para la pareja y llegó cuando más lo necesitaban, pues en abril la actriz anunció que iban a tener un hijo.

Elizabeth y Michael finalmente se decidieron por comprar una casa moderna de tres habitaciones con bonitas vistas de Los Ángeles. En junio ya estaban en su nuevo hogar, y mientras Michael permanecía en Londres para vender su apartamento, ella empezó a rodar *La chica que lo tenía todo*, la primera de una serie de tediosas y mediocres comedias donde repetía el papel en el que la Metro la había encasillado de «hija rica, caprichosa y malcriada». Elizabeth se limitó a aparecer en la pantalla deslumbrante con suntuosos vestidos, joyas y pieles. Cuando finalizó el rodaje, debido a su embarazo la actriz había ganado mucho peso y la Metro le redujo la paga a dos mil dólares semanales porque con su «aspecto físico era imposible filmarla o fotografiarla». Más adelante, recordando sus películas de aquella época, Liz confesó: «Necesitaba dinero. Acababa de casarme con Michael Wilding y estábamos arruinados».

En enero de 1953, dio a luz a su primer hijo, un niño que nació por cesárea y al que pusieron el nombre del padre, Michael. Después del alumbramiento la actriz se sometió a una drástica dieta para perder los veinte kilos que había ganado, justo a tiempo para ser cedida a la Paramount y trabajar en la película de aventuras *La senda de los elefantes* junto a Laurence Olivier. Elizabeth sustituyó a Vivien Leigh, esposa del actor y protagonista de *Lo que el viento se llevó*, que no había podido continuar el rodaje tras sufrir una depresión nerviosa. Gracias al parecido entre ambas actrices, la eligieron para reemplazarla y no tener que desechar todo el material filmado. Las críticas tampoco fueron buenas y la revista *Time* comentó: «Aunque hermosa, Elizabeth Taylor es demasiado joven e inexperta como actriz para cubrir un papel destinado a Vivien Leigh».

Fue en el rodaje de esa película, cuyos exteriores se filmaron en Ceilán, cuando Liz sufrió el primero de los muchos accidentes que tuvo a lo largo de su carrera. En una escena donde un potente ventilador simulaba un huracán, un diminuto fragmento de metal se le clavó en la córnea y casi perdió la vista del ojo derecho. Un médico la atendió, pero más adelante tuvo que ser operada de nuevo y permanecer ingresada dos semanas en el hospital. La actriz, que parecía deleitarse hablando de sus enfermedades y operaciones, años después recordaba con todo lujo de detalles el incidente: «Me operaron para sacarme el cuerpo extraño que se había hundido en mi córnea y estaba oxidado. No pudieron anestesiarme pues debía mantener abierto el ojo y mirar hacia un punto fijo. Utilizaron una aguja con un minúsculo bisturí en el extremo y tuve la sensación como si me seccionaran el ojo». El actor Montgomery Clift, que era también un hipocondríaco, solía decir refiriéndose a ella que «Bessie Mae es la única persona que conozco que tiene más males que yo».

Mientras Elizabeth rodaba películas románticas y empalagosas que detestaba porque no le permitían ningún lucimiento, su esposo Michael no dudaba en rechazar papeles que le parecían de poca monta. Prefería quedarse en casa, disfrutando de su hijo, pintando retratos y tomando el sol junto a la piscina. Con sus negativas estaba perdiendo mucho dinero e incluso declinó la oferta de protagonizar *El cisne*, dirigida por Charles Vidor, junto a la glamurosa Grace Kelly. Al principio a Liz le encantaba ver a su marido en casa, jugando con el pequeño o pintando en su estudio. Pero cuando estaba embarazada de su segundo hijo tuvo que reconocer que no podían seguir llevando el mismo tren de vida porque las facturas se acumulaban. La actriz tenía debilidad por la ropa —guardaba en su armario más de doscientos vestidos, centenares de pares de zapatos y docenas de abrigos— y las joyas, y ambos eran generosos el uno con el otro y se regalaban coches nuevos o caprichos que no podían permitirse. Además de sus gastos personales y los préstamos a los que tenían que hacer frente, estaban los sueldos de Peggy Rutledge, la secretaria y ayudante personal de Liz, un jardinero, una cocinera, una criada y una niñera. El día que Liz cumplió veintitrés años dio a luz a Christopher que, al igual que su hermano, nació por cesárea.

Antes del nacimiento de su segundo hijo, los Wilding se habían mudado a una residencia mucho más grande y lujosa situada al final de la carretera de Benedict Canyon. Era una mansión muy vanguardista con muros acristalados, seis habitaciones, siete baños, salón con chimenea, una gran piscina rodeada de palmeras y grandes rocas, y vistas panorámicas. Cuando Louella Parsons la visitó, comentó que parecía «el fastuoso palacio en las nubes de una estrella de Hollywood, lo último en kitsch hollywoodiense». A Michael le resultaba una vivienda demasiado recargada y ostentosa, pero Liz se enamoró de ella al instante. La actriz no cambió sus hábitos, y las visitas se quedaban asombradas del desorden y la falta de higiene que reinaba. Se trataba de un auténtico zoo donde paseaban a sus anchas cuatro perros, cinco gatos y dos patos que hacían sus necesidades donde les venía en gana.

Los amigos comunes de la pareja eran testigos de cómo su matrimonio se iba a pique. En público aparecían del brazo y sonrientes, pero en las fiestas a las que acudían, casi siempre pasaban la velada por separado. Michael, por aquella época, bebía mucho «porque no tenía otra cosa mejor que hacer» y se peleaban a menudo. Según confesó el actor en su autobiografía, su relación era muy tirante debido en parte al carácter caprichoso y engreído de su esposa que «vivía en un mundo de fantasía que ella misma se ha creado; es como la versión moderna de *Alicia en el País de las Maravillas*». Michael criticaba su impuntualidad crónica, su falta de interés por las labores domésticas, su completo desorden y su «amor enfermizo» a sus animales.

Las malas críticas que obtuvo en sus últimas películas enfurecieron a Liz, que culpó al estudio de ofrecerle solo papeles que explotaban su belleza. En 1953 pidió que la dejaran ser la protagonista de *La condesa descalza*, cuyo papel ya tenía adjudicado Ava Gardner. No se dio por vencida y escribió desde Londres un telegrama al director de casting Benny Thau diciéndole que había leído el guion y que «de todos los que le habían propuesto era el mejor y el único que quería hacer». Benny le respondió que el papel seguía siendo de Ava y que su director Joseph Mankiewicz no deseaba a otra actriz. Pero Elizabeth continuó su lucha para conseguir que la tomaran en serio y le permitieran demostrar su talento dramático. Entonces se enteró de que George Stevens iba a dirigir *Gigante* y que la protagonista que querían, Grace Kelly, no estaría disponible porque se acababa de comprometer con el príncipe Rainiero. Aunque con Stevens había tenido muchos problemas en rodajes anteriores, de nuevo le rogó a Benny Thau que la cedieran a la Warner para trabajar en esa película. Y esta vez la Metro aceptó y para su sorpresa el papel fue suyo.

Ilusionada por trabajar en *Gigante* junto a su admirado Rock Hudson y James Dean, la estrella comenzó un estricto régimen para recuperar su silueta. Esta superproducción le ofrecía un papel de gran lucimiento, el de una joven y rica muchacha del este que se casa con un terrateniente y se traslada a vivir a su inmenso rancho en Texas. Rock Hudson, que interpretaba a su marido en la película, fue decisivo en la elección de la actriz. Cuando el director le preguntó qué le parecía Elizabeth Taylor para el papel de Leslie Benedict, la respuesta de él fue tajante: «Es perfecta». Ella nunca olvidó el apoyo de Hudson y siempre decía que junto a Monty Clift era uno de sus más apreciados amigos.

Desde el principio entre Rock y Liz hubo una gran complicidad. En público se comportaban como críos diciendo tonterías y gastándose bromas continuamente. Cuando finalizaban el rodaje se reunían en el bungalow de la actriz, contiguo al de él, y solían emborracharse juntos con una bebida que se inventaron, «un martini de chocolate» (vodka con licor de chocolate). Pronto comenzaron a circular rumores de que vivían un romance fuera del plató. Michael Wilding se había quedado en California con sus hijos pequeños y ella estaba sola y lejos de casa con un galán que le resultaba de lo más atractivo. «No puedo remediarlo, siempre me enamoro de mi compañero de reparto. Supongo que no cambiaré nunca», había confesado la Taylor en una ocasión. Pero ahora todo apuntaba a que la romántica aventura era un montaje de la Warner para desmentir la homosexualidad de Rock Hudson. Cuando el rumor llegó a oídos de Wilding, decidió visitar a su mujer y se desplazó hasta el remoto y desértico pueblo de Marfa, en Texas, donde se rodaban los exteriores. Se marchó a los pocos días debido a sus constantes peleas cargadas de mutuos reproches. Ya no disimulaban sus desavenencias y su matrimonio se había roto definitivamente.

A medida que avanzaba el rodaje de *Gigante*, Elizabeth también se ganó la simpatía de James Dean, un brillante actor que había saltado al estrellato en *Al este del Edén* y al que algunos consideraban el «nuevo» Marlon Brando. A Liz, este joven atractivo, rebelde e inconformista, le recordó a su amigo Monty Clift. Jimmy, como todos le llamaban, también era aficionado a la marihuana y al hachís. «Aunque al principio se mantenía distante, poco a poco nos fuimos conociendo y acabamos siendo buenos amigos. A veces permanecíamos charlando hasta las tres de la madrugada. Jimmy me hablaba sobre su vida, su madre, sus amores, y al día siguiente se mostraba de nuevo frío y distante. Le daba miedo sincerarse con la gente, pero era un ser sensible y con un talento extraordinario», dijo ella. Otro motivo que les unió fue los problemas que ambos tenían con el director, que harto de sus caprichos y adicciones los trataba con extrema dureza. James Dean llegaba casi siempre al plató bajo los efectos de las drogas y Elizabeth sufrió diversos trastornos como una infección en una pierna, una insolación debido al calor —filmaban por encima de los cuarenta y cinco grados— y una laringitis, lo que la obligó a suspender el rodaje en numerosas ocasiones.

El 30 de septiembre de 1955, unos días después de finalizar su trabajo en *Gigante*, James Dean murió en un accidente cuando conducía a gran velocidad su Porsche plateado. Acababa de cumplir veinticuatro años y Liz le había regalado un gatito siamés como despedida. Su muerte la afectó tanto que al día siguiente amaneció con fuertes dolores abdominales y tuvo que ser trasladada a un hospital. El rodaje se suspendió durante dos semanas debido a nuevos problemas de salud de la estrella, que sufría una congestión pulmonar, obstrucción intestinal y fuertes jaquecas. El director Stevens se mostró implacable con ella al comentar que sus «males eran puramente imaginarios y que solo deseaba llamar la atención». En aquella época Elizabeth había pasado de ser la niña complaciente de la Metro que aguantaba sin pestañear agotadoras sesiones de fotos, a convertirse en una actriz caprichosa, problemática y engreída, temida por los directores. Su esposo Michael también opinaba que para Liz los hospitales eran como hoteles de lujo a los que huía cuando no quería enfrentarse a los problemas.

En enero de 1956, la Metro decidió no renovarle el contrato a Michael Wilding. Todas las películas que había hecho desde su llegada a Hollywood habían sido un fiasco de taquilla. A sus cuarenta y tres años, el famoso galán romántico de cine británico era un actor fracasado y en paro. El día de su despido, Elizabeth se encontraba en Nueva York en casa de Montgomery Clift, y al enterarse de la noticia se desahogó llorando en sus brazos. Los conflictos de su matrimonio no se debían solo a la diferencia de edad y a que Wilding no hubiera triunfado en Hollywood, sino a que era ella quien prácticamente mantenía a la familia. La actriz estaba harta de la pasividad de su esposo y de su actitud paternalista. Deseaba conocer a «un hombre de verdad, que cuide de mí, que me compre joyas y pague mis facturas, y que me ame con pasión». Por primera vez, Liz le fue infiel y tuvo una fugaz aventura con el atlético y atractivo actor Victor Mature. La biógrafa Kitty Kelley asegura que también se acostó con Frank Sinatra, quien en aquella época aún estaba casado con Ava Gardner, aunque su matrimonio ya estaba roto. La Taylor era una gran fan suya y desde niña había asistido con su madre a sus multitudinarios conciertos. Según un amigo íntimo del cantante, estuvieron juntos en dos o tres ocasiones, pero él la dejó en cuanto le confesó abiertamente que «sería muy feliz siendo la señora de Sinatra». Wilding se enteró de su aventura, pero se negó a montar un escándalo. Molesta por la actitud flemática de su esposo, le atormentaba poniendo sus discos a todas horas.

Pero hubo otra relación sentimental más seria que la actriz consiguió mantener en secreto. Siempre atraída por hombres mucho mayores que ella, empezó a verse a escondidas con el guionista y director irlandés Kevin McClory en la casa que su buena amiga Shirley MacLaine tenía en Malibú. Kevin era un hombre maduro y brillante que cuando la conoció acababa de finalizar su trabajo en la última película del productor Mike Todd, *La vuelta al mundo en ochenta días*. En aquella difícil época en la que Liz buscaba la pasión fuera de su matrimonio, su amigo Montgomery Clift alquiló una casa en las colinas de Hollywood para prepararse su papel en la película *El árbol de la vida*. Ambientada en la guerra civil de Estados Unidos era la producción más ambiciosa y costosa de la Metro, que intentó repetir el éxito de *Lo que el viento se llevó*. Contaba con un gran elenco de actores, entre ellos Elizabeth Taylor que aparecía con deslumbrantes vestidos de época en el papel de una bella joven de Nueva Orleans con trastornos psicológicos. El actor pasaba muchas noches en casa de los Wilding y ambos se desahogaban con él confesándole por separado los problemas que atravesaban. Sin embargo, Monty tenía que luchar con sus propios demonios. Seguía dependiendo de las drogas y el alcohol, y pese a las muchas sesiones con psiquiatras sentía que «su vida iba a la deriva». Mientras la actriz rodaba esta película, pasó algunos románticos fines de semana con Kevin McClory en Malibú. Aunque Wilding estaba al tanto de la última conquista de su esposa, siguió sin darle importancia. En aquellos días él también flirteaba con otras mujeres y bebía mucho.

El sábado 12 de mayo de 1956, Elizabeth y Michael invitaron a cenar a su casa de Benedict Canyon a un grupo de amigos actores, entre ellos Kevin McCarthy, Rock Hudson y Montgomery Clift. Este en un principio se negó a asistir diciendo que estaba muy cansado y que no se encontraba bien, pero Liz le insistió tanto que al final accedió. Tras una aburrida y tensa velada en la que la Taylor no paró de poner discos de Frank Sinatra para fastidiar a su esposo y de hablar de su papel en *El árbol de la vida*, Monty se despidió de todos y se marchó a su casa. Al cabo de unos minutos el actor sufrió un aparatoso accidente. Su coche se precipitó en una curva por un barranco y chocó contra un árbol. Cuando Elizabeth se enteró de lo sucedido, corrió a pedir una ambulancia y después se presentó en el lugar del accidente. Ella y el actor Kevin McCarthy fueron los primeros en llegar y vieron que el automóvil había quedado completamente destrozado. Liz consiguió con dificultad abrir una de las puertas traseras y meterse dentro. Monty sufría un traumatismo craneal y tenía el rostro ensangrentado. «Estaba vivo, aunque apenas podía respirar y le señaló a Liz el cuello. Tenía la nariz rota por varios sitios; había perdido los dientes delanteros, que se le habían clavado en la garganta, y estaba a punto de asfixiarse. Instintivamente, ella le introdujo dos dedos en la garganta y logró arrancárselos. Liz se comportó de forma muy maternal, sosteniéndole la mano, acariciándole la frente y hablándole al oído para tranquilizarle. Al cabo de un rato apareció la prensa, y al verlos acercarse, exclamó enfurecida: "¡Largaos, desgraciados, inmediatamente de aquí o conseguiré que ninguno de vosotros vuelva a trabajar en Hollywood!"», dijo Kevin McCarthy.

Elizabeth había salvado la vida de Montgomery Clift, pero siempre se sintió culpable por lo ocurrido. El productor Dore Schary suspendió el rodaje a la espera de que el actor se recuperara y pudiera rodar las escenas de exteriores que faltaban. Agotada por el estrés y viendo cerca el fin de su matrimonio, aceptó la invitación para pasar un fin de semana en Santa Bárbara en el yate que había alquilado el productor Mike Todd. Cuando aquel caluroso 30 de junio de 1956 Elizabeth, del brazo de su esposo, llegó a la lujosa embarcación estaba a punto de conocer al primer gran amor de su vida.

EL MUNDO A SUS PIES

Mike Todd había coincidido en alguna fiesta de Hollywood con Elizabeth Taylor, pero nunca habían hablado. Sí estaba al tanto de la aventura que su ayudante el director Kevin McClory tenía con ella, y le reprochó que «saliera con una mujer casada». Todd, carismático y emprendedor productor de espectáculos musicales y teatrales, tenía cuarenta y siete años y se hallaba a punto de finalizar la película más ambiciosa de su carrera, *La vuelta al mundo en ochenta días*, con un elenco de más de cincuenta grandes estrellas, miles de extras y figurantes. Se había filmado en trece países diferentes con un sistema panorámico inventado por él —el Todd-AO— que permitía una mayor calidad de imagen. Mike, de baja estatura y cara de pocos amigos, compensaba su escaso atractivo físico con una arrolladora personalidad. Poseía un don extraordinario para conquistar a las mujeres y lo perseguía la fama de incorregible seductor. Su agitada vida sentimental incluía dos divorcios y tenía un hijo mayor que Liz —Mike Todd Jr., de veintiséis años—, fruto de su primer matrimonio. En el yate viajaba con la que era su prometida, la actriz Evelyn Keyes, quien había estado casada con los directores Charles Vidor y John Huston.

Durante la travesía el productor no mostró especial interés por Elizabeth y dedicó toda su atención a su bella y rubia acompañante. Acostumbrada a ser el centro de todas las miradas, le resultó extraño que su anfitrión la ignorara. Pero él ya le había echado el ojo y solo se trataba de un juego para despertar su curiosidad. Unos días más tarde Todd organizó una barbacoa junto a la piscina en su casa de Bel Air e invitó de nuevo a los Wilding. Entre otros estaban el cantante Eddie Fisher y su esposa la actriz Debbie Reynolds, ambos amigos íntimos del productor. En esa ocasión, la actriz sí pudo charlar un rato con él y le confesó la crisis que atravesaba su matrimonio y que a sus veinticuatro años le aterraba un segundo divorcio y quedarse sola de nuevo. Mike la tranquilizó y se mostró protector con ella. «Pobre chica —le dijo a un amigo—; lo está pasando muy mal, y necesita a alguien que la cuide.»

El 19 de julio la Metro anunció a través de su portavoz que Elizabeth Taylor y Michael Wilding iniciaban los trámites de separación. Cuando saltó la noticia, el actor británico ya había hecho las maletas y vivía en un pequeño hotel en West Hollywood, donde pasaba el tiempo bebiendo en el bar. No se esforzó mucho por apartar a su esposa de los brazos de Mike Todd, y como no tenía dinero no quiso pleitear con ella por la custodia de sus hijos. Caballeroso hasta el final, nunca aireó los trapos sucios de su matrimonio, que duró cinco años y siempre mantuvieron una relación cordial.

Unos días antes de trasladarse a Kentucky para reanudar el rodaje de *El árbol de la vida*, la actriz recibió una misteriosa llamada de Mike Todd. Este le comunicó que tenía que decirle algo muy importante y que debía reunirse con él aquella misma tarde en las oficinas de la Metro. En sus memorias, Elizabeth contaba que al llegar la agarró del brazo y la condujo a un despacho vacío. Allí sentada en un sofá y él de pie, le soltó un discurso de media hora asegurando que la amaba y que iban a casarse. Ella le miró atónita y pensó: «Este tío está como una cabra, tengo que alejarme de él». Después le recordó que llevaba un tiempo saliendo con su ayudante Kevin McClory, que «se lo pasaban muy bien juntos y que incluso habían hecho planes de boda». Todd, enfurecido, le gritó que no volvería a verle y salió del despacho cerrando de un portazo. Elizabeth, muy afectada por su brusca reacción, se quedó a solas un rato y se echó a llorar.

El día que Liz se reunió con el resto del equipo de *El árbol de la vida* en Danville, Kentucky, donde se iban a rodar los exteriores, recibió un telegrama que decía simplemente: «Te amo». Junto con él venían dos regalos, una pulsera de esmeraldas de Cartier y un enorme ramo de flores rosas. «Ser cortejada por Mike era como sentirse sacudida por un terremoto. Me encantaban sus obsequios, pero sobre todo me asombró su ternura, consideración y sensibilidad… Mike era un hombre lleno de vida, y al mismo tiempo un caballero.» La actriz confesó que aquel detalle la convenció de que ella también estaba tan enamorada como él.

Dos meses después de su grave accidente Monty Clift se presentó en el rodaje de *El árbol de la vida*, pero ya no era el mismo. Los cirujanos plásticos consiguieron reconstruir su rostro, pero padecía terribles dolores y dependía aún más de las pastillas y el alcohol. Liz se volcó en cuidarle y en vigilar que no llegara borracho al plató, pero tanta dedicación le produjo un enorme estrés. Por fortuna, todos los fines de semana viajaba a Nueva York para estar con Mike Todd en el ático que este tenía en Park Avenue. Durante la semana le seguía mandando flores y la llamaba por teléfono a todas horas. Un día al regreso de una de sus románticas escapadas neoyorquinas se encontró otro sorprendente regalo suyo: un espectacular ramo de doscientas rosas blancas y una cajita que contenía un anillo con una perla negra valorado en treinta mil dólares. La nota decía: «Este es para que lo luzcas los días laborables. El verdadero anillo de compromiso llegará más tarde».

Cuando la Metro se enteró de la aventura extraconyugal de Liz Taylor con Mike Todd se apresuró a anunciar que la actriz pediría el divorcio. El estudio quería evitar a toda costa un escándalo y que el romance de su estrella tuviera efectos negativos en su última película. A pesar de todos los contratiempos, *El árbol de la vida* fue muy bien recibida por el público y la crítica. Gracias a su soberbia interpretación, Liz obtuvo su primera nominación a los Oscar. Pero al finalizar el rodaje, la actriz —que había dejado a sus dos hijos pequeños en California al cuidado de una niñera— solo pensaba en volar cuanto antes a Nueva York para reunirse con su amante. Quería demostrarle a Todd que para ella lo más importante era el amor y no su carrera. A unos periodistas les comentó: «Quizá nunca vuelva a trabajar. Quiero ser la esposa del hombre que amo. Por eso deseo retirarme. Un hogar, un marido, una verdadera familia significan para mí mucho más que ganar un Oscar».

El compromiso se anunció oficialmente el 17 de octubre de 1956 para que coincidiera con el estreno de *La vuelta al mundo en ochenta días* en Nueva York. Ese día Elizabeth lucía en su mano el «verdadero» anillo de pedida, un diamante de treinta quilates, tan grande que parecía un cubito de hielo. En la rueda de prensa que convocó Mike Todd, este declaró en tono jocoso que «el pedrusco que le había regalado a su novia valía más de doscientos mil dólares», cuando en realidad la joya se había tasado en cincuenta mil y antes la había lucido en su dedo Evelyn Keyes. La pareja de enamorados se alojó en el hotel Pierre de Manhattan y apenas pisaron la calle. Su primera aparición juntos fue en el gran estreno de la película en el teatro Rivoli de Manhattan, que reunió a las más famosas estrellas y ejecutivos de Hollywood. *La vuelta al mundo en ochenta días* barrió en la taquilla y consiguió todos los premios de aquel año, incluido el Oscar a la Mejor Película. Para asistir a la gala de la Academia, el productor le regaló a Liz una elegante tiara de diamantes montada en platino y oro de 1880. «Para mí, tú eres mi reina», le dijo.

Todd estaba exultante porque el filme había recaudado más de treinta millones de dólares solo la primera semana. Amigo de las extravagancias, no reparó en gastos para agasajar a la mujer que adoraba «y le había traído suerte». Compró un avión al que bautizó con el nombre de *Liz* y se gastó miles de dólares en decorarlo al gusto de la actriz. Le regaló un Rolls-Royce Silver Cloud en el que instaló dos teléfonos y un bar. Adquirió dos salas de cines en Chicago y una la puso a nombre de ella y le daría grandes beneficios. Alquiló una mansión en Beverly Hills y una casa de veraneo en Palm Springs, y se encaprichó de una enorme finca en Westport, Connecticut, que contaba con piscina climatizada y varias pistas de tenis. Todos los sábados, para conmemorar el día que había conocido a la estrella, lo celebraba obsequiándole joyas, abrigos de pieles o vestidos de sus diseñadores preferidos. Cada regalo que le hacía lo divulgaba públicamente y alardeaba de que iba a cubrir el maravilloso cuerpo de su mujer con las más bellas piedras preciosas. Para muchos Todd no era más que un tipo «vulgar, chabacano y un charlatán», pero Liz lo encontraba «un hombre divertido, apasionado y atrevido con el que nunca te aburrías».

A principios de noviembre, la pareja se tomó unas vacaciones y viajaron a las Bahamas invitados por lord Beaverbrook, un rico empresario amigo de Todd. Pasaron unos días idílicos en su lujosa mansión junto al mar y regresaron a Miami en el yate de su anfitrión. Durante la travesía Elizabeth resbaló en cubierta y cayó boca arriba. Fue un accidente muy desafortunado que le provocó a lo largo de los años graves y dolorosos problemas de espalda. Mike la trasladó de urgencia en un avión privado a un hospital de Nueva York, donde tras practicarle unas pruebas comprobaron que tenía varios discos afectados. El 8 de diciembre, Liz se sometió a una delicada operación que duró cuatro horas pero que no obtuvo los resultados deseados. Sufría fuertes dolores y estuvo varias semanas convaleciente. Su marido se instaló en una habitación contigua y era el encargado de informar a la prensa sobre su evolución. Durante esos días difíciles se esforzó en animar y distraer a la actriz. Encargaba sus comidas en los mejores restaurantes de la ciudad y decoró su habitación adquiriendo valiosos cuadros, entre ellos, un Renoir, un Pissarro, un Frans Hals y un Monet. Estas obras fueron el inicio de la colección privada de Elizabeth Taylor, considerada con el tiempo «el conjunto de pintura impresionista más valioso de Estados Unidos».

Tras ser dada de alta, regresó a su casa de Los Ángeles, donde se reunió con sus dos hijos, que habían quedado al cuidado de una institutriz. A los pocos días, la actriz y los niños se trasladaron a la casa del productor en Beverly Hills. Quería dejar atrás el pasado, y puso en venta su mansión de Benedict Canyon. Además, estaba embarazada, y aunque lo ocultaron a todo el mundo, Todd no pensaba esperar un año para conseguir el divorcio y poder casarse con ella. Decidieron viajar a México, y tras obtener los papeles del divorcio comenzaron los preparativos de la boda, que se celebró en Acapulco el 2 de febrero de 1957. Conociendo el gusto ostentoso de Mike Todd, fue una ceremonia sencilla que se celebró en una villa colonial situada en las colinas con vistas al mar. Elizabeth, embarazada de dos meses, parecía una princesa con un vaporoso vestido blanco de gasa de seda con un pronunciado escote en V y lucía una pulsera de diamantes regalo de Mike. Estaba radiante, aunque visiblemente achispada porque no había dejado de beber champán durante todo el día. Entre los invitados se encontraban los padres de Elizabeth, su hermano Howard y su esposa, el hijo de Todd, Eddie Fisher y Debbie Reynolds —que ejercieron de padrino y dama de honor de la novia, respectivamente—, Helen Rose y el famoso actor cómico Cantinflas, que había trabajado en *La vuelta al mundo en ochenta días* y fue su anfitrión durante su estancia en México. Tras la breve ceremonia civil hubo una recepción en el jardín, iluminado por decenas de antorchas. Mientras unos mariachis cantaban boleros y rancheras, los invitados daban buena cuenta de un exquisito bufet al aire libre y se descorchaban botellas de champán. La velada finalizó con una sorpresa, unos fuegos artificiales —regalo de Cantinflas— que dibujaron en el cielo las iniciales de los recién casados.

Durante la luna de miel, Mike no dejó de agasajar a su bella esposa con magníficos regalos, pero sus peleas eran la comidilla de Hollywood. Ambos eran demasiado parecidos y tenían un carácter «volcánico» que chocaba a menudo. Las fotografías en las que aparecían insultándose y dedicándose gestos groseros en plena calle o en un aeropuerto dieron la vuelta al mundo. Muchos apostaban que su matrimonio tenía los días contados, pero Elizabeth insistía en que sus peleas fortalecían su relación y que se lo pasaban en grande tirándose los trastos a la cabeza y luego reconciliándose en la cama. Eddie Fisher, amigo íntimo de Todd, recordaba una violenta escena de la pareja que presenció en su casa: «De pronto, empezaron a discutir, y Mike se inclinó hacia Elizabeth y le atizó un bofetón, derribándola al suelo. La dejó casi sin sentido. Ella gritó devolviéndole la bofetada, y a partir de ahí se enzarzaron en una batalla feroz. Cuando alarmada mi esposa Debbie trató de hacerles entrar en razón, los dos se volvieron hacia ella y Mike le gritó: "¡Maldita seas, déjanos en paz!" y Elizabeth añadió: "Vamos, Debbie, no seas tan anticuada"».

Estaba claro que los dos se entendían muy bien en la cama y disfrutaban del sexo. Liz llegó a decir de él: «Lo quiero con auténtica pasión y locura, y la primera vez que me hizo el amor pensé que mi corazón dejaba de latir». Pero los amigos de la actriz no comprendían cómo le permitía que la humillara en público, algo que hacía con frecuencia. «Vamos, gorda, mueve el culo tan grande que tienes», solía decirle cuando se bajaban de su limusina. A diferencia de sus otros maridos, Todd no bebía, pero tenía un genio «de mil demonios» y era muy dominante. A ella le encantaban sus fanfarronadas, sus excesos y su desfachatez. «Eran tal para cual», comentó la actriz Evelyn Keyes.

A finales de marzo de 1957, la Metro anunció que su estrella Elizabeth Taylor esperaba su tercer hijo. Mientras el matrimonio proseguía su luna de miel asistiendo a los espectaculares estrenos de *La vuelta al mundo en ochenta días* en distintos países europeos. Cuando llegaron a París, todos querían agasajar a la actriz, que desde hacía años era amiga de algunos miembros de la alta sociedad parisina, como Marie-Hélène Rothschild, quien comentó: «De todas las actrices de Hollywood, solo Elizabeth Taylor alcanzó esas cimas de grandeza en París. Otras dos estrellas, como Rita Hayworth y Grace Kelly, fueron aceptadas por haberse casado con Alí Khan y convertirse en princesa de Mónaco, respectivamente. Pero Liz Taylor destacaba por su belleza y era una gran estrella, y fue la única actriz estadounidense que logró penetrar en tan restringido círculo».

Durante su estancia en París, la actriz visitó las tiendas de todos los grandes modistos, pero Christian Dior era su favorito y como clienta permaneció fiel a él muchos años. Liz Taylor adoraba comprar ropa, pero no tenía tipo de modelo y desde que se casó con Todd había engordado. Para disimular sus kilos de más, llevaba vestidos vaporosos y se cubría de joyas. Empezó a utilizar sombreros porque su esposo le decía que la favorecían mucho. Diana Vreeland, la influyente editora de la revista *Vogue* americana, opinaba que era «la actriz peor vestida desde Mae West», y destacaba su falta de gusto y estilo, algo que «se tiene o no se tiene». Antes de regresar a Estados Unidos, viajaron a Londres, donde Mike Todd organizó uno de los estrenos de su película más deslumbrantes. Alquiló el parque de atracciones Battersea junto al Támesis, que fue cerrado para la ocasión, e invitó a dos mil personas, entre ellos destacados miembros de la aristocracia inglesa. Aquel día el productor le regaló a su esposa un maravilloso vestido de terciopelo rojo de Dior y un collar de rubíes haciendo juego, adquirido en Van Cleef & Arpels.

A su regreso a Nueva York, el matrimonio se instaló en el apartamento de Park Avenue a la espera de la llegada de su hijo. El 6 de agosto Elizabeth dio a luz a una niña a la que le puso su nombre, pero la apodaron Liza. Le tuvieron que practicar de nuevo una cesárea y, según su biógrafa Kitty Kelley, los médicos aconsejaron hacerle una ligadura de trompas para evitar el riesgo de otro embarazo. Todd dio su consentimiento, pero cuando Elizabeth se despertó de la anestesia y se enteró, se quedó conmocionada. A ella le encantaban los niños y quería tener más hijos con su esposo: «Fue el impacto más brutal que recibí en mi vida… Como si me hubieran matado», reconoció la actriz. El bebé nació prematuro y tuvo que pasar unos días en la incubadora. Al día siguiente el feliz padre le compró a la recién nacida un cepillo de pelo en oro macizo de Tiffany, en el que grabó un mensaje: «Querida Liza. Yo preferiría platino. Pero tu madre me habría dicho que te estaba malcriando».

En octubre de 1957 Elizabeth y Mike viajaron a Nueva York para asistir a la celebración del primer aniversario del estreno de *La vuelta al mundo en ochenta días*. El productor, animado por los fantásticos ingresos en taquilla, decidió organizar la fiesta más grande de la historia del cine. Alquiló el Madison Square Garden e invitó a dieciocho mil personas que pagaron quince dólares a cambio de asistir a un espectáculo inolvidable. Hizo adornar el estadio con un Oscar de siete metros de altura hecho enteramente con crisantemos. Aquella noche estrellas como Shelley Winters, Ginger Rogers, Tony Curtis o Janet Leigh llegaron con sus mejores galas y ocuparon los asientos reservados junto a los anfitriones. Había cinco mil reporteros acreditados y la cadena CBS transmitía el evento en exclusiva para cincuenta millones de televidentes. Pero lo que iba a ser «el cumpleaños del siglo» se convirtió en un estrepitoso fracaso. Se coló mucha gente de la calle sin invitación —entre ellos grupos de vándalos— y resultó un auténtico caos. En un momento de la noche descendió del techo del estadio un descomunal pastel de color azul de cuatro metros de altura y casi una tonelada de peso valorado en quince mil dólares. Fue la propia Elizabeth la encargada de cortarlo mientras los guardias de seguridad intentaban evitar una estampida. A medianoche los Todd abandonaron discretamente el lugar por una puerta trasera para evitar a los periodistas. «Fue una hecatombe —reconoció Liz—, un auténtico desastre.»

Para olvidar el fiasco y eludir a la prensa, el matrimonio se embarcó en una gira mundial de promoción de la película que les llevó, entre otras etapas, a la Unión Soviética, Australia y Hong Kong. Durante ese viaje se enteraron de que Elizabeth había sido nominada por primera vez a un premio de la Academia por su actuación en *El árbol de la vida*. Aunque la actriz desde que se había casado no tenía mucho interés en volver al cine, aún no había vencido su contrato con la Metro. «He encontrado al hombre de mi vida; es maravilloso, tiene sentido del humor, es muy generoso conmigo, comprensivo y un extraordinario cocinero… y está muy feliz de haber sido padre de una niña adorable como Liza —comentó a un periodista—. Es el momento más dulce de mi vida y quiero aprovecharlo al máximo.» Pero entonces llegó a sus manos el guion de *La gata sobre el tejado de zinc*, adaptación de la espléndida obra teatral de Tennessee Williams que iba a dirigir Richard Brooks. Le cautivó el personaje de Maggie, una mujer ardiente y provocativa que trata de conquistar a un esposo atractivo pero frígido, papel que interpretaba Paul Newman. Cuando los periodistas le preguntaron a Liz por qué motivo había decidido reanudar su carrera, respondió: «La oportunidad de trabajar en una película basada en la obra de uno de nuestros más grandes dramaturgos excluye cualquier posibilidad de rechazo».

El 27 de febrero de 1958 Mike organizó una fiesta de cumpleaños a Elizabeth en su casa de Beverly Hills. Asistieron un reducido grupo de amigos, entre ellos David Niven, el escritor Art Cohn, Debbie Reynolds y Eddie Fisher. La popular actriz y su marido atravesaban por una grave crisis en su matrimonio y Todd pensó que les iría bien distraerse un poco. Aquel día en el que Liz cumplió veintiséis años, Mike se pasó buena parte de la velada alabando el talento artístico de su esposa y convencido de que su papel de Maggie en *La gata sobre el tejado de zinc* le haría ganar un Oscar. También se encontraba muy ilusionado con su siguiente proyecto, la versión cinematográfica del *Quijote*. Otra superproducción con la que pretendía obtener el mismo éxito y dinero que con *La vuelta al mundo en ochenta días*, que seguía imparable llenando cines y cosechando éxitos.

Elizabeth comenzó animada el rodaje de la película, pero la relación con su compañero Paul Newman fue bastante tirante. Entre los dos no existía ninguna química y no lo disimulaban en público. Al actor, que ya era una reconocida estrella, su compañera le resultaba una mujer caprichosa e insoportable con aires de diva. Liz se apoyó en el director, que estaba convencido de su talento dramático y de que era una actriz capaz de transmitir emociones muy intensas. De nuevo su buena amiga Helen Rose, a la que le había confiado todos sus vestidos de boda, se encargó del diseño de su vestuario. En esta ocasión estaba feliz porque lejos de tener que llevar, como en *El árbol de la vida*, pesados y encorsetados trajes de época, aquí se pasaba buena parte de la película paseándose con una provocativa combinación blanca de raso y encaje que le sentaba como un guante.

Tres semanas después de iniciarse el rodaje, la actriz cogió un fuerte resfriado que se complicó con una bronquitis y tuvo que guardar cama. Todd tenía pensado asistir con ella a una cena organizada por el Friars Club para mil doscientos invitados en el Waldorf Astoria de Nueva York. Mike había sido nombrado showman del año e iban a entregarle el premio durante el banquete. El matrimonio se proponía viajar juntos en su avión privado *Liz*, un bimotor Lockheed Lodestar de seis plazas, que el productor utilizaba para sus desplazamientos. Recientemente había reformado el interior del aparato, instalando un dormitorio en seda color violeta, en homenaje al color de ojos de su esposa, con una gran cama de matrimonio.

La enfermedad de Elizabeth le hizo cambiar de planes a

última hora. Como no le apetecía viajar solo, comenzó a llamar a algunos amigos confiando en que pudieran acompañarle. Pero ni el actor Kirk Douglas, ni Eddie Fisher, ni el director Joseph Mankiewicz estaban disponibles. Finalmente, el escritor Art Cohn, que en breve iba a publicar la biografía de Todd, aceptó ir con él. De nada sirvió que Liz le rogara que no hiciera el viaje porque el pronóstico del tiempo anunciaba fuertes tormentas y vientos racheados. La salida estaba prevista para las diez y media de la noche y la duración del vuelo sería de once horas. «No te preocupes, cariño, llevaré una foto tuya. No sucederá nada», le dijo para tranquilizarla. Poco después despegó con Art Cohn, el piloto y el copiloto en medio de un fuerte aguacero. El productor nunca llegó a su destino. El 21 de marzo de 1958, a las pocas horas de despegar, su avión cayó en picado y se estrelló contra el suelo en un pequeño valle cubierto de nieve entre dos montañas en Nuevo México. La explosión incendió la aeronave y sus cuatro ocupantes murieron en el acto. Al amanecer llegó el equipo de salvamento en busca de los restos y solo encontraron un amasijo de hierros retorcidos. Mike Todd tenía cuarenta y ocho años y su matrimonio con Elizabeth Taylor había durado trece meses. La viuda solo recuperó de entre sus pertenencias la alianza de oro de su marido, que sobrevivió a las llamas.

Antes de que el doctor Kennamer, su médico personal, entrase en su dormitorio para darle la trágica noticia, ella ya sabía que algo terrible había ocurrido. Liz, que aún se encontraba durmiendo, saltó de la cama en camisón y recorrió toda la casa descalza, sollozando desconsoladamente. «Le imploré que no fuera, que esperara un día más. Creo que él no quería irse. Subió seis veces a despedirse de mí con un beso antes de salir. Oh, Dios. No puedo soportarlo. Nos amábamos. Nadie puede saber cuánto», se lamentaba. Enseguida acudieron a la residencia Dick Hanley, el asistente personal de Todd, su agente Kurt Frings y su amiga Debbie Reynolds, que recogió a los hijos de la actriz para llevárselos a su casa. Eddie Fisher aún se encontraba de viaje en Nueva York. Horas más tarde llegaron sus padres y su hermano Howard, así como Edith Head, Helen Rose e Irene Sharaff, las tres grandes diseñadoras de Hollywood y buenas amigas de la estrella.

La noticia de la trágica muerte del esposo de Elizabeth Taylor conmocionó al mundo. El público estadounidense lloraba por la joven viuda, que había perdido al amor de su vida. Los ejecutivos de la Metro Goldwyn Mayer se acercaron a su mansión para darle el pésame. A su llegada vieron cómo toda la calle había sido tomada por los equipos de televisión y la prensa internacional. Había fotógrafos y curiosos por todas partes, encaramados a los árboles, sobre los coches e incluso en el tejado. Dentro en la casa reinaba un auténtico caos. El estudio había enviado a cuatro de sus relaciones públicas para atender el teléfono y hablar con los periodistas. Mientras, la Taylor estaba fuera de sí: gritaba el nombre de Mike y lloraba sin cesar. Se mostraba tan alterada que el médico le tuvo que dar un fuerte sedante para que se relajara. «Nunca había visto a nadie tan afligido. Era una hermosa viuda de veintiséis años, con una preciosa niña de ocho meses que nunca conocería a su padre. Toda su vida parecía haberse hundido en un instante y nadie podía consolarla», comentó Helen Rose.

Liz, que lucía la alianza de oro de su esposo en la mano izquierda, no dejaba de repetir que no quería vivir un solo día sin Mike y que solo deseaba reunirse con él. Alarmados ante su estado, amigos y familiares hicieron turnos para vigilarla. Solo cuando Elizabeth vio a Eddie Fisher, que regresó a Los Ángeles en cuanto se enteró de la tragedia, pareció serenarse. «Eddie había sido el mejor amigo de Todd, al que siempre trató de imitar. Esa muerte le afectó tanto como a ella —contó Debbie Reynolds en sus memorias—. Ambos estaban destrozados. Eddie era el único vínculo de Liz con Mike. Yo lo sabía, y me alegré de que mi marido fuera capaz de consolarla.»

El funeral de Mike Todd tuvo lugar cuatro días después en el cementerio judío de Illinois. La víspera, el millonario Howard Hughes le ofreció a la actriz uno de sus aviones de la TWA para transportarla a Chicago. Aunque muchos creyeron que debido a la medicación que le habían dado y a su bajo estado de ánimo no podría asistir a la ceremonia, Elizabeth sacó fuerzas para subirse al avión y partió acompañada por su hermano Howard, su médico y Eddie Fisher. Las semanas siguientes fueron muy duras para la estrella. Estaba destrozada por el dolor y el no ganar el Oscar a la Mejor Actriz por su papel en *El árbol de la vida* —que se llevó a casa Joanne Woodward, futura esposa de Paul Newman— contribuyó a hundirla más. «A partir de ahora no me ocurrirá nada bueno, pues Mike se ha ido para siempre», dijo a sus amigos. Liz no podía conciliar el sueño, apenas comía; pasaba largas horas dando vueltas por la casa, llorando y echándose la culpa de lo ocurrido. Ordenó a la doncella que no se cambiaran las sábanas de su cama porque quería sentir el aroma de su esposo tanto tiempo como fuera posible; se acostaba con la camisa que Mike se había puesto el día anterior a su partida, y guardaba bajo la almohada su pijama. Para animarla, Eddie Fisher le leía en voz alta los cientos de cartas y telegramas que había recibido y que se apilaban en la mesa del salón. Entre ellos uno de la Casa Blanca, con las condolencias del presidente Eisenhower y su esposa.

En aquellos días Richard Brooks visitó a la actriz. Tras el

accidente de Todd se había suspendido el rodaje de *La gata sobre el tejado de zinc* y la Metro quería saber si su estrella estaba en condiciones de continuar el rodaje. No quiso presionarla, pero tenía plena confianza en ella y estaba convencido de que, si se animaba a volver, el trabajo la ayudaría a recuperarse de la tragedia. Un mes más tarde, Liz apareció por sorpresa en las oficinas de la Metro y pidió ver a Brooks. El director la encontró más delgada y ojerosa, y creyó que venía a anunciarle que se retiraba de la película, pero en vez de ello, con una leve sonrisa le dijo: «Quiero volver al trabajo, Richard». Y él le respondió: «Estupendo, entonces ve a maquillarte, querida».

Elizabeth estaba dispuesta a volcarse de lleno en su papel, pero la primera semana solo pudo trabajar una hora diaria y con frecuencia abandonaba el plató llorando. Había perdido peso y Helen Rose tuvo que estrecharle la combinación de raso y el vestido de seda blanco que lucía en varias escenas. Arropada por el equipo de la película y por el director, consiguió finalizar el rodaje y dotar a su personaje de una mayor carga emotiva. Hasta Paul Newman, que no se había mostrado muy amable con ella, acabó reconociendo su profesionalidad en tan duros momentos. «Creo que Elizabeth tiene mucho más talento del que la mayoría de la gente le adjudica —comentó el actor—. Y yo supongo que, como ocurre a todo el mundo, su mayor problema es ella misma. Y que lo que más limita su eficacia como actriz y el alcance de su interpretación es algo que tiene que ver con sus problemas personales.» Su trabajo en la película le valió el aplauso de los críticos y su segunda nominación al Oscar.

Tras la muerte de Mike Todd, la actriz encontró un gran apoyo en Eddie Fisher, también de origen judío y cuatro años mayor que ella. Este famoso cantante melódico era, además, un ídolo televisivo que tenía su propio show de variedades. Cuando se encontraba en la cumbre de su carrera conoció a la pizpireta Debbie Reynolds, «una chica tan buena, guapa y decente que era toda una excepción en Hollywood», y comenzó a salir con ella. La columnista Louella Parsons los bautizó como «los novios de América». Más tarde Fisher reconoció que su matrimonio había sido concertado por la Metro y que nunca había existido amor entre ellos. Debbie Reynolds y Liz, que habían crecido juntas en el estudio, y eran buenas amigas, no podían ser más distintas. En sus memorias, Eddie Fisher escribió: «Elizabeth con aquellos vestidos ceñidos y escotados y sus espectaculares joyas. Debbie vestida con una sencillez apabullante; Elizabeth sosteniendo un cigarrillo en la boca y una copa en la mano, mientras Debbie nos largaba a todos un sermón sobre el vicio de fumar y beber. Estaba convencida de que su virtud la hacía superior a Elizabeth, de modo que tras la ruptura explotó su imagen de esposa abandonada al máximo».

Con la desaparición de su amigo y protector, Eddie se quedó tan destrozado como Elizabeth y pasaban muchas tardes juntos recordando los buenos momentos que ambos habían compartido con Mike. Cuando Eddie cumplió treinta años, la actriz le llamó para decirle que tenía un regalo para él. «Llegué a su casa —recordaba— y me la encontré sentada junto a la piscina, enfundada en un traje de baño de color carne, remojándose los pies en el agua, con la pequeña Liza sentada en el regazo. La miré a los ojos y ella me devolvió la mirada. En aquel momento comprendí que me había enamorado. Elizabeth entró en la casa y regresó con el sujetabilletes de oro de Todd. "Sé que a Mike le gustaría que lo tuvieras tú", me susurró Liz.» A partir de aquel instante fueron inseparables. Unos días más tarde, durante un paseo por la playa en Malibú, el can-

tante le dijo: «Quiero ser tu marido. Me voy a casar contigo».
Y se besaron sellando así su amor.

A finales de agosto se reunieron en secreto en Manhattan,
y aunque cada uno se alojaba en un hotel diferente para no llamar la atención, todas las noches las pasaban juntos en la suite
que la estrella había alquilado en el hotel Plaza. Allí hicieron
por primera vez el amor y Liz se quedó gratamente satisfecha.
Eddie Fisher, que toda su vida fue un mujeriego, tenía fama de
ser un magnífico amante. Muchos atribuían su potencia sexual
a que era cliente desde hacía años de Max Jacobson, un polémico médico neoyorquino, apodado «Dr. Feelgood», que contaba entre sus pacientes a estrellas de Hollywood, intelectuales
y políticos de primer nivel como el presidente John F. Kennedy. Jacobson le administraba inyecciones de vitaminas mez-
cladas con anfetaminas varias veces a la semana, e incluso le
enseñó cómo hacerlo él mismo. Elizabeth y Eddie pasaron
«cuatro días y cuatro noches» seguidos sin salir de su suite.
Cuando más adelante un periodista le pidió al cantante que
describiera a la actriz, Fisher respondió: «Es la mujer más sensual que he conocido».

La relación entre la pareja, que se había iniciado aquel caluroso verano de 1958, acabó por salir a la luz pública y causó
un enorme escándalo. El triángulo amoroso que involucraba al
cantante predilecto de Estados Unidos, a una actriz muy querida por el público y a la viuda más hermosa del mundo, desató una tormenta mediática. La gente que unos meses atrás lloraba por Liz Taylor, ahora la tildaban de «robamaridos, Jezabel
y ramera» y se ponían del lado de la despechada esposa de Fisher.
En todo el país se la criticaba, y desde los púlpitos de las iglesias
tachaban su comportamiento de indecente y pecaminoso. Las
columnistas Hedda Hopper y Louella Parsons, que siempre la

habían apoyado, ahora reprobaban su comportamiento y le pedían que diera buen ejemplo a sus hijos. En aquellos días Hedda la llamó por teléfono y le preguntó: «¿Qué crees que opinaría Mike Todd sobre esta situación?». La actriz, de manera sincera, le respondió: «Mike está muerto y yo viva. ¿Qué pretendes? ¿Que duerma sola?». Esta frase se convirtió en el titular del artículo que escribió y contribuyó aún más a mostrar a la actriz como una mujer cruel y sin sentimientos.

El escándalo de Liz-Eddie-Debbie, como lo llamaban, ocupó durante semanas las portadas de los periódicos y revistas de toda la nación. Mientras la «víctima» Debbie Reynolds recibía el cariño de la gente y su carrera ascendía vertiginosamente, su esposo veía cómo sus fans se volvían contra él, las ventas de sus discos descendían y su exitoso programa de televisión era cancelado. Sin embargo, la Metro supo explotar la imagen de irresistible seductora y vampiresa que había conquistado la Taylor. Aprovechando el revuelo se estrenó *La gata sobre el tejado de zinc*, que gracias a tanta publicidad gratuita se convirtió en una de las más lucrativas del estudio y catapultó a Elizabeth al puesto de las diez estrellas más taquilleras. En noviembre de 1958, firmó un nuevo contrato para rodar en Londres *De repente, el último verano*, a las órdenes del gran cineasta Joseph Mankiewicz. Cobró quinientos mil dólares por ocho semanas de trabajo, lo que la convertía en la actriz de cine mejor pagada del mundo.

Debbie Reynolds acabó solicitando el divorcio, y tras llegar a un acuerdo con su marido el 12 de mayo de 1959, su matrimonio quedó disuelto. Tres horas más tarde Elizabeth Taylor y Eddie Fisher se casaban en el templo Beth Shalom de Las Vegas. La ceremonia fue oficiada por Max Nussbaum, conocido como «el rabino de las estrellas». La actriz se había convertido al judaísmo porque «era la religión de Mike Todd y de Eddie Fisher» y en ella aseguraba haber encontrado un sentido a su vida. Entre los invitados estaban sus padres, Mike Todd Jr. y su esposa, algunos ejecutivos de la Metro y unos amigos de la pareja. La actriz llegó tarde, como era su costumbre, y lucía un favorecedor vestido de gasa verde semitransparente, de cuello cerrado y manga larga, acompañado de una capucha drapeada de la misma tela. A sus veintisiete años, Elizabeth Taylor, con tres hijos y dos divorcios a sus espaldas, plantaba cara a la opinión pública y se casaba por cuarta vez. Al salir del templo, sonriente, declaró una vez más a la prensa: «Nunca he sido tan feliz. Nuestra luna de miel durará treinta o cuarenta años».

La luna de miel no fue tan tranquila ni romántica como Eddie Fisher esperaba. Los recién casados volaron a Nueva York, pero no estaban solos. Viajaban con los tres hijos de Elizabeth, sus inseparables mascotas, colaboradores, empleados y una batería de sesenta baúles y maletas. Desde el primer instante, Liz le adjudicó a su esposo el papel de ayudante personal y «niñera» de sus hijos. Truman Capote le apodaba irónicamente «el Mozo», y la prensa se refería a él como «el señor Elizabeth Taylor». Aunque el cantante intentó estar a la altura de Mike Todd y le regaló hermosas joyas, como una pulsera de brillantes de doscientos setenta mil dólares, un bolso de noche bordado con veintisiete diamantes —los mismos que los años que cumplía ella— y un collar de esmeraldas de Bulgari, descubrió enseguida que no era fácil contentarla. Liz necesitaba a su lado a alguien que le prestara todo su tiempo y atención, y eso significaba que la carrera profesional de Fisher pasó a un segundo plano.

Cuando llegaron a Londres, el matrimonio se instaló en una mansión de quince habitaciones cerca del castillo de Windsor. Pertenecía a Sam Spiegel, el productor de la película que pronto iba a rodar Elizabeth, y se la prestó para que los recién casados se sintieran a gusto y tuvieran algo de privacidad. Tras su magnífico trabajo en *La gata sobre el tejado de zinc*, la actriz iba a protagonizar *De repente, el último verano*, otra adaptación de un drama de Tennessee Williams que la volvía a reunir con Montgomery Clift. Para Liz suponía el mayor reto hasta ahora en su carrera, ya que su oponente femenina era la veterana Katharine Hepburn. El rodaje fue muy tenso por las fuertes personalidades y los egos de los tres actores. El director Joseph Mankiewicz mantuvo desde el principio una relación muy tirante con la Hepburn, a la que culpaba de querer dirigir ella la película. Tampoco le resultó sencillo trabajar con Monty, a quien le costaba memorizar los diálogos y era presa de tics y temblores debido a las pastillas que tomaba. La situación llegó a tal extremo que Sam Spiegel propuso sustituirlo por Peter O'Toole. Al enterarse de ello, Elizabeth le increpó con estas palabras: «Antes tendrás que pasar sobre mi cadáver. Si despides a Monty, yo me marcho también». Liz y Mankiewicz acabaron siendo excelentes amigos. Con fama de seductor nato —tenía costumbre de acostarse con las protagonistas femeninas de sus películas—, durante el rodaje no disimuló la atracción que sentía por ella y la trató con especial afecto. La película le valió a la Taylor su segunda nominación al Oscar. No lo consiguió, pero se llevó a casa el Globo de Oro a la Mejor Actriz Dramática.

Unos meses más tarde, cuando los Fisher se encontraban disfrutando de unos días de descanso en el hotel Dorchester, Liz recibió una llamada telefónica desde Hollywood que cambió el curso de su vida. El productor Walter Wanger llevaba dos años detrás de ella para que protagonizara *Cleopatra*, una superproducción de la Twentieth Century Fox con la que el estudio pretendía solventar sus apuros económicos y recuperar el prestigio de antaño. Pero la actriz había mostrado poco interés por el proyecto y aún no había llegado a sus manos el guion. Aunque se habían barajado otros nombres como Joan Collins o Susan Hayward para sustituirla, al final todos estaban de acuerdo en que solo la Taylor, en la cúspide de su fama, podía interpretar a la poderosa y sensual reina del Nilo. Aquella mañana del 1 de septiembre, Elizabeth se encontraba dándose un relajante baño de espuma en la bañera de la suite de su hotel cuando Wanger volvió a llamarla en un último intento por convencerla. Eddie cogió el teléfono, y como ella seguía sin ganas de hacer la película, le soltó a su esposo: «Dile que solo la haré por un millón de dólares». El productor, tras un breve silencio, respondió: «Tengo que consultarlo». Al cabo de una hora telefoneó de nuevo a la habitación y dijo: «Trato hecho». Atónita de que hubieran accedido a pagarle semejante cantidad —una cifra récord en la industria del cine—, Liz gritó de alegría y se sumergió en el agua.

En enero de 1960 Walter Wanger se reunió en Nueva York con la estrella para discutir los detalles de su contrato. Había aprendido muy bien de su anterior esposo Mike Todd y la encontró dispuesta a negociar duro. Además de su salario de un millón de dólares por sesenta y cuatro días de trabajo —y cincuenta mil dólares por cada semana extra—, se embolsaría el diez por ciento de los beneficios de la película. Exigió también tres mil dólares semanales para dietas, y mil quinientos por semana para Eddie, en concepto de ayudante. Asimismo insistió en que la película se filmara en el sistema Todd-AO inventado por su difunto esposo, lo que le reportó aún más ganancias, ya que como viuda del productor había heredado los derechos. Y a su interminable lista añadió que no trabajaría durante la menstruación, que Sydney Guilaroff sería su peluquero, que necesitaba dos amplias suites en el ático del hotel Dorchester en el que siempre se alojaba y un Rolls-Royce a su entera disposición para llevarla cada día a los estudios Pinewood, a las afueras de Londres, donde se iba a filmar *Cleopatra*.

Pero antes de ser la reina de Egipto, aún tenía que rodar su última película para la Metro. El estudio quería explotar los escándalos de su estrella y le ofrecieron protagonizar *Una mujer marcada*, basada en la vida de una famosa prostituta de lujo en Nueva York. Tras leer el guion, a Liz le pareció un insulto a su persona. «La protagonista es una ninfómana —se lamentó—. Es una historia tan repugnante que no la haré por nada del mundo.» Los ejecutivos la amenazaron con suspenderle el contrato y no podría trabajar en otra película durante dos años. Finalmente aceptó a regañadientes porque no quería perder su contrato millonario con la Fox. Estaba tan enojada que les aseguró que «les iba a causar todo tipo de problemas» y exigió que le dieran un papel a su esposo Eddie Fisher. El rodaje comenzó en enero en Nueva York y para su director Daniel Mann fue una horrible pesadilla. «Liz se mostró más impertinente y caprichosa que nunca, y todos sentimos un gran alivio cuando concluyó la última escena», confesó.

A principios de otoño, y liberada al fin del control de la Metro donde «había estado cautiva y explotada durante dieciocho años de su vida», Elizabeth, su familia y su habitual séquito de empleados y mascotas llegaron a Londres y se instalaron en el Dorchester. En los estudios Pinewood se había recreado la antigua ciudad de Alejandría, en una extensión de más de tres hectáreas. A Elizabeth, en el papel de Cleopatra, le acompañaban los actores Peter Finch como Julio César y Stephen Boyd como Marco Antonio. Aunque los preparativos iban a buen ritmo, el director Rouben Mamoulian no había tenido en cuenta el mal tiempo en Inglaterra ni la frágil salud de Elizabeth Taylor. La actriz arrastraba desde hacía años problemas bronquiales y padecía fuertes migrañas y dolores de espalda. El frío, la humedad y el viento no hicieron más que agudizar sus males. Una noche la actriz sufrió una jaqueca tan terrible que mandaron llamar a lord Evans, médico de la reina Isabel II, quien acudió de inmediato al hotel. Tras ingresarla en la London Clinic, los especialistas determinaron que sufría un ataque de meningitis. La actriz permaneció una semana ingresada en el hospital y después viajó a Palm Springs, donde pasó unos días de descanso con su marido. La Fox decidió cerrar temporalmente el plató en Pinewood debido a las lluvias persistentes y a la espera de que su estrella se recuperase. Se anunció que el rodaje de exteriores comenzaría en el mes de abril. Pero con el paso de los meses, la salud de Elizabeth siguió deteriorándose.

A principios de marzo de 1961, Liz contrajo una bronquitis que derivó en una neumonía acompañada de una grave congestión pulmonar. Una noche empezó a respirar con dificultad y hubo que trasladarla de nuevo a la London Clinic. La actriz llegó al hospital semiconsciente y fue conducida de inmediato al quirófano, donde se le practicó una traqueotomía de urgencia para salvarle la vida. La delicada salud de Elizabeth Taylor ocupó la atención de la prensa mundial y algunos medios sensacionalistas hicieron creer a sus lectores que la estrella tenía pocas posibilidades de sobrevivir. Algunos incluso ya la dieron por muerta. «He leído mis obituarios. ¡Las mejores críticas que he tenido nunca!», comentó con humor. Al hospital llegaban flores, regalos y telegramas. Cientos de admiradores se congregaron en los alrededores llevando rosarios, velas y rezando por su estrella. Por primera vez desde la muerte de Todd, la actriz contaba con las simpatías de la gente. Cuando el 27 de marzo abandonó el hospital acompañada de su esposo, sus padres y su médico personal, su popularidad había alcanzado su cota más alta. A lo largo de su vida, Elizabeth contó una y otra vez que estuvo clínicamente muerta y que «en medio de aquella terrible oscuridad, persistía en mí el obstinado deseo de vivir y regresé de pronto a la luz». De nuevo tenía al público de su lado. Unas semanas después recibió sorprendida el Oscar a la Mejor Actriz por *La mujer marcada*, la película que había rodado el año anterior y que ella tanto odiaba. Su buena amiga Shirley MacLaine, la favorita por su magnífico papel en *El apartamento*, lamentó con humor: «Me ha ganado una traqueotomía».

Cuando seis meses más tarde Elizabeth pudo incorporarse al rodaje, los imponentes decorados de *Cleopatra* se habían desmontado uno por uno y trasladado a Roma. Feliz de no tener que regresar al húmedo y frío clima inglés, se encontraba más animada que nunca y volvió a sus antiguos hábitos. Empezó a tomar de nuevo grandes cantidades de pastillas y alcohol, para preocupación de su esposo, que temía una recaída. Sus excesos ocultaban una realidad que se negaba a admitir: su matrimonio hacía tiempo que no funcionaba. Mientras estuvo casada con Eddie, la actriz mantuvo una breve relación con Max Lerner, un columnista político y profesor universitario treinta años mayor que ella. Se conocieron en Londres durante el rodaje de *De repente, el último verano*. Liz le llamaba «mi pequeño profesor» y comparaba su curiosa relación con la unión entre Sophia Loren y Carlo Ponti, «la mezcla perfecta de inteligencia y belleza». Lerner describió a Elizabeth en su columna como «una mujer extraordinaria, encantadora, apasionada, exasperante e imposible». Reconoció haberse enamorado de ella y estuvo a punto de pedirle que se casara con él, pero cambió de opinión: «Comprendí que me utilizaría como una mujer hermosa utiliza a un viejo como fachada mientras ella se lía con tipos que la atraen». Liz le llegó a proponer que escribieran juntos un libro que se titularía *Elizabeth Taylor, entre la vida y la muerte* basado en sus experiencias y reflexiones, pero al final abandonaron el proyecto.

A esas alturas era evidente que Eddie Fisher nunca podría ofrecerle a Liz la vida excitante y de opulencia que había llevado con Mike Todd. El cantante había renunciado a su exitosa carrera musical por ella y lamentaba que desde que se habían casado aún no tenían su propio hogar. Seguía siendo su «chico para todo»: atendía sus llamadas telefónicas, satisfacía todos sus caprichos, paseaba a sus perros, supervisaba sus comidas, organizaba sus viajes y cuidaba de sus hijos en su ausencia. También hacía todo lo posible para que la actriz no bebiera demasiado alcohol, le controlaba los cigarrillos que fumaba y vigilaba su dieta porque tenía tendencia a engordar. Cuando el 1 de septiembre de 1961 llegaron a Roma, el cantante creyó que podrían pasar más tiempo juntos. No imaginaba el escándalo que se avecinaba y que en la Ciudad Eterna iba a perder a Liz para siempre.

UN AMOR DE PELÍCULA

La Fox puso a disposición de Elizabeth Taylor una espléndida mansión de mármol rosa, Villa Pappa, con catorce habitaciones, piscina climatizada, pista de tenis, cuidados jardines y un frondoso bosque de pinos en la via Appia, a escasos minutos en coche de los estudios Cinecittà de Roma, donde pronto comenzó el rodaje. La actriz y su marido se instalaron con sus tres hijos y su séquito, que incluía los dos secretarios de la pareja, una institutriz y el médico personal de Liz. El servicio italiano constaba de varias doncellas, mayordomo, cocinero y un jardinero. Con los Fisher viajaban también sus diez perros, dos conejos y un par de gatos persas. El estudio se volcó para que su estrella se encontrara lo más a gusto posible y poder reanudar cuanto antes una producción que hasta la fecha solo les había ocasionado pérdidas millonarias. Tras invertir seis millones de dólares, aún no contaban con un solo fotograma aprovechable.

El traslado a Roma implicó el cambio de director y de los dos protagonistas masculinos, que tenían otros compromisos que atender. Rex Harrison era ahora Julio César y Richard Burton encarnaría a Marco Antonio. Roddy McDowall, amigo íntimo de Elizabeth, aceptó interpretar a Octavio. La dirección pasó a manos de Joseph Mankiewicz, que nunca había dirigido una superproducción, pero a quien la Fox consideraba el único que podía ayudarles a mantener a raya a Liz. La actriz estaba feliz de encontrarse «entre amigos» y ponerse a las órdenes de un director que la adoraba y al que consideraba un genio. Enseguida se sintió identificada con su personaje de la última reina de Egipto. Explicaba a sus compañeros de reparto que «Mike Todd había sido para ella lo que Julio César para Cleopatra y que después de la muerte del César, la reina se había sentido atraída por Marco Antonio, su hombre de confianza, lo mismo que ella por Eddie Fisher».

Elizabeth Taylor aún estaba casada con Michael Wilding cuando coincidió por primera vez con Richard Burton. Fue durante un almuerzo que ofrecieron Stewart Granger y su esposa Jean Simmons en su casa de Los Ángeles a un grupo de amigos. Aunque el actor intentó flirtear con ella, Liz apenas le prestó atención. Le pareció un tipo «engreído, algo desaseado y muy pagado de sí mismo». Una década más tarde sus destinos se volvían a cruzar. De origen galés, el actor tenía treinta y seis años y su verdadero nombre era Richard Jenkins. A diferencia de la Taylor, tenía un pasado marcado por las penurias y los sufrimientos. Provenía de una humilde familia galesa y era el penúltimo de los trece hijos de un minero alcohólico. Su madre murió cuando él contaba dos años y fue criado por su hermana mayor, Cis. Inteligente y dotado de una fuerte personalidad, en su adolescencia conoció a Philip Burton, un profesor y erudito que se convirtió en su mentor y su padre adoptivo. Le dio el apellido Burton y además le consiguió una beca para estudiar en Oxford. Pronto se labró un gran prestigio interpretando obras de Shakespeare.

Tras un año actuando con enorme éxito en los escenarios de Broadway dando vida al rey Arturo en Camelot, comenzaba a aburrirse. Deseaba dar el salto a Hollywood, donde había hecho algunas películas mediocres que no le habían permitido ningún lucimiento. Entonces la Fox le ofreció un contrato de tres meses de trabajo en *Cleopatra* para hacer el papel de uno de los galanes de Liz Taylor, y no lo pensó. Burton nunca había ganado tanto dinero —cobró doscientos cincuenta mil dólares semanales— y se jactó de que su caché estaba por encima del de Rex Harrison, que hacía de César. También la idea de tener una villa en Roma para él y su familia con un chófer y varios criados le resultaba de lo más tentadora. Richard estaba casado con Sybil Williams, una actriz galesa a la que conoció siendo muy joven. Poco después de la boda, ella renunció a sus sueños artísticos y se dedicó por entero a la carrera de su marido y a formar una familia. Tenían dos hijas, Jessica, que aún no había cumplido los dos años, y Kate, de cuatro, a las que Burton adoraba. Pese a su afición a las mujeres, Sybil sabía que siempre regresaba a su lado.

El 22 de enero de 1962, Liz y Richard se vieron por primera vez en el inmenso plató de *Cleopatra* caracterizados de sus personajes. La actriz estaba al tanto de su fama y sabía que se había acostado con la mayoría de sus parejas cinematográficas, pero sin romper su matrimonio. A pesar de su cara marcada por la viruela, Burton tenía un físico poderoso que resultaba irresistible a las mujeres. El actor era una versión mejorada de Mike Todd: algo más alto, robusto y muy fuerte, de hombros anchos y unos magníficos ojos azul verdoso. Su voz era grave y sensual, y en conjunto poseía una virilidad en estado puro. A Liz no le impresionaba su fama de seductor, pero sentía respeto por su enorme talento: «¡Richard era una leyenda! Un actor de verdad —confesó—, no una estrella de Hollywood. Alguien que se sabía todo el guion antes de empezar a rodar, sus diálogos y los de todo el reparto. A mí me imponía mucho».

Cuando aquel día se encontraron frente a frente, él vestido con una túnica cortísima de soldado que dejaba al descubierto sus muslos musculosos y ella con sus impresionantes ojos perfilados de negro al estilo egipcio y un vestido verde de generoso escote diseño de Irene Sharaff, se mostraron indiferentes el uno con el otro. Después el actor se acercó a ella y le soltó: «¿Alguien te ha dicho que eres muy guapa?». A la actriz se le derrumbó el mito al instante y en sus memorias escribió: «Vaya con el intelectual, tan inteligente y me viene con esa vulgaridad. No me lo podía creer. Estaba deseando volver al camerino y contárselo a las chicas. Nos reímos mucho». En realidad era una táctica infalible de Burton: en un mundo donde todos estaban al servicio de la gran estrella, él se mostraba dispuesto a burlarse de ella. Tras echarle un primer vistazo, Richard comentó: «Es puñeteramente maravillosa, pero hay que bajarle los humos».

Al principio Richard solo pensó en tener una aventura con Liz y le gustaba meterse con ella. En su camerino —conocido como Burton's Bar— al finalizar el rodaje entretenía a sus compañeros de reparto y al equipo técnico contando chistes verdes mientras bebía un trago tras otro. Imitaba la voz de la Taylor y se mofaba del séquito «digno de una zarina» que la seguía a todas partes. También ridiculizaba a su débil y servil esposo, al que llamaba «el camarero». «¡Supongo que tendré que volver a ponerme mi armadura para actuar con Miss Tetas!», comentaba jocoso. Y cuando alguien le advirtió del poder de seducción de su compañera, respondió: «No es mi tipo, seguro que se afeita», en referencia a su abundante vello moreno.

A Burton lo que más le impresionaba de Liz era su poder de gran estrella. Ella cobraba cuatro veces más que él, vivía en Villa Pappa con todo el lujo de una auténtica reina del Nilo y le enviaban su plato favorito, el chile de Chansen's, en avión desde Los Ángeles. Se había criado en la Metro, conocía todos los entresijos del negocio y, harta de la tiranía del estudio, se había independizado. Además, contaba con un azaroso pasado que en nada tenía que envidiar al de otras diosas de Hollywood: aún no había cumplido los treinta años y ya se había casado cuatro veces, había enviudado y superado un sinfín de graves enfermedades y tres partos difíciles. Era la actriz mejor pagada del mundo y la más popular, había protagonizado varias películas de culto y tenía un Oscar. «Las burlas de Burton hacia ella, sus chistes zafios, en el fondo ocultaban una enorme admiración por una mujer que había conseguido lo que Hollywood a él le había negado», comentó un amigo.

A pesar de que se sintió muy atraído por el sex appeal de Liz, no se atrevió a dar un paso en falso. Su esposo la acompañaba siempre al plató, y cuando ella acababa una toma se sentaba en su regazo, encendía un cigarrillo y se mostraba muy cariñosa con Eddie. Parecían de nuevo felices y relajados, y hacían planes de futuro. En aquellos días el cantante viajó a Suiza, donde la pareja había decidido establecer su residencia por motivos fiscales. En Gstaad, un centro de esquí que pronto se puso de moda entre la jet set internacional, encontró el chalet Ariel construido por un millonario texano y Liz le apremió a que lo comprara. También habían comenzado los trámites de adopción de una niña alemana de nueve meses, a la que llamaron Maria. Cuando la informaron de que el bebé había nacido con una malformación congénita de cadera y que necesitaría una serie de operaciones que sus padres no podían costear, Elizabeth no se echó para atrás. Al contrario, pensó que aquella niña desnutrida y enferma era un regalo en su vida. Mientras rodaba *Cleopatra*, la pequeña Maria llegó a Villa Pappa y quedó al cuidado de una enfermera.

Todo cambió cuando unas semanas más tarde Liz y Richard ensayaron su primera escena juntos. En sus memorias la actriz escribe: «Llegó al rodaje con una tremenda resaca. Temblaba de pies a cabeza y tenía la cara enrojecida de la borrachera. Pidió una taza de café, pero era incapaz de sostenerla. Tuve que dárselo yo. Lo vi tan vulnerable, tan humano… me enamoré como una cría». Aquel simple gesto forjó una relación de complicidad entre ellos. Burton la desarmó aún más al equivocarse en una frase. «Ella buscaba a un hombre fuerte que la dominara y él a una mujer sexy y hermosa que le prodigara cuidados maternales. Y esa era Liz», dijo su amigo el actor Roddy McDowall. La estrella confesó con su habitual sentido del humor recordando aquel día que, si Richard había pensado conquistarla, no lo había podido planificar mejor.

Liz ya había sido testigo de sus cambios de humor y violentos ataques de ira —él lo llamaba «mi mal genio galés»— e intuía los tormentos que escondía tras su poderosa fachada. Pero quien conocía a fondo sus problemas con la bebida era su esposa Sybil. Richard era un insaciable bebedor desde su juventud y podía llegar a ingerir tres botellas de vodka al día. Cuando estaba sobrio era un ser encantador, culto, brillante y divertido, pero cuando tomaba más de la cuenta sacaba lo peor de sí mismo. Tenía un aguante que asombraba a todos. «Su consumo etílico estaba por encima de la norma social o la fanfarronada. Podía llegar a un bar a medianoche y seguir allí a la mañana siguiente, aguantando el tipo, a base de vodkas dobles y jarras de cerveza», escribe su biógrafo Melvyn Bragg. Por aquella época Liz también bebía bastante, si bien no llegaba a los niveles del galés. Como era una gran aficionada a los bloody marys, tenía la costumbre de llevar al plató una caja de vodka, tónica y zumo de tomate. En la nevera de su camerino tampoco faltaban las botellas de vino y champán.

Cuando Liz Taylor y Richard Burton rodaron su primera escena de amor juntos en *Cleopatra*, el actor confesó que se sintió paralizado, embriagado por su atractivo sexual. En el set «casi se podía sentir la electricidad entre ellos» y todo el equipo presenció el comienzo de un volcánico idilio. Repitieron varias veces la toma, y el beso cada vez era más largo y apasionado. Mankiewicz gritó por fin: «¡Corten!», pero ellos seguían fundidos el uno en el otro, como si estuvieran solos en el plató. «Me hacéis sentir como un intruso», protestó el director, visiblemente molesto. Fue un auténtico flechazo y, según algunos testigos, a partir de ese instante solían desaparecer cogidos de la mano al camerino de Burton, de donde salían al cabo de un rato sonrientes y relajados después de hacer el amor.

Para Joseph Mankiewicz rodar *Cleopatra* fue una pesadilla

que a punto estuvo de acabar con su salud y que marcó el inicio de su declive profesional. Todo era un desastre: no se cumplían los plazos, los costes se disparaban, y como el guion aún no estaba terminado dirigía de día y escribía de noche. Para poder aguantar ese ritmo abusaba de las anfetaminas. Parecía que todo estaba en su contra: las huelgas de los extras, las fricciones entre el equipo italiano y el estadounidense, la presión constante de los ejecutivos y un sinfín de adversidades. En medio de este caos, y para complicar aún más las cosas, la Taylor y Burton habían trasladado su desenfrenada pasión de la ficción a la realidad. Enseguida informó al productor Walter Wanger del romance de su estrella y este le tranquilizó diciendo que «en caso de que vaya en serio será una magnífica publicidad para la película». Mankiewcz tenía sus dudas. Le preocupaba que Liz tuviera una recaída emocional si descubría que para Burton solo había sido un capricho pasajero, y sobre todo la reacción del público al conocer la noticia. Hasta el momento Elizabeth, a pesar de sus escándalos, había conseguido recuperar las simpatías de la gente que la veía como una auténtica superviviente. Pero ahora se enfrentaba a una tormenta mediática de una magnitud que no imaginaba.

Cuando Burton empezó a cortejar a Liz, esta aún se volvió más diva e intransigente. «Lo cierto —recordó Stephanie Wanger, hija del productor— es que estaban muy enamorados. Todos lo sabíamos. Como pareja encajaban perfectamente. Tenían una relación increíble, y Roma entera se contagió de su amor.» Eran dos polos opuestos, la estrella caprichosa, millonaria desde niña gracias al cine, acostumbrada a que sus deseos fueran órdenes para los demás, y el rudo hijo de minero hecho a sí mismo, pero se atraían con una fuerza descomunal. Liz dijo más adelante que Burton poseía todas las cualidades de los hombres que ella había amado. El desparpajo del actor, su procaz sentido del humor y su incansable energía le recordaban a Todd. Ambos tenían un lado salvaje y disfrutaban apasionadamente del sexo. «Con solo oír su maravillosa voz tengo un orgasmo», le confesó a una amiga.

A Eddie Fisher le llegaron los rumores de lo que era un secreto a voces, pero no los tuvo en cuenta. Pensó que se trataba de un invento de la prensa sensacionalista y de los relaciones públicas de la Fox, quienes pretendían aprovecharse de estas habladurías para dar mayor publicidad a su película. Le preguntó al director Mankiewicz y este no se atrevió a decirle la verdad. Finalmente decidió hablar con su esposa. Una noche que estaban los dos leyendo en la cama, le soltó: «Dime la verdad, ¿hay algo entre tú y Burton?». Ella sin titubear le respondió: «Sí». Liz siempre iba con la verdad por delante y no iba a negar sus sentimientos. Tras esta confesión, el cantante hizo las maletas y le dijo que se iba a pasar un tiempo al chalet que acababan de comprar en Gstaad para poder reflexionar sobre lo ocurrido. Pero la actriz le rogó con lágrimas en los ojos que no la abandonara. «No me dejes, Eddie —le dijo—. Quédate y ayúdame a librarme de este cáncer...» Fisher, conmovido por su reacción, accedió a sus súplicas y permaneció a su lado. Confiaba en que Burton no abandonaría a su familia y todavía tenía la esperanza de recuperar a Liz.

Unos días más tarde Eddie presenció un incidente que le abrió definitivamente los ojos. Burton irrumpió borracho en la mansión de Liz a la hora de la cena y delante de él y una docena de invitados, exclamó con su voz teatral: «Elizabeth, ¿a quién quieres de verdad?». Tras mirar a ambos, ella respondió: «A ti». Entonces él se acercó y le dio un ardiente beso en la boca, como si estuvieran en el plató rodando una de sus esce-

nas de amor de *Cleopatra*. En aquel instante Fisher supo que su
matrimonio estaba acabado: «Ella tenía una desesperada necesidad de emociones y en nuestro matrimonio ya no había chispa. A Elizabeth no le bastaba una vida hogareña y cómoda. Era
adicta al dramatismo, a las peleas, a las reconciliaciones, a echar
las puertas abajo. Y en Burton había encontrado de nuevo esa
emoción», confesó. Aquella misma noche Eddie abandonó la
casa y se instaló en Roma en el apartamento de un amigo.

Para Richard fueron unos meses de gran tensión. El actor
oscilaba entre su abnegada y fiel esposa, y la explosiva y apasionada Elizabeth. «Era una interminable y cruel partida de ping-
pong, y aunque Sybil presentía lo que pasaba, no quería acep-
tarlo», recordaba el actor John Valva, pareja sentimental de
Roddy McDowall con quien compartía casa con los Burton.
El escándalo llegó a su punto más álgido cuando un malhumorado Fisher telefoneó a Sybil para contarle lo que ella ya sabía:
«Tu marido y mi mujer están liados». Ella reaccionó muy tranquila. Sabía que él necesitaba esas conquistas para probarse a sí
mismo, pero le aseguró que conocía bien a su esposo y «cuando acababa el flirteo, Richard siempre volvía a ella». Pero esa
noche Sybil se encaró por primera vez con el actor y le presionó para que tomara cuanto antes una decisión. Elizabeth se
había convertido en una rival demasiado peligrosa y en esa
ocasión sintió que era una amenaza real.

A finales de febrero de 1962 Burton se enteró de que su
esposa estaba iniciando los preparativos para irse a Londres con
sus hijas. Se sentía tremendamente culpable por abandonar a su
mujer, y más ahora cuando acababan de descubrir que su hija
menor, Jessica, sufría una grave enfermedad mental. La noticia
le dejó tan deshecho que se llevó a Liz a su camerino y le comunicó que lo suyo había terminado y que nunca abandonaría

a Sybil en esas circunstancias. Ella le escuchó sin decir palabra y al finalizar el rodaje se marchó a su villa, donde se encerró en su dormitorio y trató de suicidarse ingiriendo un frasco de somníferos. Tuvieron que llevarla a toda prisa al hospital para hacerle un lavado de estómago. Estuvo ingresada dos días y la Fox justificó su ausencia diciendo que todo se debía a «una intoxicación alimentaria». Años después Elizabeth reconoció con pesar que había intentado suicidarse en dos ocasiones y que en aquella época «estaba muy enferma», presa de una gran angustia por tener que tomar una decisión que haría daño a otras personas y la condenaría de nuevo públicamente.

Una mañana Eddie Fisher, que había vuelto a su lado, recogió sus cosas y regresó definitivamente a Nueva York. Quería retomar su vida y su carrera artística, que había abandonado tras su matrimonio. Apareció en varios clubes nocturnos de la ciudad en los que abría su espectáculo con la canción *Arrivederci Roma*, pero no consiguió recuperar el éxito de antaño. Por esas mismas fechas, Sybil Burton se instaló con sus hijas en Londres en un intento de presionar a su esposo, pero aún convencida de que las cosas se arreglarían. Al fin solos, los dos enamorados pudieron disfrutar de su romance fuera del plató. Paseaban del brazo por el centro de Roma, cenaban y bailaban en la via Veneto, y hacían el amor. Elizabeth le regaló un Rolls-Royce de color verde aceituna y él la obsequió con un impresionante collar de Bulgari de esmeraldas y diamantes. Pero su mayor felicidad era escaparse cuando podían en un viejo Fiat de dos plazas a una casita de pescadores que habían alquilado en secreto en Porto Santo Stefano. «Pasábamos allí muchos fines de semana. Yo preparaba una barbacoa. Había una ducha que se caía de vieja y las sábanas siempre estaban húmedas. Pero nos encantaba porque allí podíamos ser dos personas normales y corrientes.»

En su refugio Burton aprovechaba para escribir, una de sus pasiones secretas. Llevaba desde hacía años un diario, y llenaba sus páginas de pensamientos y reflexiones muy íntimos. En ellas reconoce que Liz se había convertido en su obsesión. Cree que es una «diosa del sexo» y su cuerpo voluptuoso le parece un prodigio, «es para los sentidos la octava maravilla del mundo».

En el verano de 1962 el romance de Elizabeth Taylor y Richard Burton ocupó las portadas de la prensa de todo el mundo. Habían pasado de la sección de espectáculos a la primera plana, desplazando asuntos tan importantes como la crisis de los misiles en Cuba. La célebre fotografía en la que aparecen en traje de baño y besándose sobre la cubierta de un yate en la isla de Isquia donde se rodaban las últimas secuencias de *Cleopatra* desencadenó una ola de críticas. El Vaticano los acusó de ser «personas de dudosa moral que practicaban el vagabundeo erótico» y hasta el Congreso de Estados Unidos condenó el adulterio de la famosa pareja. Liz recordaba en sus memorias que «en Roma había gente que escupía en la acera cuando se cruzaba conmigo por la calle. Incluso hubo periódicos que pedían que me retirasen la custodia de mis hijos». Había estallado lo que Burton llamó «*le scandale*», y él en unas pocas semanas pasó de ser el gran actor de los escenarios británicos a una celebridad internacional. De repente no podía ir por la calle sin que le reconociesen, y al principio la fama le gustó.

Por su parte, la Twentieth Century Fox temía que tanta publicidad negativa perjudicase a *Cleopatra* si los espectadores boicoteaban la película. El productor Walter Wanger amenazó a la pareja con denunciarles si no rompían su relación por incumplir la cláusula de moralidad que figuraba en sus contratos. Liz, enfurecida, le dijo a su agente: «Diles que pueden demandarme si lo desean, pero la Twentieth Century Fox se hundirá.

Cleopatra no está terminada, es demasiado tarde para sustituirme. Si me marcho será su fin. No consiento que nadie me diga de quién puedo enamorarme o con quién puedo o no salir».

El caos generalizado del rodaje se agravó aún más con el constante acoso de los paparazzi, que literalmente tomaron los alrededores de los platós en Cinecittà. Liz y Richard eran la pareja más buscada del momento y estaban dispuestos a todo con tal de obtener una fotografía comprometedora. «Los paparazzi, ese grupo de fotógrafos de baja estofa que tan bien retrata *La dolce vita* de Fellini, han sido nuestra cruz desde que llegamos a Roma», confesó Burton. Hacían guardia día y noche frente a Villa Pappa y algunos hasta trepaban por los árboles e intentaban saltar al jardín o se disfrazaban para poder entrar en la mansión de la estrella. Para el actor sentirse en el ojo del huracán resultaba algo nuevo, pero no para Liz, que había crecido rodeada de fotógrafos desde que era una niña. Los paparazzi incluso invadieron su nido de amor en Porto Santo Stefano: «Hasta con ellos colgados de los árboles —recordó ella—, hasta oyendo sus pasos por el tejado, podíamos hacer el amor, jugar al Scrabble y formar palabras indecentes, y nunca se acababa la partida. Si te excitas jugando al Scrabble, es que es amor; lo demás nada importaba».

Pero Elizabeth sí estaba preocupada por la reacción del público, y más cuando estaba a punto de rodar una de las escenas más famosas de la película: la entrada de Cleopatra en Roma. Sabía que desde los sectores más conservadores habían animado a la gente a boicotearla: «Estar en medio de una multitud —confesó Liz—, yo sola, allá arriba sentada en mi trono… me producía pavor. Pensé que iban a abuchearme y lanzarme piedras». Sin embargo, sucedió algo increíble. Cuando Cleopatra cruzaba las puertas de Roma en una enorme efigie de oro tirada por decenas de esclavos nubios, los seis mil figurantes romanos en lugar de gritar: «¡Cleopatra! ¡Cleopatra!», exclamaron: «¡Liz, Liz!». A la actriz, que lucía un impresionante modelo —un vestido dorado y capa de oro de veinticuatro quilates a juego con un suntuoso tocado que emulaba un ave fénix—, se le saltaron las lágrimas. Al finalizar la escena, dio las gracias de corazón a todos por su cariño y respaldo. Elizabeth Taylor había vencido al Vaticano y ganado, una vez más, la batalla al puritanismo.

A finales de julio de 1962 el rodaje de *Cleopatra* en Roma llegó a su fin tras once interminables meses, y en el plató todos hacían apuestas sobre lo que ocurriría. La mayoría aseguraba que Richard volvería con su esposa, como siempre había hecho. Otros creían que había que tener cerca una ambulancia por si Elizabeth hacía alguna tontería en su camerino y había que ingresarla de urgencia. Pero nada de esto sucedió porque la pareja ya había decidido de antemano que cada uno tomaría su camino. Ambos eran conscientes del dolor que estaban causando a otras personas. Liz admiraba a la esposa de Burton y sentía lástima por ella. La actriz se marchó unos días más tarde al chalet Ariel en Gstaad con sus cuatro hijos y él regresó con su familia a Le Pays de Galles, la casa alpina que había comprado con Sybil en el pueblo suizo de Céligny para evitar el pago de impuestos. Estarían a solo una hora en coche de distancia el uno del otro. Durante cuatro meses intentaron enfriar el amor que había surgido en Roma. «Tratamos de no vernos —contó Liz—. Pero es difícil escapar al destino. Cuando estás así de enamorado y sientes tal deseo, te aferras a él con las dos manos y capeas la tormenta.»

Concluida su aventura, Elizabeth se sentía sola y desdichada. Aunque estaba con sus hijos y tenía cerca a sus padres, le preocupaba su porvenir y le aterraba enfrentarse a un cuarto divorcio. En la prensa inglesa continuaban los ataques contra ella y su romance era más polémico que el matrimonio del rey Eduardo VIII y la divorciada estadounidense Wallis Simpson. En el chalet de Ariel se recibían a diario numerosas cartas de personas que la insultaban y le reprochaban su conducta. Para empeorarlo todo, se enteró en aquellos días de que tras finalizar el rodaje de *Cleopatra*, el estudio despidió a Joseph Mankiewicz y contrató a otro director para hacer el montaje. Darryl Zanuck había cogido de nuevo las riendas de la Twentieth Century Fox y estaba escandalizado por el desorbitado coste de la película que a punto estuvo de hundir el estudio. *Cleopatra*, que había nacido como una película de bajo presupuesto que se iba a rodar en los estudios londinenses de Pinewood, acabó siendo la superproducción más cara y complicada de la historia con un coste de cuarenta y cuatro millones de dólares. Elizabeth llegó a embolsarse siete millones de dólares en total debido a los interminables retrasos. Temiendo que el adulterio de Taylor y Burton repercutiera en la taquilla, Zanuck decidió recortarla drásticamente eliminando algunas de las mejores escenas. De las seis horas que tenía la versión original, quedó reducida a cuatro. Para Mankiewicz fue una película maldita y su decepción tan enorme que jamás se recuperó.

Una mañana Burton telefoneó a Liz y quedaron en verse a medio camino, en el Château de Chillon, a orillas del lago Lemán. Sara Taylor acompañó a su hija en coche hasta el lugar de la cita y los dos se fueron a comer solos. Mientras hablaban de sus hijos y compartían confidencias, Liz se dio cuenta de que aún le amaba con pasión. El actor seguía declarando públicamente que no pensaba abandonar a su esposa y ahora tenía más motivos para seguir a su lado. Sybil, que había demostrado hasta la fecha una gran entereza, había intentado suicidarse. La traición de Burton, el acoso de la prensa y la grave enfermedad de su hija pequeña la desbordaron. Liz no lo presionó para que se casaran ni para que abandonase a su esposa. «Quería tanto a Richard que por primera vez no era un amor egoísta —escribió—. No quería casarme con él porque no deseaba que fuera infeliz. Tampoco quería que lo fuera Sybil. Me habría conformado con hablar por teléfono con él de vez en cuando.»

Continuaron viéndose como amigos; quedaban para comer y hablaban de proyectos futuros. Entonces un productor que sabía el tirón que tenía la pareja más mediática del momento les ofreció trabajar juntos en una película, *Hotel Internacional*. Burton, que estaba preocupado por el daño que podía causarle a su trabajo la mala publicidad que arrastraba, descubrió sorprendido que de la mano de Liz su carrera cinematográfica iba a dar un gran salto. Elizabeth era una empresaria sagaz que había aprendido de muy joven el negocio, primero como niña estrella de la Metro, después junto al productor Mike Todd y de su propia madre. Había creado su productora, Taylor Productions, y continuaba cobrando un millón de dólares por película. Tras el escándalo, el caché de Burton también subió como la espuma y en *Hotel Internacional* se embolsó medio millón, el doble de lo que había ganado por *Cleopatra*. El rodaje los reunió de nuevo en Londres, donde prosiguieron su sonado romance ajenos a las críticas.

Elizabeth dejó a sus hijos en un internado en Suiza y a primeros de diciembre de 1962 se encontraron en el hotel Dorchester para comenzar los ensayos. Sybil se instaló con las niñas en la casa de campo que los Burton tenían en Hampstead. En las semanas siguientes el actor llevó una doble vida que le provocaba un enorme desgaste emocional. En Londres, cuando no rodaban, llevaba a Liz a descubrir lugares secretos de su ciudad natal que apenas conocía. Asistieron a varios partidos de fútbol y frecuentaron los pubs preferidos del actor galés donde ella trataba de impresionarle bebiendo copas, eructando y diciendo palabrotas. Richard se gastó ciento cincuenta mil dólares en joyas, entre ellas un fabuloso collar de oro y rubíes. Sabía la pasión que tenía Liz por las alhajas y durante su relación la obsequió con las joyas más fastuosas que salían a subasta y valiosas reliquias antiguas. «La única palabra que mi mujer sabe decir en italiano es Bulgari», bromeaba el actor.

Pero Richard también visitaba a su esposa y a las niñas en la campiña. Después de cada encuentro regresaba al lado de Liz borracho y desmoralizado. Para complicarlo todo, Sybil Burton se presentaba de vez en cuando en el set de rodaje y asistía a las pruebas de vestuario de su esposo. «Era un hombre torturado. Y a todos sus pesares se añadían los reproches de su familia galesa al completo, que adoraba a Sybil. Estaba a punto de enloquecer y bebía más que nunca», dijo un actor amigo. La tensión que vivía Burton también era patente en las constantes peleas que tenía con Liz. Al igual que Mike Todd, el actor disfrutaba insultándola en público. A él le gustaba llamarla «mi fulana judía» y ella «cara picada». Las discusiones, siempre regadas con litros de alcohol, solían acabar en apasionadas reconciliaciones en la cama o con fabulosos regalos. Un día Liz le sorprendió con un cuadro de Van Gogh que su padre Francis Taylor adquirió en su nombre en una subasta de Sotheby's por doscientos cincuenta y siete mil dólares. La actriz lo recogió ella misma en la galería y subió con él en el ascensor del hotel Dorchester. Una vez en su suite, colgó el cuadro sobre la chimenea y allí estuvo varias semanas.

En marzo de 1963 Burton se reunió con su esposa en el salón del hotel Savoy en Londres y le comunicó que quería la separación. Tras meses de un terrible dilema, había elegido a Liz. Su esposa Sybil había perdido la batalla y se retiró discretamente a Nueva York, donde poco a poco rehízo su vida. No volvió a dirigirle la palabra a su exmarido y el actor tardó dos años en poder abrazar de nuevo a sus hijas. Los que le conocían bien comentaron que aquella decisión le dejó «una herida incurable». En cambio, para Elizabeth la noticia fue un auténtico regalo y enseguida se puso en contacto con sus abogados para solicitar el divorcio de Eddie Fisher. Sin que Burton lo supiera llamó a Irene Sharaff, la diseñadora de su espectacular vestuario de *Cleopatra*, y le encargó su traje de novia.

Cuando tres meses después se estrenó *Cleopatra* para ambos fue una tremenda decepción. Elizabeth, que estaba convencida de que le darían otro Oscar por su papel, fue acribillada por la crítica. La primera vez que la actriz vio la película ya terminada en un preestreno en Londres no aguantó más de veinte minutos. Se levantó de su asiento y corrió al lavabo de señoras, donde vomitó y rompió a llorar. En una entrevista que concedió al final de su vida recordando esta película, Liz se sinceró: «Casi toda mi vida he odiado actuar. He hecho películas de las que no estoy nada orgullosa y me temo que *Cleopatra* haya sido una de las peores de mi carrera. Me da pena recordar aquel trabajo. Habíamos rodado más de seis horas de película, y el público solo pudo ver cuatro horas y media. Había secuencias de enorme belleza que se cortaron... Me he negado en redondo a volver a verla, a pesar de las insistencias de mi querido amigo Roddy McDowall, de mis hijos, de mis amigos...». Pero al público sí le gustó y había largas colas para ver sus impresionantes decorados y sobre todo las escenas de amor entre la pareja de actores más famosa del momento. Elizabeth aparecía más hermosa y provocativa que nunca, luciendo hasta sesenta y cinco vestidos distintos con escotes de vértigo y cintura de avispa, y un maquillaje que revolucionó el mundo de la moda.

Durante los dos años siguientes hasta conseguir el divorcio, Elizabeth dejó a un lado su carrera por consagrarse por entero a la de Burton, tal como había hecho su esposa Sybil en el pasado. «Antes de conocerla yo hacía cualquier película que me ofrecieran con tal de ganar dinero —dijo Richard en una entrevista—. Pero Liz me hizo comprender que lo que había hecho hasta ahora era basura. Me obligó a hacer la película *Becket*, que marcó un antes y un después en mi carrera. También me obligó a hacer *Hamlet*.» Liz quería que el actor interpretara papeles de prestigio, y utilizaba todo su poder como estrella para ayudarle a conseguir proyectos de calidad. Así llegó a sus manos la oferta para protagonizar *La noche de la iguana* de Tennessee Williams, dirigida por John Huston. Su interpretación de un turbio y atormentado reverendo fue de las más aplaudidas de su carrera y le convirtió en «el nuevo rey de la taquilla».

En otoño, Elizabeth envió a sus dos hijos varones —Michael, de diez, y Christopher, de ocho— a Los Ángeles para vivir con su padre Michael Wilding. Su hija adoptiva Maria se quedó en Londres con una enfermera, pendiente de una nueva operación de cadera. La pequeña Liza iría con ella a Puerto Vallarta, en México, donde se iba a rodar *La noche de la iguana*. Elizabeth no intervenía en la película, pero aun así le acompañó para vigilarlo, ya que compartía cartel con tres bellezas muy distintas y tentadoras: Deborah Kerr, Ava Gardner y una jovencísima Sue Lyon, la protagonista de *Lolita*. En el mundillo de Hollywood muchos apostaban cuánto tiempo tardaría un empedernido seductor como Richard Burton en caer en los brazos de la irresistible diosa del amor, Ava.

Al llegar a Ciudad de México, la pareja se vio envuelta en un auténtico caos. En el aeropuerto tuvieron que abrirse paso a trompicones entre una multitud que les esperaba y gritaba histérica sus nombres. En el trayecto hasta la limusina, Liz perdió los zapatos y el bolso, pero aún no había terminado el suplicio. Cuando más tarde llegaron al plató construido en medio de la frondosa selva descubrieron que «había más reporteros que iguanas», según contó en sus memorias John Huston. Procedentes de todos los rincones del mundo, un centenar de fotógrafos y periodistas merodeaban por la playa y la aldea para cubrir el escandaloso idilio de Burton y Taylor, que ya no ocultaban su amor a pesar de no estar aún divorciados.

En Puerto Vallarta alquilaron una bonita villa de estilo colonial de cuatro plantas, Casa Kimberly, con acceso directo a la playa y vistas a la bahía, que más tarde compraron. Pasados los primeros contratiempos, estaban encantados en ese pintoresco y tranquilo pueblo de pescadores rodeado de playas de aguas cristalinas y con un sol ardiente. También se compraron un barco de pesca y cada mañana cruzaban la hermosa bahía de Banderas para llegar hasta el recóndito escenario de rodaje, construido en lo alto de un acantilado y al que se accedía subiendo una escalera de cuerdas de vértigo. La presencia de Elizabeth en el rodaje era tan asidua que acabó formando parte del equipo y se llevó muy bien con todos. Burton estaba encantado de tenerla a su lado y Liz se deshacía en atenciones con él: le acariciaba el pelo, le daba masajes en la espalda y le llevaba todos los días una comida caliente sin importarle la incómoda travesía en barca y la empinada cuesta. Le gustaba coquetear con Richard y provocarle vistiendo blusas muy ceñidas, pantalones pitillo y luciendo las deslumbrantes joyas que le había regalado. Una vez se presentó solo con la parte de abajo de un minúsculo biquini y con una camiseta que transparentaba su exuberante pecho. Al verla, Burton exclamó: «Ya está, ya quiere seducirme de nuevo».

En aquellos días Elizabeth intentaba pasar más tiempo con la pequeña Liza, que a sus seis años aún no sabía leer. La actriz amaba a sus hijos, pero los constantes viajes, los largos meses de rodaje, las giras promocionales por todo el mundo y sus relaciones sentimentales le habían impedido darles la estabilidad y educación adecuadas. Ahora Burton absorbía todo su tiempo y energías. Enseguida contrató a un joven profesor particular, Paul Neshamkin, que se instaló en la casa y les acompañó en sus viajes por el mundo. El actor galés, que añoraba a sus hijas, cogió gran cariño a Liza y le gustaba jugar con ella. Pero ni la presencia de la niña le impedía beber y desde su llegada a Puerto Vallarta cada vez consumía más cantidad de alcohol. John Huston y Ava Gardner, que eran dos grandes bebedores, se quedaron asombrados al ver lo que era capaz de ingerir. Elizabeth, que le acompañaba por las noches en sus rondas de bares, intentaba justificar ante los periodistas su evidente alcoholismo: «Richard vive intensamente todos sus papeles. En esta película es un reverendo alcohólico y un haragán desaseado, lo que explica su aspecto y lo que consume». Y cuando bebía perdía los estribos y llegaban las peleas. La actriz Sue Lyon, recordando el rodaje, comentó: «La relación entre Liz y Richard no me impresionó. Él era muy dominante y ella se mostraba sumisa en su presencia y hacía todo lo que le ordenaba. Pero cuando bebía, trataba a Liz como si fuera un trapo. A veces, se ponía tan grosero que la hacía llorar».

Pese al fastidio de los paparazzi, la abundancia de mosquitos en la selva, el sofocante calor, las riñas y las borracheras sin fin, la pareja siempre recordó sus días en Puerto Vallarta como un período de gran felicidad. Gracias a ellos, esta aldea pronto se convirtió en un destino turístico de moda y les resultó más difícil pasar inadvertidos en su «refugio mexicano», adonde huían para encontrar algo de paz en sus caóticas vidas. En diciembre de 1963 el rodaje de *La noche de la iguana* concluyó antes de lo previsto y sin el menor contratiempo. Más unidos que nunca, Liz y Richard ya tenían en mente otro proyecto: una gira que comenzaría en Canadá de un nuevo montaje de *Hamlet* con Burton en el papel principal. La idea partió de Liz, que quería demostrar a los que la culpaban de que el brillante actor galés había abandonado por ella el teatro clásico, que Burton aún podía superarse. Estuvo a su lado dándole confianza, ensayando con él y le ayudó a controlar el miedo escénico que le provocaba actuar en directo.

Durante su estancia en Toronto y dos años después de que se enamoraran en el plató de *Cleopatra*, ambos consiguieron sus respectivos divorcios. Diez días más tarde, la pareja viajó en avión a Montreal despistando a la prensa y se alojaron en una suite del hotel Ritz-Carlton. El 15 de marzo de 1964 por la tarde se celebró la boda, una ceremonia privada a la que asistieron apenas once invitados. Elizabeth se presentó sola y media hora tarde. Estaba arrebatadora con el traje de novia que le diseñó Irene Sharaff, una réplica del vestido amarillo canario de gasa que la estrella lució en la primera escena de *Cleopatra* que compartió con Burton. Llevaba el cabello adornado con jacintos blancos y lirios del valle, y como única joya lucía un broche con una magnífica esmeralda y diamantes de Bulgari, regalo del actor. Para no decepcionar a sus admiradores, Liz Taylor repitió una vez más ante la prensa: «Este matrimonio durará toda la vida».

LOS PECADORES

Elizabeth pensó que tras su boda el interés de los periodistas disminuiría, pero se equivocaba. Habían pasado dos años huyendo de los paparazzi, observados con lupa por todo el mundo y repudiados por la mayoría de sus amigos, que les dieron la espalda. Su matrimonio anunciado en las portadas de la prensa en todo el mundo les había convertido en ídolos y el público seguía ávido por conocer sus intimidades. Eran Liz y Dick —un apodo que ellos detestaban—, la pareja más famosa del siglo xx a la misma altura que los duques de Windsor o los Kennedy. Cuando unos días más tarde se trasladaron a Boston para continuar con su gira teatral, al llegar al hotel un enorme gentío se abalanzó sobre ellos. A Elizabeth la zarandearon, le tiraron del pelo, le arrancaron los pendientes y la estamparon contra la pared. Ya en su suite, rompió a llorar; estaba al borde del desmayo. Cuando se estrenó *Hamlet* en Nueva York, la situación fue a peor. La policía tuvo que acordonar la calle después de la función para que Liz y Richard pudieran llegar sanos y salvos a su limusina. Frank Sinatra, uno de los invitados, juró que los tumultos de sus fans quinceañeras «nunca fueron tan enormes ni tan salvajes». Durante los meses que duró la representación —el montaje fue un éxito rotundo de crítica y taquilla—, todas las noches más de dos mil personas se agolpaban en la calle para verles y conseguir un autógrafo. Truman Capote dijo que desde la llegada a la ciudad de los Beatles no había visto nada igual. Cuando le preguntó a su amiga Liz: «¿Por qué?», ella respondió: «Para ellos somos unos pecadores y un fenómeno».

Debido a la gran expectación que despertaban, tuvieron que contratar varios guardaespaldas para su protección, entre ellos Bobby LaSalle, un exboxeador que llevaba corbatas de pajarita con corchetes para que sus enemigos no pudieran estrangularle. Aparte de los guardaespaldas —tenían uno asignado para cada hijo por las amenazas de secuestro que recibían—, viajaban con un séquito permanente formado por dos secretarios, un ayudante, el fotógrafo personal de Liz, el chófer, un profesor, la institutriz y la niñera de Maria, además de su maquillador y peluquera. También llevaban con ellos a sus animales. «¿Qué os parecería viajar de París a Ginebra con dos niñeras, cuatro críos, cinco perros, dos secretarios, un periquito y una tortuga… y un lince, y ciento cuarenta bolsas…?», escribió con humor Burton.

La estrella quería que sus cuatro hijos les acompañasen en sus viajes, a pesar de que Burton prefería mandar a los mayores a un internado británico. La vida de «malditos nómadas», como el actor la llamaba, no era la más apropiada para los niños. Michael y Christopher Wilding habían asistido a muchas escuelas y eran muy indisciplinados. Liza Todd, gracias a su preceptor, estaba aprendiendo a leer, pero aún iba muy retrasada, y Maria, de cuatro años, no sabía hablar inglés y buena parte de su vida transcurría en hospitales. Paul Neshamkin, el preceptor, lamentaba el desinterés de los Burton por los niños: «En una ocasión en París alquilaron dos plantas del hotel Lancaster —recordó—; ellos vivían en el piso de arriba, pero podían pasar semanas enteras sin bajar a verlos. Y cuando los veían daba la impresión de que se trataba de una visita a la realeza. Bea, la institutriz, los ponía guapos, los acicalaba y los enviaba a la suite de sus padres donde pasaban apenas una hora con ellos». Más adelante Liz y Richard les dedicarían más atención, pero al principio de su matrimonio solo vivían el uno para el otro.

A pesar de que Elizabeth hacía dos años que no trabajaba en el cine podían elegir entre un montón de guiones. Los productores sabían el tirón que tenían como pareja y encadenaron varias películas juntos que les aportaron más dinero que prestigio. Tras sopesar algunos proyectos eligieron rodar *Castillos de arena*, a las órdenes de Vincente Minnelli. La Metro aceptó pagarle a Liz su millón de dólares, además del diez por ciento de los beneficios brutos y cuatro mil dólares semanales de dietas. Burton cobró medio millón, y aunque el guion era muy flojo, comentó: «Nena, por ese dinero bailaremos». La película, como la mayoría de las que rodaron juntos en aquella época, explotaba *«le scandale»* y proclamaba el amor libre a través de un triángulo amoroso. Las críticas fueron demoledoras, pero fue un récord de recaudación en taquilla. El público llenaba los cines para revivir el drama de un adulterio que había conmocionado al mundo.

Burton cada día admiraba más el talento artístico de su esposa y la empujaba a aceptar nuevos retos. En 1965, fue él quien la animó a protagonizar el drama *¿Quién teme a Virginia Woolf?*, dirigido por Mike Nichols. «Será mejor que lo interpretes, para evitar que lo haga otra y cause sensación», le dijo. Liz aceptó el desafío y se puso en la piel de una mujer amargada, vulgar y alcoholizada que convive con su marido —Burton—, al que disfruta humillando. La estrella cobró su habitual caché, aunque le gustaba tanto el guion que más tarde reconoció que lo hubiera hecho gratis. No le importó tener que engordar ocho kilos, vestir desaliñada y ponerse una peluca canosa para envejecer diez años. Los dos meses de rodaje previstos se convirtieron en seis, y para ambos supuso un enorme desgaste emocional. Fue su papel más difícil y al que ella más se entregó. Por él obtuvo su segundo Oscar, y esta vez se sentía

muy orgullosa por su trabajo. Burton, que también estaba nominado, no lo consiguió, aunque muchos pensaban que era
una de sus mejores interpretaciones.

Tras el estreno de la película en junio de 1966, que tuvo
una magnífica acogida, muchos se preguntaban hasta qué punto su actuación no era un reflejo de su tormentoso y autodes-
tructivo matrimonio. Pese a que de cara al público Liz y Dick
no dejaban de declararse su apasionado amor, las peleas y las
broncas cada vez eran más habituales. Richard anotaba en
las páginas de su diario sus constantes desencuentros y lo llamaba «el choque de titanes». Cuando estaba de mal humor se
mostraba cruel y sarcástico con Elizabeth, y muchas veces llegaban a las manos incluso delante de la gente. «En una ocasión
Richard me pegó con tal brutalidad que me quedé sorda durante un mes», confesó la actriz. Muchos de sus problemas se
debían, además del alcoholismo de él, a la dependencia de Liz
a las pastillas para dormir y a los sedantes. Las tensiones de
aquella vida itinerante y tan caótica tampoco ayudaban en su
relación. «Somos una pareja decadente y sin remedio de lo más
simpática y encantadora», dijo Richard.

Celebraron su segundo aniversario de boda en Roma, la
ciudad adonde habían prometido no regresar tras el accidenta-
do rodaje de *Cleopatra* y el constante acoso de los paparazzi. De
nuevo se instalaron en una lujosa villa con su séquito al completo y su «pequeño zoo». En los meses siguientes ambos iban
a rodar *La mujer indomable,* una adaptación de la obra de Shakespeare dirigida por Franco Zeffirelli. Para Liz era un reto
que la intimidaba, y Richard ensayaba todas las noches con ella
ayudándola a dominar los versos del gran dramaturgo. En sus
escasos ratos libres disfrutaban recibiendo en su residencia a
viejos amigos, cenando en sus restaurantes favoritos de via Ve-

neto y visitando «la tiendecita» de Bulgari, donde el actor le seguía comprando costosas joyas. Los cinco meses de rodaje fueron un período feliz y tranquilo en el que pudieron disfrutar por primera vez de una vida familiar. «La larga luna de miel» en Roma, como describió Liz esta etapa, solo se vio truncada por la inesperada muerte de Montgomery Clift. Tenía cuarenta y cinco años y sus peligrosas adicciones acabaron prematuramente con su vida. La noticia la dejó muy decaída, y más cuando en breve iban a actuar juntos en la película *Reflejos en un ojo dorado* a las órdenes de John Huston. «Lo adoraba. Monty era mi amigo más querido. Era mi hermano», comentó con lágrimas en los ojos a la prensa.

Los Burton vivían en una nube. En un solo año, 1967, se estrenaron tres películas protagonizadas por ellos. Eran la pareja más taquillera y millonaria del cine. Dilapidaban su fortuna sin ningún pudor y se regalaban mutuamente abrigos de pieles, magníficas joyas, Rolls-Royce y obras de arte. Frecuentaban a los duques de Windsor, asistían a fiestas con los Rothschild y presidían cenas de gala con los príncipes de Mónaco. Toda la alta sociedad europea se moría por conocerlos. Eran la «realeza de Hollywood» y sus extravagancias iban en aumento. Poco antes de iniciar el rodaje de *La mujer maldita* en la isla de Cerdeña, compraron un impresionante yate de cuarenta y cinco metros por el que pagaron más de doscientos mil dólares y lo decoraron con su colección de pintura: el Monet colgaba en el salón, y el Picasso y el Van Gogh, en el comedor. Contrataron a un capitán inglés y a una uniformada tripulación de ocho personas. Lo bautizaron *Kalizma* (las letras iniciales de sus tres hijas Kate, Liz y Maria) y fue durante un tiempo un refugio que les protegía de los reporteros y los curiosos.

El derroche de los Burton no tenía límites. Después del

yate el actor galés se gastó un millón más en comprar un avión bimotor con capacidad para diez personas, al que bautizó *Elizabeth*. Poseían una flota de Rolls-Royce de distintos colores y seguían adquiriendo valiosos cuadros en las subastas. En Tenerife (Canarias) eran dueños de más de doscientas hectáreas al sur de la isla, donde cultivaban plátanos, y en Irlanda criaban caballos. Mantenían su Casa Kimberly en México y sus chalets alpinos en Céligny y Gstaad. Y pese a todo seguían alojándose en sus hoteles preferidos como el Dorchester de Londres, el Regency de Nueva York y el Lancaster en París. «Durante un tiempo vivimos como auténticos gitanos», admitió Liz. Sin embargo, la actriz empezaba a cansarse de aquella vida nómada y le preocupaba cómo esta afectaba a sus cuatro hijos: «Tenemos que dejar de viajar continuamente de un lado a otro para que los niños puedan tener un colegio, un solo grupo de amigos, un poni y todos sus perros y gatos —dijo—. Me muero de ganas de deshacer el equipaje para colgar todos mis cuadros, para que Richard pueda sacar todos sus libros y para tener una casa de la que ocuparme». Tras los felices meses que pasaron en Roma, hablaba seriamente de retirarse del cine para siempre. Ya había rodado cuarenta películas y quería dedicar más tiempo a sus hijos y tener un hogar de verdad. Pero por el momento necesitaba seguir trabajando para ganar dinero y mantener el opulento tren de vida que llevaban.

Durante veinte años Elizabeth Taylor había sido encasillada como «la mujer más hermosa del mundo», pero los excesos comenzaron a pasarle factura. En las fotos de los años sesenta se la veía más envejecida y daba la sensación de que no se cuidaba como antes. En 1968 su nombre cayó de la lista de los diez artistas más taquilleros y el crítico de cine Rex Reed escribió: «Resulta muy doloroso observar el deterioro físico de

Elizabeth Taylor. Pero lo cierto es que en sus cinco últimas películas se ha convertido en una horrible parodia de sí misma: un hada maligna, gorda, desaliñada, chillona y vociferante». Liz mantenía una relación de amor y odio con su belleza. Estaba harta de reencarnar la perfecta belleza y sentirse siempre en el punto de mira de la gente. Le chiflaba la comida y no dejaba de beber, lo mismo que Burton. Pero a diferencia de él, la actriz engordaba fácilmente y tenía que esforzarse por adelgazar, pese a que odiaba las dietas y el ejercicio. Para Richard ni cuando ganaba unos kilos perdía su atractivo sexual y le gustaba quitarle importancia al tema comentando a los periodistas: «Todo eso de que Elizabeth es la mujer más hermosa del mundo es una tontería. Es bastante guapa y sus ojos son preciosos, pero tiene doble papada, los pies grandes, las piernas cortas y rechonchas y es barrigona y pechugona como una paloma».

Siempre que Liz recibía duras críticas por alguna de sus películas, Burton le levantaba el ánimo obsequiándola con una joya. De todas las que le regaló, el diamante amarillo Krupp, valorado en trescientos mil dólares, era su preferida y lo lució engarzado en una sortija hasta el final de su vida. La magnífica piedra, tallada a modo de esmeralda, había pertenecido a Vera Krupp, esposa del fabricante de armas alemán, y a la actriz le pareció estupendo «que acabase en manos de una buena chica judía como ella». Era uno de los diamantes más perfectos que existían, y al verlo se quedó sin respiración. A Richard le encantaba que su esposa poseyera algunas de las alhajas más caras y legendarias del mundo y estaba orgulloso de haber superado a las que su esposo Mike Todd le regaló durante su breve matrimonio. Para el actor, al margen de romanticismos, los diamantes eran «la inversión más segura y manejable».

En el verano de 1968 la estrella de Liz Taylor empezó a

palidecer y sufrió varios reveses en su vida que amenazaron su hasta ahora sólido matrimonio. Sus continuos problemas de salud —seguía con sus habituales recaídas, dolores de espalda, jaquecas y ciática— tenían muy preocupado a Richard. Desde hacía un tiempo Elizabeth sufría hemorragias y finalmente fue ingresada en un hospital de Londres, donde le extirparon el útero. Burton estuvo a su lado y fue testigo de los terribles dolores que padeció durante dos días. Temía perderla y escribió en su diario estas reflexiones: «He tenido mucha suerte en la vida, pero la mayor de todas ha sido Elizabeth. Me ha convertido en un hombre decente pero no mojigato, es una amante salvajemente excitante, tímida e ingeniosa, no se deja engañar, es una actriz brillante, más hermosa que un sueño, puede ser arrogante y voluntariosa, es indulgente y cariñosa. Dulcis Imperatrix, es la mujer del domingo, capaz de tolerar mis salidas de tono y mis borracheras, es un desgarro estar lejos de ella, ¡y me ama! Y yo la querré hasta la muerte». Aunque la pareja sabía que nunca podrían tener hijos, para la actriz fue muy traumático. A Liz le gustaban mucho los niños y en una ocasión confesó que «hubiera dado cualquier cosa por haber tenido un hijo con Burton».

Cuando ya se había recuperado de su intervención, falleció su padre Francis Taylor a la edad de setenta años. A pesar de que siempre habían mantenido una relación distante, sufrió mucho su pérdida. «Hizo que mi madre dejara el teatro a los veintinueve años —recordaba la estrella—. Ella vivía a través de mí con tanta intensidad, y era tan posesiva, que dejó al margen a mi padre.» Tres meses más tarde se enteró del fallecimiento de su primer marido Nicky Hilton. Para animarla Burton le regaló el día de San Valentín una joya histórica, La Peregrina, una perla excepcional en forma de lágrima por la que pagó treinta y siete mil dólares. Había pertenecido a la Corona española en tiempos del rey Felipe II y el pintor Velázquez la inmortalizó en alguno de sus cuadros. Más adelante la actriz encargó a la casa Cartier el diseño de una doble gargantilla de diamantes, perlas y rubíes de estilo renacentista para enmarcar la valiosa gema.

A Elizabeth, más preocupada ahora por sus temas de salud y sus hijos que ya estaban en la adolescencia, no parecía importarle su descenso en la taquilla ni las críticas. Su popularidad no había bajado y era la «reina» por excelencia de las revistas del corazón. Había rodado ocho películas con Burton y el galés bromeaba al respecto: «Cariño, parecemos el Gordo y el Flaco». Pero lo cierto es que el público empezaba a cansarse del tándem Taylor-Burton y muchos los consideraban «patéticas reliquias del pasado». Cuando a principios de 1969 a Richard le ofrecieron interpretar a Enrique VIII en la película *Ana de los mil días*, pensó que el papel protagonista femenino sería suyo. Para su decepción los productores consideraron que a sus treinta y seis años era demasiado mayor para hacer de Ana Bolena. La elegida fue una actriz desconocida, Geneviève Bujold, diez años más joven que ella. A Liz le ofrecieron salir como figurante, y aceptó para poder estar en el set y vigilar estrechamente a su esposo. Aunque el actor siempre negó haber tenido una aventura con su compañera, al ver que durante el rodaje la llamaba «Gin» —el galés solo ponía apodos a las actrices con las que se había acostado—, Elizabeth se temió lo peor. Todo indica que Richard se limitó a coquetear con la atractiva actriz, como hacía siempre. A una estrella como Taylor, verse por primera vez desplazada por su edad y no poder actuar con su esposo le resultó muy difícil de digerir.

En aquel otoño, Elizabeth seguía afectada por la muerte de

su padre y sufría constantes dolores de espalda que la obligaban a trabajar con una faja ortopédica. Para levantarle el ánimo, Burton decidió regalarle el diamante más grande y valioso del mundo que iba a ser subastado en Nueva York. La piedra, tallada en forma de pera, había despertado el interés de Aristóteles Onassis que quizá pensó en regalárselo a su nueva esposa, Jackie Kennedy. El actor se llevó un enorme disgusto cuando finalmente la casa Cartier la adquirió al ofrecer un millón cincuenta mil dólares, la cantidad más elevada pagada hasta la fecha por un diamante. Al cabo de unos días Richard compró directamente la joya a Cartier y el diamante Taylor-Burton, que así se llamó, pasó a ser propiedad de la estrella. Se había superado a sí mismo pagando un millón cien mil dólares por él. La prensa publicó la noticia y el comentario de Dick al respecto fue: «Solo es un regalo para Liz».

Los Burton lo celebraron viajando a Puerto Vallarta, un lugar que, según el actor, «a Liz le sentaba de maravilla». En cinco años el pueblo había cambiado mucho y a menudo no podían salir de su casa por la cantidad de curiosos y fotógrafos que se plantaban a las puertas de Casa Kimberly. Pero en unos días la actriz recuperó la salud y el buen humor. Nadaban, tomaban el sol en alguna playa desierta, recorrían en su jeep la costa y sobre todo hacían el amor. El actor seguía maravillado por la belleza de su esposa, y escribió: «Elizabeth está de un bronceado deslumbrante, aunque para lucir al máximo debería perder un par de kilos la muy vaga. No percibo en ella ni la menor señal de envejecimiento».

Llevaban nueve años viviendo su amor a la vista de todos y seis de matrimonio. Burton bebía cada vez más, y Elizabeth continuaba con sus problemas de salud entrando y saliendo de hospitales. A principios de los setenta, el actor escribió en las páginas de su diario: «Nos hemos pasado un año peleándonos por todo y por nada. Yo siempre he sido un gran bebedor, pero durante los últimos quince meses casi me he ahogado en alcohol, y Elizabeth lo mismo. Ninguno de los dos quiere ceder y si esto sigue así va a romperse por algún sitio». El hecho de que ese año Richard fuera nominado al Oscar por su papel del rey Enrique VIII en *Ana de los mil días* y no lo ganara contribuyó a deteriorar aún más su relación. Durante las semanas previas a la gala se mantuvo abstemio y hasta adelgazó para estar más «elegante» con su esmoquin. Perder de nuevo le supuso una amarga decepción: su esposa tenía dos Oscar y a él se lo seguían negando. «Soy el actor protagonista con más nominaciones y menos Oscar de toda la historia», se lamentaba. Para Liz también fue una derrota y años después confesó: «Esa noche, cuando John Wayne se llevó el Oscar a casa en lugar de Richard supe que había llegado el final de mi matrimonio».

El año de 1970 también trajo algunas alegrías a Elizabeth. En agosto su hijo Michael Wilding Jr., que se había casado unos meses atrás, la hizo abuela. Los Burton se encontraban en la Costa Azul de vacaciones y partieron de inmediato a Londres para conocer a su nieta. Cuando los periodistas le preguntaron a la estrella qué sentía al ser abuela a los casi treinta y nueve años, ella respondió: «Todo el mundo supone que me disgusta, pero es una tontería. De hecho, me preocupa más cumplir cuarenta que convertirme en abuela». Tras esta respuesta, añadió: «Estoy muy emocionada… Esta niña preciosa representa el bebé que Richard y yo nunca pudimos tener». Liz siempre se mostró muy indulgente con sus hijos, y cuando Michael —el hippie de la familia— decidió casarse con solo diecisiete años, ella le apoyó. «Son increíbles —comentaba respecto a sus cuatro hijos— sabe Dios que mi vida debería haber sido fatal para ellos. Han tenido todos una vida muy ajetreada. Hemos sido unos nómadas, siempre de aquí para allá, y ellos han sabido adaptarse y hacerse fuertes.»

A principios de 1972, Liz y Richard se instalaron en la suite presidencial del hotel InterContinental de Budapest, en Hungría, donde él iba a comenzar el rodaje de *Barba Azul*. En esta ocasión compartía cartel con algunas de las actrices más despampanantes del momento, entre ellas Nathalie Delon, Virna Lisi y Raquel Welch. De nuevo la Taylor se dispuso a vigilar a su esposo y le acompañaba a diario al plató. Conocía bien sus debilidades y al verle rodeado de esas jóvenes y seductoras actrices ligeras de ropa a las que cortejaba en la ficción aún se mostró con él más celosa y posesiva. «Había una actriz que ponía demasiada pasión en su escena de amor con Richard y para colmo iba medio desnuda. Me indigné tanto que al finalizar la toma le di una sonora bofetada por lo mucho que se esmeraba en hacer bien su papel», contó en una entrevista.

Elizabeth se sentía vulnerable porque pronto cumpliría cuarenta años, y para una actriz de Hollywood significaba el principio del fin: un adiós a los papeles de diosa de la pantalla. Burton, que entendía su estado de ánimo, le organizó una fastuosa fiesta de cumpleaños que rivalizó con el baile ofrecido hacía poco por los Rothschild en su palacio de París. Alquiló todo el hotel donde se alojaban en Budapest para sus más de doscientos invitados, entre ellos familiares, actores, miembros de la realeza, estadistas internacionales y otras celebridades como Ringo Starr, la princesa Gracia de Mónaco y los Cartier. También habían sido invitadas a la fiesta «las chicas» de *Barba Azul*, pero en el último momento Liz las tachó de la lista.

El regalo de cumpleaños de Burton fue un diamante amarillo en forma de corazón valorado en novecientos mil dólares.

Se trataba de una joya hindú del siglo XVII que perteneció al emperador Shah Jahan, quien mandó construir el famoso Taj Mahal en la India. El diamante llevaba una inscripción en farsi: «El amor es eterno». Cuando se lo obsequió, Burton le dijo a su esposa que «le habría gustado comprar el mismísimo Taj Mahal si fuera posible transportarlo a Gstaad». La cena y el baile de gala posterior fueron amenizados por dos orquestas llegadas expresamente desde Estados Unidos. El convite le costó a Burton más de un millón de dólares, y para acallar las críticas por el excesivo despilfarro que recibió en la prensa húngara comunista anunció una donación a Unicef de la misma cantidad invertida en la organización de la fiesta que duró todo un fin de semana.

Unos meses más tarde del espléndido cumpleaños que hizo tan feliz a Elizabeth, quien adoraba las fiestas y los regalos, la relación entre la pareja se dañó aún más. Burton recibió la noticia de la muerte de su hermano más querido, Ifor, al que siempre había considerado como un segundo padre. Le afectó tan profundamente que tras unos meses de abstinencia volvió a recaer. Asistió a su funeral en Gales, y cuando regresó a Budapest para continuar el rodaje de *Barba Azul* ya no era el mismo. Bebía tanto que apenas podía trabajar un par de horas al día. Aparte del alcohol y las tres cajetillas de tabaco que fumaba diarias, empezó a esnifar cocaína. Richard entró en una espiral de destrucción ante la impotencia de la actriz.

Y fue entonces cuando ocurrió lo que Liz tanto temía: una noche Richard y Nathalie Delon se fugaron juntos mientras ensayaban una escena en exteriores y no les volvieron a ver hasta la mañana siguiente. Al enterarse, montó en cólera y sin despedirse de él cogió un avión a Roma. En su primera noche en la ciudad, y para devolverle el golpe a su esposo, cenó con

Aristóteles Onassis, que entonces estaba casado con Jacqueline Kennedy y era el eterno rival de Richard en la compra de las joyas más caras del mundo. La presencia de ambas celebridades sin sus parejas atrajo a los paparazzi, que tomaron por asalto el restaurante para fotografiarlos.

La estrella regresó sola a su suite del Grand Hotel, pero no podía conciliar el sueño. A las cinco de la mañana llamó al hotel InterContinental para hablar con Burton. Tras una larga y dolorosa conversación, el actor le confesó lo que ella ya sabía: le había sido infiel por primera vez en los ocho años de su matrimonio. Fueron momentos muy difíciles para Liz, no solo por su aventura amorosa con Nathalie Delon, sino por ver el terrible declive de su esposo. El actor le suplicó que le permitiera volver a su lado, y le prometió una vez más que dejaría la bebida, pero sus buenas intenciones nunca se cumplían y recaía al poco tiempo. Richard no se consideraba un alcohólico, sino un «borracho» como lo fue su padre, y se jactaba de poder dejar de beber cuando se lo proponía. Pero mantenerse sobrio estando junto a Liz le resultaba muy difícil porque ella también bebía en exceso.

Finalmente, Liz aceptó una reconciliación. El actor le regaló un anillo con un gran zafiro para compensar su desliz y la invitó a pasar juntos un romántico fin de semana en Viena. Sin embargo, el daño ya estaba hecho, y por mucho que lo intentaron algo se había roto para siempre. Se mostraba aún más posesiva y Burton continuó bebiendo sin control. Mientras su matrimonio se hundía sin remedio, volvieron a trabajar juntos en *Se divorcia él, se divorcia ella*, una mediocre producción para la televisión británica. El rodaje en Roma y Múnich resultó una pesadilla para el joven director Waris Hussein, testigo de sus violentas peleas, broncas e insultos en público.

Fue la última película en la que aparecieron juntos Burton y Taylor. Cuando se estrenó en febrero de 1973 recibieron las críticas más duras de sus carreras. El peor ataque lo lanzó la revista *Variety*: «Este absurdo melodrama en dos actos lo confirma: Liz y Dick son los actores más cursis desde las hermanas Cherry. La señorita Taylor estaba tan amanerada que ni siquiera los primeros planos de su generoso escote consiguieron hacernos olvidar su pésimo trabajo». Hasta ellos comprendieron que su magia en la pantalla había desaparecido. Burton escribió en su diario: «El mundo ha cambiado. Me refiero a nuestro mundo. Nadie, pero nadie, volverá a pagarnos un millón de dólares por película en mucho tiempo. [...] Me temo que de momento nos hemos quedado fuera, al margen, y somos estrellas caídas. Lo sorprendente es que hayamos permanecido tanto tiempo arriba».

Al finalizar el rodaje la pareja regresó a Estados Unidos, pero cada uno tomó su camino. Elizabeth voló a Nueva York mientras que Richard viajó a Los Ángeles y se alojó en el hotel Beverly Hills. Tras un cruce de airadas llamadas telefónicas, ambos acordaron reunirse en Nueva York a principios de julio en un último intento de arreglar las cosas. La idea inicial era pasar unos días tranquilos en la casa que Aaron Frosch, abogado de la pareja, tenía en Long Island. Burton fue a buscar a su esposa al aeropuerto Kennedy, pero en cuanto ella se subió a la limusina, se dio cuenta de que estaba borracho. Al llegar a la residencia de Frosch, y tras escuchar en silencio los reproches de Richard durante todo el trayecto, mandó al chófer que diera media vuelta y la dejase en el hotel Regency de Park Avenue. Aquella noche del 4 de julio de 1973 Liz redactó de su puño y letra una nota que al día siguiente difundió a la prensa. En ella anunciaba que se separaban un tiempo y añadía:

«Estoy convencida de que sería beneficioso que Richard y yo nos separásemos durante una temporada. Tal vez nos hayamos amado demasiado [...]. Rezad por nosotros».

Era la primera vez que una estrella de Hollywood compartía con el público un asunto tan íntimo y privado. Se trataba de un texto conmovedor en el que confesaba su fracaso personal, pero Burton hubiera preferido que le escribiera una carta a él en lugar de airearlo públicamente. Elizabeth después se negó a hacer ningún comentario más sobre su separación. Solo a sus amigos más íntimos les confesó que el motivo principal por el que lo había dejado era su alcoholismo, que había hecho de su vida un infierno. El actor, por su parte, declaró: «Cuando Elizabeth se enamora, no ceja hasta que te posee en cuerpo y alma... En cuanto a mí, soy muy independiente. Nuestra naturaleza no se inclina a la paz conyugal».

Tras el anuncio, les resultó imposible esconderse de la prensa. Elizabeth regresó a California, al escenario de su juventud y su breve matrimonio con Mike Todd. Se instaló en Los Ángeles, en la casa de la diseñadora Edith Head, y empezó a salir con viejos amigos. Se la veía a menudo con el actor Peter Lawford, de quien ella se había enamorado siendo apenas una cría y que ahora era una sombra de sí mismo debido a sus adicciones, entre ellas la cocaína. Fue gracias a él que Liz se aficionó a la marihuana y solía fumar porros mientras seguía ahogando sus desdichas en litros de alcohol. «Liz tenía un aguante tremendo. Tras dejar a su esposo bebía mucho, tomaba una gran cantidad de pastillas y también consumía drogas blandas, pero a diferencia de Burton nunca la veías borracha porque tenía un gran apetito y comía mucho», comentó un amigo de la actriz.

Mientras, Burton se encontraba en Roma donde rodaba una nueva película. El actor se alojaba en la suntuosa villa de

Carlo Ponti y Sophia Loren a las afueras de la ciudad, para evitar a los paparazzi que le acechaban. Le seguía escribiendo largas cartas a Elizabeth, en las que le volvía a declarar su amor incondicional y cuánto la necesitaba: «Bien, en primer lugar, tienes que darte cuenta de que te venero. En segundo lugar, a riesgo de parecer repetitivo, te quiero. En tercer lugar, no puedo vivir sin ti. En cuarto lugar, tienes una responsabilidad enorme, porque si me dejas tendré que suicidarme. Sin ti no hay vida, me temo. Y tengo miedo. Me siento solo, abatido, perdido...». En otra carta le decía lo que tantas veces le había repetido: «Probablemente seas la mejor actriz del mundo, lo cual, sumado a tu extraordinaria belleza, te hace única». Liz no respondió a ninguna de las cartas de Burton por miedo a que cayeran en manos indeseadas y se publicaran en la prensa, pero las guardó todas —unas cuarenta— como un tesoro hasta el final de su vida.

Fue Peter Lawford quien, viendo a Liz tan hundida, decidió buscarle un acompañante y le presentó a su amigo Henry Wynberg, un apuesto vendedor de coches de segunda mano holandés. Tenía cinco años menos que ella, era divorciado y como amante causaba estragos entre las mujeres de Hollywood de todas las edades. Se movía a sus anchas en el mundo de la jet set y había salido, entre otras famosas, con la cantante Tina Turner y Dewi Sukarno, la bella viuda del presidente de Indonesia. Por su insaciable apetito sexual lo comparaban con playboys de fama internacional como Porfirio Rubirosa y el Aga Khan. Parecía la persona ideal para consolar a Elizabeth en esa difícil etapa de su vida. Al principio se limitó a llevarla a bailar y a los clubes nocturnos de moda, algo que a ella aún la divertía pero que a Burton ya no le interesaba.

Liz y Richard intentaron una vez más reconciliarse en Roma, adonde ella llegó a finales de julio para comenzar su película cuarenta y nueve: *La masoquista*, título que parecía una broma a la situación que estaba viviendo. Al ver que Burton volvía a beber, se sintió traicionada y a los nueve días abandonó la villa de los Ponti. Además, sentía unos celos enormes por Sophia Loren, y aunque él declaró que solo era «un amor platónico», Elizabeth tenía sus sospechas. «Me di cuenta de que Burton flirteaba con ella como un condenado y de que Sophia le correspondía. Los dos hablaban en italiano, lo cual hacía que me sintiera ridículamente excluida. Me dije: no pienso quedarme viendo esto. ¡Que se vayan a la porra!» Así que se marchó y se instaló en una suite de estilo barroco de siete habitaciones del Grand Hotel de Roma. Estaba furiosa y angustiada: «No quiero amar tanto nunca más, con tanta entrega y pasión», le dijo a un amigo. Incapaz de estar sola, llamó a Henry Wynberg, que rápidamente viajó de Los Ángeles a Roma para reunirse con ella. Aquella misma noche se hicieron amantes.

A finales de noviembre de 1973 Elizabeth ingresó en un hospital de California para extirparle un quiste de ovario. Henry ocupó la habitación del hospital contigua a la suya, pero su presencia no tranquilizó a la actriz. Mientras se recuperaba de la intervención telefoneó a Richard, que se encontraba rodando una película en Sicilia, y le dijo que no soportaba la idea de vivir y morir sola. «¿Puedo regresar a casa?», le preguntó. Burton partió de inmediato hacia Los Ángeles y de camino se enteró aliviado de que el tumor no era maligno. «Hola, gordi. ¿Cómo te encuentras?», la saludó al entrar en su habitación con un gran ramo de flores. «Hola, cara picada», respondió Liz, que al verle recuperó enseguida el buen humor. Henry Wynberg desapareció discretamente temeroso de encontrarse cara a cara con el galés. Al día siguiente la estrella abandonó el hospital sentada en una silla de ruedas que empujaba Burton.

«Creo en Papá Noel», declaró a los periodistas. El actor se la llevó a Italia, donde él tenía que proseguir el rodaje, y más tarde pasaron las Navidades más felices de su vida en Puerto Vallarta. La reconciliación fue noticia en todo el mundo. «Elizabeth Taylor y Richard Burton vuelven a estar juntos, al menos por un tiempo», anunciaba un titular.

Esta vez «la paz conyugal» duró cuatro meses. Cuando Liz se enteró de que durante el rodaje en California de la película *El hombre del clan*, que protagonizaba junto a Lee Marvin, el actor se lio —entre otras— con una belleza rubia de diecinueve años a quien le regaló un anillo de brillantes en «señal de amistad», dijo basta. El 26 de junio de 1974, Richard y Elizabeth obtuvieron el divorcio en Suiza. A la salida del juzgado la actriz, visiblemente afectada, se negó a hacer ningún comentario. Más adelante reconoció con tristeza: «No funcionó. Es incapaz de renunciar a la botella y a las mujeres.» Tras esta amarga decepción, volvió a los brazos del apuesto Henry Wynberg.

Liz tenía cuarenta y dos años y empezó a reconstruir su vida. Trató de salir adelante recreando junto a su amante holandés la vida que había llevado con Burton: cenas en Mónaco con Rainiero y la princesa Gracia, temporadas en su chalet alpino de Gstaad, cortos cruceros por el Mediterráneo en el yate *Kalizma*, y estancias en sus hoteles favoritos en París y en Nueva York. También veía con más frecuencia a su madre Sara Taylor, que residía en Palm Desert, donde la actriz le había comprado un apartamento en Rancho Mirage. Intentó vivir con un séquito más reducido y ahora solo tenía un secretario, un chófer, un mayordomo y a Henry Wynberg, que al igual que sus anteriores maridos debía estar pendiente de ella las veinticuatro horas del día.

En los meses siguientes Liz continuó trabajando en películas mediocres que fracasaban en taquilla. Su caché de un millón de dólares pertenecía al pasado y solo cobraba un porcentaje por película si esta tenía éxito. Tampoco disfrutaba de los lujosos y amplios camerinos de antaño, que ahora ocupaban nuevas y más jóvenes estrellas. Seguía en contacto con Burton y mantenían largas conversaciones telefónicas en las que se ponían al día sobre sus dolencias, los negocios que aún tenían en común y las últimas novedades de sus hijos. El actor estaba casi siempre sobrio, pero continuaba padeciendo fuertes dolores en las articulaciones debido a la gota y la artritis. De vez en cuando Elizabeth se enteraba de alguna nueva conquista, pero ya no la afectaba como antes. La última era una actriz y modelo afroamericana llamada Jean Bell, que se instaló con su hijo de trece años en el chalet de Burton en Céligny.

En agosto de 1975 Elizabeth y Richard organizaron un encuentro en Lausana, en el despacho del abogado suizo de la actriz, con la excusa de hablar de asuntos económicos. Hacía tiempo que no se veían y el actor se quedó impresionado por lo hermosa y delgada que estaba. Ambos se abrazaron con lágrimas en los ojos y al día siguiente el agente de publicidad de los Burton anunció al mundo que volvían a estar enamorados. Ella rompió con Henry Wynberg y por las mismas fechas la bella Jean Bell abandonó Céligny. Ninguno de los dos había conseguido llenar el vacío de las personas que por un tiempo habían sustituido. Liz y Dick volvían a ocupar las portadas de las revistas del corazón, para deleite de los paparazzi. No podían vivir el uno sin el otro. «Los dioses me van a castigar eternamente por haber recibido el fuego e intentar apagarlo. El fuego, por supuesto, eres tú», escribió Richard en su diario. El melodrama continuaba, aunque el desgaste de sus protagonistas resultaba evidente.

Seis semanas fue lo que tardó Elizabeth en convencer a Richard para que volviera a casarse con ella. El actor se resistía, consciente de lo voluble que era su relación, y le sugirió que podían vivir juntos. Liz parecía no entender que aún era un hombre enfermo y que a su lado volvería a recaer en la bebida. Pero insistió sin tregua y hasta escribió unas notas que aparecieron publicadas en la prensa. En una le decía: «Te quiero, Richard, te dejo la decisión a ti. Por favor, responde». Los Burton viajaron en aquellos días a Sudáfrica para asistir a una gala benéfica y Liz pensó que esos majestuosos y salvajes escenarios serían el escenario perfecto para volver a darse el sí quiero. Se casarían, declaró ella, «en plena sabana entre sus semejantes». Al final Burton le pidió su mano —al parecer de rodillas, bebido y con mucha guasa— y Liz flotaba en una especie de éxtasis.

El 10 de octubre de 1975 la pareja celebró su segunda boda en Botsuana, a orillas del río Chobe, y ante un jefe de policía local. Los dos vestían de manera informal: ella una larga túnica de seda verde y beige con abalorios y él, pantalón blanco y un jersey rojo de seda de cuello cisne. Burton le regaló un brillante carísimo que vino a engrosar su colección de joyas, valorada entonces en más de quince millones de dólares. De nuevo la actriz proclamó exultante al mundo que sería «para siempre». Después de la ceremonia, brindaron con champán bajo la atenta mirada de dos hipopótamos y un lejano rinoceronte, y subieron a un Range Rover para comenzar su safari de luna de miel. «Era como un sueño extraño —dijo Burton—. Recuerdo que pensé: ¿qué estoy haciendo aquí? Vaya un sitio para casarse en la sabana… Era curiosísimo. Una aventura extraordinaria, condenada de antemano, claro.» El actor contrajo la malaria y los recién casados regresaron a Londres antes de lo previsto.

A mediados de noviembre Elizabeth organizó una fiesta en los salones del hotel Dorchester de Londres para celebrar el cincuenta cumpleaños de Burton. La reunión se prolongó hasta muy entrada la noche, y mientras los doscientos cincuenta invitados bebían champán francés de reserva, Burton se limitó a tomar agua mineral. Estaba malhumorado y tenía mal aspecto. Sabía que había cometido un terrible error volviéndose a casar con Liz porque nada había cambiado. Él ya no quería seguir llevando la vida nómada de antaño ni recorrer el mundo con un séquito pisándoles los talones. A las pocas semanas de su boda africana, volvió a recaer en el alcoholismo y comenzaron las interminables batallas verbales y el acoso mutuo. Elizabeth ingresó en un hospital londinense aquejada nuevamente de dolores de espalda y cuello, e insistió en que Burton se quedase con ella, pero esta vez él se negó. Los amigos del actor lo compadecían porque las exigencias de la estrella no conocían límite. «Ella, más que un marido borrachín, necesita a su lado un ayudante las veinticuatro horas del día», le confesó Burton a Peter Lawford. El galés comparó a Liz con Norma Desmond, la protagonista de *El crepúsculo de los dioses*, una actriz en decadencia cuyos sueños de grandeza son alimentados por un adulador grupo de admiradores y criados. A mediados de diciembre fue dada de alta, y abandonó el centro en una silla de ruedas empujada por su marido. Después viajaron a Gstaad para pasar las Navidades en familia.

En el chalet Ariel las cosas tampoco mejoraron. Ambos dormían en habitaciones separadas y apenas se dirigían la palabra. Una mañana, Burton se fue con su ayudante personal y fiel amigo Brook Williams a esquiar en unas pistas cercanas. Cuando se disponía a coger el teleférico, el actor se fijó en una mujer rubia, muy alta y espectacular que lo dejó sin aliento. Era una exmodelo de veintiséis años y ojos verdes llamada Suzy Hunt que estaba separada del piloto de Fórmula 1 James Hunt. Como Brook la conocía, la invitó al chalet de los Burton y enseguida Liz se dio cuenta de que aquella mujer de una belleza fresca y natural había cautivado a su marido. A principios de enero de 1976 Burton abandonó Gstaad y partió a Nueva York, donde en breve iba a protagonizar la obra *Equus* en Broadway. Se sentía aterrado por enfrentarse de nuevo al público neoyorquino —no pisaba un escenario desde su triunfal *Hamlet* de 1963— y, necesitado de apoyo, le pidió a Suzy que le acompañara. No se lo ocultó a su esposa y esta le soltó a su rival: «No durarás más de seis meses con Richard». Ella le replicó: «Es posible, pero habrá merecido la pena».

Elizabeth, furiosa y humillada por la marcha de Burton con su nueva conquista, halló durante un tiempo consuelo en los brazos de Peter Darmanin, un apuesto ejecutivo de una agencia de publicidad de treinta y siete años. Lo conoció una noche en una discoteca de Gstaad, y mientras bailaban le suplicó: «No me dejes, por favor, pase lo que pase». Al día siguiente Peter se instaló en el chalet Ariel. Era su forma de vengarse de la jugada que le había hecho Burton. La actriz se exhibió del brazo de su flamante amante en todos los lugares de moda en Gstaad, y por las noches disfrutaban bebiendo y bailando hasta el amanecer. Unos días antes del ensayo general de *Equus*, Burton le pidió que se reuniera con él en el hotel Lombardy de Nueva York, donde se alojaba. Liz, que esperaba una reconciliación, despidió a Darmanin. Pero cuando le tuvo frente a ella, todas sus esperanzas se desvanecieron. Richard se mostraba frío y distante, y aquella noche le comunicó que estaba enamorado y que quería el divorcio para casarse con Suzy Hunt. «¿Y me has hecho venir hasta aquí para decirme esto?», le increpó ella mientras abandonaba colérica la suite que ocupaba su marido. Al día siguiente se puso en contacto con su abogado Aaron Frosch y le encargó que preparase los papeles del divorcio. Su segundo matrimonio con Richard Burton había durado cinco meses.

Elizabeth se marchó a Los Ángeles muy decaída y se instaló en un bungalow del hotel Beverly Hills. Al poco tiempo se reconcilió con Henry Wynberg y se mudó con él a una casa en el barrio de Truesdale Place. Su dolor se veía intensificado por los artículos y fotografías que publicaban de su exmarido en compañía de Suzy en los mismos restaurantes y bistrots que había frecuentado con ella. Con *Equus*, el actor galés había cosechado un gran éxito y una vez más el público y la crítica le aclamaban como «el rey de Broadway». A los periodistas les decía que su triunfo se debía en gran parte a su compañera: «Solo sé que Suzy me salvó la vida. La conocí justo cuando necesitaba más ayuda. Me ha apartado de la bebida y me ha rejuvenecido con su entusiasmo. Ahora disfruto de verdad de los pequeños placeres de la vida». Amargada, Liz lloraba constantemente y bebía cada vez más. La actriz no quiso celebrar su cuarenta y cuatro cumpleaños, pero Henry organizó para ella una pequeña fiesta a la que acudió su madre, Sara Taylor, y un puñado de viejos amigos. A lo largo del día, los cuatro hijos de Liz la llamaron desde distintos lugares del mundo. Michael y Christopher Wilding ya tenían veintitrés y veintiún años respectivamente, Liza Todd dieciocho y Maria Burton quince.

La estrella aún soñaba en poder recuperar a su esposo, y fue posponiendo la firma de los papeles que le pasaba su abogado. Finalmente, el 1 de agosto de 1976 le concedió el divorcio y, veinte días más tarde, Burton se casaba con Suzy Hunt en Virginia. Tras la boda la pareja se instaló en el chalet del actor en Céligny, y su esposa se dedicó a reformarlo para que él se sintiera a gusto y pudiera dedicarse a sus pasiones: la lectura, el estudio y la escritura. Suzy también apartó a Richard de las malas compañías que le incitaban a la bebida y le ayudó a mantenerse abstemio. Años después Kate Burton, la hija tan querida del actor, declaró: «Yo creo que Suzy Hunt le hizo un gran regalo a mi padre. Le permitió dejar para siempre a Elizabeth Taylor».

Una leyenda viva

El 8 de julio de 1976 invitaron a Elizabeth Taylor a una recepción en la embajada británica en Washington en honor a la reina Isabel II, pero la actriz más hermosa de Hollywood no tenía un marido ni un amante con quien asistir. La esposa del embajador inglés, lady Ramsbotham, le pidió a John Warner, un rico terrateniente y político de Virginia, que fuera su acompañante durante la velada. Warner era dueño de Atoka, una granja de diez mil hectáreas en Middleburg, Virginia, donde criaba ganado y caballos. Robusto y de buena planta, guardaba bastante parecido tanto con Richard Burton como con Mike Todd, aunque era más alto que ellos. No ocultó a sus amigos lo entusiasmado que estaba por haber sido el elegido para acompañar a la estrella de cine más famosa del mundo. Cuando apareció en el hotel Madison para recoger a Liz vestido con un impecable frac, ella se quedó gratamente impresionada: «Al bajar, John estaba de espaldas y lo único que vi fue su abundante mata de pelo plateado. Luego se volvió y dijo: "Encantado de conocerla, miss Taylor". Yo me quedé boquiabierta».

Elizabeth acaparó todas las miradas cuando entró en la embajada del brazo de John Warner, quien tenía cuarenta y nueve años y una prometedora carrera política por delante. Hacían una magnífica pareja y a la actriz le pareció un hombre «extraordinariamente atractivo, poderoso y rico». Se había divorciado de su esposa en 1970 y era padre de tres hijos adolescentes. Desde entonces cortejaba a algunas de las mujeres más bellas y famosas del país; incluso le llegó a proponer matrimonio a Barbara Walters, la popular presentadora de televisión. Aquella noche pasaron toda la velada bebiendo y charlando animadamente. Después él la llevó a un club privado en Georgetown, donde bailaron hasta las cinco de la madrugada, y unas horas más tarde acudió a recogerla de nuevo a su hotel para mostrarle su rancho en Atoka.

Aunque John se refería a sí mismo como «un granjero», su modestia contrastaba con la opulencia de su rancho y su inmensa propiedad. Liz se sintió deslumbrada cuando le mostró su «granja», que consistía en una casa de piedra de veinte habitaciones construida en 1816 y equipada con bodega, una cocina ultramoderna diseñada por él mismo y un gran salón que parecía una réplica del Despacho Oval de la Casa Blanca. Luego le enseñó sus caballos, los establos, la piscina interior, las pistas de tenis, los invernaderos, las huertas, los jardines de flores y una reserva de animales que ocupaba doscientas hectáreas. «Gané su corazón cuando le mostré la granja», comentó él más adelante. Aquel primer domingo pasaron la noche en la finca —ella alojada en la habitación de invitados— y hasta el miércoles Warner no apareció por su despacho.

El siguiente fin de semana, la pareja regresó al rancho de Atoka, donde de manera inesperada acordaron contraer matrimonio. «Lo decidimos simultáneamente —declaró Liz a la prensa—. Habíamos cogido un jeep para hacer una excursión y estábamos contemplando el atardecer sobre una colina. De pronto estalló una tormenta y permanecimos tendidos sobre la hierba abrazados y calados hasta los huesos, pero enamorados y felices. Fue un momento mágico.» Puede que Liz solo compartiera con Warner su amor por los animales, pero consiguió cautivarla mostrándole un mundo totalmente alejado de Hollywood que ella desconocía. Aunque era un político poco brillante —los periodistas le definían como «chapado a la antigua, aburrido, cargante y de pocas luces»—, Liz se convenció de que era su última oportunidad de encontrar un hombre que la hiciera feliz.

El 4 de diciembre de 1976, en una bucólica ceremonia al aire libre celebrada al atardecer en lo alto de la colina donde John Warner le pidió matrimonio, Elizabeth se casó por séptima vez, en esta ocasión rodeada de un rebaño de vacas Hereford y un reducido grupo de parientes y amigos. «Nunca he sido tan feliz —aseguró con lágrimas en los ojos—. Estoy enamoradísima de John y espero pasar el resto de mi vida con él.» La noticia de su boda dio la vuelta al mundo y ocupó las portadas de las revistas del corazón. La pareja partió de luna de miel a Israel y a Inglaterra, donde ella pensaba mostrarle a su esposo «todas las bellezas de su país», y por último volarían al chalet de Gstaad para pasar la Navidad con sus hijos.

Tras su regreso a Washington, la actriz se vio inmersa en la vorágine de la vida política. Warner deseaba presentarse como candidato al Senado y sabía que del brazo de una estrella internacional como Elizabeth Taylor tendría el camino más fácil. Ella desde el principio se mostró encantada de apoyar la carrera política de su ambicioso esposo, pero durante la campaña se convirtió en el centro de todas las miradas. En los pueblos y ciudades pequeñas donde iban a pronunciar discursos, la gente acudía en tropel para ver a la legendaria actriz de Hollywood y se vio sometida a un terrible escrutinio. «Vienen a ver mis arrugas —comentó con humor— o si tengo algún grano, o a comprobar si mis ojos son realmente violetas. En cuanto me examinan, pueden volver a casa y decir: "Vi a Liz Taylor y, ¿quieres que te diga una cosa? ¡No es tan estupenda!". Y tienen razón. No lo soy.»

Como esposa de un político se esperaba de Elizabeth que sonriera ante las cámaras, estrechara la mano de la gente y fuera amable, modesta y discreta. Para una mujer como ella que fumaba, bebía, soltaba palabrotas y hablaba con toda franqueza sobre su vida privada, este papel le resultó el más difícil. Por expreso deseo de Warner, renunció a su carrera de actriz y cambió su llamativa vestimenta hollywoodiense por una más discreta. Ya no se maquillaba tanto los ojos y solía llevar tejanos, blusas holgadas y vistosas botas vaqueras. También dejó en casa sus queridas joyas, e incluso vendió el famoso diamante Taylor-Burton como un gesto hacia su marido para romper con su pasado.

El 7 de noviembre de 1978, John Warner fue elegido senador republicano por Virginia gracias al carisma y la fama de la Taylor. Entonces el trabajo le absorbió por completo y apenas podía dedicarle tiempo a su esposa. Mientras él se alojaba entre semana en su casa de Georgetown en Washington, ella se quedaba sola en su inmensa granja de Atoka esperando sus llamadas. Casi nunca salían por las noches ni tenían vida social. Elizabeth empezó a languidecer en su nuevo papel de «esposa de senador», y cayó en una depresión. «Tenía casi cincuenta años cuando por primera vez en mi vida perdí la autoestima —escribió Liz en sus memorias—. Mi marido, John Warner, fue elegido senador y yo me sentí como un trasto inútil. Como muchas otras esposas y mujeres en Washington, no tenía nada que hacer...» Sola y aburrida, se refugió en la bebida y comía sin parar. También se gastaba un dineral llamando por teléfono a sus hijos y a todas sus amistades dispersas por el mundo para tener con quien hablar. Fue una experiencia muy dura para una mujer como ella, acostumbrada a ser el centro de atención y objeto de deseo de los hombres. Tampoco la relación con los hijos de Warner era buena y cuando se reunían los domingos para comer el mayor apenas le dirigía la palabra a su madrastra.

En poco tiempo se transformó en una matrona madura que pesaba casi ochenta kilos. Los medios que antes publicaban en portada su glamurosa vida junto a Richard Burton, ahora solo se fijaban en su sobrepeso. Los innumerables y crueles chistes que se hacían sobre su gordura y las miradas de lástima que le dirigía la gente la hundieron aún más. «Elizabeth Taylor era la mujer a quien todas las americanas queríamos parecernos, y todas hemos terminado pareciéndonos a ella» era el chiste que solía contar en su show televisivo la presentadora Joan Rivers. Se sentía perdida, sola y muy acomplejada. «Viví en una Siberia doméstica», confesó la actriz, que recordó aquella etapa como la más amarga en su vida. La primera gran decepción llegó el día que Liz cumplió cuarenta y siete años. Aquella noche habían reservado mesa en Dominique's, su restaurante francés preferido en Washington. En el último momento su esposo la telefoneó para decirle que tenía una reunión importante y no llegaría a tiempo. Enfadada y deshecha en lágrimas llamó a Dominique D'Ermo, el dueño del restaurante y conocido suyo, y le pidió que le mandara a casa la cena, incluida la tarta de chocolate y una botella de Dom Pérignon. Fue su cumpleaños más triste y solitario.

A principios de julio de 1979, la imagen que reflejaba Elizabeth cuando se miraba al espejo le resultaba irreconocible. Warner estaba bastante preocupado por el deterioro físico de su esposa, y la animó para que se pusiera a régimen. La estrella aceptó pasar unas semanas en el balneario de Palm-Aire en Pompano Beach, Florida, un reconocido centro de adelgazamiento. Al final del tratamiento había perdido diez kilos y parecía más joven y animada. Pero lo que no había cambiado era el vacío que sentía en su vida. A su edad y con su sobrepeso apenas le llegaban ofertas de Hollywood para volver al cine. Fue entonces cuando un nuevo proyecto le devolvió la ilusión. En una fiesta a la que asistió en Los Ángeles se encontró con el actor Burt Reynolds, quien le comentó que, dado que le ofrecían muy pocos papeles como actor de cine, había comprado un pequeño teatro en Jupiter, Florida. Le preguntó si le interesaría trabajar con él en la versión teatral de *¿Quién teme a Virginia Woolf?* Elizabeth rechazó la oferta, pero aquella conversación le dio la idea de regresar a los escenarios. Después de haber interpretado en 1966 a Helena de Troya en *Doctor Fausto* junto a Richard Burton, no había vuelto a pisar las tablas. Lo único que la echaba para atrás eran sus carencias. «Me encantaría actuar en una obra de teatro, aunque me impone mucho porque no tengo la formación ni la voz adecuadas, aunque quizá mejoraría con unas clases de dicción», declaró en una ocasión.

Añoraba el contacto con el público y el reto de actuar en directo. La idea de hacer de nuevo teatro le atraía cada vez más porque podía ser un motivo de reconciliación con Burton, al que echaba de menos. En octubre de 1980 Elizabeth Taylor anunció que debutaba en los escenarios de Broadway interpretando a Regina Giddens, la protagonista de la obra *La loba*. El maravilloso papel de esta dama sureña falsa e intrigante ya había sido inmortalizado en la gran pantalla por Bette Davis. La noticia de su regreso sorprendió a mucha gente y algunos medios vaticinaron que en el último momento lo cancelaría. «No se atreverá, ya lo verán; una semana antes del estreno sufrirá un accidente o le tendrán que practicar una traqueotomía y acabará en el hospital», comentó un humorista de la televisión. Otro periodista apuntó que si Liz deseaba hacer teatro era porque en verano Richard Burton había debutado también en Broadway con una nueva versión de *Camelot*. Totalmente sobrio y tras someterse a un estiramiento facial, el actor galés había iniciado en Nueva York una agotadora gira de doce meses por Norteamérica al tiempo que la relación con su esposa Suzy Hunt comenzaba a desmoronarse.

Elizabeth quiso hacer coincidir el estreno de *La loba* con su cuarenta y nueve cumpleaños. Así, el 27 de febrero de 1981 se subió al escenario del Parker Playhouse de Fort Lauderdale, en Florida, luciendo un aspecto más rejuvenecido y arropada por un elenco de veteranos actores. Eligió ese lugar para poder pasar los fines de semana en el balneario de Palm-Aire y seguir con su programa de adelgazamiento. La expectación por ver a la diva en carne y hueso era tan grande que las entradas se agotaron enseguida y los periodistas de las cadenas televisivas llegaron a Florida con sus equipos para grabar el acontecimiento. Al caer el telón se oyó una gran ovación y su esposo John Warner subió al escenario y le regaló un ramo de sus rosas preferidas color lavanda. A pesar de que las críticas no fueron muy satisfactorias, se sentía abrumada por las muestras de cariño del público: «Estoy en el cielo —declaró a la prensa—. Tengo la sensación de que es un gran logro, de que he hecho algo útil en mi vida. Y los aplausos son maravillosos».

Cuando la compañía llegó a Washington, donde ofrecieron cuarenta y siete representaciones, Elizabeth había adelgazado dieciocho kilos y se la veía espectacular. Los periodistas estaban tan impacientes por ver a la actriz luciendo su nueva y esbelta figura que su agente tuvo que convocar una rueda de prensa. La noche del estreno en el Kennedy Center, el presidente Reagan y su esposa Nancy compartieron un palco con John Warner, y al finalizar los tres la visitaron en su camerino. En Nueva York el público la acogió con igual entusiasmo y, pese a que estuvo enferma una semana debido a una bronquitis, Elizabeth consiguió actuar en ciento veintitrés funciones, con el aforo completo. Los críticos seguían ensañándose con ella. Daphne Davis, la conocida comentarista de cine neoyorquina, escribió: «Elizabeth Taylor se ha convertido en una reliquia del pasado, en un auténtico dinosaurio». Sin embargo, Liz tenía motivos para estar satisfecha. Aquel año consiguió el premio Tony como mejor actriz de teatro y *La loba* fue un rotundo éxito de taquilla en todas las ciudades donde se representó. En nueve meses de trabajo, ganó más de un millón y medio de dólares.

A finales de diciembre de 1981, Elizabeth Taylor y John Warner anunciaron oficialmente su separación. Su séptimo matrimonio había durado cinco años y la había dejado «al borde del abismo». El nuevo fracaso matrimonial de la estrella provocó una ola de chistes y comentarios malévolos en los medios sensacionalistas de todo el país. «Jamás volveré a casarme. No me pregunten por qué. Al fin soy una mujer libre», declaró a la prensa. Burton también se había separado hacía poco de Suzy Hunt. Según la columnista y reina del cotilleo Liz Smith, ambos matrimonios habían sido una «manera de mandarse mutuamente a la mierda. Suzy Hunt era la antítesis de Liz: alta, delgada y rubia. Y John Warner era lo opuesto a Burton: un exsecretario de la Marina, guapo, formal y distinguido, que llegó a senador».

Dos meses más tarde, Elizabeth se encontraba en Londres para ofrecer unas representaciones de *La loba*. El productor alquiló para ella una elegante mansión en el barrio de Chelsea, donde se instaló con su secretario, su peluquero, su guardaespaldas y sus cinco perros. La mañana del 27 de febrero de 1982, recibió una llamada telefónica de Richard Burton. El actor quería felicitarla por su cumpleaños y le dijo que acababa de llegar a la ciudad, donde tenía previsto actuar al día siguiente en una función benéfica. Emocionada al oír su voz, la actriz le invitó a la fiesta de su cincuenta cumpleaños que había organizado en Legends, un club nocturno londinense de moda. Al evento asistieron más de cien personas, entre ellas celebridades como Rudolf Nuréyev, Tony Bennett y Ringo Starr. También la acompañó todo el elenco de *La loba* y sus dos hijas, Liza Todd y Maria Burton. Aquella noche, soltera de nuevo y con una imponente figura, Elizabeth se sentía renacer. Todos los presentes se preguntaban si Burton aparecería en algún momento. El actor llegó muy avanzada la noche y a Liz le impresionó su mal aspecto. Estaba muy delgado y envejecido a causa de los problemas de salud y personales. Unos meses atrás había sido operado de una hernia cervical y volvió a ser hospitalizado por una úlcera perforada. Mientras estuvo casado con Suzy se había convertido en un inválido amargado, con dolores constantes, y empezaron las peleas violentas. La joven no aguantó más y se marchó de su lado.

Durante la velada Elizabeth y Richard bailaron juntos y se mostraron muy cariñosos. Después él la acompañó en su Daimler a su casa en Chelsea. La actriz lo invitó a entrar y pasaron varias horas charlando sobre sus hijos y de sus futuros proyectos. Burton estaba feliz porque su hija Kate seguía sus pasos y estudiaba arte dramático y Maria, tras sus problemas de salud, se había convertido en una guapa y espigada modelo, y se acababa de casar. Durante estos años se habían mantenido en contacto y solían hablar por teléfono con cierta frecuencia. La prensa que les fotografió juntos saliendo de Legends hacía cábalas sobre una posible reconciliación y hasta de un nuevo matrimonio de la inmortal pareja. Posteriormente Richard relató a un periodista amigo que aquella noche en casa de Liz, ella le miró y le dijo: «¿Es que no vas a besarme, tonto?». Y después de hacerlo, le comentó: «No puedo creer que nos hayamos separado». El galés se quedó a dormir y a la mañana siguiente temprano regresó a su hotel porque tenía que ensayar.

Elizabeth, dispuesta a conquistar de nuevo a Richard, apareció por sorpresa en el teatro londinense donde estaba dando su recital. Vestida con unos tejanos y un jersey ancho, subió al escenario y se acercó a él por detrás. Su presencia entusiasmó al público. La actriz hizo una reverencia y lanzó un beso a los espectadores. Acto seguido, susurró a Richard en perfecto galés: «Te quiero». Fue el delirio. Con los nervios, él se lio con el texto que estaba leyendo y tuvo que disculparse. Acabada la función, abandonaron el teatro cogidos de la mano y partieron en el Rolls-Royce de la estrella. Richard la invitó a cenar a un famoso restaurante donde se reunía la gente de la farándula. Los camareros le sirvieron a ella un Jack Daniel's con hielo y a Richard dos vodkas dobles. Hacía meses que no probaba el alcohol, pero junto a Liz volvió a las andadas.

Las noches siguientes se dejaron ver juntos por Londres y el actor parecía de nuevo cautivado por ella. «Elizabeth y yo estamos destinados a estar juntos otra vez. No puedo vivir sin ella. La quiero», dijo a un periodista. Sin embargo, tenía sentimientos encontrados pues a otro le confesó: «No podría volver con Elizabeth. Mi relación con ella es como exmujer y madre, y como mito. Es un mito entrañable, dulce y maravilloso, y un mal bicho». Pero fue Liz quien encontró la manera de que volvieran a estar juntos. Parecía que el mediático culebrón Taylor-Burton aún no había tocado a su fin.

Animada por el éxito de *La loba* —que además de protagonizar también había coproducido—, la actriz empezó a buscar una obra en la que pudiera actuar junto a Richard. Al final eligió *Vidas privadas*, una comedia escrita por Noël Coward sobre una pareja de divorciados que todavía se aman. Unos meses más tarde quedó en reunirse con su exmarido en Bel Air para hablar del proyecto. El galés que todavía se mantenía abstemio y aunque más delgado conservaba la fuerza de su voz, se dejó seducir por la oferta de Liz que, con su habitual franqueza, le dijo: «¿Qué te parece, cariño, la idea de trabajar juntos en Broadway y ganar un montón de dinero?». Le ofreció pagarle setenta mil dólares semanales por realizar una gira de siete meses y Burton aceptó. Aunque en parte le daba miedo volver a estar junto a ella porque sabía a lo que se enfrentaba, con humor le comentó a un periodista: «No puedo negarle nada a mi chica, supongo que me obligará a hacerlo».

En septiembre de 1982, Elizabeth y Richard anunciaron en una multitudinaria rueda de prensa en el hotel Beverly Hills de Los Ángeles que pronto saldrían de gira con *Vidas privadas*. Empezaron a ensayar en Nueva York a mediados de marzo en el teatro Lunt-Fontanne, donde veinte años atrás un joven e irresistible Richard Burton había triunfado con *Hamlet*. Elizabeth se alojó en el apartamento que tenía su buen amigo Rock Hudson frente a Central Park y Burton en el hotel Lombardy. El actor seguía sobrio, pero al volver a escribir por primera vez en sus diarios tras ocho años sin llenar sus páginas, lamentaba que Liz siguiera bebiendo tanto. También le preocupaba que ella aún no se hubiera leído la obra. «Van a ser siete meses muy duros y muy largos», vaticinó. Durante los ensayos cada tarde se congregaba frente al teatro un gran gentío para aclamar a la famosa pareja.

La obra se estrenó en Boston el 13 de abril de 1983 y las entradas se habían agotado semanas antes. Con el público en pie, tuvieron que salir a saludar hasta en cinco ocasiones. Al final de la función, Burton le dio un apasionado beso a Liz que enloqueció a los espectadores que abarrotaban el local. El debut en Nueva York un mes más tarde fue apoteósico. Las calles que rodeaban el teatro se llenaron de fans de la estrella que intentaban conseguir un autógrafo. En ocasiones ella aparecía en público con Alvin, un loro que había comprado en Los Ángeles, que posaba tranquilo en su hombro y que acabó sacando en una escena de la obra. De nuevo la primera noche recibieron una gran ovación, aunque tal como comentó al día siguiente del estreno un columnista, «los aplausos iban dirigidos más al "show de Liz y Dick" que a su interpretación en la ingeniosa obra de Noël Coward». Pese a que llenaban a diario el teatro y la gente se reía a carcajadas con algunos diálogos que reflejaban la turbulenta relación de la pareja en la vida real, las críticas fueron demoledoras. Muchos calificaban su regreso a los escenarios como «de puro montaje comercial», y hasta la actriz Lauren Bacall comentó que «se estaban vendiendo». Tanto Burton, que tenía cincuenta y siete años, como Taylor, de cincuenta y uno, eran demasiado mayores para encarnar a los protagonistas. Además, Elizabeth había vuelto a engordar y pesaba setenta y cinco kilos. En el escenario, la química entre ellos era inexistente.

La estrella intentó no leer las críticas, pero algunas, como la del *Boston Globe* que decía: «Una caricatura del personaje de Coward, dentro de una caricatura de actriz, dentro de una caricatura de Elizabeth Taylor», la hicieron llorar porque no entendía tanta crueldad contra ella. Una noche fueron a un local de copas después de la función y, abrumados por las malas reseñas, los dos se emborracharon. «Richard no necesitaba gran cosa para romper su abstinencia —comentó el actor John Cullum, que actuaba en la obra con ellos—. El caso es que una noche Elizabeth no se presentó y él tuvo que actuar con la suplente. Estaba indignado. Tampoco se presentó el jueves, ni el viernes ni el sábado. Él sabía que se sentía molesta por las críticas que le habían hecho, así que se fue enfadando cada vez más... Y claro, el lunes por la mañana, que era nuestro día libre, dijo que ya no pensaba hacer dos funciones diarias con la suplente. Y desapareció.»

A principios de julio, mientras Elizabeth se ausentaba de las representaciones, Richard voló a Las Vegas y se casó con Sally Hay, una periodista australiana de treinta y cinco años. La había conocido en Viena durante el rodaje de la serie *Wagner* y en los siete meses que duró la filmación comenzaron un discreto romance. Sally tenía un cierto parecido a la primera esposa de Burton. Era delgada, de pelo corto, inteligente y cariñosa. Supo darle en aquel momento lo que más necesitaba: compañía y ayuda para superar sus graves problemas de salud. «Sabe hacer de todo —le decía orgulloso el actor a su amigo Brook Williams—: guisar, escribir a máquina, taquigrafía, de todo... Y me cuida tanto... Gracias a Dios que la he encontrado, Brookie.» Sally le acompañó a Nueva York y seguía a su lado, en un discreto segundo plano, mientras actuaba en *Vidas privadas*. Liz se indignó cuando el actor estuvo tres días desaparecido y volvió casado con ella, pero cuando los periodistas le preguntaron qué opinaba de la boda, respondió muy diplomática: «Estoy encantada por ellos. Sabía que pretendían casarse y deseo que sean muy felices». En realidad, el nuevo matrimonio de Burton la afectó mucho y se vino abajo. «Resurgieron mis peores costumbres —reconoció con el tiempo—. Empecé a comer demasiado, a beber y a tomar pastillas. En cuanto bajaba el telón, tenía una botella de Jack Daniel's esperándome entre bambalinas.» Su sueño de recuperar el amor de Richard se había esfumado y la gira ya no poseía para ella ningún aliciente. Ambos solo anhelaban «poner fin a esta tortura», pero aún tenían contratos que cumplir.

Elizabeth no podía estar sola y empezó a salir con Víctor Luna, un abogado mexicano de cincuenta y cinco años, divorciado y padre de cuatro hijos al que había conocido el año anterior en un viaje a Puerto Vallarta. Los amigos de la actriz opinaban que al igual que su exmarido, John Warner, este solo buscaba la publicidad que le reportaba ser visto con una estrella de su fama. Dolida por el abandono de Burton, anunció de manera inesperada su compromiso con el abogado y se dejó fotografiar junto a él mostrando su anillo de pedida. «Para hacer el amor con un hombre tengo que estar muy enamorada, y cuando estoy muy enamorada deseo casarme», confesó. Muchos pensaban que Víctor Luna se convertiría pronto en su séptimo marido. Pero tras su aparente felicidad, Elizabeth estaba muy enferma. El público que acudía a verla se quedaba asombrado al comprobar cómo había vuelto a engordar. Tomaba tantos medicamentos y bebía tales cantidades de alcohol que su médico personal, el doctor Kennamer, que había estado siempre a su lado, se negó a seguir atendiéndola como paciente. En diciembre de 1983, cuando tuvo lugar la última representación de *Vidas privadas*, la actriz tocó fondo y la ingresaron de urgencia en el hospital Cedars-Sinai de Los Ángeles. Sufría una colitis, pero sobre todo padecía lo que ella llamó «un ataque de autocompasión y asco hacia mí misma» tras haber ingerido analgésicos con Jack Daniel's. Víctor Luna fue a visitarla a la clínica, pero estaba claro que sus planes de boda no tenían futuro y poco tiempo después rompieron.

La estrella atravesaba una grave crisis emocional y mientras se encontraba hospitalizada recibió la visita de su hermano Howard, sus cuatro hijos y su amigo Roddy McDowall. Por primera vez hablaron seriamente con ella y se mostraron muy preocupados por su salud. «Tras asegurarme que me querían, dijeron que mi conducta les afectaba profundamente y temían que acabara matándome. Les escuché en silencio. Recuerdo que sus palabras me impactaron. No podía creer en lo que me había convertido», escribió la actriz. La familia decidió internarla en la clínica de rehabilitación Betty Ford, cerca de Palm Springs. Elizabeth Taylor fue la primera celebridad que ingresó en ese centro y no escondió a la prensa su situación. Afrontó los hechos, y con su habitual franqueza contó el infierno que estaba viviendo debido a sus adicciones. Al mostrarse como una mujer enferma y vulnerable que había perdido el control de su vida, de nuevo se ganó el cariño de la gente.

El 5 de diciembre de 1983, Liz, a sus cincuenta y un años, llegó al centro Betty Ford, en pleno desierto de California, dispuesta a curarse. Tenía por delante una dura terapia y enseguida comprobó que no iba a recibir ningún trato especial del personal por ser una estrella. Tuvo que compartir su pequeño dormitorio con otra paciente y ceñirse a las mismas normas que los demás. Sin su habitual séquito a su disposición, se tenía que hacer la cama, lavar su ropa, sacar la basura y colaborar en las tareas de limpieza del edificio donde se alojaba. Acostumbrada a hacer siempre su voluntad, llevaba muy mal la férrea disciplina del centro.

Según relató en el diario que escribió durante su estancia, lo peor fue la primera semana: «Aquí solo quieren compartir lo que estás pasando y ayudarte —explicó—. Probablemente es la primera vez desde que tenía nueve años en que nadie pretende aprovecharse de mí. Pero hay una mala noticia. Sufro un fuerte síndrome de abstinencia. El corazón me late tan desbocado que temo que vaya a estallar. Noto la sangre fluyendo como un torrente de agua roja sobre las piedras, la noto en mi dolorido pecho, el cuello y los hombros, golpeándome los tímpanos y las sienes. Tengo un tic en los párpados. Estoy agotada». También le resultaba muy duro asistir a las terapias en grupo y solo al cabo de una semana fue capaz de decir la frase más difícil de su vida: «Me llamo Elizabeth Taylor, soy adicta a los fármacos y al alcohol». Según su biógrafo David Heymann, la verdad sobre la dependencia a las drogas y medicamentos de la estrella no se supo hasta 1990, cuando a raíz de una investigación realizada por el fiscal general del estado de California, se examinaron las recetas y las fórmulas magistrales de tres médicos particulares de la actriz. En menos de diez años le habían recetado miles de opiáceos, hipnóticos, calmantes, tranquilizantes, antidepresivos y estimulantes en forma de polvo, píldoras e inyecciones.

Unas semanas más tarde Elizabeth abandonó el centro Betty Ford sobria y con diez kilos menos. Para celebrarlo organizó una fiesta en la mansión que acababa de comprar en Bel Air, en California, e invitó a todos sus amigos y conocidos de la clínica. Solo se sirvieron refrescos sin alcohol y la actriz confesó que estaba decidida a salir adelante y a tomarse muy en serio su recuperación. Cuando Burton, que se hallaba con su esposa Sally en su chalet de Céligny, vio la foto de Liz tan cambiada y radiante, la llamó para decirle que lucía estupenda y que tenía ganas de volver a verla. El actor había comenzado el rodaje en Londres de su última película, *1984*, la adaptación de la novela de George Orwell, y aunque no probó ni una sola gota de alcohol, su declive resultaba evidente y había perdido su famosa memoria. Richard seguía hablando de su exmujer a todo el equipo «como un adolescente enamorado». No la había olvidado y se telefoneaban a menudo. En sus largas conversaciones fantaseaban sobre proyectos futuros, se tomaban el pelo o rememoraban anécdotas del pasado. «En el fondo nunca nos hemos separado —le dijo el actor a su hermano Graham Jenkins—, y supongo que nunca lo haremos.»

El 4 de agosto de 1984 Burton sufrió una hemorragia cerebral en su casa de Céligny y falleció al día siguiente en el hospital, a los cincuenta y ocho años. Elizabeth se enteró de la noticia en su residencia de Bel Air y la afectó tanto que se desmayó. Cuando se recuperó, comenzó a gritar y hubo que llamar a su médico para que la atendiera. El abogado Víctor Luna, que se hallaba con ella, recordaba: «Me imaginaba que la muerte de Burton le iba a doler, pero no esperaba que se fuera a poner absolutamente histérica. No conseguí que dejara de llorar. Se encontraba por completo fuera de control». Más tarde Elizabeth comentó: «El día que murió yo aún estaba locamente enamorada de él. Creo que él también seguía queriéndome. Yo creía que siempre estaría ahí, al otro lado del teléfono. Aunque no estuviéramos juntos, sabía que aún estaba en el mundo. Ahora nunca más oiría su maravillosa voz, ni vería su cara, sus ojos... De no haber sido por mi estancia en el Betty Ford antes de su muerte, dudo que yo aún estuviera viva. Lo quise durante veinticinco años».

Sally Hay, la viuda de Burton, que había estado casada con él tan solo trece meses, le pidió a Elizabeth que no asistiera al funeral porque deseaba que fuera un acto íntimo y solemne, y no «un circo mediático». La actriz respetó su deseo, aunque le hubiera gustado acompañar en su dolor a sus parientes galeses, quienes sentían un gran afecto por ella. Diez días después del entierro de Burton, la actriz y su hija Liza acudieron a visitar su tumba en el pequeño cementerio de Céligny. Con horror descubrieron que los paparazzi aún estaban allí acampados y comenzaron a disparar sus cámaras. Los cuatro guardaespaldas que la acompañaban abrieron unos grandes paraguas para protegerla de los flashes y las miradas curiosas. A la mañana siguiente, muy temprano, Elizabeth volvió sola al cementerio y consiguió esquivar a los reporteros. «Fue una de las pocas ocasiones en que Richard y yo estuvimos solos», dijo. A su regreso a su mansión de Bel Air, le esperaba una carta de amor de Burton, la última que le escribió poco antes de morir. En ella le decía que seguía amándola y que deseaba «volver a casa». La guardó hasta el final de sus días junto a su cama.

Muchos se preguntaban qué iba a ser de Liz Taylor ahora que ya no tenía a su lado a Burton, pero la actriz siempre consiguió superar las numerosas tragedias que golpearon su vida. «Era una mujer fuerte y muy terca, y desde muy joven había superado enfermedades, baches profesionales y la pérdida de seres queridos. Pero nunca se rendía», aseguró un amigo. Y así fue. Aunque tardó en recuperarse de la muerte de Richard, que le dejó un «vacío inmenso», continuó adelante con su vida. Tras su fallecimiento, Elizabeth rechazó todas las ofertas de televisión para hablar sobre él. La prensa sensacionalista llevaba años aireando las intimidades de «Liz y Dick», pero ahora no estaba dispuesta a desvelar nada del hombre que había sido su verdadero amor. Solo años más tarde le confesó en una entrevista a la famosa presentadora Oprah Winfrey: «Estuvimos enamorados veinte años. Desde el día en que nos conocimos. Sigo enamorada de Richard. Si viviera, estaríamos de nuevo casados, pero no tuvimos suficiente tiempo. Nos faltó vida para vivirla juntos».

En agosto de 1985, un año después de la muerte de Burton, otro querido amigo de la estrella, Rock Hudson, fue hospitalizado enfermo de sida. La última vez que habían trabajado juntos fue cinco años atrás en la película *El espejo roto*, basada en un relato de Agatha Christie, que reunió a un puñado de viejas glorias de Hollywood. Al enterarse de la noticia, Liz fue enseguida a visitarlo y se quedó sobrecogida al ver a su robusto y apuesto compañero de *Gigante* tan desmejorado y consumido. En una época en la que no se sabía cómo se transmitía esta enfermedad, ella no dudó en abrazarle y besarle en los labios. La muerte del actor el 2 de octubre de 1985, a los cincuenta y nueve años, la dejó destrozada. Hudson fue la primera estrella en reconocer públicamente que tenía sida. Entonces Liz decidió utilizar su fama para dar visibilidad a esta pandemia que la industria del cine y el gobierno de Reagan pretendían ignorar. «He visto morir a muchos amigos de esta terrible enfermedad y he decidido apoyar esta causa que me afecta profundamente. Actuar ya no tiene importancia en mi vida. Mi vida es ahora el sida y haré lo que sea por ayudar», declaró. La Taylor fundó una organización destinada a apoyar la causa de estos enfermos, y recaudó millones de dólares para la investigación y el cuidado de las personas aquejadas de este mal. Hasta la fecha ningún personaje público se había involucrado como ella de esa manera.

Tenía cincuenta y siete años, seis nietos y no había vuelto a rodar una película importante. A pesar de que su fundación y las galas benéficas que organizaba para recaudar fondos llenaban ahora todo su tiempo, se sentía sola y aburrida sin un amante. En 1988 volvió a recaer en su adicción a los fármacos y al alcohol, y regresó a la clínica Betty Ford. Durante su estancia conoció a otro paciente, un excamionero y albañil alto, rubio y fuerte con el que trabó una buena amistad. Se les solía ver juntos a menudo y él empujaba la silla de ruedas en la que Liz se paseaba por el jardín debido a sus problemas de espalda. Larry era veinte años más joven que ella, había estado casado en dos ocasiones y tenía una hija. Cuando la actriz abandonó el centro, continuó celebrando reuniones de Alcohólicos Anónimos en su residencia de Bel Air a las que acudían personas que había conocido en la clínica, entre otras Larry Fortensky.

En aquellos años Elizabeth se hizo muy amiga del cantante Michael Jackson y asistían juntos a galas y fiestas benéficas. A la estrella le deslumbraba su genialidad como artista, y más al ser una persona muy tímida e insegura. En su autobiografía, Michael escribió: «Amo a Elizabeth Taylor. Posee un valor ejemplar. Ha sufrido mucho, pero ha logrado sobrevivir… Me identifico plenamente con ella, pues ambos alcanzamos la fama desde niños. Un día, al principio de nuestra amistad, ella me confió que tenía la impresión de que nos conocíamos desde siempre. Estoy de acuerdo con ella». En su rancho de Neverland, el cantante instaló un teléfono directo con su mansión en Bel Air para poder hablar con la diva a cualquier hora del día o de la noche. La adoración que sentía por ella se reflejaba en una habitación de su rancho que transformó en un auténtico santuario de la Taylor, repleto de pósteres, fotos, libros sobre la estrella y recortes de prensa. Una pantalla de vídeo gigante proyectaba las veinticuatro horas del día películas de la actriz. Michael intentó pintar las paredes de esa estancia con el tono violeta-azul exacto de su color de ojos, pero no lo consiguió. Por su parte, Liz dijo de su joven amigo: «Es el hombre menos raro que he conocido en mi vida».

El 5 de octubre de 1991, Elizabeth volvió a sorprender al

mundo al contraer matrimonio con Larry Fortensky, que se convertía así en su séptimo marido. Su amigo Michael Jackson le ofreció su enorme rancho —y su parque de atracciones— para celebrar la boda y se hizo cargo de todos los gastos, que ascendieron a medio millón de dólares. La novia apareció muy bronceada y risueña luciendo un vaporoso vestido de encaje amarillo regalo del diseñador Valentino. Por primera vez llegó puntual a su cita. Asistieron ciento sesenta invitados, entre ellos Nancy Reagan, además de todos los hijos y nietos de la estrella y los parientes del novio. A los periodistas que cubrieron el enlace les dijo sobre su flamante esposo: «Larry me quiere y me apoya mucho. Fuimos amigos durante un año antes de entablar una relación íntima. Debajo de su aspecto de "macho" oculta una gran ternura. Enseguida capta a las personas. Es un hombre muy inteligente». Sus amigos no entendían qué había visto Elizabeth en ese hombre, con quien no tenía nada en común, salvo su problema de alcoholismo y su pasión por la comida basura. Tras haber estado casada con personas tan brillantes y ambiciosas como Mike Todd o Richard Burton, pronto la convivencia con Larry le resultó de lo más monótona y aburrida.

Tras la boda, la pareja vivió en la mansión de la actriz en Bel Air hasta su divorcio cuatro años más tarde. Fue el último matrimonio de la estrella. Más tarde reconoció: «Después de Richard, los hombres de mi vida solo estaban ahí para aguantar el abrigo y abrir la puerta. En el fondo, todos los hombres que hubo en mi vida después de él solo eran acompañantes». Pero Elizabeth no renunció nunca al amor y en los ochenta se convirtió en una *celebrity* asidua de la prensa del corazón. Se la vio con frecuencia en compañía de su viejo amigo el actor George Hamilton, un fanático de la vida sana que le descubrió la meditación trascendental, el yoga y los retiros espirituales con su maestro hindú. También frecuentaba a ricos hombres de negocios como el editor multimillonario Malcolm Forbes, quien la invitó a la fastuosa fiesta de su setenta cumpleaños que organizó por todo lo alto en su palacio de las mil y una noches en Tánger. En el verano de 1989, muy delgada y bronceada, fue fotografiada bailando con Adnan Khashoggi, el traficante de armas saudí. Estas amistades —algunas muy criticadas— eran importantes para ella porque donaban mucho dinero a su fundación. Elizabeth Taylor logró recaudar doscientos setenta millones de dólares para los enfermos de sida y recibió grandes reconocimientos por su labor humanitaria, entre ellos, la medalla de la Legión de Honor francesa y el título de Dama del Imperio Británico que le entregó en persona la reina Isabel II.

Los constantes y graves problemas de salud que tuvo a lo largo de su vida hicieron creer que su muerte estaba cerca. Desde hacía años, los medios tenían preparada su necrológica, pero siempre, en el último momento, conseguía salir adelante. Era una superviviente con un historial médico difícil de igualar. Antes de cumplir los cuarenta años ya la habían operado veintisiete veces y había estado a punto de morir en cuatro ocasiones. En su madurez sufrió cinco fracturas en la espalda, dos implantes de cadera, y fue operada de un tumor en el cerebro que resultó benigno. Se sometió a varias intervenciones para paliar el cáncer de piel, se recuperó de dos graves neumonías, y tuvo que hacer frente a sus problemas derivados de la osteoporosis y la escoliosis, que la obligaron a aparecer en público en silla de ruedas. Con la movilidad reducida y visiblemente deteriorada, no dejó de asistir a las galas benéficas de su fundación y se presentaba siempre con llamativos cardados de pelo, maquillada y luciendo sus joyas como si fuera a actuar.

«Había sido muy coqueta, pero al final no creo que le preocupara mucho su aspecto ni lo que la gente pensara de ella. No era vanidosa como otras estrellas de su época. Había llegado a ser la reina estadounidense del glamour, pero aceptaba sin reparos su proceso de envejecimiento. No creo que realmente le molestara. Se tomaba la vejez con resignación», declaró el productor Lester Persky.

Alejada del cine, volcada en sus negocios y en su activismo contra el sida, Elizabeth vivió en su enorme mansión de estilo rancho de Nimes Road, en el exclusivo barrio de Bel Air. De todas las casas en las que se alojó a lo largo de su vida, esta fue su verdadero hogar durante más de treinta años. Estaba rodeada de una frondosa vegetación tropical visible desde todas las estancias acristaladas. Tenía un invernadero de orquídeas, un jardín inglés en terrazas y un estanque koi lleno de carpas rojas y blancas. En ella encontraba la inspiración para diseñar sus famosas fragancias. Cuando el cine le dio la espalda y ya no le llegaban ofertas, la Taylor probó suerte en la industria cosmética. Tenía buen ojo para los negocios y lanzó al mercado Passion y White Diamonds, dos perfumes que le hicieron ganar más dinero que en toda su carrera cinematográfica. En los años noventa, convertida en empresaria de éxito, entró en la lista de las mujeres más ricas del país y a principios de 2011 se publicó que había amasado una fortuna de más de seiscientos millones de dólares. A diferencia de otras estrellas caídas en desgracia, ella pudo disfrutar de una vejez confortable rodeada como antaño de un numeroso séquito a su servicio: mayordomo, chófer, un cocinero, un criado, una secretaria privada, una ayudante personal y un jardinero, junto a una legión de masajistas, fisioterapeutas, entrenadores personales, peluqueros y maquilladoras que iban y venían.

Al final de su vida y tras haber perdido a la mayoría de sus amigos y a cinco exmaridos, Elizabeth estrechó lazos con su propia familia que había aumentado a diez nietos y cuatro biznietos. El clan al completo se reunía en su residencia de Bel Air dos veces al año, el día de Acción de Gracias y el del cumpleaños de la actriz. Sin un marido ni amante a su lado, los animales eran su mejor compañía y distracción. Tenía un loro gris africano llamado Max —a quien enseñó a decir «me encantan los diamantes»— y cuatro perros, incluido un maltés blanco, Sugar, que era su debilidad y al que llevaba con ella a todas partes en su silla de ruedas. Poco a poco se fue apartando de los focos hasta convertirse en una leyenda oculta tras los altos muros de su mansión, pero nunca abandonó a su público. Dos años antes de morir, la diva empezó a escribir en Twitter bajo el perfil @DameElizabeth y compartía con sus trescientos mil seguidores reflexiones, consejos y pensamientos íntimos. En uno de ellos reconocía que vivía de prestado desde que la operaron a corazón abierto en 2009. Pero casi siempre se mostraba optimista y llena de vitalidad. «Me divierto tanto estando viva, que pienso seguir así por un tiempo», comentó.

Tras haber aplazado en varias ocasiones su cita con la muerte, el brillo de la mirada más hermosa del cine se apagó para siempre en la madrugada del 23 de marzo de 2011. Dame Elizabeth Taylor falleció en paz a los setenta y nueve años de una insuficiencia cardíaca arropada por sus cuatro hijos. Llevaba ingresada seis semanas en el centro hospitalario Cedars-Sinai, que debido a sus frecuentes problemas de salud se había convertido en su segundo hogar. En una ocasión le confesó a la periodista y amiga Barbara Walters: «El día que llegue mi hora quiero que en mi lápida se lea solo: "Vivió"». Y ella lo hizo con una pasión desmedida hasta que su corazón dejó de latir. La noticia de su fallecimiento volvió a ocupar las portadas de los periódicos de todo el mundo, y cientos de admiradores desfilaron a lo largo del día por el Paseo de la Fama de Hollywood para dejar tulipanes violetas en homenaje a la que fue, por derecho propio, la última reina de Hollywood.

Bibliografía

Adriansen, S., *Grace Kelly. D'Hollywood à Monaco, le roman d'une legende*, Premium, París, 2014.

Anger, K., *Hollywood Babilonia*, Tusquets, Barcelona, 1985.

Bacall, L., *Por mí misma*, Ultramar, Barcelona, 1980.

Biskind, P. Editor, *Mis almuerzos con Orson Welles*, Anagrama, Barcelona, 2015.

Boller, P. y R. Davis, *Hollywood anecdotes*, Ballantine Books, Nueva York, 1987.

Bosworth, P., *Montgomery Clift: A Biography*, Harcourt Brace, Nueva York, 1978.

Bowers, S. y L. Friedberg, *Servicio completo*, Anagrama, Barcelona, 2013.

Bragg, M., *La vida de Richard Burton*, Plaza & Janés, Barcelona, 1990.

Castrillo, D., *Grandes Dinastías*, Plaza & Janés, Barcelona, 2010.

Cawthorne, N., *Sex Lives of the Hollywood Godesses*, Prion Publishers, Londres, 1997.

Clarke, G., *Capote*, Random House, Nueva York, 1988.

Conant, H., *Grace*, Random House, Nueva York, 1992.

Curtis, J., *Grace Kelly: A Life in Pictures*, Metrobooks, Nueva York, 1998.

Daniell, J., *Ava Gardner*, St. Martin's Press, Nueva York, 1982.

Davis Jr., S., *Hollywood in a suitcase*, William Morrow & Co., Nueva York, 1980.

Des Horts, S., *Le secret de Rita H.*, Albin Michel, París, 2013.

Edwards, A., *Katharine Hepburn*, Ultramar, Barcelona, 1986.

Eells, G., *Hedda and Louella*, Putnam, Nueva York, 1972.

Eliot, M., *Cary Grant*, Lumen, Barcelona, 2007.

Evans, P., *Ava Gardner, the secret conversations,* Simon & Schuster, Nueva York, 2013.

Eyman, S., *El león de Hollywood*, Debate, Barcelona, 2008.

Ferris, P., *Richard Burton,* Coward-McCann, Nueva York, 1981.

Gardner, A., *Ava, con su propia voz*, Grijalbo, Mondadori, Barcelona, 1991.

Gillen, E., *American Princess*, Lerner Publications, Minneapolis, 1992.

Gouslan, E., *Grace de Monaco. La Glace et le Feu*, Éditions Grasset, París, 2013.

Herrero, M., *Divas del cine*, Cinestesia, Sax, 2016.

Heymann, David C., *Elizabeth Taylor*, Cúpula, Barcelona, 2012.

Higham, C., *El aviador*, Ediciones B, Barcelona, 2005.

Hopper, H., *Lo sé de buena tinta*, Aguilar, Madrid, 1954.

Hudson, R. y S. Davidson, *Rock Hudson: His Story*, William Morrow & Co., Nueva York, 1986.

Huston, J., *A libro abierto*, Espasa Calpe, Madrid, 1986.

Jorgensen, J. y M. Bowman, *Grace Kelly Hollywood Dream Girl*, Harper Collins, Nueva York, 2017.

Kashner, S. y N. Schoenberger, *El amor y la furia*, Lumen, Barcelona, 2010.

Kelley, K., *Elizabeth Taylor la última estrella*, Argos Vergara, Barcelona, 1984.

—, *His way: The Unauthorized Biography of Frank Sinatra*, Bantam Books, Nueva York, 1987.

—, *Nancy Reagan: The Unauthorized Biography*, Simon & Schuster, Nueva York, 1991.

Lacey, R., *Grace*, Ediciones B, Barcelona, 1995.

Leaming, B., *Si aquello fue felicidad…*, Tusquets, Barcelona, 1990.

—, *Orson Welles*, Tusquets, Barcelona, 1986.

Madsen, A., *John Huston*, Doubleday, Nueva York, 1978.

Martinez, F., *Portraites d'idoles*, Perrin, París, 2015.

Meye-Stabley, B., *La véritable Grace de Monaco*, Pygmalion, París, 1999.

Miterrand, F., *The Grace Kelly Years: Princess of Monaco*, Skira, Turín, 2007.

Moix, T., *Mis inmortales del cine. Hollywood años 30*, Planeta, Barcelona, 2002.

—, *Mis inmortales del cine. Hollywood años 40*, Planeta, Barcelona, 2008.

—, *Mis inmortales del cine. Hollywood años 50*, Planeta, Barcelona, 2002.

Montero, R., *Pasiones*, Debolsillo, Barcelona, 2015.

Mordden, E., *Los estudios de Hollywood*, Torres de Papel, Madrid, 2014.

Moret, X., *Viaje por la Costa Brava*, Altaïr, Barcelona, 2009.

Ordoñez, M., *Beberse la vida. Ava Gardner en España*, Aguilar, Madrid, 2004.

Otto, H.-D., *Adonde fue el amor*, Starbooks, Barcelona, 2008.

Riva, M., *Marlene Dietrich*, Plaza & Janés, Barcelona, 1992.

Rivera, M., *Fiestas que hicieron historia*, Temas de Hoy, Madrid, 2001.

Robyns, G., *Princess Grace*, David McKay, Nueva York, 1976.

Rooney, M., *I. E. Autobiography*, Putnam, Nueva York, 1965.

Server, L., *Ava Gardner, una diosa con pies de barro*, T&B Editores, Madrid, 2001.

Sharaff, I., *Broadway & Hollywood: Costumes designed by Irene Sharaff*, Van Nostrand Reinhold, Nueva York, 1976.

Shaw, A., *Sinatra Holt*, Rinehart & Winston, Orlando, 1968.

Slater, L., *La vie d'un séducteur*, Trévise, París, 1968.

Spada, J., *Grace Kelly*, Ediciones B, Barcelona, 1987.

—, *Peter Lawford: The Man Who Kept the Secrets*, Bantam Books, Nueva York, 1991.

Spoto, D., *Grace Kelly*, Lumen, Barcelona, 2011.

—, *Las damas de Hitchcock*, Lumen, Barcelona, 2008.

—, *Elizabeth Taylor*, Time Warner, Londres, 1995.

Taylor, E. y R. Meryman, *Elizabeth takes off*, Putnam, Nueva York, 1987.

—, *My love affair with jewelry*, Simon & Schuster, Nueva York, 2002.

Tessier, B., *Grace la princesse déracinée*, Editions de l'Archipiel, París, 2014.

Turne, L., *Lana*, Dutton, Nueva York, 1982.

Walker, A., *Elizabeth the life of Elizabeth Taylor*, Grove Wiedenfeld, Nueva York, 1990.

—, *The Celluloid Sacrifice: Aspects of Sex in the Movies*, Hawthorn, Nueva York, 1966.

Wanger, W., *My Life with Cleopatra*, Bantam Books, Nueva York, 1963.

Wayne, J. E., *Los hombres de Ava*, Ultramar, Barcelona, 1990.

—, *Grace Kelly's Men*, St. Martin's Press, Nueva York, 1991.

Williams, T., *Memoirs*, Doubleday, Nueva York, 1975.